KB077719

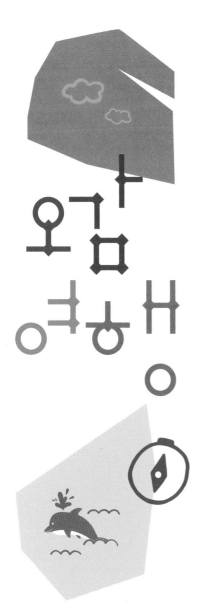

여행의 맛을
일깨우는 이야기

—
고지수
지음

오감여행

휴앤스토리

오감의 맛

우리의 삶은 여행의 연속이다. 즉 아침에 일어나 밤에 잠자리에 들고, 일터에 나가 저녁에 집으로 돌아오고, 태어나 세상의 삶을 살다가 왔던 곳으로 돌아가는 겹겹이 둘러싸인 여행 속에서 살고 있다. 그러다 보니 반복되는 여행에 지루함과 권태가 쌓이고 누적되어 삶이 무의미해지고 무기력에 빠질 수도 있다. 이럴 때는 쳇바퀴 도는 일상에서 벗어나 새로운 자극으로 활력을 채워 넣어야 한다. 그것은 다른 형태의 여행이다. 일상의 어느 시간을 싹둑 잘라내어 떠나야 한다. 그러나 단지 떠난다는 것만으로 해결되는 것도 아니다. 여행의 처음부터 끝까지 설렘과 즐거움으로 가득 채워 넣어야 하기 때문이다.

여행의 즐거움은 여행의 맛에서 나온다. 여행의 맛이란,
여행을 구상하고 목적지를 정하고 구체적인 계획을 짜며 느끼는 가슴 두근거리는 기대감,

목적지에서 자연과 역사, 문화를 접하며 마음의 즐거움을, 때로는 한적함 가운데 깊고 풍성한 아취(雅趣)와 미의식을 느끼는 미감,

현지 삶의 기록인 전통과 풍속을 접하고 체험하며 지역(민)과의 유대감을 느끼는 정감,

지역의 생활문화와 특산물이 조화를 이루어 주민들이 자주 찾는 토속 음식을 맛보는 식감,

여행을 마치고 돌아와 느끼는 기분 좋은 피로감과 아쉬움 및 여운이 버무려진 만족감이다.

이러한 오감이 충족되는 '여행의 맛'에서 우러나온 즐거움은 우리에게 새로운 활력과 생동감을 채워 준다.

초등학교 시절 소풍을 생각해 보라. 생각만으로 얼마나 설레고 가슴이 두근거렸는가를.

여행의 계획을 세우며 느끼는 쾌감을 맛보는 것부터가 여행의 시작이다. 어느 곳으로 갈까? 목적지를 정하고 방문하고 싶은 장소들을 선별하기 위하여 지도를 펼쳐 든다. 마음 같아서는 이곳저곳 모두 가보고 싶지만, 주머니 사정과 시간을 생각하지 않을 수 없다. 이곳은 반드시 들러야 하고, 저곳은 아쉽지만 다음으로 미루기로 한다. 지도 위에 이동 경로를 그리고 또다시 방문지를 추가하고 제외하며 출발 전의 기분을 만끽한다. 숙소는 어디가 좋을까? 무엇을 먹을까? 머물 곳과 맛집 리스트도 만들어 본다. 입 안에는 침이 고인다. 편안한 잠자리와 만족스러운 음식은 여행을 한층 더 즐겁게 해

주는 감초와도 같다. 썼다가 지우고 다시 쓰며 상상하는 여행의 시작이 얼마나 즐거운 시간인가?

　조금이라도 더 즐거운 여행을 하려면 무작정 떠나기보다는 가급적 여행지에 대하여 약간이라도 알고 떠나는 것이 훨씬 더 유익하고 깊이 있게 즐길 수 있다. 무작정 떠나는 여행도 좋지만, 대개의 무작정 여행자는 무작정이라는 그 자체를 즐긴다. 이러한 여행자는 이미 많은 여행의 경험을 통하여 자연스럽게 여행에 대한 전체적인 윤곽을 머릿속에 세운다. 또 사전 지식이 없이 방문한 여행지에서도 관광 안내지도 하나만 펼치면 방문해야 할 곳이 그려지고, 무언가 갑작스럽게 맞닥뜨리는 상황에서도 당황하기보다는 오히려 쾌재를 부르며 자신만의 시각으로 즐거움을 끌어낼 수 있는 눈썰미를 가지고 있는 경우가 많다. 아니면 복잡다단한 현실을 벗어나 아무런 장애가 없는 쉼을 위하여 떠나는 경우이다. 그러니 무작정 여행자가 되기 전까지는 되도록 여행지의 역사와 문화를 미리 조금이나마 파악하여 좀 더 깊고 풍성한 여행을 즐겨 보자. 깊을 필요도 없다. 동료와 한두 마디만 나눌 수 있으면 자연스럽게 가지를 치며 풍성해질 것이다. 멋진 풍경만 10분 이상 바라보는 것은 인내심이 필요하다. 그러나 여행지에 얽힌 사연, 전설, 역사 등을 알고 떠나면 시선은 자연을 감상하며 한곳에 머물지만, 생각은 상상의 날개를 펴며 과거로 미래로 자유롭게 휘젓고 다니며 여행을 더욱 풍요롭게 해준다. 이곳저곳 찍고만 다니는 메뚜기 여행자보다는 여행지의 자연미와 문화미를 깊이 흡입하는 묵은지 같은 여행이 가심비가 더 높을 것 같다.

아무리 여행지를 둘러보고 책을 찾아봐도 현지인들의 삶 속에 내재한 생활방식을 느끼기에는 한계가 있다. 요즈음은 어느 곳이나 여행지에 대한 소개가 잘 되어 있으며 현장에서도 안내문을 만날 수 있다. 그러나 수백 수천 년 이어 오며 스며 있는 깊은 삶의 숨결을 느끼기에는 턱없이 부족하다. 그러한 숨결은 주민들의 생활 가운데에서 조금이나마 엿볼 수 있다. 현지 주민과 나누는 얘기는 여행지에 더 가까이 다가가고 진국의 맛을 느끼게 해준다. 어쩌면 그들의 한 마디에 여행지의 모든 것을 느끼고 고개를 끄덕이게 해주는 눈이 번쩍 뜨이는 순간을 경험할 수도 있다. 그들의 구수하고 정감 넘치는 옛이야기가 얼마나 가슴을 훈훈하게 하는가.

여행의 또 다른 즐거움은 현지의 맛있는 음식을 먹는 것이다. 하루 종일 여행을 하고 나면 지치기 마련이다. 피곤한 저녁 시간을 맛있는 음식과 함께하는 시간은 여행의 즐거움을 배가시킨다. 어쩌다 터무니없는 음식을 만나면 하루의 즐거웠던 여행의 기쁨은 획 날아가 버린다. 우리나라 인구의 대부분은 도시에서 생활하고 있다. 따라서 도시의 음식문화가 발달하여 입맛의 수준이 매우 높다. 물론 높낮이는 있지만 현대인의 취향에 맞도록 개량하고 계량하여 눈과 코와 혀를 만족시키고 감칠맛까지 더해져 맛이 좋다. 그러니 지방에서 전통을 고수하고 있는 향토 음식점 찾기는 백사장에서 바늘 찾는 격일 수도 있다. 그러나 그렇지 않다. 도시의 음식 맛에는 장독대에서 잘 익은 장맛이 우러나는 토속의 맛이 부족하다. 아직도 우리나라 지방에는 지역에서 생산되는 특산물을 이용하여 전통 요리법을 고수하는 토속 맛집들이 곳곳에 보석처럼 숨어있다. 도시에서 경험할 수 없는 향토의 맛이다. 그 맛은 그 지역의 햇살과 공기, 자연과 삶의 문화가 버무려지고 부뚜막 연기가 스미고 뭉텅뭉텅 버무리는 어머니의 손맛까지 어우러져야만 가능하다. 그리고 허겁지겁 배만 채우는 것이 아니라 허리띠 풀고 여유 있게 즐기는 백수의 맛까지 더하면 금상첨화이다.

　단순히 풍경만 쫓다 보면 여행이 끝날 즈음에는 별로 새로운 것이 없어지며 식상해지고, 몸은 지쳐 빨리 편안한 집으로 돌아가고 싶은 생각이 들 때도 있다. 돌아오는 길에는 사진만 뒤적거리며 정리하게 된다. 그러나 사진마저도 별로 감흥을 주지 못하며 빨리 집에 도착하여 푹 쉬고 싶은 마음만 간절해진다. 만족감 대신 뭔가 제대로 마무리가 되지 않은 기분이다. 여행은 끝이 아니라 다음 여행을 불러와야 한다. 집으로의 귀환은 새로운 출발점이 되어야 한다. 자연의 아름다움뿐만 아니라 다양한 문화적 체험은 아름다운 여운이 되어 귓가에 맴돌고 두근거리는 심장소리가 되어 가슴을 울리며, 지나친 것들에 대한 아쉬움으로 다음 여행을 꿈꾸게 한다.

　언젠가 지인 한 분이 들려준 얘기이다. 자주 여행하는 가까운 친구에게 부탁하여 그의 여행계획표를 받아 출발하였다. 계획표에는 일주일 동안의 방문지들과 먹고 자는 곳 등이 자세히 적혀 있었다. 그런데 막상 출발하고 이틀이 지나니 할 일이 없어지고 무료하여 쑥만 캐다가 삼 일째 되는 날에 돌아왔다. 그 후 많은 노력을 했다면서 그는 '여행에도 기술이 필요하다'고 덧붙였다.

　누구나 살면서 지루함을 경험하기 마련이다. 지루함은 사람을 견딜 수 없게 한다. 하늘에 고함이라도 지르며 지루함을 벗어나고 싶다. 그런 경우 지루함이라는 껍질을 깨부수고 여행을 하며 새로운 환경과 문화를 접하며 충전해야 한다. 그러나 자칫 잘못하면 여행 자체가 또 다른 지루함이 될 수 있다. 이 책이 지루한 여행이 아니라 삶에 기운을 불어넣어 더욱 활기찬 삶을 영위할 수 있도록 '여행의 기술'을 터득하는 데 조금이나마 일조하기를 기대해 본다.

2024 초봄 정발산 자락에서
고지수

목차

들어가며   오감의 맛   003

part 1.

꽃 대궐 속으로 ────────────────────

                                          남원·구례·하동·광양

춘향의 사랑, 남원   023

산 너머 남촌, 산동   026

지리산 간편 등반 - 노고단   029

천년고찰 화엄사   032

선비의 멋과 여유 - 쌍산재   037

고승의 숨결, 사성암   040

쉼이 필요할 때 - 섬진강대숲길   043

섬진강과 지리산   045

지리산의 세 골짜기 - 피아골, 쌍계골, 악양골   047

백사청송 - 하동송림공원과 대숲   059

꽃잎 흩날리는 매화마을   061

 맛집멋집   065

(신)단양팔경 + 구경   071

사통팔달 영주   083

최초 사액서원, 소수서원   085

선묘낭자가 머무는 곳 - 부석사   090

추억이 살아 숨 쉬는 근대역사문화거리   096

꽃가마 타고 들어와 꽃상여 타고 나가는 곳 - 무섬마을   100

양반의 품격, 안동   104

고매함이란 - 도산서원   107

안동호를 가로지르는 예끼마을 선성수상길   113

산사의 정원, 봉정사   116

성주의 본향, 제비원 석불   120

안동 외고집이 지킨 색다른 탑의 묘미 - 전탑   123

선비의 향취, 임청각   125

유한이 무한을 품다 - 병산서원   126

하회탈 속으로 숨은 나의 부끄러움 - 하회마을   132

보름달이 두둥실, 월영교   136

새재인가? 세재인가? - 문경새재   139

 맛집멋집   146

part 3.

남도서정

신안·진도·해남·보길도·청산도·
강진·보성·벌교·순천

섬티아고 순례길 - 신안   152

거리예술의 진수, 암태도 기동삼거리   159

마법의 세계, 퍼플섬   161

보배섬 진도   162

"신에게는 13척의 배가…" - 울돌목   164

소치의 묵향, 운림산방   165

진도의 자연 - 세방낙조와 신비의 바닷길   169

땅끝 해남   172

국내 최대의 매화밭 - 보해 매실농원   173

녹우당 - 고산 윤선도 유적지   175

이야기가 많은 대흥사   178

달마고도 미황사   187

토말, 끝과 시작   192

부용동 보길도   194

슬로길 100리, 청산도   202

적멸의 세계, 무위사   208

조선의 여산 - 백운동 원림과 강진다원   210

남도의 소월 - 영랑생가   217

목민심서의 산실, 다산초당   221

쉼표 같은 녹차언덕과 바닷가 곰솔밭 - 보성   228

가상의 모교, 회천중학교   230

주먹자랑 하지 말라 - 벌교   232

예토가 정토로, 승보사찰 송광사 237

둘이 먹다 셋이 죽어도 모를 꿀맛 - 조계산 보리밥집 241

흩뿌려졌으나 조화로운 절집, 선암사 243

조선의 신도시, 낙안읍성 248

적묵의 바다 - 순천만 습지와 갯벌 251

TIP 맛집멋집 254

part 4.

심산유곡에 울리는 삶의 노래

정선·태백·영월·삼척

산 넘고 물 건너 심산유곡으로 262

산중에 사람소리 새어 나오고 - 아리랑시장 265

떼꾼과 처녀의 애달픈 이별 - 아우라지 267

환상의 낭만여행, 정선레일바이크 269

가장 아름다운 간이역, 나전역 273

검은 절벽과 물안개가 수묵화 같은 곳 - 대촌마을 274

만추의 서정, 민둥산 억새 276

정태영삼(정선·태백·영월·삼척)의 허브, 하이원 279

국내 최고의 디즈니성 팰리스호텔과 하이원리조트 282

천상의 화원, 하늘길 286

구름 위의 산책, 운탄고도 298

풍경소리 청아한 적멸보궁 - 정암사와 수마노탑 305

상고대가 아름다운 함백산 310

백민의 터전, 태백 312

천제단과 주목 - 태백산   314

한강과 낙동강의 발원지 - 검룡소와 황지   320

바람의 언덕, 구와우 그리고 추전역   323

천지가 시커먼 철암   327

하늘도 세평, 땅도 세평 - 승부역   331

변화하는 철암과 승부   333

작지만 소중한 우리 역 - 분천역, 양원역, 승부역   336

아름다운 오지 트레킹 - 낙동강 세평하늘길, 낙동정맥 2구간   339

지그재그 산악열차   344

굽이굽이 협곡을 돌아 - 동강과 어라연   346

 맛집멋집   350

part 5.

검이불루 화이불치

공주·부여

이름마저 잃어버린 도읍지, 공주   357

산책길로 변한 왕궁터 - 공산성   358

화려하고도 단아한 백제문화 - 송산리고분군   362

전설의 본좌, 마곡사   366

언덕에 핀 난초 - 부여   373

과거와의 대화 - 능산리고분군   374

석탑의 원형, 정림사지 오층석탑   379

망국의 한이 서린 낙화암   381

서동과 선화공주의 사랑이 깃든 곳 - 궁남지   384

 맛집멋집   386

노블레스 오블리주 - 최부자댁   391

침묵이 수런거리는 계림   395

과학과 예술의 총화, 첨성대   397

천마 타고 하늘로 오른 왕후장상의 영혼   399

부르르 흔들리는 신라의 황홀한 밤 - 월정교   401

심장소리 같은 맥놀이 - 에밀레종   403

화려한 등불 아래 주악과 향가 소리 넘쳐흐르고 - 동궁과 월지   409

안개처럼 사라진 영화, 황룡사지   411

헛헛한 마음의 분황사   413

나뭇잎 소리 옛 영화를 속삭이고 - 진평왕릉   415

불교박물관 남산(나정·포석정·삼릉·금오봉·용장골)   417

무영탑 불국사   424

적멸의 세계, 석굴암   431

과거의 애상, 장항사지   434

현세의 서방정토, 기림사   436

호국정신 - 대왕암, 감은사, 이견대   438

단풍같이 붉은 애민정신 - 용담정   441

언덕 위 양동마을   443

 맛집멋집   447

part 7.

백제의 미소와 꽃이 지천으로 핀

서산·해미·예산·태안

소래포구의 추억과 우렁쌈밥 454

산문길이 아름다운 개심사 457

백제의 미소, 서산마애삼존불 460

폐사지의 고즈넉함 - 보원사지 463

천주교 최대 순교성지, 해미읍성 465

대쪽 같은 심지를 붓끝으로 표현한 추사체 467

비구니 같이 다소곳한 수덕사 대웅전 470

바다인가? 호수인가? - 예당호 473

노을과 꽃, 바람이 뒤엉킨 태안반도 475

누구나 철학자가 되는 곳 - 삼봉해변 사색의 길 478

꽃이 지천인 꽃지해변 480

바람마저 쉬어 가는 바람아래해변 482

붉은 피 같은 안면도수목원 작약 484

평생을 일군 수목원들 - 팜카밀레와 천리포수목원 485

여인의 젖가슴 같은 신두리해안사구 488

TIP 맛집멋집 490

part 8.

사림과 정자의 고장

거창·함양

집안싸움으로 번진 명물, 수승대   485

여기가 선계 - 용추사   498

선비문화길 화림동계곡   500

좌안동 우함양 - 개평마을   505

남계서원   508

최초의 인공조림, 상림   509

천봉만학 지리산   511

건강하고 이뻐지고 사랑이 깊어지는 벽송사   513

석불정토 서암정사   515

공명하는 계곡 물소리 - 칠선계곡   517

알프스 정원에서 - 하미앙 와인밸리   518

맛집멋집   519

part 9.

다 있는 곳

거창

군산·부안·고창

당일치기 맛과 역사 여행의 백미 - 군산   525

시간여행 - 경암동 철길마을   527

장군의 아들 촬영지 - 히로쓰가옥   528

국내 유일 일본식 사찰, 동국사   529

일제강점기 수탈의 현장, 해망로   530

머리카락은 얼굴을 간지럽히고 - 은파호수공원　531

호남의 풍악, 내장산　532

왕포 가는 길 - 부안　535

탄성이 절로 나오는 전나무 숲길 - 내소사　538

갯내 가득한 낭만여행지, 곰소　541

향토색 여운이 짙은 고창　542

동백꽃 보러 가세 - 선운사　543

장어요리란 - 풍천장어의 원조　547

역사의 여명, 고인돌유적지　549

성 밟고 소원 이루고 - 고창읍성　551

판소리를 집대성한 동리 신재효의 애틋한 사랑　553

보리피리의 추억, 학원농장　556

🚏 TIP 맛집멋집　558

part 10.

한 점 선 ───────────────
　　　　　　　　　　　　　　　　　울릉도·독도

숱한 사연을 간직한 해안 일주도로　566

환상의 섬 유람선 관광　574

대한민국 동쪽 땅끝, 독도　575

part 11.

창파 넘실대는 옛 정취를 따라

(신)관동팔경

해당화 피고 지는 역사의 현장, 화진포   585

시름이 사라지는 청간정   592

월출이 아름다운 낙산사   598

뻥 뚫린다 - 바다부채길   605

바닷바람이 고샅길을 훑는 벽화언덕 - 논골담길   610

청명한 바람의 이사부길   616

망망대해 관동제일루, 망양정   623

솔숲에 달 바스락거리는 월송정   629

🚏 TIP 맛집멋집   633

PART 1

꽃

대궐

속으로

남원 ▶ 구례

광양 ◀ 하동

겨울 동장군이 물러서지 않으려 앙탈을 부려 보지만 철든 봄바람은 살랑살랑 대기를 부드럽게 스치며 겨우내 움츠리고 얼었던 만물에 생기를 불어넣는다. 산골짜기 계곡물 방울방울 떨어지는 소리, 살얼음이 바스락거리며 갈라지는 소리가 들리면 봄이 산 넘고 들판 건너 동네 어귀에 왔음을 느낀다. 금세 온 세상이 봄의 소리로 아우성친다. 봄바람이 치맛자락을 부채질하고 봄의 소리가 귓가에 속삭이며 엉덩이를 들썩인다. 가만히 앉아 먼 산만 바라볼 수 없다. 황량한 먼 산마저도 진달래가 화사하게 분칠하였다. 하늘 한 번 보고 바람에 마음 풀어 보지만(권나연 〈소풍〉 차용) 성에 차지 않는다. 봄 속으로 풍덩 뛰어들라고 유혹한다.

봄비 서정(春雨 抒情)

들리시나요
다소곳이 내리는 봄비 오는 소리가

처마 밑 빗방울 튀어 오르고
가랑비 촉촉이 대지를 적시는 소리가

새싹이 함초롬히 고개를 내밀고
가지 끝 파릇파릇 꽃망울 돋아나는 소리가

솔잎 끝에 영롱한 구슬 대롱대롱 맺히고
가지 사이 오가는 봄 까치의 날갯짓 소리가

얼었던 냇물은 졸졸거리고
너른 들판이 기지개 켜는 소리가

음악처럼 내리는 봄비를 타고
설렘 가득한 그대 가슴의 두근거리는 소리가

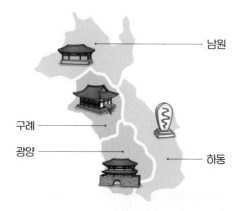

남원

구례

광양

하동

춘향의 사랑, 남원

가라고 가랑비 내리는 아침 적당히 짐을 챙겨 떠난다. 매화·산수
유·벚꽃 속으로. 며칠 동안 꽃 속에 파묻혀 봐야겠다. 아무리 꽃구경
이라지만 그냥 지나칠 수 없는 곳 남원으로 향하며 전주에 들러 화
심순두부찌개로 배를 채웠다. 남원에는 조선 최고의 사랑꾼인 춘향
꽃이 있지 않은가. 또한 방문해 보고 싶은 곳 ― 광한루원, 현대문학의
걸작 《혼불》을 쓴 최명희 선생의 '혼불문학관', 환한 꽃이 아름다운 화가 김
병종 기념 미술관, 구산선문 중 최초의 선종 사찰로 신라 흥덕왕 시기에 홍척
스님이 건립한 실상사, 고려시대 사찰 터인 만복사지, 1,172m에서 지리산을
둘러볼 수 있는 정령치 등 ― 이 너무 많아 일일이 열거할 수가 없다. 선

· 광한루

· 광한루 버들가지

택은 지우는 작업이라 하지 않았던가. 모두 지우고 남원 시내를 가로질러 흐르는 요천변에 위치한 광한루만 들르기로 한다.

초봄, 광한루의 초록빛 머금은 휘어능청 늘어진 수양버들을 포기할 수가 없기 때문이다. 운이 좋아 가랑비라도 내리면 형언할 수 없이 아름다운 초록빛 수양버들 가지를 볼 수가 있다.

광한루원에 들어서면 깜짝 놀란다. 모든 것이 자연스럽게 조화를 이루며 춘향과 몽룡의 사랑이 눈앞에서 일어나고 있는 것만 같다. 멀리 버드나무 가지 사이로 광한루가 보이고, 연지를 가로지르는 오작교를 건너니 다리 아래에서는 원앙이 쌍쌍이 다정하게 물살을 가르며 헤엄치고 있었다. 홍세섭의 〈유압도〉가 그곳에서 펼쳐지고 있었다.

· 물살을 가르는 원앙

광한루 앞에 서니 연지를 둘러싼 뚝뚝 떨어지는 초록 봄물 사이로 그네가 오락가락, 해도 같고 달도 같은 외기러기가 그네를 타고 있다. 오늘이 오월 초닷새 단오인가 보다. 손차양하고 자세히 보니 연분홍 꽃같이 피어오르는 얼굴에 노랑 저고리 다홍치마를 두른 어여쁜 여인이 발을 구르며 제비처럼 공중으로 솟아오르고 내려올 때마다 보였다 사라지기를 거듭하고, 붉은 치마 사이 흰 속곳 아래로 희끗희끗 보이는 뽀얀 살결에 눈이 부셨다. 그네 앞에는 옷고름과 트레머리를 풀어 하얀 가슴을 드러내고 창포물에 머리 감는 여인과 바위틈 음지에서 엿보는 까까머리 동자승이 있을 것만 같다.

혜원 신윤복 <단오풍정> (ⓒ국립중앙박물관)

연지에는 신선이 사는 삼신산이 섬처럼 떠 있어 구름다리로 연결되고, 산에는 누각과 정자에서 신선이 노닐고 있다.

변 사또가 아닌 남원부사 성안의 선정비를 지나자 단심문 안으로 '열녀춘향사'라고 단정하게 전서체로 쓰인 편액을 이마에 붙이고 있는 단아한 자태의 춘향사당이 옥에서 이 도령을 기다리는 열녀 춘향의 모습을 떠올리게 하였다.

옛 멋을 간직한 완월정에서 버들가지 사이로 광한루를 지긋이 바라보고, 지푸라기로 엮은 초가집과 마당이 깨끗하게 정돈된 월매집을 둘러보고, 광한루원을 나와 안숙선 명창의 여정과 남원에촌을 둘러본 후, 옛날 옛적 이야기가 아닌 살아있는 춘향의 사랑 이야기를 그리며 남원의 여정을 마무리하였다.

· 오작교

산 너머 남촌, 산동

• 산수유시목

구례군 산동면 계척마을. 이곳이 우리나라 산수유 시목(始木)지이다. 1,000여 년 전 중국의 산수유 주산지인 산동성에서 살던 한 처녀가 이곳으로 시집을 오면서 고향의 풍경을 잊지 않기 위하여 산수유 한 그루를 가져와 심은 나무가 우리나라 산수유나무의 시목(할머니 나무)이라고 전해지고 있다. 지금도 계척마을에 가면 높이 7m, 둘레 4.8m의 그 시목이 의젓하게 천 년의 자태를 보이며 보호수로 지정되어 보호받고 있다.

우리나라 산수유의 70%가 이곳 산동면에서 생산된다고 한다. 가을 햇빛에 투명하게 선홍색으로 빛나는 산수유 열매는 한약재로 사용되며, 과거에는 한 그루만 있으면 자식을 대학에 보낼 수 있다고 하여 '대학나무'라 불리기도 하였다고 한다.

3월 중순이면 산동면은 지리산으로 감싸인 마을과 산자락이 온통 노랑으로 색칠되어 한 폭의 수채화 같은 봄풍경을 연출한다. 산수유 길은 모두 다섯 코스로 대표 탐방코스인 1코스 꽃담길·꽃길, 산수유 군락지와 소박한 마을이 있는 2코스 사랑길, 산동면을 조망해 볼 수 있는 3코스 풍경길, 천년의 산수유 할아버지 나무를 볼 수 있는 4코스 천년길, 지리산 둘레길과 만나는 5코스 둘레길로 구성되어 있다.

그러나 굳이 코스를 따라 걸을 필요는 없다. 우열을 가릴 필요도 없다. 마음 가는 대로 발걸음을 옮기기만 하면 된다. 나는 1코스와 3코스를 혼합하여 서시천을 따라 평촌교-평촌마을 구석구석-대음교-반곡마을-하위마을-상위마을-산유정으로 코스를 정하였다. 평촌교를 건너는데 지리산에서 내려온 맑은 서시천 계곡 물소리가 청량하다. 다리를 건너자 샛노랑의 색채 속으로 녹아드는 기분이다. 조금 걸으니 돌담이 정겹게 맞이한다.

젊은 연인들이 돌담과 산수유를 배경으로 예쁜 모습을 담고 있다. 모든 상춘객이 슬로우비디오처럼 천천히 걷고 있다. 자연과 사람이

· 산수유와 어우러진 산벚꽃

· 산자락 마을

일체가 되어 구분되지 않는다. 좁은 골목길마다 사람들이 다정하게 속삭이며 봄의 기운을 흠뻑 들이마신다. 반대편 산자락에는 봄빛 받은 산수유가 군데군데 색칠하였고 산 아래 옹기종기 모여 있는 마을은 노란색에 잠기어 있다.

마을 앞 다랑이논에는 아지랑이가 아른거리며 봄의 정취를 더하였다. 뭐랄 것도 없이 〈고향의 봄〉 노래를 부르던 시절이 생각난다. 산수유꽃 머리 위로 산 중턱에 핑크빛 산벚꽃이 비행운같이 그어져 있다. 봄의 화사함이 극에 달하였다.

대음교를 건너 반곡마을 쪽으로 향하니 사람이 꽃 속에 파묻혔다. 사람은 보이지 않고 서시천의 물소리와 함께 말소리만 들려와 이곳이 선계가 아님을 깨닫게 한다. 반곡마을 역시 이끼 낀 돌담길이 세월의 흔적을 더하고, 흐드러지게 핀 산수유꽃이 계곡을 뒤덮은 하위마을과 상위마을을 통과하여 꼭대기에 있는 산유정에 오르니 서시천 계곡을 따라 노랑 천지가 한눈에 들어왔다.

조금 한적한 산책을 위해서는 4·5코스가 있는 현천마을과 계척마을, 달전마을을 추천한다. 계척마을은 '남도 이순신길 백의종군로'의 구례 시발점이기도 하다. 두 마을은 상대적으로 관광객이 적어 '할머니 나무'와 '할아버지 나무' 아래에서 호젓한 시간을 가질 수도 있고 산수유꽃 길을 따라 드문드문 늘어선 정겨운 가옥들과 마을길을 두런두런 얘기하며 걷기에 좋은 곳이다.

지리산 간편 등반 - 노고단

높이 1,507m의 노고단은 천왕봉(1,915m), 반야봉(1,732m)과 함께 지리산 3대 봉우리를 이루고 있다. 그러나 성삼재휴게소(1,102m)에 주차를 하고 오르면 산책하듯이 여유롭게 걸을 수 있는 코스이다. 자동차로 천은사부터 전망이 좋은 시암재휴게소를 지나 성삼재휴게소까지 약 10km에 달하는 구불구불하고 경사가 급한 포장도로를 오르는 맛 또한 등산의 즐거움에 뒤지지 않는다. 카미유 생상스의 세 번째 교향곡 〈오르간〉에서 뿜어 나오는 웅장한 음향을 타고 오르는 것 같은 기분이다.

성삼재(性三峙)라는 이름은 마한 때 성씨가 다른 세 명의 장수가 지켰던 고개라 하여 얻은 이름이라고 전해진다. 이곳부터 출발하여 노고단대피소까지 편안한 길로 2.9km(짧은 코스 1.7km)를 여유롭게 걸은 후 대피소부터 0.4km의 오르막을 지나면 노고단 고개에 이

· 노고단 정상으로 오르는 데크길

르고, 탐방지원센터에서 입산예약확인을 하고 고개를 들어 보면 노고단 정상의 젖꼭지 같은 돌탑이 보인다.

•노고단 돌탑

0.7km의 완만한 능선을 따라 쭉 뻗어 있는 데크길을 걸으며 지리산의 하늘에 닿을 듯한 능선을 감상하며 걷다 보면 어느덧 노고단 정상에 도착한다. 정상에는 노고단(老姑壇)이라 새긴 비석과 아래에서 보았던 돌탑이 버티고 서 있다.

뭔가 늙은 시어머니의 은혜에 보답하는 제사를 지내야 하는 전설이 얽혀 있을 것 같다. 노고단의 유래를 적은 표지판을 보니 '지리산 신령인 산신할머니(노고, 老姑)를 모시는 곳(단-壇)'이라 하여 붙여진 이름이라고 쓰여 있다. 노고단에서 바라보는 천왕봉, 반야봉, 촛대봉의 웅장한 산세는 역발산기개세(力拔山氣蓋世)의 기운이 느껴지며 내 가슴 속으로 밀고 들어와 심장을 불끈거리게 한다. 구름이 깔렸다면 서왕모가 사는 곤륜산에 있는 착각을 불러일으킬 것 같다. 지리산의 구름바다는 최고의 장관이라고 하지 않았던가.

· 노고단에서 바라본 영봉들

총 4km의 코스를 왕복 3~4시간 동안 걷는 길은 여느 트레킹 길과는 다르게 높은 산 속에 스며드는 기분을 느끼게 해주며, 두류산(지리산의 별칭)의 웅장함과 매력을 만끽하며 즐길 수 있는 멋진 산행길이다.

천년고찰 화엄사

544년(백제 성왕 22년) 인도 스님 연기조사에 의해 창건된 화엄사(華嚴寺)는 통일신라시대에 이르러 자장율사가 부처님 진신사리 73과를 모신 사사자 삼층 사리석탑을 세웠고, 677년(문무왕 17년)에는 의상대사가 화엄경을 돌에 새기고 황금장육불상을 모신 장육전(현 각황전)과 석등을 조성하였으며, 신라 말기 도선국사가 대웅전 양쪽에 오층석탑을 세우고 더불어 중흥조가 되시면서 화엄대총림이 되었다. 오랜 전통을 가진 화엄사는 연륜만큼이나 많은 문화재가 있어 박물관이라고 부를 만하다.

국보로는 각황전과 앞 석등(제67호, 제12호), 사사자 삼층석탑(제35호), 목조비로자나불좌상(제336호), 영산회괘불탱화(제301호)의 5점이 있으며 대웅전을 비롯한 보물이 8점, 천연기념물로는 화엄사 매화나무(화엄매)와 올벚나무 2종이 있다. (화엄사 홈페이지 참조)

3월 중순 화엄사로 향하였다. 홍매화 축제기간이며 산동면의 산수유축제가 겹쳐서인지 입구에 승용차가 길게 줄을 서 있었다. 산사는 걷는 맛이다. 화엄사는 불이문까지 좀 멀기는 하지만 진입로가 큰 계곡을 따라 숲 터널을 이루고 있어 지리산에서 내려오는 청량한 바람소리와 맑은 물소리를 들으며 걸을 수 있다. 입구에 이르니 두 손으로 눈을 가리고 귀여운 표정을 한 앳된 조각상 스님이 앉아 계신다. 조각상 아래에는 "불견(不見) ─ 남의 잘못을 보려 힘쓰지 말고, 남이 행하고 행하지 않음을 보려 하지 말라. 항상 스스로를 되돌아보고 옳고 그름을 살펴야 한다 ─ 법구경"이라고 쓰여 있다. 대웅전 아래에 서 있는 두 개의 오층석탑을 둘러보고 계단을 올라 화려한 단청의 대웅전으로 올랐다. 그리고 화엄사 흑매로 알려진 홍매화를 보러 각황전 옆으로 이동하였다. 원통전 앞 화엄매가 오랜 풍상을 견디며 뒤틀리며 서 있다.

조선 숙종 때 각황전을 중건하고 이를 기념하여 계파선사가 심은 홍매화 나무이다. 매화 색이 검붉을 정도로 진하여 흑매라고 부르기도 한다. 아래에서 올려다보니 검붉은 홍매화 꽃송이가 치명적으로 유혹하고, 멀리서 바라보니 검은 기와지붕에 붉은 꽃 안개가 흩뿌려진 것 같다. 화엄

· 화엄사 홍매화

사의 흑매는 우리나라 4대 매화 ─ 화엄매(천연기념물 485호, 화엄사 길상암 연못가에 서 있음), 백양사의 고불매(486호), 선암사 선암매(488호), 오죽헌 율곡매(484호) ─ 가운데 가장 치명적인 아름다운 자태를 드러내

며, 장육매, 각황매, 삼불목이라고도 불린다. 붉기가 넘쳐 검붉은 꽃
봉오리를 터뜨릴 때면 많은 사진작가가 그 아름다움을 담으려 몰려
들기도 한다.

석축 위에 중층의 팔작지붕 모습을 한 각황전은 웅장하고 품이 넉
넉해 모든 것을 품을 것 같다. 단청이 낡고 닳아 화려해 보이지는 않
으나 기둥 상부의 다포식 공포의 화려함은 이루 말할 수가 없다. 옛
목장들의 솜씨에 감탄이 절로 나온다. 안쪽은 통층으로 세 분의 여
래불상(아미타불, 석가모니불, 다보불)과 네 분의 보살을 모시고 있다. 앞쪽 마당에는 신라시대에 세운 큰 석등이 여래의 자비를 예토의 세상에 비추어 주고 있었다.

· 각황전과 석등

각황전을 돌아 적멸보궁으로 향하는 계단을 오른다. 언덕에는 석가모니 진신사리를 모신 사사자 삼층석탑이 우뚝 서 있다. 앞쪽에 아기자기한 석등이
석탑을 밝히고 있다. 시원스럽게 툭 트인 그곳에서는 지리산의 품에
다소곳이 안겨 있는 화엄사의 가람이 한눈에 들어온다.

대웅전 후원을 지나 빽빽한 대숲이 보인다. 입구에 구층암 130m
라고 쓰인 팻말을 따라 구층암으로 향하였다. 가벼운 마음으로 대숲

· 사사자 삼층석탑과 그곳에서 바라본 화엄사 전경

산책로를 지나 조그만 다리를 건너니 구층암이 보였다. 사찰이 아니라 자연을 닮은 소박한 사가와 같은 모습이다. 앞마당에는 신라 말기의 것으로 보이는 복원하지 못하고 얼기설기 쌓아 놓은 삼층석탑이 세월의 흔적을 간직한 채 자연스럽게 서 있다. 탑신에 새겨진 돋을새김의 여래좌상이 마치 화엄의 세계에서 중생을 구제하기 위하여 이 세상에 온 것처럼 눈길을 끌었다. 설법도 필요치 않고 바라보는 것만으로도 화엄의 세계로 빨려들 것만 같다.

구층암을 돌아가니 고즈넉한 승방이 자리하고 있고, 요사채 건물이 쓰러질 듯 낡은 기와에 긴 처마를 얹고서 있는 듯 없는 듯이 앉아 있다. 그런데 요사채 기둥의 모양이 특이하다. 이곳에서 자라는 모과나무를 있는 그대로 기둥으로 사용하였기 때문이라고 하였다. 가지며 옹이와 나이테의 흔적 등 나무 형태가 고스란히 살아 있었다.

그리스 신전의 여러 가지 형태의 기둥보다 더 자연스러우면서도 우아하고 친화적이다. 사람의 손으로는 도저히 흉내 낼 수 없는 자연을 그대로 살린 우리 조상들의 솜씨와 맵시가 살아 있는 한국의 미를 보여 주고 있다. 깊은 처마 안으로 다향사류(茶香四流)라고 쓰인 현판이 걸려 있었다. 차향이 부처님 말씀같이 사방으로 흐르는 것 같다. 이곳에서는 대나무 이슬을 먹고 자란 죽로차를 마셔 볼 수 있다. 연기조사가 화엄사를 창건할 때 대밭에 차 씨앗을 심은 것이 죽로차의 시작이었다고 한다. 단아한 석등과 두 그루의 모과나무를 사이로 천불보전이 보였다.

모든 것이 자연과 어우러지는 우리 민족의 심성이 반영된 아름다운 건축과 정원 문화를 체험하는 듯하다. 해우소를 지나 개울을 건너니 가지마다 띄엄띄엄 꽃망울을 터뜨린 나풀거리는 산매(야매)가 무심한 듯 미소 지으며 기다리고 있다.

지났던 길을 되돌아 나와 보제루의 시원한 대청마루에 걸터앉았다. 대웅전, 각황전, 석탑 등 경내가 한눈에 들어온다. 모두 돌아본 후 여유롭게 다시 보는 화엄사는 더욱 깊은 울림으로 다

· 구층암 담장 기와

가왔다. 고개를 돌려보니 보제루의 창틀이 액자처럼 뚫려 있다. 창틀을 통하여 보이는 덕장전, 화엄원 등의 기와지붕과 그 위로 펼쳐진 지리산이 화엄사의 전경(前景)을 표구하여 허공에 걸어 둔 작품 같다.

선비의 멋과 여유 - 쌍산재

넓은 주차장 한쪽 끝 황토흙담 옆으로 쌍산재(雙山齋) 편액이 보이는 기와지붕의 아담한 출입문이 쌍산재 입구이다. 기와 너머로 푸른 대나무가 지붕을 둘러싸고 있는 집안의 모습에서 선비의 고결함이 느껴진다.

대문 옆으로는 '명천(名泉)'이라고 새긴 비석이 있어 샘이 있음을 알리고 있다. 우물은 사각의 우진각지붕이 덮고 있으며 이마에는 '지존지미(至尊至味)'라고 쓰인 현판이 걸려 있고, 옆에는 '천년고리 감로영천(千年古里 甘露靈泉)'이라고 새긴 비석이 서 있다. 오래된 마을에 감로수 같은 샘물이라니.

명천은 지리산 약초 뿌리 녹은 물이 흘러드는 귀한 샘으로 '당몰샘'이라고도 불린다. 이 물을 마신 상사마을 사람들은 샘물의 효능 덕분에 무병장수하는 사람이 많아 구례군 간전면 양천마을과 함께 전국 최장수 마을로 꼽힌다. 아마 대문 밖에 세워진 것은 추측해 보건대 이 귀한 물을 마을의 모든 사람이 이용할 수 있도록 배려한 것이리라. 한국판 노블레스 오블리주이다. 대문으로 들어서려는데 키가 껀정한 금발의 외국인이 막아서며 입장 순서를 조율하고 있었다. 입장료를 내고 들어가면 쌍산재 주인이 직접 만든 차를 주문할 수 있는데 앞 손님이 주문 중이니 기다리라는 것이었다. 기다리는 짧은 시간 동안 외국인 문지기와 얘기를 나누었다. 자신은 이곳이 너무 좋아 여기에서 오랫동안 스테이 중이라며 우물 옆쪽 빈터도 새롭게 한옥을 지으려고 집터를 닦고 있는 중이라고 알려 주었다(1년 뒤 방문해 보니 멋스러운 한옥이 거의 마무리 단계에 있었다).

쌍산재로 들어섰다. 이곳은 해주 오씨 문양공 진사공파가 22세손 이래로 자연을 벗 삼아 유유자적 글을 읽으며 보낸 곳으로, 1만 6,500㎡의 부지에 크고 작은 15채의 전통 한옥과 정원을 품은 잘 보존된 고택 한옥이다.

안으로 들어가 차를 주문하고 기다리며 안채, 바깥채, 사랑채를 기웃거리며 구경하고, 대숲이 감싸고 있는 안채 마루에 앉아 아담하고 예쁜 한옥들을 바라보고 있었다. 징검다리처럼 돌다리가 바깥채와 사랑채를 이어 주며, 앙증맞은 돌수조에 예쁜 꽃들이 피어 있는 조그만 마당은 하나의 작품이다.

· 장독대와 쌍산재 본채

차를 받아 한 모금 마시니 입안에 향기가 퍼지며 기분이 더 없이 맑아진다. 오랜만에 참 전통차를 마셔 본 것 같다. 차를 들고 옹기종기 크고 작은 항아리들이 모여 있는 장독대 옆으로 돌계단을 올

· 서당채로 들어가는 좁은 통로　　　　· 서당채로 오르는 돌계단

랐다. 돌계단 옆으로 자리한 별채와 호서정을 지나자 넓은 잔디밭이 펼쳐지고 가운데로 길이 나 있었다. 그 길 끝에는 앙증맞기 그지없는 쪽문 같은 가정문을 지나 고개를 드니 양편 나무터널 끝으로 서당채가 보였다. 쌍산재라고 새긴 편액과 명품 글씨의 주련, 더할 것도 뺄 것도 없는 면 구성과 공간 배치, 정성스러운 손길이 느껴지는 깨끗이 손질된 방과 마루까지, 모든 것이 발길을 묶어 둔다.

　서당채 옆에 있는 연못 청원당 주위에 마련된 의자에 앉아 한적하니 담소를 나누며 선비들의 안분지족 매이지 않는 유연자적한 삶을 상상해 보는 것만으로도 마음에 여유가 찾아든다.

고승의 숨결, 사성암

사성암(四聖庵)은 섬진강 벚꽃길 변에 우뚝 솟은 오산 정상의 깎아지른 암벽에 세워진 사찰이다. 오산은 바위의 형상이 빼어나 금강산 같다고 하여 예로부터 소금강이라고 불렀다. 이 사찰은 화엄사를 창건한 연기조사가 서기 544에 '오산사'라는 이름으로 세웠으며, 이후 의상, 원효, 도선, 진각국사 등 4명의 고승이 수도 터로 삼아 '사성암'이라 부르게 되었다. 이곳에서는 지리산 연봉들은 물론 서시천과 섬진강의 합수지, 넓은 평야 그리고 구례 읍내의 풍경을 한눈에 조망할 수 있다. 승용차를 이용하면 사성암 아래 주차장에 도착할 수 있지만 오르는 길이 구불구불 급경사여서 가급적이면 산 아래 정류장에서 버스를 이용하는 것이 좋다. 주차장을 출발하여 샛길로 오르니 넓은 구릉이 나오고 많은 사람이 그곳에서 섬진강과 구례 읍내를 조망하고 있었으며, 행글라이더를 타고 뛰어내려 멋지게 활공하는 마니아도 보였다.

느릿느릿 흐르는 강물, 넓은 평야와 읍내가 여기가 '남도'다 하고 외치고 있는 것 같다. 위로 요사채 앞을 지나 종무소 앞에 이르니 절벽 위에 세워진 약사전(유리광전)이 보였다. 절벽을 한쪽 벽면으로 삼아 나무기둥을 세워 지은 굳건한 위용을 지닌 건물이다.

· 소원바위

· 약사전

고개를 뒤로 젖혀 바라보니 뒷목이 뻐근하고 어지럽다. 돌계단을
빙글 돌아 약사전에 올랐다. 이층지붕의 통층으로 앞쪽은 예불석이
고 뒤쪽에는 약사불이 약병을 들고 서 계신 입상이다. 그러나 여느
사찰과 같은 금동불상이 아니고 검은 바위벽에 새겨진 암각불상이다.

전설에 의하면 원효대사가 선정에 들어 손톱으로 그렸다고 한다.
이웃집 한약방 어르신 같은 모습이다. 바라만 보아도 모든 병이 나
을 것 같은 친근함이 느껴진다. 약사전을 돌아 다시 돌계단을 올라
53불과 나한전에 들러 멋진 창문 뷰를 감상한 후, 약병을 든 보살상
과 수월관음도 형상의 동판이 있는 소원바위로 향하였다.

이곳 바위에서 부처님의 형상이 보이면 한 가지 소원은 반드시 이

루어진다고 한다. 그럼 무슨 소원을 빌지? 마음에 작정하고 바위를 보았지만 내 눈에는 도무지 보이지 않는다. 역시 불공을 드리고 마음 수양을 한 사람에게만 보이는 모양이다. 벼랑길을 걸어 산신각을 지나 도선굴에 들어서니 어두컴컴하다. 도선국사가 수도정진한 곳인가? 깊은 굴속에는 촛불이 어둠을 밝히고 있다.

동굴을 벗어나 헉헉거리며 전망대에 오르자 다시 탁 트인 창공에 넓은 평야와 섬진강, 지리산 연봉들이 파노라마처럼 펼쳐진다.

쉼이 필요할 때 - 섬진강대숲길

　섬진강을 사이로 사성암과 마주한 강변에 600m 길이의 울창한 대숲이 펼쳐져 있다. 구례 여행 중 휴식이 필요할 때면 이곳을 찾는다. 주차장에 차를 세우고 지하통로로 걸어 들어갔다. 실제로 차가 다니는 1차선 터널이어서 살금살금 조심조심 통과해야 한다. 통로를 빠져나오니 정면에 정자가 있고 바로 대숲길로 이어진다.

· 섬진강과 대숲

정자 왼쪽으로 조금 오르면 구례 핫플 '라플라타' 카페가 있다. 대숲 사이로 난 좁은 길을 따라 댓잎 스치는 바람소리를 들으며 천천히 걷기만 하면 된다. 푸른 대나무처럼 시원함이 가슴에 느껴지고 모든 피로가 사라져 버린다. 또 강 둔치의 대숲 가장자리에 '대숲길 포토존 그네'가 있다.

그네 옆 벤치에 앉아 강 건너 맞은편 벚꽃길과 높은 산을 실눈을 뜨고 바라보고 있으면 왜일 것 없이 쉼 그 자체이다. 섬진강 대숲은 일본이 사금을 채취해 가며 모래가 유실되고 황폐해지자 김수곤이라는 주민이 섬진강에 어울리는 대나무를 심기 시작하면서 조성되었다고 한다.

섬진강과 지리산

섬진강 맛보기

섬진강이라는 이름은 고려 우왕 시기 왜구가 섬진강 하구에 침입하자 수많은 두꺼비가 울부짖어 왜구를 물리쳤다고 하여 '두꺼비 섬(蟾)'에 '나루 진(津)'을 붙여 섬진강으로 부르게 되었다고 전해 온다. 이 강은 전북 진안과 장수의 경계인 팔공산에서 발원하여 임실의 운암을 지나고 남원에서 흘러온 요천과 합류하고 곡성의 압록에서 보성강과 합수머리를 이룬다. 구례에서 서시천을 받아들인 섬진강은 지리산을 옆에 두고 구례를 지나 전남 광양과 경남 하동의 경계를 이루며 남해 광양만으로 흘러든다. 섬진강은 강물이 맑고 모래가 고와 지리산 10경을 이루고 있다. 또한 물살이 느린 까닭에 다슬기(별칭: 고디, 대사리, 올갱이 등)와 재첩(별칭: 갱조개, 재치 등)이 많이 서식하여 어려운 시기에 지역 주민의 배고픔을 달래 주는 귀중한 먹거리가 되어 주었다. 약간 유속이 센 구례 구간에서는 다슬기가 많이 서식한다. 하천 바닥이나 수초에 붙어 서식하며 밤에는 강바닥으로 내려가고 햇빛이 비치는 낮에는 따뜻한 물 위로 올라와 수초나 바위에 붙어 생활한다. 재첩은 물살이 느려진 하구의 하동 구간에서 강바닥의 모래와 섞인 진흙 속에서 서식하며 플랑크톤이나 유기물을 먹고

자란다. 따라서 구례와 하동에서는 최고로 맛난 다슬기 수제비와 재첩국(국수)을 맛볼 수 있다.

우리 역사의 한 축, 지리산

중국의 전설에 따르면 발해만 동쪽 황금으로 지은 궁궐에 신선이 살고 있다는 산으로 진시황이 불로초를 얻으러 보냈다는 동방의 삼신산[三神山:금강산(봉래산), 한라산(영주산), 지리산(방장산)] 중 하나인 지리산은 별칭으로 방장산, 두류산으로 불린다. 고준광대(高峻廣大) 중후인자(重厚仁慈) 하여 아버지 같기도 하고 어머니 같기도 한 웅대한 산으로 천왕일출, 반야낙조, 노고운해, 벽소명월, 섬진청류, 피아골단풍, 세석철쭉, 칠선계곡 등의 아름다운 풍경과 화엄사, 천은사, 연곡사, 쌍계사 등의 고찰, 우리 민족의 길지로 전해 오는 청학동과 피아골, 쌍계골, 악양골 등을 품고 있으며 1967년에 우리나라 최초의 국립공원으로 지정된 산이다. 그러나 현대사의 굴곡 속에 여순사건과 6·25전쟁을 거치며 패퇴한 좌익이나 북한군이 숨어들며 이념 대립의 현장으로 부각되었다. 또 많은 문인들이 이를 소재로 작품을 썼으니 이병주의 《지리산》, 문순태의 《달궁》과 《피아골》, 서정인의 《철쭉제》 그리고 조정래의 《태백산맥》 등이 있다. 그러나 현재는 도로와 탐방로가 잘 닦여 있어 등산과 트레킹의 명소로, 또 사시사철 구석구석 아름다운 풍광과 역사가 깊은 유적이 자리 잡은 관광명소로 거듭나며 사람들의 발길이 끊이지 않는 곳으로 떠올랐다.

지리산의 세 골짜기
- 피아골, 쌍계골, 악양골

삼홍의 단풍과 깊고 험한 계곡 – 피아골

'피아골'이란 이름은 임진왜란 중 천연요새인 석주관에서 의병과 승병이 왜군과 맞서 싸우다 모두 전사하였는데 이때 흘린 피가 내를 이루었다 하여 붙여졌다는 설과 난리통에 피난지로서 '피하는 골'이라는 구전 및 옛날 화전민이나 연곡사 승려가 식량이 부족하자 척박한 땅에서도 잘 자라는 피(기장)를 심어 경작하던 밭에서 연유하였다고도 전해진다. 피아골 하면 빨치산이 제일 먼저 떠오르며 뭔지 모를 막연한 이념적 색채가 씌워져 주저하게 한다. 장대한 산속에서 지금도 숨어든 공비가 나타날 것만 같은 생각도 든다. 이것은 아마 우리나라의 현대문학이 이러한 주제를 많이 다루어 당시의 상황이 머릿속에 각인되었기 때문일 것이다. 많은 시간이 흐른 지금의 피아골은 아름답고 낭만적인 길로 변모하였다. 현재는 잘 닦인 포장도로여서 천천히 감상하며 가 볼 수 있는 골짜기이다. 핏빛 단풍에 산과 물, 사람마저 붉게 물든다 하여 '삼홍(三紅)'이라는 애칭이 붙여졌으며 가을이면 행락객으로 인산인해를 이룰 정도이다. 피아골의 계곡은 크고 깊고 험하다. 그래서 계곡 위로 솟은 산은 더 높아 보이며 골짜기를 덮은 산은 더 귀하고 신비로워 보인다.

> 흰 구름 맑은 내는 골골이 잠겼는데
> 가을에 붉은 단풍 봄꽃보다 고와라
> 천공이 나를 위해 뫼빛을 꾸몄으니
> 산도 붉고 물도 붉고 사람마저 붉어라

> 남명 조식, 〈삼홍소(三紅沼)〉

골짜기를 오르다 보면 맞은편 산 경사면에 계단식 논을 볼 수 있다. 바닷가에 있는 남해의 다랑이논과는 다른 산중의 다랑이논은 석축을 쌓고 흙을 옮기고 돌멩이를 고르는 고된 노동과 오랜 시간에 걸쳐 만들어졌을 것이다. 천수답이니 가뭄에는 물지게를 지고 비탈길을 올랐을 것이다. 시커멓게 탄 주름진 농부의 힘겨운 발걸음이 떠오른다. 눈물겨우며 숭고함마저 느껴진다. 다랑이논 위쪽으로는 산중에 묻힌 버섯 같은 농가들이 피아골과 하나인 것처럼 자연스럽게 조화를 이루고 있다.

연곡사 주차장에 도착하니 연곡천 물소리가 청량하게 들려왔다. 한눈에도 전혀 꾸밈이 없는 모습이 흥망성쇠를 겪으며 자연이 되어버린 것 같다.

경내로 들어가 가람배치와 건물들을 살핀 후 늘 그래왔던 것처럼 석탑과 사리탑을 찾았다. 사리탑의 다양한 형태와 자연스럽고 아름다운 선들을 보기 위해서이다. 사리탑에는 세상의 모든 형태와 선들이 응집된 것 같다. 대적광전을 지나 계단을 올라 동승탑(국보 제53호)과 탑신이 잘려나간 동승탑비, 고즈넉하게 햇살을 받고 있는 북승탑(국보 제54호)의 아름다움과 고요함을 담은 후 사리탑 구역으로 내려왔다. 지대석과 탑신석 및 팔각지붕에 비하여 무거워 보이는 상륜부의 보개가 자연스러운 듯 아닌 듯 오묘한 조화를 이루는 소요대사 탑, 아담한 동종 모양의 부도, 체스의 말을 머리에 얹고 있는 듯한 승탑 등 다양한 모양의 부도들이 세월의 흔적을 머금고 옛스러운 멋을 간직하고 있다. 바로 아래에서는 의병장 고광순순절비와 금방이라도 꿈틀거리며 움직일 듯한 거북받침 및 용머리에 감탄사가 절로 나오게 하는 현각선사탑비를 마주하게 된다.

삼층석탑 앞에 섰다. 꾸밈없이 무심한 표정으로 지리산의 깊고 희미한 능선들을 응시하며 서있는 모습이 이미 공(空)의 경지에 들어선 불자의 모습 같다. 연곡사를 나와 피아골 더 깊숙히 발길을 옮긴다.

계곡소리와 함께 직전(피밭)마을을 지나자 도로 끝이 나온다. 이제부터는 걸어야 한다. 탐방로를 따라 선유교를 건너서 삼홍소(삼홍교)에 도착하였다. 초봄이어서 아직은 황량한 길이지만 얼음물 녹은 맑은 계곡물 소리와 파릇파릇 고개 내미는 생명의 소리와 함께 걷는 기분은 맑은 공기만큼이나 상큼하였다.

십리벚꽃길과 천년차밭길 – 쌍계골

화개장터 십리벚꽃길은 지리산 쌍계골을 흐르는 화개천 북쪽 길을 따라 펼쳐진 꽃길로, 사랑하는 남녀가 손을 잡고 걸으면 백년해

· 십리벚꽃길

로한다고 하여 일명 '혼례길'이라고도 부른다. 3월 말 벚꽃 축제가 열리는 시기에는 전국에서 모여드는 남녀노소로 발 디딜 틈이 없을 정도이다. 화개천 변으로 벚꽃이 꽃망울을 터뜨리면 온 세상이 화사한 벚꽃으로 뒤덮인다. 화개천 맑은 물소리와 함께 끝없이 이어지는 화사하기가 그지

없는 왕벚꽃에 온갖 시름은 온데간데없고 꽃 같은 미소와 탄성만이 절로 나온다. 하늘마저 가려버린 연분홍 벚꽃터널에 입을 다물 수가 없다. 곳곳에 흐드러진 벚꽃을 배경으로 사랑의 맹세를 담는 연인, 다정하게 손을 잡고 걷는 젊은 부부, 느긋하게 한때를 즐기는 중년의 부부와 옛 추억을 떠올리며 걷는 어르신까지 모두 저마다의 꽃봉오리로 변한 듯하다. 꽃이 이렇게 사람의 마음을 순결하게 정화해 주는구나 경이로운 생각마저 든다. 걸어도 걸어도 끝이 없다. 강 건너 벚꽃길로 가기 위하여 다리를 건너니 그 길도 벚꽃과 꽃이 된 사람들 천지다. 밤에 펼쳐지는 달빛레이스 축제는 한층 분위기를 고조시키며 낭만 속으로 풍덩 빠지게 한다. 한바탕 꽃과 사람이 하나가 되는 길, 모두에게 가장 화사하고 아름다운 추억을 만들어 주는 길. 벚꽃의 성지, 십리벚꽃길.

· 차밭 언덕에서 바라 본 마을 풍경

십리벚꽃길 맞은편 산 중턱에는 차밭이 펼쳐져 있다. 이 지역이 신라 흥덕왕 때인 828년 대렴공이 중국에서 처음으로 차를 가져와 심은 곳으로 우리나라 차의 시배지이기도 하다. 아마 이 지역이 안개가 많고 습하며 일교차가 커 차 재배에 최적지였던가 보다. 산 중턱을 덮은 차밭들 사이로 천년차밭길이 조성되어 있다.

오르내리는 차밭 고랑을 걸으며 화개천 벚꽃길과 차밭 가운데 자리한 마을을 내려다보는 경관이 일품이며, 벚꽃길 카페에 앉아 차밭을 올려다보는 풍경 또한 어느 곳에서도 경험할 수 없는 멋진 산수화 같다.

그러나 초봄 차밭의 정취를 잘 느껴 보기에 좋은 방법은 차밭 가운데 자리한 펜션에서 조용히 앉아 초록 찻잎에 반짝이는 봄햇살, 나뭇가지를 오가며 지저귀는 멧새, 쏙독새, 동박새, 휘파람새,

· 차밭 풍경

되지빠귀 소리를 들으며 꿈결 같은 아름다움에 잠겨 보는 것이다.

차밭이 있는 마을길은 검은 큰 돌로 쌓은 담장이 많다. 또한 검은 돌로 축대를 쌓은 차밭도 볼 수가 있다. 마을주민의 얘기로는 산에 가득한 돌을 골라내어 차밭을 일구고 그 돌은 담과 축대를 쌓는 데 사용하였다고 한다. 좋은 땅이면 농사를 짓지 왜 차밭을 하겠느냐 한숨을 내쉰다. 왜 그러시냐고 여쭈니 이제 벚꽃이 지면 힘든 찻잎 수확을 시작해야 한다고. 세상은 항상 명암이 균형을 이루며 굴러가는 것 같다.

또 한철 잠시 왔다가는 벚꽃을 여한 없이 즐기기 위해서는 십리벚꽃길 이외에도 꼭 가봐야 할 곳이 있다. 구례의 서시천 변 벚꽃길과 섬진강 벚꽃길에서부터 화개장터까지의 섬진강 서쪽 강변 자전거길이다. 수십 킬로미터의 벚꽃터널은 섬진강의 은빛으로 반짝이는

• 섬진강 자전거길 벚꽃터널

물줄기를 따라 구불구불 이어지며 꽃에 취해 황홀경으로 빠져들게 한다.

경상도와 전라도가 가로지르며 하동사람 구례사람이 만나고, 있을 건 다 있는 화개장터(조영남, 〈화개장터〉). 화개장터는 남해와 섬진강에서 잡아 온 수산물, 지리산의 임산물, 구례평야의 농산물 교환

이 이루어진 오일장으로 우리나라 5대 전통시장이었다고 한다. 화개천과 섬진강이 합쳐지는 곳에 삼각형을 이루고 있는 깨끗이 정비된 장터는 언제 쇠락했었냐는 듯이 지금은 말 그대로 없는 것이 없고 인파로 북적거려 옛 영화를 회복한 듯하다.

장터에는 육해공에서 생산되는 모든 음식이 있다. 초가지붕의 한 식당에 들어가 음식을 주문하고 먹는 중에 주인아주머니가 막걸리 한잔 마셔 보라고 권하였다. 장터의 시끌벅적한 분위기와 옛 어른들이 허기를 때우던 음식과 함께한 걸쭉한 막걸리는 그야말로 꿀맛이었다. 야박해진 요즘 세상에 아직도 살아 있는 시골장터 인심에 마음이 훈훈해졌다.

최치원이 썼다는 석문 쌍계(雙溪) 바위를 지나 삼신산 쌍계사에 들어섰다. 쌍계사는 723년(신라 성덕왕 22년) 삼법, 대비 두 스님이 중국 당나라 6조 혜능의 정상(頂相)을 모시고 귀국하여 꿈에 계시한 '눈 속에 칡꽃이 핀 곳(雪裏葛花處)'에 정상을 봉안하고 지은 사찰이다. 서기 830년 진감 혜소국사가 육조영당(금당)을 세우며 크게 확장하여 '옥천사'라 하였으며, 신라 정강왕은 옥천사 산문 밖에서 두 계곡이 만난다고 하여 '쌍계사'라는 사명(寺名)을 내렸다.

임진왜란 때 소실되었던 것을 1632년(인조 10년)에 벽암선사가 중창하였으며 이후 여러 차례 중수·중창을 거쳐 현재의 모습을 지니고 있다. 쌍계사에는 최치원이 지은 사산비명(四山碑銘) 가운데 하나인 탑비를 승, 빈영이 새겼다는 진감선사탑비가 국보 47호로 지정되어 있으며 목조석가여래삼불좌상 및 사보살입상 등 9종의 보물이 보관되어 있다.

쌍계사는 일주문, 금강문, 천왕문, 구층석탑, 팔영루, 진감선사탑비, 대웅전이 나란히 배치되어 있고 부속 건물이 좌우로 있다. 일주문에서 바라본 대웅전은 마치 구중궁궐 깊은 곳에 감추어진 보물 같은 느낌이다. 구층석탑은 오대산 월정사의 팔각구층석탑과 유사한 형식으로 부처님 진신사리 5과

· 금당

가 모셔져 있다. 청학루의 우람한 기둥에 놀란 후 옆으로 난 계단을 고개를 반듯이 하고 천천히 오르면 청기와의 금당(金堂) 지붕을 시작으로 처마가 나타난다.

석등에 팔작지붕 양편이 가리우는 가운데 아름다운 처마가 살포시 나타난다. 더 이상 계단을 오르지 못하고 멍하니 바라볼 뿐이다. 금당 안에는 불상 대신 석탑이 서 있다. 아마 석탑에 육조 혜능의 정상이 모셔져 진리를 설파하고 계시는가 보다. 금당 편액 양편으로 육조정상탑(六祖頂相塔), 세계일화조종육엽(世界一花祖宗六葉)이라고 새긴 추사체 현판이 금당을 더욱 멋스럽게 하며 눈길을 사로잡는다.

처음 쌍계사를 방문했을 때이다. 근처 식당에서 식사하며 쌍계사에서는 무엇을 봐야 하느냐고 물으니, 주인이 버럭 화를 내며 '금당이 있다'라고 대꾸하였다. 아마 내가 이미 쌍계사를 둘러보고 별 감흥을 못 받고 던진 질문이라고 생각했던 모양이다.

질곡의 역사 – 악양골

악양골은 지리산에서 섬진강으로 산을 가르고 내려온 마지막 분지형의 골짜기이다. 골짜기 끄트머리에는 드넓은 평사리 들판이 펼쳐져 있다. 여기가 박경리 작가가 집필한 한민족 질곡의 시기인 1897년부터 1945년까지 50년을 가로지르며 3세대에 걸쳐 600여 명이 등장하는 대하소설《토지》의 배경이 되는 곳이다. 최참판댁은 평사리 들판과 섬진강이 훤히 내려다보이는 마을로 한옥 14동과 초가 50동으로 재현되어 있다.

이 프로젝트는 하동군청 여직원의 제안으로 시작되어 몇 년의 고증을 거쳐 2001년에 완공되었다고 한다. 나중에 인기리에 방영되었던 TV 드라마 〈토지〉의 촬영장으로 활용되었으며 이후 많은 드라마 촬영지로 이용되고 있다. 현재는 2016년 개관한 박경리 문학관을 비롯하여 연하재를 비롯한 한옥문화관과 회경재, 운락재의 한옥체험관이 문을 열었으며 언제나 방문객이 붐비는 명소가 되었다.

박경리 작가는 진주여고 시절에 평사리를 방문하였다고 한다. 그때 이곳이 강렬했던 기억으로 남아 평사리를 소설의 배경으로 삼았던 것 같다. 누구에게나 지나온 흔적들 가운데 옹이처럼 박혀 언젠가는 해결해야 할 숙명처럼 남아 있는 것이 있기 마련이다. 박경리 작가는 그러한 숙명 같은 기억과 맞서기도 하고 순응하기도 하며 글기둥을 붙잡고 연자매 돌리듯이 25년

· 박경리문학관

간 원고지 3만여 장이 넘는 《토지》라는 걸작 대하소설을 후세에 남겼다. 원고지 한 장 한 장을 밟고 걷는 마음으로 문학관과 소설 속의 마을과 최참판댁을 걸어 보자. 우물과 물레방아를 지나고 발걸음을 천천히 옮기면 집마다 안내표지가 세워져 있어서 소설 속 인물이 되어 볼 수 있다. 씨줄과 날줄같이 엮인 인연으로 서로 사랑하고 부대끼며 사는 삶이거늘, 모든 가옥마다 애틋하고 안타깝고 때로는 분노하게 하는 사연들을 간직하고 있지 않은가! 그들이 안고 살았던 삶의 애환이 지금 우리의 삶과 겹친다. 그들의 삶 안에 내가 보이며 마음이 숙연해진다.

박경리 문학관에는 작가가 생전에 사용하던 재봉틀, 국어사전, 육필원고 등 41점과 각 출판사가 발행한 소설 《토지》 전질, 초상화 외에도 《토지》 속 인물지도 등이 전시되어 있으며 평사리 들판이 훤히 보이는 문학관 마당인 '문학의 뜰'에는 박경리 작가의 전신 동상이 생전의 모습으로 세워져 있다.

동상 받침대에는 선생이 유언처럼 남긴 '버리고 갈 것만 남아서

· 평사리 들판

참 홀가분하다'라는 문구가 새겨져 있다. 그러나 선생이 버리고 간
것들은 곳곳에 새겨져 수많은 사람의 가슴에 무겁게 자리매김하고
있으며, 이를 기리고자 매년 10월이면 토지문학제가 열리어 고인을
추모하고 뜻을 기리고 있다.

그곳을 둘러보다 동네 주민 한 분을 만났
다. 문학관 인근에 살고 계시는 분이다. 최
참판댁의 재현 전후에 대하여 여쭤보았다.
시금이 이전에 비해 훨씬 나아졌다고 말씀
하시며 집 앞 도로를 가리키더니 전에는
달구지도 들어오지 못하던 길이 이제는 포
장도 되고 넓어져 자동차도 들어올 수 있
다고 좋아하셨다. 또 평사리 들판 아래쪽

· 박경리 작가 동상

은 섬진강이 자주 범람하는 수렁논이어서 거의 농사를 지을 수 없어 생활이 궁핍하였는데 강둑을 쌓고 도로가 만들어지며 평야도 넓어졌을 뿐만 아니라 관광객도 늘어 이제는 살만하다고 하셨다.

　문학관을 나와 바로 인근의 하동 스타웨이 스카이워크로 올라갔다. 아슬아슬한 투명바닥을 살금살금 걸어 모서리로 나아가니 섬진강의 넓은 흰 모래와 남해로 흘러드는 물줄기 그리고 평사리 들판의 장관이 한눈에 들어왔다. 《토지》의 역사가 언제 있었냐는 듯이 강물은 말없이 유유히 흐르고 강바람만이 속삭이며 귓가를 스친다.

백사청송 - 하동송림공원과 대숲

송림공원은 섬진강 변의 반짝이는 흰 모래와 맑은 물, 300년의 세월을 담은 노송이 수묵화처럼 펼쳐지는 곳이다. 이곳은 1744년 하동 도호부사로 부임한 전천상이 이듬해 섬진강 모래바람에 시달리는 부민의 고초를 해소하기 위하여 3,000그루의 소나무 방풍림 숲을 심으며 조성한 곳으로 천연기념물 제445호로 지정되었으며 '하동 섬진강 백사청송'으로 불리고 있다. 현재는 900여 그루의 우람한 소나무가 하늘로 솟아 있으며 숲 사이로 산책길이 잘 닦여 있다. 바닥에 떨어진 솔가리는 진한 황톳빛으로 검은 줄기, 푸른 솔잎과 대비를 이루며 강렬한 인상을 준다.

공원 안에는 재미있는 사연의 소나무들을 소개하고 있는데 맞이나무, 원앙나무, 고운매나무, 못난이나무가 있다고 하나 넓은 공원에서 찾기란 보물찾기만큼이나 어려울 듯싶다. 강변을 따라 설치된 벤치에 앉아 백사장과 강물을 바라

· 송림공원

· 매화마을에서 바라 본 섬진강

보고 있노라면 어느덧 자신은 강물에 흘러가 버리고 빈껍데기만 남
아 있는 듯한 느낌이 들고, 백사장에서 뛰어노는 아이들 소리가 아
지랑이 아물거리듯이 들려오며, 저 하구에는 강을 건너는 경전선 철
교가 외줄처럼 흐물거리며 걸려 있다. 호접몽 같은 시간이 흘러가고
있었다.

　조금 더 하구 쪽으로 다리를 건너면 하동포구공원의 대나무숲에
이른다. 중국영화 와호장룡에서나 볼 법한 크고 우거진 대숲에서 바
스락거리는 댓잎 소리를 들으며 여러 갈래로 나누어진 길을 미로찾
기 하듯이 걸으며 영화 속 주인공이 되어 볼 수도 있다.

꽃잎 흩날리는 매화마을

　매년 초봄 남원, 구례, 하동, 광양지역 여행계획을 세울 때마다 해결할 수 없는 어려운 문제에 맞닥뜨린다. 대개 광양의 매화는 3월 10일을 지나며 만개하고 구례의 산수유는 3월 중순에, 하동의 벚꽃은 3월 말과 4월 초에 만개하기 때문이다. 어쩌다 날씨에 이변이 발생하면 앞서 핀 꽃이 날리며 지는 것과 나중에 피는 꽃이 봉오리를 터뜨리는 것을 모두 볼 수 있는 기회가 오기도 한다. 그러나 아주 긴 여행 스케줄이 아니라면 어느 한쪽으로 맞추어야 한다.

　매화를 생각할 때면 제일 먼저 조선시대 추사 김정희의 애제자였던 고람 전기의 〈매화초옥도(梅花草屋圖)〉가 떠오른다.

　매화는 중국이나 조선의 선비들이 사랑했던 꽃이다. 이 그림은 '매처학자(梅妻鶴子)'라는 고사로 유명한 송나라 임포거사를 소재로 그린 그림이다. 임포는 고산으로 들어가 서옥을 짓고 20년 동안 은거하며 매화를 아내로, 학을 아들로 삼았고 사슴을 종자로 부리며 은거하며 살았다고 한다. 이 고사로 임포는 은일처사의 대표적인 선비가 되었으며 매화는 선비정신의 상징처럼 되었다.

　〈매화초옥도〉에는 하얀 눈이 높은 산을 뒤덮고 있다. 추운 겨울인

데도 눈보다 더 하얀 매화가 점점이 만산에 가득하여 밤 산을 환하게 밝히고 있는 듯하다. 초옥에는 푸르스름한 저고리를 입은 선비 앞에 서안이 놓여 있고 위에는 서책이 놓여 있다. 그러나 선비는 책을 읽기보다는 매화에 심취한 듯하다. 청량한 매화향이 선비를 감싸며 눈 덮인 산중에서 피리를 불도록 하였나 보다. 산 아래에서는 두루마기를 입은 선비가 피리소리를 향하여 섶다리를 건너고 있다. 선비의 마음이 몸에 걸친 붉은 두루마기만큼이나 쿵쾅거린다. 누구일까? 전기 자신이다. 초옥에 앉아 있는 선비는 역매 오경석이다. 모두 추사의 제자들이다. 얼마나 가까운 사이였으면 저런 마음일까? 오경석은 전기가 30세의 젊은 나이에 죽자 '그는 나와 같은 취미를 가지고 있었는데 불행히 일찍 죽어 자신이 가지고 있는 것을 미처 함께 보며 토론하고 감상할 수 없음을 아쉬워하며 눈물을 멈추지 못하겠다'라고 하였다.

아직 동장군이 다 물러나기도 전인 초봄이면 광양 다압면 남도대교 남쪽의 섬진강 자전거길 산비탈에는 매화가 물결을 이룬다. 어느 곳인들 다를까마는 매화를 찾는 상춘객에게 문을 열어 두는 홍쌍리 매실가(家)인 청매실농원이 자리한 매화마을에는 인파가 몰려든다. 쫓비산 자락에 자리한 곳으로 5만여 평의 산비탈에 10만 그루에 이르는 매화나무가 심겨 있다. 이곳은 임권택 감독의 〈천년학〉 촬영지이기도 하다.

입구에서 올라가면 2,500개의 항아리가 줄지어 있는 장독대 너머로 느릿느릿한 섬진강 물줄기와 너른 모래톱, 아기자기한 마을이 전

· 매화마을 풍경

형적인 남도의 모습을 보여 준다.

정자에 오르자 푸른 초록 바탕의 풀밭에 하얗게 핀 매화가 한창이

다. 산비탈을 가득 메운 자욱
하게 깔린 안개 같은 매화가
새하얀 환상의 세상을 보여 준
다. 군데군데 홍매화가 색칠을
하고 매화밭 가운데 위치한 볏
짚이엉을 올린 소담한 초가지
붕이 향수를 불러일으킨다.

곳곳으로 잘 닦인 길을 천천

· 매화나무

히 따라 걸으면 매화도에서나 볼 수 있을 것 같은 갖가지 모양의 매화나무를 만날 수 있다. 시꺼먼 줄기에 툭 튀겨 핀 하얀 매화가 병풍에서 옮겨 심어진 것만 같다.

곳곳에서 가족과 연인들이 초봄을 만끽하며 소곤거리는 소리와 웃음소리가 매화밭에 가득하다. 봄날의 아름다운 풍경이다. 미풍에 꽃잎이 우수수 흩날린다. 극과 극은 통하는 것이라고 했던가. 당나라 시성 두보의 시 한 구절이 끼어든다.

꽃 한 조각 떨어져도 봄빛이 줄거늘
수만 꽃잎 흩날리니 슬픔 어이 견디리

매화는 순간이다. 그래서 더욱 애태우며 기다리게 된다. 그러나 둥근 날은 딱 하루뿐인 보름달과 같아서 설렘은 금세 슬픔으로 바뀌어 버린다. 이 안타까움을 달빛 비치는 매화나무 아래에서 뉘와 함께 달래야 할까.

꽃 앞에서 술을 따르며 붉은 꽃빛 마시고(花前酌酒吞紅色)
달 아래서 차를 다리며 흰 달빛 마시네(月下烹茶飮白光)
하서 김인후, 〈백련초해(百聯抄解)〉 중에서

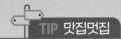

전주

🍴 화심순두부 ▶▶ 지역민이 찾고 관광버스가 줄 서는 곳

🍴 베테랑칼국수 ▶▶ 맛보기 위하여 인내심이 필요한 식당

남원

🍴 새집추어탕 ▶▶ 딱 그 맛

🍴 현식당 ▶▶ 푸짐한 인심에 토종 고향의 추어탕의 맛

☕ 명문제과 ▶▶ 줄 서서 사는 생크림 소보로

구례

🍴 피아골 산아래첫집 ▶▶ 지리산에서 직접 채취한 산나물 정식의 1대 천왕

🍴 동아식당(가오리찜) ▶▶ 남도 음식이라면 두말없이 여기

🍴 이가식당 ▶▶ 시원한 맛이란 이런 것, 속까지 풀어주는 명태탕, 조기탕. 기가 막힌식당

🍴 토지면 섬진강 다슬기식당 ▶▶ 다슬기 수제비의 정수(영월 성호식당 다슬기해장국과 함께 최고의 다슬기 음식 2대 천왕)

🍴 부부식당 ▶▶ 세련된 다슬기 수제비의 맛

🍴 목월빵집 ▶▶ 우리밀을 사용한 건강빵집

🍴 세자매가든 ▶▶ 치자돌솥밥과 영양반찬의 조합

🍴 평화식당 ▶▶ 보리새우 국물과 놋그릇 한우비빔밥의 조합이 환상인 곳

🍴 섬진강 제첩국수 ▶▶ 섬진강 풍경과 함께 먹는 최고 맛의 제첩국수

☕ 라플라타 카페 ▶▶ 대밭과 벚꽃길을 감상하며 쉼의 시간을 갖기 좋은 곳

🍴 한우식당 ▶▶ 금요일만 문을 여는 주민이 줄 서서 대기하는 피순대와 국밥집

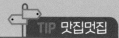

🍴 숲과 식당 ▸▸ 예쁜 마당, 깔끔한 인테리어와 식사로 연인들을 유혹하는 곳

🍴 아빠김밥 ▸▸ 꼭 미리 연락하고 가보길

하동

🍴 혜성식당 ▸▸ 양념과 하나 된 민물매운탕 맛집

🍴 홍인 ▸▸ 가마솥에서 무럭무럭 나오는 김과 곰탕 끓는 냄새

🍴 섬진강 횟집 ▸▸ 배밭에서 먹는 이곳에서만 맛볼 수 있는 특허받은 가리장국

🍴 악양골 옛날마포불고기 ▸▸ 입안에서 사르르, 악양들판의 슴슴한 나물무침까지

🍴 동흥제첩국 ▸▸ 섬진강 하구 전통의 제첩 맛집

🏨 유로제다 펜션 ▸▸ 녹차밭에서 누리는 햇볕과 지저귀는 새소리의 환상의 풍경

☕ 더로드101 카페 ▸▸ 앞산에 파노라마처럼 펼쳐지는 차밭을 보며

PART 2

선비의

향기를

찾아

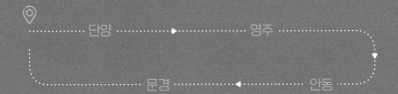

단양 ▶ 영주

문경 ◀ 안동

언제부터인가 우리나라에는 팔경, 구경이란 단어를 사용하는 광고가 많다. 옛날부터 전해 내려오는 곳도 있고 아니면 지방자치단체에서 지역경제 활성화를 위하여 붙인 곳도 많다. 본래 팔경의 원조는 중국의 소상팔경에서 시작되었다고 한다. 소상은 중국 후난성 동정호의 남쪽에 소수(瀟水)가 상강(湘江)으로 흘러드는 곳으로 이 일대의 아름다운 경치를 표현한 시와 그림이 유교를 숭상한 조선의 선비들에게도 많은 영향을 주었던 것 같다.

　　산시청람(山市晴嵐 맑은 기운이 감도는 산골마을의 풍경)

　　연사모종(煙寺暮鐘 연무에 감싸인 산사의 저녁 종소리)

　　소상야우(瀟湘夜雨 소산강에 내리는 쓸쓸한 밤비)

　　원포귀범(遠浦歸帆 저녁놀 속에 포구로 돌아오는 돛단배)

　　평사낙안(平沙落雁 흰 백사장에 줄지어 내려앉는 기러기)

　　동정추월(洞庭秋月 쓸쓸한 가을 달이 비치는 동정호의 정취)

　　어촌낙조(漁村落照 석양에 물든 한적한 어촌)

　　강천모설(江天暮雪 눈발 흩날리는 강변의 저녁풍경)

〈소상팔경(瀟湘八景)〉 중에서

우리나라에서 8경의 원조는 어디일까? 조선의 개국공신 삼봉 정도전에 관한 일화가 전해 오는 단양팔경이 조선 선비들의 유람코스였던 관동팔경보다는 앞선 것으로 추측해 볼 수 있다. 단양팔경은 단양강을 따라 ① 도담삼봉과 ② 석문에서 시작하여 단양천 계곡을 따라 넓이가 백여 척인 너럭바위와 부처바위(불암)가 있는 ③ 하선암, 물이 깨끗한 옥염대의 암각 글씨가 인상적인 ④ 중선암, 웅장한 바위와 올망졸망한 바위가 풍경을 이루는 ⑤ 상선암, 인근에 50m 높이의 기암절벽이 수직과 수평으로 절리를 이루며 다양한 색으로 베를 짠 듯하여 추사 김정희가 하늘에서 내려온 한 폭의 그림이라고 예찬했다는 ⑥ 사인암, 단양강 물줄기를 따라 청풍호에 이르면 거북이 기어오르는 모양의 ⑦ 구담봉과 죽순 모양으로 솟아오른 석벽에 퇴계 이황이 단구동문(丹丘洞門, 단양의 관문)이라고 새긴 ⑧ 옥순봉을 일컫는 말이다.

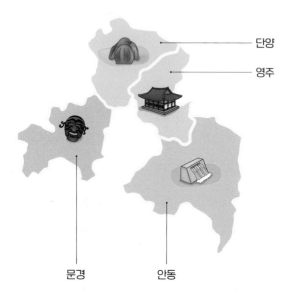

단양

영주

문경

안동

(신)단양팔경 ＋ 구경

세월이 흐르며 사람들의 취향과 즐기고자 하는 대상은 변하기 마련이다. 그럼 단양의 새로운 팔경은 어디일까? 아마 십인십색으로 다양한 곳이 추천될 것이다. 옛 팔경이 자연과 선비문화적 사상이 주요하게 내재한 것이라면, 현재의 팔경으로 추천할 만한 곳은 사회가 복잡다단해진 것만큼이나 다양해져 자연과 사람, 역사와 지역 문화, 맛과 향, 떠남과 쉼, 이동의 편리성 등 복합적인 요소가 고려되어야 할 것이다. 즉 여행지도 각자의 개성에 따라 다양할 수밖에 없다.

다분히 개인적인 취향으로 구경하고 체험하고 느낀 이 코스의 명칭을 (신)단양팔경＋구경이라 이름 짓고 소개해 본다.

유람선에서 바라본 도담삼봉과 석문

요즘처럼 눈이 번쩍 뜨일 정도로 웅대하고 압도적인 풍경에 익숙한 우리에게 도담삼봉을 보기 위하여 주차장에 도착하면 '애개개~ 이게 뭐야' 하는 생각이 든다. 강 가운데 떠 있는 삼봉의 규모가 너무 아담해 보이기 때문이다. 고작 이것이 정선과 단양이 다투었다는 도담삼봉이야? 도담삼봉은 정선군의 삼봉산이 홍수에 떠내려와 현재의 도담삼봉이 되었다고 전해진다. 이때 정선군은 삼봉을 갖게 된 단양군에 세금을 요구하였다. 그때 어린 정도전이 꾀를 내어 정선군수에게 '우리가 삼봉을 떠내려오게 한 것도 아니요, 오히려 물길을 막아 피해를 보고 있으니 도로 가져가시오' 하며 없었던 일로 마무리하였다고 한다. 훗날 정도전은 이 세 개의 봉우리를 차용하여 '삼봉'이라 호를 지을 정도로 애정을 보였다고 한다.

도담삼봉은 유람선을 타고 둘러보아야 한다. 물결처럼 천천히 흐르는 유람선에서 바라보는 도담삼봉은 강 밖에서 보는 것과는 완전히 다른 모습을 보여 준다. 유람선이 가까이 지날 때 보면 밖에서 보았던 것과는 다르게 그 크기와 바위의 신비로움에 놀란다. 강 밖에서는 보이지 않던 바위의 색과 결이 신비로움을 띠고, 바라보는 위치에 따라 마술처럼 1~3개의 섬으로 보이기도 하며 또한 야누스의 얼굴처럼 여러 가지 다양한 모양으로 변주되어 나타난다. 잔잔한 수면에 비친 도담삼봉이 물결에 흔들리는 모습은 가

· 도담삼봉의 정자

· 도담삼봉

히 단양의 1경이라 할 만하다. 삼봉의 그림자는 섬 어깨에 지어진 육모정자와 옆으로 불쑥 솟은 바위 꼭대기에 고고히 서 있는 학의 자태와 어울려 한 폭의 수묵화를 펼쳐 보인다.

유람선을 타고 오르면 석문이 보인다. 높은 산 가운데가 네모나게 뻥 뚫려 있어 가슴이 다 후련하다. 석문을 통과하는 비행연습이라도 할 수 있을 것 같다. 배는 석문 앞을 돌아서 하류로 향한다. 강 건너에는 우리나라에서 가장 오래된 금굴 구석기 유적지가 보인다. 멀리 암벽에 있는 굴 입구가 보였다. 금굴은 길이 85m, 너비 6m, 높이 9m 크기로 구석기 시대 약 70만 년 전부터 청동기시대 약 4천 년 전까지의 선사시대 유적이 남아 있는 석회암 동굴이라고 한다. (유람선에서 설명) 다음 기회에 꼭 가봐야겠다고 다짐하며 아쉬움을 달래 본다.

초대된 손님, 카페산

별, 노을, 강, 그리고 산을 함께 바라보는 곳, 카페산은 산꼭대기에 위치하여 오르는 길이 험하므로 용기가 좀 필요하다. 지금이야 도로 대부분이 포장되어 있어 그나마 좀 수월해졌지만, 이전에는 마지막 200~300m는 거의 차 한 대 오를 수 있는 좁은 비포장 도로여서 운전자들이 긴장할 수밖에 없었다. 만약 반대편으로 내려오는 차가 있으면 어떡하지 애태우며 오르는 길이었다. 카페에 도착하면 출구가 다른 방향으로 되어 있음을 알고 헛웃음이 나오기는 하지만. 카페산에 도착하면 제일 먼저 확 트인 창공과 아스라이 보이는 겹겹의 산 능선들을 마주한다. 가만히 앉아만 있어도 힐링이 되는 곳이다. 비안개라도 산 중턱에 걸리는 날이면 깊은 산중에 유유자적하는 기분을 느껴 볼 수 있다. 오른쪽으로는 희미하게 산을 깎아 전원주택단지를 조성하는 것처럼 보인다. 나름대로 운치 있어 보이나 알고 보면 시멘트 광산이다. '가까이 보면 비극이지만 멀리서 보면 희극이다'라는 찰리 채플린의 명언이 생각난다. 그리고 높은 산 능선과 산 아래를 흐르는 단양강 느림보 물줄기에 감싸여 있는 단양을 한눈에 담을 수 있다. 구불구불 단양강 물줄기가 석문과 도담삼봉을 휘감고 금굴 구석기 유적을 지나 삼봉대교 아래를 흘러 단양 읍내를 감아 돌고 느릿느릿 반짝이며 청풍호를 향하여 흘러간다.

• 카페산에서 바라본 비안개 낀 능선

낙동강이 하회마을과 무섬 마을을 휘감는 물줄기를 보여 준다면 남한강은 단양 읍내를 감아 도는 물줄기를 자랑하는 듯하다. 카페 바로 옆에는 패러글라이딩 활공장이다. 관광객이 패러글라이더와 함께 활공을 체험할 수 있는 시스템이다. 다양한 색과 무늬의 패러글라이딩이 창공을 선회한다. 지구의 중력을 무시하고 창공을 나는 사람들. 인간은 항상 새처럼 날기를 소망해 왔다. 직접적으로는 활공의 쾌감을 만끽하기 위해서겠지만 깊은 무의식의 세계에서는 활공의 순간만이라도 현실의 불안과 부조리에서 벗어나 보려는 욕망이 아닐까? 날개를 활짝 편 독수리처럼 이리저리 방향을 바꾸며 미끄러지듯 활공하는 모습을 보며 대리만족을 느껴 본다.

가장 인기 있는 1층 야외테이블에서 차를 마시고 3층 테라스로 오르는데 계단 중간에 인상적인 문구의 팻말이 보였다.

나는 카페산에 캐스팅된 배우다

고객님은 '초대된 손님'이다
대중은 '관객'이다
근무는 '공연'이다
근무 중은 '공연 중'이다
일은 '배역'이다
매뉴얼은 '대본'이다
유니폼은 '의상'이다
비번은 '무대 뒤'다

나는 카페산에
캐스팅 된 배우다.

고객님은 '초대된 손님'이다.
대중은 '관객'이다.
근무는 '공연'이다.
근무 중은 '공연 중'이다.
일은 '배역'이다.
매뉴얼은 '대본'이다.
유니폼은 '의상'이다.
비번은 '무대 뒤'다.

• 팻말

3층 테라스에서 산과 강, 읍내를 응시하는 주인공이 되어 보시길.

조심조심 살금살금 – 만천하스카이워크

만천하스카이워크에 가기 위하여 느림보강물길을 따라가다 보면 1차선 편도의 긴 천주터널을 만난다. 폐선된 중앙선 철로를 이용하여 개통된 터널이다. 터널 앞 신호등에 빨간불이 켜졌다. 한참을 기다리니 차량 몇 대가 터널에서 나와 백미러로 사라져 가는 모습이 보였다. 잠시 후 녹색신호로 바뀌어 터널로 진입하였다. 터널을 밝히는 전등 대신 무지갯빛 조명쇼가 펼쳐졌다.

천주터널을 지나 만천하스카이워크에 도착하였다. 도대체 얼마나 대단하기에 온 세상을 뜻하는 만천하라고 이름을 붙인 거지 궁금해진다. 만천하를 볼 수 있는 스카이워크 외에도 다양한 체험을 즐길 수 있도록 집와이어, 알파인코스터, 슬라이드, 모노레일 등이 운영되고 있다. 알파인코스터를 타보기로 하였다. 출발지로 이동하여 알파인코스터에 몸을 고정하고 주의사항을 들은 후 출발하였다. 천천히 출발하는가 싶더니 금세 초스피드로 내려가기 시작하였다. 커브에서는 몸이 튕겨 나가는 것 같아 바짝 긴장되었다. 빙글빙글 회전할 때는 거의 혼절의 상태. 아무 생각이 없이 그저 빨리 끝나기만을 바랄 뿐이다. 내가 왜 이런 무모한 짓을? 모자란 거 아냐? 거의 혼이 나간 사람처럼 도착지에 도착하여 내린 후 다시는 타지 않겠다고 다짐하고 다른 오락거리인 모노레일, 집와이어, 슬라이드는 쳐다보지도 않고 만천하를 보기 위하여 스카이워크로 향하였다. 일단 차 한 잔 마시며 숨을 고르기 위하여 만천하 카페에 들러 휴식을 취한

후 우주정거장 모양의 전망
대로 향하였다. 전망대를 빙
빙 돌고 돌며 사방의 풍경을
감상하고 돌고 또 돌아 정상
에 이르렀다. 전망대 꼭대기
에 삐죽삐죽 삐져나온 투명

• 만천하스카이워크 (ⓒdytc.or.kr)

발판 스카이워크를 조심조심 살금살금 기어가듯 걸었다. 식은땀은
산바람에 말라 버렸다. 산, 골, 능선, 길게 늘어진 단양강, 읍내 등
만천하가 한눈에 들어오고 절벽 아래로는 반짝이는 느림보 강물이
흐르고 강 건너에는 단양역과 시루섬의 흔적이 보인다.

빛의 에덴동산 – 이끼터널과 수양개빛터널

이끼터널과 수양개빛터널은 중앙선 폐선 철로를 이용하여 만들
어졌다. 수양개빛터널로 가는 길에는 이끼터널이 있다. 이끼터널은
콘크리트 비탈면 사이로 기차가 다니던 길이었으나 현재는 포장하
여 도로로 활용되고 있다. 그 양쪽 비탈면에 오랜 시간 동안 벽에서
자란 푸른 이끼가 흘러내려 이끼폭포 사이를 지나듯 마음을 시원하
게 해준다. 특히 녹음이 우거진 시기에 지나야 제맛을 느낄 수 있다.

이끼터널을 지나면 수양개선사유물전시관과 수양개빛터널을 마
주하게 된다. 두 곳은 함께 운영되고 있는 곳으로 선사유물전시관을
통하여 빛터널, 빛정원으로 자연스럽게 안내된다. 단양에는 구석기,
신석기, 청동기의 선사(先史)문화가 다양하게 분포되어 있다고 한다.

선사라는 말 자체가 고리타분하다는 선입견이 들지만, 동선을 따라 하나씩 관찰하다 보면 뭔가 생각이 바뀌며 역사에 빚을 졌다는 느낌이 든다. 역사 이전, 즉 문자가 없어 정확하게 기록되지 않은 선사문화를 조사·발굴하고 연구를 통하여 이렇게 재현한 역사학자들이 존경스럽다. 전시관에는 기후변화에 적응하지 못하고 멸종된 매머드 화석, 동굴 생활을 하는 선사인의 모습, 집단으로 천렵하고 불을 피워 고기를 익히는 인류의 생활모습, 뗀석기·간석기 같은 사냥의 도구들이 전시되어 있다. 거의 모든 동물이 멸종되었지만, 인류만 생존할 수 있었던 이유는 무엇이었을까? 소꿉장난 같은 뗀석기, 간석기 같은 도구를 발명하고 사용한 것도 그 이유 중 하나일 것이다. 현재에도 영장류를 제외하고 무기를 든 동물을 본 적이 있는가? 인류란 참으로 적수가 없는 무시무시한 존재이다. 뗀석기, 간석기 같은 조그만 발명과 진보를 통하여 인류가 현재의 문명을 이루고 생존해 왔다고 생각하니 감회가 새롭다. 이러한 보잘것없는 진보를 통하여 내가 지금 여기에 서 있는 것 아닌가!

빛터널은 해 질 녘에 가는 것이 터널을 지나고 펼쳐지는 빛정원을 제대로 누릴 수 있다. 길이 200m, 폭 5m의 철로 폐터널을 이용한 빛터널에서는 화려한 영상과 음향으로 마치 환상의 세계를 여행하는 것 같다. 입구에서부터 천장을 가로지르는 무지개, 폭포수 같은 물방울, 혼돈과 창조, 질서가 반복되는 빛의 향연, 쏟아지는 별빛, 장미꽃과 튤립꽃의 우쭐거림, 쉼 없이 다채롭게 펼쳐지는 환상의 세계여행을 마치고 터널을 나오면 비밀의 정원으로 들어선다.

5만여 개의 조명으로 이루어진 드넓은 꽃밭이 나온다. 빛정원으로 들어서는 길목이다. 탄성이 절로 나온다. 빛정원은 새와 사슴, 사람이 함께하는 에덴동산이다. 정원에서는 모두가 벌과 나비, 견우와 직녀, 선녀와 나무꾼이 되기도 하고, 발레리

• 수양개빛정원 (©ledtunnel.co.kr)

노 루돌프 누레예프와 발레리나 안나 파블로바가 되어 지크프리트 왕자와 오데트 공주가 되어 보기도 한다. 저녁 바람을 맞으며 야트막한 넓은 구릉 숲속에서 펼쳐지는 빛정원, 환상의 비밀정원을 걷는 경험이 특별한 추억으로 남을 것 같다.

낭만의 오브제 – 단양강 잔도

단양강 잔도는 만천하스카이워크 앞에서부터 상진대교까지 1.2km에 걸쳐 단양강 절벽에 설치된 데크길이다. 잔도에는 중간중간 지붕이 씌워 있다. 90도가 넘는 절벽에 설치되어 낙석사고를 방지하는 목적도 있을 것 같다. 그러나 지붕은 비 오는 날 잔도를 걸으며 사선을 그으며 떨어지는 빗방울과 흐린 강을 보며 낭만에 빠져 보기에 아주 훌륭한 낭만 오브제이다. 잔도는 지질공원 구역 내에 위치하여 절벽에는 돌단풍, 구절초, 싸리나무, 느릅나무, 생강나무, 굴참나무, 물푸레나무 등 다양한 식물이 자라고 있어 찾아보

· 단양강 잔도

는 재미도 쏠쏠하다. 그리고 밤에는 조명을 밝혀 만천하스카이워크나 수양개빛터널 등 인근 여행을 마치고 나오며 걷기에는 아주 적합하다. 단양강 잔도는 거친 파도가 부딪치는 바다나 기암절벽 높은 산에 설치된 잔도와는 달리 느림보강물이 흐르는 절벽에 설치되어 있으며, 또 절벽이 치맛주름처럼 구불구불하여 잔잔하게 걸으며 여유와 낭만의 맛을 느껴 볼 수 있는 참으로 아름다운 길이다.

그때를 아시나요 - 단양역과 시루섬

단양강 잔도 강 건너에는 단양역이 있다. 단양역은 1942년에 개통된 역으로 우리나라 산업의 한 축을 담당했던 시멘트와 석탄 운송의 중추 역할을 했던 역이다. 1985년 충주댐 공사로 이곳으로 이전해 왔으며 2016년 도담삼봉을 형상화하여 건축한 현재의 역사는 옛 화려했던 영화는 뒤로하고 여객전용 역사의 기능만 수행하고 있다. 산과 강을 등지고 앉은 넓은 역사의 터 우측에는 옛 영화가 그리웠는지 오래된 기찻길에 3016호 기관차 1량만이 덩그러니 홀로 세워져 있다.

영화의 한 장면을 연상케 한다. 역 주변의 작은 공원이 더욱 시골 역사의 분위를 물씬 느끼게 한다. 역사 앞쪽으로 나가니 단양강 물줄기 가운데로 시루섬의 흔적이 남아 있다. 섬이 콩나물시루처럼 생겼다고 하여 붙여진 이름이

· 3016호 기관차

다. 시루섬은 1972년 8월 태풍 '베티'로 인하여 섬이 물에 잠기며 주민 230여 명이 고립된 적이 있었다. 높이 6m 지름 5m의 작은 물탱크 하나와 세 개의 원두막으로 대피한 주민들은 14시간을 버티며 아기 1명을 포함하여 4명이 사망하고 4명이 실종되는 피해 말고는 대부분이 살아남은 '시루섬의 기적'을 이루어 내었다.

그 기적의 힘은 주민들이 아이와 여성, 노인 그리고 타지 사람 순으로 먼저 대피시키는 양보의 미덕을 발휘하였기 때문이라고 한다. 현재 시루섬 근처 단양강 변에는 그날 아이를 잃은 인고의 어머니 동상과 시루섬 이야기를 전하는 기념비가 세워져 당시의 긴박한 순간과 기억해야 할 이야기를 전하고 있다.

구경 가세 - 구경시장

구경시장도 원래는 1일과 6일이 장날인 전통시장이었으나 단양팔경을 잇는 아홉 번째 구경 포인트라는 의미를 담아 이름을 바꾸었

다고 한다. 당연히 시장 자체의 활기와 떠들썩함, 분주함이 느껴져야 하겠지만 구경시장이니 뭔가 특별한 구경거리가 있어야 한다. 구경시장은 단양 읍내를 감싸고 흐르는 강줄기의 코너자리에 있다. 깨끗하게 잘 정비된 시장 내부를 여유 있게 돌아보려는 마음은 접어야 한다. 관광 인파가 시장을 꽉 메우고 소문난 맛집은 대기줄이 구절 양장이다. 단양은 마늘축제가 개최될 정도로 마늘이 유명한 고장이다. 단양마늘은 단단하고 향이 좋으며 피부노화 방지, 면역력 향상, 피로 해소, 전립선 건강, 다이어트 효과, 동맥경화, 고지혈증, 항암, 항균에도 효과가 좋은 만병통치약이다. (단양 마늘홍보 참조) 시장에 들어서니 접 단위로 묶은 마늘이 천장에 걸려 있고 바닥에도 놓여 있다. 마늘빵, 마늘닭강정, 마늘만두, 마늘순대 등 거의 모든 음식에 마늘 이름이 들어 있다. 판매방식은 전통적이다. 많은 양을 사면 할인도 커진다. 포테이토 커스터드 마늘빵, 바게트 마늘빵이 노랗게 먹음직스럽다. 흑마늘누룽지 닭강정은? 새우마늘만두도? 아침 식사도 할 겸 시장 안에 있는 흑마늘순대국식당으로 향하였다. 식당 길목에 위치한 아이스크림 디저트 가게에는 벌써 사람들이 줄을 서서 기다리고 있었다. 식사를 마치고 나오면서 보니 사람들 손에 상자가 주렁주렁 들려 있다. 이건 또 뭐야? 수수부꾸미, 전병… 내일 또 방문해야겠다.

사통팔달 영주

• 옛 영주역(ⓒ영주시)

지금이야 거의 모든 도시가 사통팔달의 교통체계를 갖추고 있지만 1970년 7월 7일 대전-대구 구간의 공사를 끝으로 국토의 대동맥인 고속국도 1번 경부고속도로가 완공되기 이전까지는 철도가 중요한 이동과 운송 수단이었다. 그 당시 영주는 강원도, 경상북도, 충청북도가 나뉘는 분기점이라는 지리적 위치 때문에 중앙선, 영동선, 경북선이 통과하는 곳으로 익산(당시 이름 '이리'), 송정리역 등과 더불어 십자형(十字形)으로 철로가 교차하는 교통의 요지였다. 1941년에 시작한 영주역은 태백선(제천-철암)이 개통되기 이전에는 정선, 영월, 태백, 삼척에서 캐낸 석탄, 묵호, 북평, 삼척에서 생산된 시멘트의 주요 이동로였으며 강원 남부 및 경북 내륙 주민들의 발과 같은 역할을 하던 곳이었으니 당시 영주가 얼마나 번성하였을지는 상상해 보기가 어렵지 않다.

현재에도 '영주 근대역사문화거리'에서 번성했던 시절의 흔적을 볼 수 있다. 이 거리는 구도심의 중심부인 풍기통로(현 광복로)와 구 영주역사의 배후에 형성된 철도원들의 거주지인 '관사골'과 '뒷새'를 이어 주는 길로 그 주변으로는 근대 시기의 고택과 이발소, 정미소, 지물포 등의 주민 생활사와 시민에게 안식처가 되어 준 교회를 볼 수 있다. 현재는 거의 폐허가 되다시피 했던 거리를 깨끗이 정비하여 관광객의 발길이 끊이지 않는 낭만의 거리로 변모하였다. 근대역사문화거리, 뒷새, 관사골로 이어지는 거리를 천천히 걸으며 오래된 건물과 상점들, 낡은 거리, 철도원 관사, 벽화 등을 감상하다 보면 어느새 과거로의 여행기차에 승차하였음을 실감하게 된다.

또한 영주는 선비의 얼이 숨 쉬고 우리나라 최고(最古)의 문화재가 잘 보존된 선비문화와 충절의 고장이기도 하다. 영주는 조선의 개국공신 정도전과 고려 말부터 조선 초까지 연이어 세 분의 판서[정운경(정도전의 부친), 황유정, 김담]를 배출하였으며, 단종복위운동을 꾀하다 희생된 금성대군이 위리안치된 충절의 고장이며, 퇴계 이황이 풍기군수를 역임한 고매한 선비정신이 깃든 곳이다. 또한 우리나라 최초의 사액서원인 소수서원, 가장 오래된 목조건물인 무량수전을 품은 부석사, 그리고 외나무다리가 아름다운 무섬마을, 피난민들의 애환이 서린 풍기인견, 고려말 문정공 근재 안축이 순흥지방의 경승을 노래한 〈죽계별곡(竹溪別曲)〉, 이퇴계 선생이 이름 지은 소백산 '죽계구곡' 등 문화유산과 풍류가 넘치는 곳이어서 마음을 설레게 하는 곳이기도 하다.

최초 사액서원, 소수서원

소수서원(사적 제55호)은 1542년(중종 37년)에 풍기군수 주세붕이 우리나라 최초의 성리(주자)학자인 문성공 회헌 안향 선생이 태어나고 자란 이곳에 백운동 서원을 건립하며 비롯되었다. 이후 퇴계 이황이 풍기군수로 부임하며 조정에 건의하여 '학문을 이어서 닦는다'라는 뜻의 사액(賜額)을 받았다. 사액서원이란 임금으로부터 서책, 토지, 노비를 하사받고 면역의 특권을 받은 서원을 일컫는 말로 현대판 사립대학교이다. 소수서원의 현판은 명종 임금의 친필 글씨를 새긴 것이다. 소수서원은 이러한 유무형의 역사성과 문화재로서의 가치를 인정받아 2019년 7월 다른 8개의 서원과 함께 유네스코 세계유산으로 지정되었다.

소수서원에 들어서면 제일 먼저 시원스럽게 쭉쭉 뻗은 '학자수(學者樹)'라 불리는 300년 넘은 붉은 소나무가 그득한 솔밭이 눈에 들어온다. 마치 일월오봉도의 소나무 같다. 폭포를 타고 내려온 생명의 기운을 품고 든든하게 하늘을 받치고 있는 기운이 느껴진다. 이곳에서 수학한 학봉 김성일, 미수 허목 등 4천여 명의 유생들이 모두 소나무처럼 든든한 나라의 동량이 되었음을 말하고 있는 듯하다. 진입로를 조금 걸으면 날렵한 당간지주(보물 제59호)가 서 있다.

· 학자수 솔밭

· 소수서원 입구

　과거에는 이곳에 '숙수사'라는 사찰이 있었다고 한다. 오른쪽 계곡 죽계천 징검다리 건너에는 풍류 읊기에 제격으로 보이는 정자가 서 있다. 선비와 유생들의 교류와 휴식을 위한 공간이다. 소수서원은 죽계천이 감싸고 흐르는 명승이다. 계곡을 따라 오르니 서원 입구 절벽에는 수령이 500년 넘은 은행나무 고목이 세월을 담고 서 있어 이곳이 유학을 공부하는 곳임을 알게 해준다. 은행나무 가지 아래에는 경렴정이 수려한 죽계천의 풍광을 내려보고 있다. 이 정자에서 죽계의 맑고 시원한 물빛과 연화산 그림자에 취하여 시연을 베풀고 호연지기를 키웠을 것이다. 계곡 건너에는 붉은 글씨로 '경(敬)' 자를 새긴 큰 바위가 보인다. 퇴계 이황의 글씨를 주세붕이 새긴 것으로 '경은 구차함의 반대되는 것이니, 잠깐이라도 구차하면 불경(不敬)이다'라는 의미로 자연을 감상하며 성리학의 의미를 되새겨 몸과 마음가짐을 곧게 하기 위함이었던 것 같다.

　서원 내부에는 문성공 회헌 안향과 문경공 안보, 문정공 안축, 문민공 주세붕의 위패를 모신 문성공묘(보물 제1402호), 유생들의 학습 공간인 강학당(보물 제1403호), 장서와 목판을 보관한 장서각, 서원 원장과 교수의 집무와 숙소인 일신재/직방재, 유생들의 기숙과 개인 학습 공간인 학구재/지락재가 자리 잡고 있다. 문성공묘의 현판은 명나라 사신 주지번이 쓴 글씨이다. 주지번은 이외에도 서울 성균관의 '명륜당', 경포대의 '강산제일'이라는 현판 글씨를 쓰기도 하였다. 그의 글씨에는 별 감동이 느껴지지 않는다. 우리

· 강학당

나라에는 감탄이 절로 나오는 명필이 참 많다. 그분들의 글씨를 집자하여 현판을 다시 제작해 보면 어떨지 하는 생각이 맴돌곤 한다. 강학당에는 우리가 알만한 선조들이 쓴 현판이 빽빽이 걸려 있다. 휘이 둘러보며 글씨 감상하는 재미가 쏠쏠하며 누가 더 명필인지 생각해 보는 맛도 재미있다.

　소수서원이 타 서원과 다른 점은 사당과 강학 장소의 배치이다. 대부분은 전학후묘(전면에 학교를 후면에 사당을 배치하는 방식)의 중국식 방식을 따랐으나 소수서원은 동학서묘의 배치로 우리나라의 전

통방식인 이서위상(以西位上: 서쪽을 으뜸으로 삼는다)의 예를 따랐다.

강학당 뒤편 유생들의 거처를 지날 때마다 《논어》 1편에 나오는 "학이시습지 불역열호(學而時習之 不亦說乎)"가 떠오르며 꼭 나를 두고 타이르는 말씀 같아 마음이 뜨끔하다. 그래서 곁눈질로 슬쩍 보고 지나쳐 버린다.

"학구 지락(學求 至樂), 유생은 오로지 학문을 구하라, 그리하면 지극한 즐거움에 이를지니."

경내 뒤쪽에는 서원 운영을 돕던 사람들이 기거한 고직사, 그리고 영정각이 자리 잡고 있다. 영정각에는 회헌 안향(국보 제111호)을 비롯하여 신재 주세붕(보물 제717호), 회암 주희, 오리 이원익, 한음 이덕형, 미수 허목의 영정이 모셔져 있다. 모두 우리가 역사를 공부할 때 보았던 익숙한 영정들이다. 아는 것을 보았을 때의 와락 반가움이란.

• 영정각에 모셔진 안향과 주자 초상

서원을 지나 고려시대 숙수사 시절부터 있었던 연못인 탁청지에서 연꽃 향에 취해 본 후, 한적한 잔디정원을 산책하듯이 걸어 죽계교를 건너면 민조현에게 출가하여 일생 정절을 지켜 나라로

부터 정려(旌閭)로 인정받은 반남 박씨의 열부각과 안방마님의 억울한 누명을 풀어 드리고자 동분서주한 고만석의 충복각이 서 있다.

옥계교를 지나면 선비촌에 이른다. 선비촌은 4개의 구역으로 공간이 구성되어 있다. 입구에는 수신제가 구역으로 김상진가와 해우당고택, 강학당이 있으며, 두암고택과 인동 장씨의 대궐 같은 집이 있는 입신양명 구역, 자신의 편안함을 추구하지 않는다는 만죽재, 옥계정사, 김문기 고택의 거구무안 구역, 그리고 가난 속에서도 바른 삶을 구한다는 선비와 서민가옥이 있는 우도불우빈 구역으로 나뉜다. 이곳 선비촌에서는 서민의 가옥에서부터 청빈한 선비, 권문세가와 지방의 유력 양반 등 다양한 계층의 가옥을 한 번에 모두 둘러보며 관찰하고 느껴 볼 수 있는 좋은 기회를 제공하여 준다.

· 죽계천과 취한대

선비촌을 둘러본 후에는 광풍정 방향으로 걸어 보는 것이 좋다. 광풍정에 올라 소수서원과 선비촌, 넓은 죽계천을 눈에 담고 백운교를 지나 소나무 그늘 아래 산책로(오솔길)를 죽계천 물소리와 함께 걸으며 옛 선비의 시정을 느껴 볼 수 있다.

오솔길을 걸으며 경자바위를 보고, 취한대에 앉아 풍류에 젖어 보고, 천변에 늘어선 성황숲을 따라 흔들흔들 걷다 보면 어느덧 징검다리를 건너 당간지주에 이르게 된다.

선묘낭자가 머무는 곳 - 부석사

부석사(浮石寺)는 어떤 절인가? 676년(신라 문무왕 16년) 화엄종의 종조이신 의상대사가 왕명을 받들어 세운 사찰이며 방문객의 감탄이 절로 나오게 하는 절로서 유네스코 세계유산으로 등재된 명찰이다. 대개 우리나라 사찰의 이름은 경전이나 왕의 하사, 지역이나 위치의 특성 또는 이루고자 하는 의중을 반영하여 명명되었다. 그런데 뜬금없이 공중에 뜬 돌(浮石, 부석)이라는 뜻의 부석사라니? 아주 독특하고 기이하다는 생각이 든다. 사찰명의 내력은 그 유명한 무량수전과 삼층석탑을 지나 소담한 선묘각을 만나면 고개가 끄덕여진다. 선묘각에는 귀한 선물함을 들고 있는 선묘낭자의 영정이 걸려 있다. 의상대사를 짝사랑했던 여인.

의상대사는 당나라에 공부하러 가는 길에 등주의 한 신도의 집에 잠시 머물렀다. 신도의 딸이 대사를 보고 반하여 사모하게 되었으나 의상대사는 본분을 잊지 않았다. 대사의 굳은 의지에 감복한 선묘낭자는 '영원히 스님의 제자가 되어 공부하고 불사에 도움을 드리겠다'는 뜻을 세우게 되었다. 의상이 종남산의 지엄대사에게 화엄학을 배우고 돌아오는 길에 신도의 집에 들러 사의를 표하였다. 밖에 있던 선묘낭자가 그 소식을 듣고 귀한 선물을 준비하여 해안으로 달려갔으나 대사를 태운 배는 이미 떠난 후였다. 선묘낭자는 가져온 함을 바다에 던지며 자신이 용으로 변하여 대사를 모시고 불도를 이루게 해달라는 주문을 외우고 바다에 몸을 던졌다. 그리고 거센 풍랑을 헤치며 대사의 배가 경주까지 잘 도착할 수 있도록 인도하였다. 귀국한 의상이 왕명을 받들어 태백산 줄기에 절터를 발견하였으나 그곳은 이미 다른 사교 무리의 소굴이었다. 이에 선묘룡이 나타나 큰 바위(부석)를 공중에 들었다 내려놓자 모두 굴복하고 의상의 제자가 되어 불사를 도왔다.

현재 그 부석은 무량수전 서쪽에 있으며, 선묘룡은 돌로 변하여 무량수전 앞 석등 아래에 묻혀 절의 수호신이 되었다. 새롭게 창건한 절은 이렇게 하여 '부석사(浮石寺)'라는 사찰명을 얻게 되었으며 의상대사는 부석존자로 불리게 되었다.

부석사의 산문길은 산 사이로 난 구불구불한 계곡이나 비탈길의 한적함이 아니라 사과밭 가운데를 직선으로 관통하는 쭉쭉 뻗은 은행나무 가로수길이다. 노란 은행잎을 밟으며 산문길을 걸어 일주문을 지나면 날렵하게 우뚝 솟은 당간지주가 나온다. 대부분의 사찰을 방문하면 경내로 들어서기 전에 만나는 조형물이 당간지주와 승탑밭이다. 당간지주가 어떠한 조형미를 보이느냐에 따라, 또 승탑 밭의 사리탑과 비석지붕의 조형과 곡선미, 자리앉음새가 어떠한 선과 공간구조를 갖추었느냐에 따라 절집에 대한 선입견이 들기 마련이다. 당간지주의 맵시가 부석사가 곡선이 아닌 직선의 미학을 갖추고

· 당우들의 처마선

있음을 상징하고 있는 듯하다. 부석사는 석축과 돌계단 그리고 가람 배치에 있어서 직선의 미학과 남성적인 기운이 느껴지는 절집이다. 배치가 마치 무량수전을 상위점으로 흰 백(白)자 구조처럼 보인다. 천왕문을 지나니 기다란 석축 위에 우람한 안내소를 포함한 당우가 시야를 가린다. 건물을 통과하여 넓은 마당에 들어서니 '봉황산 부석사' 현판을 달고 있는 거대한 2층의 범종루가 압도하는 모습으로 나타난다. 단단한 근육질의 팔뚝같이 굵고 둥근 기둥에는 팔작지붕이 활짝 날개를 펴고 있다.

가로배치에 익숙한 내 눈에는 뭔가 범접하기 어려움을 느끼게 하여 부석사가 보통 절은 아님을 실감케 한다. 마당 양편으로는 삼층석탑이 조응하고 있다. 그러나 여기에서 백미는 안내소 마루에 앉아 장경각, 응향각, 요사채로 이어지는 처마 끝선의 아름다움이다.

· 부석사 범종루

네 채의 각 당우의 처마 끝선이 물결 모양을 이루며 하나로 이어져 마치 반야용선을 타고 극락을 향하여 항해하는 느낌이 든다. 수없이 카메라 셔터를 눌러 보지만 도무지 만족스럽지가 않다.

다음 일정이 있으니 무작정 앉아 있을 수만도 없는 노릇이다. 범종루를 통과하자 높은 돌계단 끝으로 범종루와 비슷한 안양루가 나온다. 다포식 겹처마의 화려한 공포가 다소곳이 아름다움을 내보이고 있다. 가로배치의 아담한 모습에 범종루에 위축되었던 마음이 조금 편안함을 회복한다.

안양루를 지나자 국보 제17호 석등과 제18호 무량수전이 모습을 드러낸다. 연꽃받침 위에 팔각모자를 쓰고 서서 고독하게 서서 경내를 밝히고 있는 석등의 모습이 수행자의 모습과 겹치고 무심하게 보이는 무량수전이 오랜 세월 정진하여 허물만 남기고 해탈한 노승 같은 느낌으로 다가온다.

· 석등과 무량수전

무량수전은 1016년 고려 현종 7년 원융국사가 절을 중창할 때 지은 건물로 우리나라에서 가장 오래된 목조건축물로 알려져 있기도 하다. 무량수전의 현판은 고려 공민왕이 홍건적의 침략으로 피란 중 귀경길에 쓴 것이며, 안양루 2층의 '부석사'라는 현판은 이승만 대통령이 이곳을 방문했을 때 쓴 글씨를 새긴 것이라고 한다. 건물은 정면 5칸, 측면 3칸의 간결한 주심포식 공포에 팔작지붕으로 더할 것도 뺄 것도 없이 딱 그만큼이다. 내부는 천장이 트여 있어 기둥, 들보, 서까래 등 모든 목조자재의 모양이나 연결부위의 솜씨와 아름다움을 느껴 볼 수 있다. 본존불인 아미타불(국보 제45호)이 정면이 아닌 동쪽 측면을 바라보도록 자리하고 있다. 깊숙한 곳에 있어 금빛 불상이 더욱 밝게 빛나며 예토의 이 세상을 밝히고 있는 것 같다.

동쪽의 삼층석탑을 지나 선묘각을 둘러보고 비탈길을 올라 국보 제19호 조사당으로 향하였다. 고려시대의 건축물로 주심포식 맞배지붕으로 간결하고 소박한 건물이다. 내부에는 창건주인 의상대사의 영정이 모셔져 있으며 벽면에는 의상대사를 외호하기 위하여 제석천, 범천, 사천왕사의 그림 6점(국보 제46호)이 그려져 있었으나 현재는 벽면 전체를 떼어 무량수전에 옮겨져 보관되고 있다. 조사당

· 부석사 전망

토방에는 절대로 부서지지 않을 것 같은 철창살이 네모나게 세워져 있다. 의상대사가 꽂아 둔 골담초로 만든 주장자(지팡이)에서 잎이 나며 자라나 그것을 보호하기 위해서라고 하나 좀 과한 면이 있어 보인다.

다시 돌아 삼층석탑 앞에서부터 안양루 오른쪽을 바라보며 무량수전 앞마당에 이르자 안양루 옆쪽에서 스님 한 분이 방문객을 불러 모으고 있었다. 그곳에서 바라보는 풍광이 최고라고 소개해 주었다. 발아래로는 부석사 당우들의 검은 기와지붕이 낮게 내려앉아 있고 근경의 앞산에는 붉은 단풍이 햇빛을 반사하며 눈길을 끌고 멀리로는 겹겹의 소잔등 같은 소백산 능선이 아스라이 수묵화를 펼쳐 보이며 시선을 당긴다.

추억이 살아 숨 쉬는 근대역사문화거리

· 소백여관

추억여행은 영주 명물 '소백여관'에서 출발하였다. '소백여관'은 영주로와 근대역사문화거리인 광복로 사이에 위치한 곳으로 영주 여행을 위한 출발지로는 안성맞춤이다. 이 여관은 과거 '소백여인숙'을 도시재생사업으로 옛 추억과 향수를 느낄 수 있도록 되살려낸 깨끗하고 아담한 게스트하우스로 2층에는 넓은 카페와 전망 좋은 테라스가 매력적인 곳이다.

여기에서 조금만 걸으면 근대역사문화거리의 시작점인 하얀색의 '영주문화파출소'를 만날 수 있다. 파출소를 출발하여 조금만 걸으면 큰 고딕양식의 '영주제일교회'를 만나게 된다. 현재 등록문화재인 이 예배당은 신도들의 노력 봉사로 1958년에 건축되었으나 교회의 역사는 훨씬 과거로 거슬러 올라 1909년에 설립되었다. 110년이 넘는 기간 동안 영주 수해, 한국전쟁, 일제강점기를 거치며 영주 사

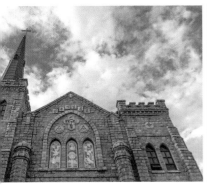

• 영광교회 (©letsgogb.com)　　　　　　　　• 풍국정미소 (©letsgogb.com)

람들의 삶의 의지처가 되어 주었으며 15개가 넘는 교회를 개척한 유
서 깊은 곳이다.

　100m쯤 떨어진 곳에는 경상북도 산업유산 '풍국정미소'가 자리하
고 있다. 닳아 빠진 나무간판이 있는 미닫이문을 열고 들어가 보니
손으로 깎아 만든 낡은 책상에 큼지막한 주판과 검은색 다이얼 전화
기가 놓여 있어 옛 시절을 상기시킨다. 정미소 안으로 들어가니 나
무 뒷박, 나무통이 먼지를 뒤집어쓰고 놓여 있다. 사장님께서는 "70
년대까지만 해도 좋았죠, 공무원 봉급 2~3만 원할 때 100만 원씩
벌었으니까요. 그때는 달구지로 리어카로 용달로, 쉴 틈 없이 바빴
어요"라고 과거의 좋은 시절을 회상하듯 말씀하셨다.

　간판의 글씨가 바래서 제대로 읽을 수 없는 '현대함석닥트'를 지나
니 국가등록문화재인 '영광이발관'이 보인다. 타임머신을 타고 1930
년대로 온 것 같다. 1930년대 '국제이발관'으로 시작하여 '시온이발

관'을 거쳐 현재의 '영광이발관'에 이르는 80여 년의 역사를 간직하고 있다. 50년 넘게 이발소를 운영하신다는 할아버지는 옛날에는 보리때는 보리 한 말, 쌀 때는 쌀 한 말로 이발비를 내는 '모곡이발'을, 이장집 마당에서 동네사람들이 줄을 지어 기다리며 하던 '출장이발' 등을 말씀하시며 지그시 눈을 감고 옛 영광을 그리듯 하였다.

조그만 교차로에 이르니 도배, 장판, 비닐을 파는 '대영지업사'가 보인다. 그런데 이 거리의 이발사 '영광이발관'만큼이나 유명한 '포니 픽업' 트럭이 세워져 있다. 그 트럭이 제주도의 정낭 같은 역할을 한다고 한다. 포니가 세워져 있는 것으로 보아 지금은 주인이 계시는 모양이다.

영광중학교 옆길을 걸어 뒷새와 관사골 갈림길에 도착하였다. 뒷새는 지금은 두서길이라고 부르지만 고려 공민왕 때 군수로 부임한 하륜이 서쪽 지세가 약하다고 하여 '두서(杜西)'라고 지은 것이 뒷새로 변해 왔던 모양이다. 그곳에 전설의 이석간 고택이 있다. 이석간(1509~1574)은 조선 중종 때 사람으로 진사시에 급제하고 참봉의 벼슬을 얻었으나 의술로 더 유명하여 명성을 얻었다. 명나라 신종이 그의 소문을 듣고 어머니 황태후의 불치병을 고쳐 주고자 사신을 보내오기까지 하였다. 그런 일이 있고 난 뒤 각종 선물을 마다하고 고향에 돌아오니 명나라 임금이 아흔아홉 칸의 기와집을 지어 주었다고 한다. 현재에는 집도 주인도 모두 바뀌어 본채는 헐리고 별채만 남아 있다.

관사골 오르막길을 오르면 분홍색 하트를 뿜어내는 기차 벽화를 만나게 된다. 관사골이다. (구)영주역과 가까운 이곳에 철도 역무원들의 관사가 만들어지며 불리게 된 이름이다. 1960년대만 하여도 20여 채(40가구)의 관사가 있었으나

· 관사골 입구

현재는 5호 관사와 7호 관사 건물만 남아 있으며 굳게 닫힌 녹슨 대문에 걸린 안내판만이 그곳이 철도관사였음을 알려 주고 있다. 당시 철도관사는 다른 일반 가정집과는 많이 달랐다고 한다. 외관도 이국적이었지만 집안에 화장실과 목욕시설까지 갖추고 있었기 때문이다. 집마다 아이들이 골목길에 나와서 뛰어놀아 골목은 왁자지껄했을 것이다. 관사 담벼락엔 기적을 울리고 하얀 연기를 내뿜으며 힘차게 달리는 기차 벽화가 그려져 있다. 그러나 기적소리는 허공으로 사라져 버리고 아이들은 모두 뿔뿔이 흩어지고 그 자리에는 땅에 떨어지는 햇빛과 고요함만이 머물고 있었다.

언덕길을 올라 꼭대기에 오르면 부용대가 나온다. 풍기군수 퇴계 이황이 고향 예안으로 가기 위해 이곳을 지나다가 풍광이 아름다워 '부용대'라고 이름 지었다고 한다. 이곳은 시가지를 한눈에 바라볼 수 있는 곳으로 부용대에 앉아 근대역사문화거리를 따라 이어온 영주 사람들의 삶의 애환을 상상해 보기에 아주 좋은 장소이다.

꽃가마 타고 들어와
꽃상여 타고 나가는 곳 - 무섬마을

태백산에서 내려오는 내성천과 소백산에서 흐르는 서천이 만난 물길이 산과 태극 모양으로 어우러지며 휘감고 나가는 형세가 마치 물 위에 떠 있는 연꽃 모양의 섬이라는 '수도리(水島里)'의 순우리말 '무섬마을'이라고 불리는 곳. 내성천이 3면을 감싸고 돌아나가는 지형이 중국 섬계지역과 비슷하다고 하여 '섬계마을'이라고 부르기도 한다. 무섬마을의 역사는 1666년으로 거슬러 올라간다. 마을의 입향조 반남 박씨 박수가 병자호란 후 은둔처사의 삶을 살고자 처음으로 '섬계당(후손이 중수하며 만죽재로 당호 변경)'을 지어 터를 열고, 그

로부터 100년 후(1575년)에 선성 김씨가 들어와 양가가 혼인의 연을 맺으며 두 성씨가 집성촌을 이루고 수백 년 동안의 역사와 전통을 오롯이 이어 오고 있는 마을이다.

현재에도 50여 채의 고가(古家)가 지붕을 맞대고 오순도순

• 만죽재 (ⓒ문화재청)

살아가던 생활상을 보여 주고 있으며, 이 가운데 30여 채가 사대부 가옥이며, 100년이 넘는 가옥도 16채나 남아 있어 옛 조상들의 자취와 숨결을 그대로 느껴 볼 수 있다. 사대부의 가옥은 주로 경북 북부 지역의 전통 양반집 구조인 ㅁ자형을 갖추고 있으며, 서민의 초가에

· 까치구멍집 (ⓒ한국학중앙연구원)

서는 희귀한 '까치구멍집'을 볼 수 있다. '까치구멍집'이란 환기를 목적으로 지붕 용마루 양 끝에 구멍을 뚫어 두었던 것으로 까치가 그 구멍으로 드나들어서 그렇게 불리게 되었다.

무섬마을에 들어가는 다리 위에 서면 휘감아 도는 강줄기를 따라 은백색의 넓은 백사장과 햇빛에 반짝이는 강물 위에 실낱처럼 걸쳐진 외나무다리가 보인다.

안동 하회마을이 북촌 한옥마을이라면 무섬마을은 남산골 한옥촌이고, 하회마을이 성북동이면 무섬마을은 부암동이고, 하회마을이 부석사 같다면 무섬마을은 선암사 같다고나 할까? 병풍처럼 둘린 고즈넉한 산들이 강을 감싸고, 맑은 강물이 느릿느릿 흐르는 평화롭고 고즈넉한 마을이다. 마을길은 좁고 구불구불하다. 옛 숨결을 느끼며 걷다 보면 뭔가 빠진 것 같아 고개가 갸우뚱해진다. 담장이 없다. 예쁘게 핀 접시꽃이 담장을 대신하고 있었다. 마루 아래 토방에 크고 작은 흰 고무신과 검정 고무신이 나란히 놓여 있는 모습이 정겹게 느껴진다.

무섬마을은 농토, 우물, 담장과 대문, 감실(위패를 모셔 두는 곳)이 없는 마을이라고 한다. 담장이 없으니 주민과 대면할 기회가 많다. 우연히 '만죽재'의 12대 주손 박천세 어르신을 만나 무섬마을의 옛이야기를 듣게 되었다. 고택이 불편하지만 크게 개축하지 않는 것은 우리 문화를 지키려는 소명의식의 발로이며, 담장이 없는 것도 이웃이 모두 친인척이고 신뢰하기 때문이고, 외나무다리는 양보의 미덕을 배우게 해준다는 등. 그리고 마을에 대한 자부심도 대단하셔서 무섬마을이 봉화 닭실마을, 안동 하회마을과 견줄 정도의 양반마을로 서로 혼인관계를 맺기도 하였다고 자랑스럽게 말씀하시더니 금세 한숨을 내쉬셨다. 젊은이들이 모두 떠나 앞날이 걱정이라고.

마을 이곳저곳을 둘러보고 강둑을 넘어 넓은 백사장으로 내려갔다. 모래가 희고 고와 바로 신발을 벗었다. 걸음을 옮길 때마다 모래가 바스락거리며 기분 좋게 발바닥을 간지럽힌다. 앞쪽으로는 지난번에는 물에 잠겼던 무섬마을의 명물 외나무다리가 S자 모형으로 드러나 보인다. 아마 곧게 뻗은 다리보다는 균형을 유지하기가 더 쉬워서 그랬나? 하여튼 걸어 보자. 지금은 중간에 교대하는 곳이 마련되어 있다. 밖에서 생각했던 것보다는 훨씬 강물이 깊고 물살도 급해 보인다. 일행 중 한 명은 어지럽다고 포기하였다. 처음 시작할 때는 양팔을 벌려 균형을 잡았으나 조금 더 나아가니 흐르는 물살에 어지럼증이 일어 외줄 타는 광대처럼 걸었다. 강물에 비친 내 그림자가 춤을 추며 흔들린다. 종착점을 향하여 흔들리며 걸어가는 멈출 수 없는 인생역정과 같다는 생각에 웃음이 났다. 부딪치면 낭패다.

오직 한 방향으로 서로를 북돋우며 나아가야 한다. 함께 한곳을 바라보며, 맞서지 말고 양보하며.

지금은 무섬마을이 명소가 되어 많은 사람이 찾아 즐기는 다리가되었지만 1983년 수도교가 놓이기 전까지 수백 년 동안 외부와 이어 주던 외길, 생명의 길이었다. 옛적에 꽃가마 타고 무섬에 들어와 평생을 무섬에서 보낸 후 꽃상여 타고 나갔다는 우리 어머니들의 삶과 죽음이 새겨진 외나무다리. 그녀들 삶의 흔적과 응어리를 지켜보았을 외나무다리 아래로 붉은 노을을 머금은 강물이 유유히 흐르고 있다. 강물을 비추던 햇살이 산 능선으로 넘어가고 다리 건너에서 바라보는 무섬마을이 어둠 속으로 잠기며 하얀 가로등 불빛이 하나씩 밝혀진다.

• 노을이 비치는 강물과 외나무다리

양반의 품격, 안동

안동에 들어서면 왠지 모르게 옷매무새가 흐트러지지 않았나 하고 매만져진다. 아마 학창시절 배웠던 깐깐한 사림의 고장, 양반의 고장이라는 관념이 머릿속에 새겨져 있으며, 방문지 역시 거의 옛 선비들의 흔적을 찾아다니는 여정으로 짜여 있기 때문일 것이다. 그러나 자신감을 갖자. 양반들의 삶의 특징이 제사 잘 모시고(奉祭祀) 손님 환대 잘하는 것(接賓客)이라 하지 않는가? 실수 정도는 하회탈 같은 너그러운 웃음으로 포용해 주지 않을까?

안동에서는 가는 곳마다 유림의 문화와 삶의 흔적들을 만나게 된다. 퇴계 이황, 서애 류성룡, 학봉 김성일을 비롯하여 조선의 성리학을 꽃피운 수많은 학자와 정승, 판서를 배출하였으며 안동 김씨, 안동 권씨 등 조선의 세도가문이 터를 잡은 곳이기도 하다. 유별나게 많은 종가와 종택이 자리 잡고 있으며 또 그 자손들이 옛 조상 유무형의 전통을 고집스럽게 지키며 유지하고 있는 지역이다. 외고집스러운 사림의 정신이 그들의 핏속에 흐르고 있어서인가? 현재에도 주민들의 삶 가운데 선조들의 예(禮)를 숭상하는 정신문화와 양반의 품격이 알게 모르게 그들의 언행 속에 남아 있음을 느끼게 된다.

요즘처럼 급변하는 시대에 보면 답답해 보일 수도 있지만 만일 옛

· 안동 안동권씨 능동재사 원경 (ⓒ문화재청)

조상들이 매일 쏟아지는 뉴스 대부분이 차마 입에 올리기에도 부끄
러운 사건·사고들이 중첩되는 현실을 보았다면 우리에게 무슨 말씀
을 해주실까? 인의예지(仁義禮智) — 측은지심(惻隱之心), 수오지심(羞惡之
心), 사양지심(辭讓之心), 시비지심(是非之心) — 의 마음을 권장하지 않으
실까? 나보다는 너, 우리, 나라를 먼저 생각하라고 하시지 않을까?
안동을 여행하며 옛 선조들의 발자취와 그들의 대쪽 같은 고매한 정
신을 조금이나마 느껴 보고 싶은 마음이 굴뚝같지만 모자란 나 자신
을 알자. 그래도 또 한 번 스스로 위안하는 것이 있으니 퇴계 선생도
한양으로 공부하러 올라가 세 번이나 과거시험에 낙방하고 나서야
스물일곱에 합격하고 서른셋에 문과에 합격하지 않았는가?

선조들의 높은 경지의 학문이나 정신은 멀게만 느껴지지만 그래도 안동에서는 그들의 체취가 묻어나는 많은 고옥(古屋)을 만날 수 있다. 한양의 궁궐도 좋고 전국의 사찰도 좋으나 나에게는 먼저 단청도 없이 민낯 같은 고색창연한 사대부의 고택이 좋다. 궁궐이나 사찰은 대개 기본적인 틀을 가지고 있다. 그러다 보니 생활공간으로서의 너그러운 편안함보다는 구조와 형식이란 틀을 갖춘 중후함이 있어 거리감과 위압감이 느껴지는 것도 사실이다. 그러나 사대부의 고택은 생활공간으로서 주인의 취향과 지역적 특색이 반영되어 저마다의 개성을 가지고 있다. 가옥의 배치, 건물의 구조, 들고 나는 대문이나 쪽문에 담긴 정신 특히 아무리 강조해도 지나침이 없을 자연을 집안으로 끌어들인 차경 등은 커다란 액자에 표구해 놓은 그림을 보는 것 같다. 또 그러한 곳을 방문하기 위하여 지나는 마을은 어떠한가? 우리나라 대부분의 시골 마을이 현대식 건물로 바뀌어 옛 정취를 느끼기에 아쉬움이 있으나 안동에는 전통의 기와집이 많이 남아 있어 색다른 즐거움도 맛볼 수 있다. 양반의 너그러움에 기대어 소풍 가듯 즐거운 마음으로 안동의 전통문화에 푹 빠져 보자.

고매함이란 - 도산서원

도산서원은 퇴계 이황(1501~1750)이 성품을 기르고 제자를 가르치며 학문에 몰두하고자 낙동강 안동호가 시원스럽게 내려다보이는 도산 자락에 자신이 직접 설계하여 1561년에 완성한 집이다. 본래 퇴계는 1557년에 계상에 자리를 잡고 마음을 도야하는 처소로 삼으려 하였으나 빈번히 비바람에 무너져 내리는 어려움으로 머물기에 마땅치 않았기에 도산 남쪽인 현재의 위치에 자리를 구하여 소박하고 단아한 도산서당과 농운정사 두 채를 완공하고 이곳을 학문연구와 후학양성의 거처로 삼았다. 그러나 1570년 퇴계가 세상을 떠나고 제자들이 선생을 모실 사당과 학문을 계승할 서원을 짓기로 하고 서당의 위쪽 산을 깎아 내어 '내삼문' '전사청' '상덕사'라는 제사 영역과 '진도문' '전교당' '동재(박약재)' '서재(홍의재)'의 강학 영역, 그리고 서원의 운영을 보조하는 업무공간인 '상고직사', 서원에서 만든 목판을 보관하는 '장판각' 등의 부속 건물을 완공하고 1575년 전형적인 전학후묘(前學後廟)의 서원 형태를 갖추게 되었다.

도산서원은 1575년 선조로부터 석봉 한호가 쓴 '도산서원(陶山書院)' 현판을 사액 받았으며 현재 강학 공간의 핵심인 전교당에 걸려 있다. 1792년(정조 16년)에는 정조 임금이 평소 흠모하던 퇴계 선생의 학덕을 기리고자 어명으로 규장각 관리를 보내어 '도산별과'를 치르게 하였다. 이때 응시자가 너무 많아 서원이 비좁아 어렵게 되자 앞마당 소나무 가지에 시제를 걸어 두고 치렀다고 한다. 이때 도산별과의 응시자가 7,000여 명이었으며 답안지를 제출한 인원이 3,500여 명에 이르렀다고 한다. 그때의 행사를 기념하여 단을 쌓고 기념비를 세웠으니, 그것이 현재 안동호 가운데 볼록 떠 있는 섬, 시사단(詩社壇)이다. 이런 문화역사적 가치가 인정되어 2019년 유네스코 세계유산으로 지정되었다.

· 도산서원 전경

도산서당은 입구가 꼭 경주 석굴암으로 가는 길 같다. 석굴암이 산 중턱을 돌아간다면 도산서원은 낙동강 줄기를 감아 돌며 들어간다. 마당에 들어서면 뭔가 좀 어색하다. 넓은 마당에 서 있는 은행나무, 갯버들나무 들이 이상하다. 1969년 '도산서원 성역화 사업'으로 앞마당을 5m나 흙으로 북돋아 올리며 나무들의 둥지와 가지의 나뉘는 부분이 땅에 묻혀 있기 때문이다. 또한 마당 가운데 서 있는 향나무는 어떠한가. 나무들이 살아 있는 것이 참 신기할 따름이다. 굳이 다행인 것을 찾자면 왕버들나무 옆으로 뻗어 나온 용 모양의 우람한

• 시사단 (©문화재청)

• 왕버들나무

가지가 방문객의 쉼터용 의자 역할을 하고 있었다.

서원은 산비탈에 자리하고 있어 마당에서 전체 앉음새가 조망된다. 건물들이 너무 오밀조밀하여 답답하다는 느낌을 지울 수가 없다. 정문에 들어서면 최초에 세워진 건물인 도산서당이 오른편에, 왼편에 농운정사가 자리 잡고 있다. 퇴계 이황이 학문을 닦고 제자를 가르친 도산서당으로 들어갔다. 도산서당은 우리의 이웃 같은 느낌의 세 칸집으로 거처하던 방인 '완락재', '암서헌'이라는 마루와 부엌으로 구성된 박하고 검소한 집이다. 도산서당의 앞쪽으로는 퇴계 선생이 직접 만들고 가꾸었을 연못인 '정우당'과 샘물을 떠서 차를 다렸을 '몽천', 그리고 매란국죽 사군자를 심고 가꾸며 사계절 내내 감상하며 수양의 본을 삼았을 '절우사'가 아담하게 그 시절을 상기시켜 준다. 그곳이 퇴계가 학문을 완성하고 제자를 길러냈던 곳으로 그나마 도산서원의 옛 정취를 느껴 보기에 적합한 장소이다. 중국

성리학을 주자학으로 부를 만큼 학문적 성취를 이룩한 주희의 사상을 넘어서는 이론을 정립하여 조선을 '철학의 나라'로 우뚝 서게 한 현장이기도 하다.

• 도산서당 (©도산서원)

서당을 지나 진도문 문턱을 지나면 강학의 중심인 전교당에 걸린 '도산서원' 현판이 보인다. 양편으로는 유생들이 거처하며 공부한 동재와 서재가 있다. 기숙사에서 유생들의 글 읽는 소리와 주제를 두고 서로 자신의 주장을 얘기하며 토론하는 소리가 문틈으로 새어 나오는 듯하다. 이러한 주장들이 모이고 쌓여 조선을 철학의 나라로 만들고 임금과 재상은 이를 벼리로 삼아 바른 정치로 백성을 이끌고 만백성은 바른 마음으로 예를 숭상하는 동방예의지국의 토대가 되었을 것이다. 전교당 마루에 앉으니 좁은 마당 앞쪽으로 진도문 양편으로 서고인 두 개의 누각(동광명실, 서광명실)이 전면을 가리고 있다. 그러다 보니 마당은 비좁아 보이고 몸은 꽉 끼인 듯이 갑갑하다.

낙동강과 도산의 경치를 다 모아 수려한 경치를 한눈에 감상할 수 있었을 텐데 하는 아쉬움이 크게 남는다. 사실 이러한 일은 도산서원만의 일은 아니다. 문화유적을 느껴 보기 위하여 다니다 보면 보

수하거나 새로 지은 건물이나
축대, 계단 같은 공사가 역사
성이나 보존성은 내팽개친 경
우를 많이 보게 되어 마음에
생채기로 남는 경우들이 빈번
하다. 또한 도시를 다니다 보
면 그 도시의 스카이라인이나
역사성은 완전히 무시되고 오

· 도산서원 전교당 (ⓒ문화재청)

직 관공서 건물과 예배당만이 X밥의 뭐처럼 꼴불견으로 불쑥불쑥
튀어나와 있어 눈에 거슬리기도 한다. 우리 선조들의 물아가 일체하
고 자연과 조화를 추구하던 고매한 정신과 안목은 어디로 사라져 버
렸단 말인가. 그런들 어찌하랴. 우리의 문화재이고 우리 백성의 삶
의 터전이니 이 핑계 저 핑계를 만들어 좋은 면만 봐야 하는 것을.

답답한 마음을 안고 도산서원을 나와 퇴계종택으로 향하였다. 도
산서원의 산 너머에 있으나 산을 둘러서 가야 한다. 솟을대문 앞마
당에는 태양초 고추가 멍석에 널려 있고 '퇴계선생구택'이라는 현판
이 대문에 걸려 있다. 고추를 말리고 계시는 종부께 양해의 말씀을
드리고 허락을 얻어 안채와 사랑채, 사랑채와 사당을 둘러보며 넓은
종택을 유지·관리하고 매년 열두 번 이상의 제사를 모시며 전통을
지켜가는 종가의 힘겨움을 생각하며 퇴계의 묘로 향하였다.

퇴계는 첫 번째 부인 허씨가 일찍 죽자 두 번째 부인 권씨와 혼인

• **퇴계종택** (도한국학중앙연구원/김지용)

하였다. 그러나 우리에게는 두 부인보다 기생 두향이 먼저 떠오른다. 두향은 퇴계가 단양군수를 역임하며 만난 수절한 관기이다. 그녀의 묘는 단양 충주의 강선대에 있었으나 그곳이 수몰되면서 제비봉 산기슭으로 이장하여 '두향지묘(杜香 之墓)'라는 묘비를 세웠으며, 충주호 유람선을 타면 어김없이 안내방송에서 소개해 주는 곳이다. 지금도 매년 퇴계의 시월 시묘가 끝나면 제주(祭主)가 이곳을 찾아와 제사를 지낸다고 한다. 퇴계의 묘는 조촐하기 그지없다. 조그만 봉분에 석물도 아주 단출하다. 퇴계는 세상을 떠나며 '퇴도만은진성이공지묘(退陶晚隱眞城李公之墓)'만을 새긴 조그만 비석을 세울 것을 조카에게 당부하고 '저 매화나무 물 줘라'라는 말을 마지막으로 앉은 채로 영면하셨다고 한다.

퇴계의 묘에서 조금 더 가면 〈광야〉〈청포도〉로 유명한 퇴계의 후손인 민족시인 이육사 문학관을 만나 볼 수 있다. 이육사의 본명은 원록이었으나 의열단 활동 중 체포되어 감옥에 갇혔으며 이때의 수검번호가 264번이어서 육사(陸史)라는 호를 사용하였다. 문학관에는 육사 선생의 친필 원고와 시집, 독립운동 관련 자료가 전시되어 있으며, 주위에는 청포도 샘과 생가가 복원되어 있어 도산서원 방문 시에 예기치 않은 즐거움을 가질 수 있는 곳이다.

안동호를 가로지르는 예끼마을 선성수상길

　도산서원에서 안동 시내로 오는 35번 국도인 퇴계로변에 예끼마을과 안동호를 가로지르는 선성수상길이 조성되어 있다. 이곳은 길거리 예술과 강바람을 맞으며 가벼운 마음으로 즐기며 힐링하기에 좋은 곳이다. 예끼마을은 뒤로는 선성산, 앞으로는 낙동강이 흐르는 전형적인 배산임수 지역으로 예안지역의 중심지였던 서부리가 1976년 안동댐 건설로 수몰되면서 주민들이 뿔뿔이 흩어졌으나 차마 고향을 떠나지 못한 사람들이 이주단지를 조성하고 옮겨와 살게 된 마을이다. 다른 농촌과 마찬가지로 쇠락의 길을 걷던 예끼마을이 변화하게 된 계기는 '선성현 문화단지 조성사업'으로 문화마을로 거듭나면서부터이다. 낡은 담에 벽화를 그리고, 빈집은 갤러리나 카페 같은 문화공간으로, 거리에서는 트릭아트나 설치미술로 즐거움을 제공하는 문화마을로 재탄생하며 이름도 예술의 끼가 있

· 예끼마을 트릭아트

는 마을, '藝(예)끼마을'로 바꾸었다고 한다.

예끼마을을 나와 선성현 문화단지에 접어들면 선성현 관아를 만나게 된다. 아문을 지나 동헌, 내아, 객사, 군관청 등을 둘러보고 쌍벽루라는 정자에 올랐다. 푸른 산과 맑은 물이 마주하고 있어 쌍벽루라는 이름을 얻었다고 한다. 정자에 오르면 퇴계 이황과 농암 이현보 등 여섯 선현의 시가 걸려 있어 앞에 보이는 안동호와 더불어 시정에 빠져 볼 수도 있다.

• 쌍벽루

선성현 문화단지에서 조금만 내려가면 선성수상길이다. 수상길은 넓은 안동호의 수위에 따라 뜨고 가라앉는 부교여서 수위에 상관없이 걸을 수 있는 물 위의 길이다. 부교이기 때문에 사람이 한쪽으로 몰리지 않도록 주의를 기울여야 한다. 수상길을 두 팔을 벌리고 바람을 맞으며 걸으면 부드러운 바람이 뺨에 스친다. 멀리 하늘과 맞닿은 드넓은 안동호의 물이 은하수를 타고 하늘에서 내려오는 물처럼 맑아 은빛으로 빛난다. 호수를 두른 푸른 숲은 산그늘을 물 위에 비추고 쪽빛 하늘은 호수에 주르르 물감을 쏟아부은 것 같다. 흰 구름이 흐르며 호수 위에

· 선성수상길

수많은 모양의 그림을 그린다. 이렇게 어우러진 풍경은 마치 견우와 직녀가 베를 짜고 농사짓는 칭장고원(青藏高原)의 모습을 연상케 한다. 부교 중간 포토존이 설치되어 있어 누구나 호수 한가운데에서 포즈를 취할 수 있다.

여행의 피로를 벗어 던지고 새롭게 몸과 마음을 재충전할 수 있는 고마운 여행코스이다.

산사의 정원, 봉정사

봉정사(鳳停寺)는 하늘에서 봉황이 천등산(天燈山) 가운데 살포시 내려앉은 것 같은 단정하고 고풍스러우며 기품이 서려 있는 묵언의 절집이다. 봉정사는 672년(신라 문무왕 12년) 능인대사가 창건한 사찰로 유네스코 세계유산에도 등재되어 있다. 창건설화에 따르면 능인대사가 대망산 바위굴에서 도를 닦던 중 스님의 도력에 감복한 선녀가 하늘에서 등불을 가지고 내려와 굴 안을 훤히 밝혀주어 '천등산'이라 이름하였으며, 대사가 종이봉황을 접어 날린 후 내려앉은 이곳에 산문을 열고 '봉정사'라 이름하였다고 한다. 대개의 사찰 일주문

• 일주문

이 화려한 공포와 단청으로 인하여 두 기둥이 받치고 서 있기에 버거운 듯 보이나 봉정사의 일주문은 세월의 흔적으로 기와지붕과 단청은 색이 바래어 무거운 짐을 내려놓은 듯하고, 붉은 기둥은 나무색이 군데군데 드러나 오랜 세월 끄떡없이 잘 받치고 있다는 균형감

을 보여 주어, 있는 듯 없는 듯 서 있는 동네 어귀 장승처럼 포근한 느낌이 들게 한다.

일주문 기와지붕에 가지를 떨어뜨린 굴참나무가 산문길에 터널을 이루며 산사로 안내한다. 안내간판이 서 있는 둥그런 광장에 이르자 높은 석축 위로 커다란 은행나무의 처진 가지 아래로 빼꼼히 기와지붕 모서리가 보인다. 매력적인 모습에 서두르고 싶은 마음이 굴뚝같으나 한편으로는 쉽게 전체를 보여 주기를 사양하는 모습 같다. 봉정사는 겉치레가 없는 소담한 절집이다. 일(日)자를 옆으로 뉘어 놓은 가람배치로 두 개의 주전인 대웅전과 극락전이 나란히 자리 잡고 있으며 앞으로 고금당, 화엄강당, 요사채가 그어져 있고 두 개의 마당을 돌담이 가리고 그 가운데 만세루가 서 있을 뿐이다.

특히 국보 제15호인 극락전은 우리나라의 현존하는 가장 오래된 목조건물로 알려져 있다. 창건 연대가 확인된 최고(最古)의 목조주택은 예산 수덕사 대웅전이나 건축연도 미상의 목조주택을 포함할 경우에는 부석사 무량수전과 봉정사 극락전으로 알려져 있다. 부석

• 대웅전

사 무량수전과 봉정사 극락전 중 어느 건물이 먼저 지어졌는가는 확인되지 않았으나 극락전이 고구려식 건축방식을 보여 주고 있기에 먼저 건축된 것으로 추정하고 있다.

· 극락전

봉정사의 각 당우는 규모가 작으며 지붕이 낮고 처마가 깊어 마치 모자 차양을 눈썹까지 내려쓴 것 같은 다소곳한 모습을 보여 준다. 이러한 당우들의 배치는 전체적으로 조화를 이루어 산 가운데 봉황이 머리를 가슴에 파묻고 있는 모양처럼 느껴져 자연스럽게 침묵과 수양의 요람처럼 느껴진다. 경내로 들어가는 입구의 가파른 석축 계단 앞에는 스님들이 꽃밭을 조성하여 다양한 색의 꽃들이 자비의 하트 모양을 그리고 있다. 석축 계단을 올라 만세루를 지나면 산 아래 날개를 편 국보 제311호인 대웅전이 보인다. 대웅전 앞마당은 일체의 장식이 없다. 오직 불심만이 엄숙하게 마당을 꽉 채우고 있는 모양이다.

대웅전 곁에는 맞배지붕을 한 극락전이 다소곳이 서 있다. 지붕이며 공포, 기둥까지 최대한의 단순함을 보여 주며 노란 벽에도 아무런 치장 없이 정갈하다. 공(空)의 세계에 들어선 기분이다. 앞마당에는 삼층석탑이 망부석처럼 서 있다. 고금당과 화엄강단의 긴 눈썹 같은 처마가 그림자를 드리우고 묵언수행을 하는 것 같다.

봉정사에는 산사의 정원 영산암이 있다. 영화 〈달마가 동쪽으로 간 까닭은〉을 촬영하여 유명해지기는 하였으나 대웅전에서 좀 떨어진 곳에 위치하여 그냥 지나치는 사람들이 많다. 대웅전 옆 사립문을 지나 요사채에서 100m쯤 떨어진 곳 산 중턱에 있으며 나무터널과 개울을 건너면 입구에 이른다. 영산암은 응진전을 중심으로 양옆으로 관심당과 송암당, 앞쪽에 우화루가 마당을 중심으로 ㅁ자형으로 배치되어 있다. 꽃비 내리는 우화루를 지나 안마당에 닿으면 한옥의 아름다움과 운율이 있는 배치, 마당의 아기자기한 멋스러움에 넋을 빼앗긴다. 마당에는 기암괴석이 자리 잡고 조그만 동산에는 오래된 향나무와 반송이 멋스러운 모양을 보여 주며, 마당 앞 화단에는 관상수와 꽃들이 어우러져 있다. 각 건물에는 툇마루가 있어 마당을 감상하는 재미를 더해 준다. 마치 아미산이 이곳으로 옮겨온 듯하다.

마당에서 서너 계단을 올라 응진전 툇마루에 앉아 보라. 아미산이 한눈에 들어온다. 고개를 들면 우화루 누마루 기둥 사이로 보이는 천둥산과 골짜기의 모습에 경탄이 저절로 나온다.

성주의 본향, 제비원 석불

제비원 석불은 안동 이천동 고갯마루에 바위를 활용하여 새긴 석불상으로 10m 높이 우람한 바위벽에 몸통을 새기고 2.5m 높이의 머리 부분을 조각하여 올려놓은 고려시대의 석불상이다.

• 제비원 석불

학창 시절에는 이 석불상을 제비원 석불상으로 배웠다. 조선시대에 이곳에 제비원이라는 역원(驛院)이 있어서 그렇게 붙여진 듯하다. 현재에도 석불상 바로 인근에는 연미사(燕尾寺)라는 절이 자리 잡고 있다. 당시에 들었던 제일 기억에 남는 얘기로는 임진왜란 때 명나라 장수 이여송이 우리나라의 지맥을 끊기 위하여 불상의 목을 잘랐다는 얘기로 그때 불상의 목에서 피가 흘러 지금도 목 부분에 붉은 피의 흔적이 남아 있다는 것이다. 사실일까? 새로 조각하여 얹어 놓은 듯한 머리와 몸통 부분이 자연스럽지가 않다. 목선은 오랜 세월 쌓인 먼지가 쌓여서인지 황토색으로 붉은 줄무늬가 그려져 있다.

제비원 석불은 도로에서도 훤히 잘 보인다. 대개의 석불이 사람의 통행이 적고 접근이 쉽지 않은 곳에 위치한 것과는 비교가 된다. 고개를 넘는 나그네의 힘겨움을 덜어 주기 위해서인가? 아니면 고개를 지나는 나그네 누구나 석불을 보고 집안이 복을 받기를 원해서일까? 또한 제비원 석불은 쫙 벌어진 어깨에 탄탄한 가슴, 두터운 목과 듬직한 얼굴 모습을 하고 있어 친근한 느낌이다. 일반적으로 날렵하거나 세련된 불상의 모습과는 다르다. 아마 제비원 석불의 이러한 소탈하고 친근한 모습이 우리의 무속신화인 '성주풀이'에서 집을 관장하는 성주신으로 등장하게 한 것은 아닐까? '성주풀이'는 집을 새로 짓거나 이사할 때 성줏굿을 하면서 무당이 부르는 무가(巫歌)가 퍼지며 민요화된 것이다.

　에라 만수(萬壽)에라 대신(大神)이야…
　놀고 놀아 봅시다

　낙양성 십리허에
　높고 낮은 저 무덤에
　영웅호걸이 몇몇이며 절세가인이 그 뉘기며

　성주야 성주로구나
　성주 근본이 어드메뇨
　경상도 안동 땅에 제비원이 본이 되야…

〈성주풀이〉 중에서

어릴 적에 고향에서 무슨 행사가 있을 때마다 성줏상을 따로 차리는 것을 보았다. 물론 당시에는 무슨 의미인지 몰랐으나 집을 잘 보살펴 달라는 우리네 부모님들의 간절한 기원이 담겨 있던 것이다.

안동 외고집이 지킨 색다른 탑의 묘미
- 전탑

　안동에 가면 다른 곳에서는 쉽게 만날 수 없는 전탑이 있다. 우리나라에는 석탑이 주를 이루며 전탑은 중국에서, 목탑은 일본에서 사용하던 양식이다. 아마 신라가 석탑으로 옮겨 오기 이전인 7세기 중엽까지 신라인들은 목탑과 전탑의 양식을 혼합하여 신라 고유의 전탑 형식으로 발전시킨 것은 아닌가 하는 생각이 든다. 당시 신라는 왜구와의 무역은 물론 나당 연합군을 형성하여 백제와 싸웠기 때문에 그러한 추측도 가능할 것 같다.

· 법흥사지 칠층전탑 (ⓒ안동관광)

　현재 안동에는 동화작가 권정생 생가 옆의 조탑동 오층전탑, 안동역 인근의 오층전탑 그리고 규모가 장대한 법흥사지 칠층전탑이 있다. 전탑은 벽돌을 구워 쌓은 탑이다. 따라서 석탑에 비해 자연재해에 약할 수밖에 없어 현재 볼 수 있는 전탑이 거의 없다. 아마 안동지방 특유의 전통을 지키려는 고집스러움으로 전탑이 현재까지 보전되고 있는 것 같다. 이곳을 방문하여 가만히 통일신라인들의 전탑에 스며 있는 숨결을 느껴 보는 것도 새삼 즐거움을 준다.

선비의 향취, 임청각

　법홍동의 칠층전탑이 자리한 곳에는 우리나라에서 현존하는 살림집 중 가장 규모가 큰 '고성 이씨 대종택'과 '임청각'이 있다. '임청각'은 도연명의 〈귀거래사〉에서 '동쪽 언덕에 올라 길게 휘파람 불고, 맑은 시냇가에서 시를 짓노라'라는 시구에서 '임(臨)'과 '청(淸)'을 취한 것이라고 한다. 과연 뒤에는 산이요 앞은 낙동강 맑은 물이 흐르는 곳이니 당호가 절묘하게 어울리는 것 같다. 임청각은 상해임시정부 초대 국무령을 지내고 신흥무관학교를 세워 무장독립투쟁의 토대를 마련한 이상룡 선생의 생가이기도 하다. 원래는 99칸 집이었으나 철로 부설로 일부가 헐리고 지금은 70여 칸만 남아 있다. 고맙게도 현재 생활하고 있는 주인의 배려로 항상 개방되어 있어 천천히 거닐며 그곳에 스며 있는 선비정신의 향취와 우리의 멋스러운 한옥의 공간 배치와 동선의 묘미에 취해 볼 수 있다.

유한이 무한을 품다 - 병산서원

몇 년 전 한여름 아내와 함께 안동을 방문한 적이 있다. 일을 마치고 아내에게 병산서원에 들러 보면 어떻겠냐고 슬며시 의향을 물었다. 주차장에서 서원까지의 뙤약볕 내리쬐는 길을 걸어야 한다는 것을 알고 주저하는 아내를 설득하였다. 주차장에 차를 세우고 걷는 길은 그야말로 고통이었다. 그래도 한 가지 참으로 다행스럽고 위안이 된 것은 낙동강 너머 병산의 나무들이 능선 일부를 제외하고는 멀쩡하였다. 얼마 전 병산에 산불이 발생하여 소방헬기가 동원되는 등 산불진화에 진력하는 뉴스를 보며 가슴이 덜컥하였던 기억이 있기 때문이다. 서원으로 향하며 주민 한 분을 만나 자세한 내용을 여쭤보니 산불은 능선 너머에서 발생하였으며 서원보호를 위하여 동원할 수 있는 소방대원들이 악전고투 끝에 겨우 능선을 넘는 불길을 진화하였다고 한다. 그 수고는 눈으로만 봐도 상상이 되었다. 강 건너 강줄기를 감싼 병산은 높고 급경사를 이루고 있다. 얼마나 감사한지 감동으로 밀려왔다.

개인적으로 가장 좋아하는 유적지로 안동 병산서원과 순천 선암사를 꼽는다. 선암사는 계곡을 따라 구불구불한 산문길과 계곡에 발을 걸친 강선루가 한 번 더 운치를 더해 주지만 무엇보다 사찰의 옛 모습이 그대로 보전되어 있다. 경내의 당우와 나무 한 그루까지 생김새가 소박하고 다소곳하며, 서로를 배려하는 듯 자연스럽게 조화를 이루는 모습이 마치 밤하늘에 반짝이는 흩뿌려진 별 같고, 너른 풀밭에 이름 모를 들꽃 같으며, 아무렇게나 서 있는 듯 하나 자연의 질서와 조화가 그 속에 잠겨 있는 듯하다.

병산서원은 어떤가? 병산서원은 하회마을과의 갈림길에서 왼쪽 병산길을 택하면 된다. 길은 거의 흙길로 화산(꽃뫼) 모퉁이를 감아 도는 십 리 길이다. 오른쪽은 꽃뫼 산비탈이고 왼쪽으로는 너른 풍산들이 펼쳐진다. 이 길을 지날 때마다 혹시라도 시멘트 포장을 할지 걱정스러운 마음이 든다. 주차장에서부터는 왼쪽으로 병산으로 감싸인 은빛 모래톱과 햇빛에 반짝이는 강물이 아름다운 낙동강 변을 걷게 된다. 오른편은 드문드문 민가와 사과밭이 있어 더욱 한적하고 고향길을 걷는 느낌을 준다. 그런데 저 안쪽으로 현대식 건물이 들어서고 있었다. 이 불길한 징조를 어찌하랴!

병산서원(屛山書院)은 고려 중기 때부터 존속하던 풍산 류씨 교육기관인 풍악서당(豊岳書堂)을 1572년(선조 5년)에 서애 류성룡이 지금의 위치로 옮겼으며, 1613년에 그의 제자들이 스승을 모신 존덕사(尊德祠)를 건립하며 향사의 기능을 갖춘 서원이 되었으며, 1863년(철종 14년)에 '병산(屛山)'이라는 사액을 받았다. 병산서원은 꽃뫼를 배경으로 병풍처럼 펼쳐진 병산을 마주하고 있으며, 산 아래를 낙동강이 감싸며 흐르고 있다. 서원에 이르면 복례문 정면으로 부챗살처럼 펼쳐진 넓은 앞마당을 만나게 된다. 마당에는 갖가지 나무와 꽃들이

· 병산서원 앞마당

· 입교당 (©byeongsan.net)

뽐내고 있다. 연분홍으로 핀 백일홍 정원이 말할 수 없이 아름답다. 앞마당 건너에는 흰 백사장이 펼쳐지고, 맑고 푸른 강물이 병풍처럼 펼쳐진 높은 산과 어우러지며 장관을 이룬다.

  병산서원은 완만하게 비탈진 꽃뫼 산자락에 앉아 있으며 전형적인 서원의 구조를 가지고 있다. 외삼문인 복례문(復禮門)을 지나 강학과 휴식 공간인 만대루(晩對樓) 아래를 오르면 정면에 강학 공간인 입교당(立敎堂)이 보이며 안마당 양편으로는 유생들의 공부와 기숙 공간으로 동재와 서재인 동직재(動直齋)와 정허재(靜虛齋)가 있다. 입교당 뒤편의 돌계단 위로 신문(神門)을 들어서면 영정을 모신 존덕사, 양옆으로 제사를 준비하는 전사청(典祀廳)과 목판을 보관한 장판각(藏板閣)이 자리하고 있으며, 옆으로는 서원의 관리와 부엌 기능을 하는 ㅁ자 모양의 별채인 주사(廚舍)가 있다. 이처럼 병산서원은 우리나라 서원의 전형인 전학후묘(前學後廟) 형태를 따르고 있으며 다른 서원과 특별히 다를 것이 없다.

그러나 이곳에는 아무리 강조해도 지나치지 않을 건축의 정수, 만대루가 있다. 만대루라는 이름은 당나라 시인 두보가 유비가 최후를 맞이한 백제성 절벽 위의 누대를 바라보며 지은 시 〈백제성루(白帝城樓)〉의 한 구절인 "취병의만대(翠屛宜晩對: 푸른 절벽은 늦을 녘에 마주 대할만하고)"에서 취했다고 한다. 병산서원 건축의 미는 이곳 만대루에서 절정을 이룬다. 정면 일곱 칸, 측면 두 칸의 만대루는 정면에서 보면 기둥 위에 지붕을 덩그러니 얹어 놓은 텅 빈 공간이다. 밋밋한 기둥과 지붕, 극도로 장식을 배제한 단순성이 기품을 보여 주며, 지붕의 높이와 물매, 기둥의 간격과 바닥 넓이 등 모든 것이 조화롭게 비례를 이루며 눈맛을 시원스럽게 한다. 그러나 여기가 끝이 아니다. 모든 건축은 그 건물을 이용하는 사람에게 최선이어야 한다.

누대에 앉아 보라. 훤히 열린 앞마당 너머로 병풍같이 활짝 편 병산이 펼쳐지고, 백사장에서는 모래가 바스락거리는 소리가 들리며, 물새 나는 낙동강은 푸른 물빛을 굽이쳐 흐르고, 파란 하늘에 흰 구름 떠 있는 모습을.

· 만대루

안마당을 걸어 입교당 툇마루에 앉아 보라. 완만한 경사여서 만대루 기둥 공간으로 모래톱과 강물이 눈높이와 일직선을 이룬다. 병산과 낙동강과 백사장이 만대루 벽에 걸린다. 그러나 만대루의 폭이 좁았다면 스냅사진같이 한 부분만 보였을 것이다. 그러나 만대루는 7칸의 넓은 공간을 구성하여 산과 강이 마치 7폭 병풍처럼 흐른다. 유한의 건물 안에 무한의 대자연을 담고 있다.

• 입교당에서 바라본 만대루 풍경

만대루 앞에는 하늘빛과 구름이 함께 노닌다는 광영지(光影池)라는 연못이 있다. 연못에 잠긴 하늘과 구름 그림자에 누군들 넋을 빼앗기지 않을 수 있을까?

고직사(주사) 앞에는 400년 전에 지어진 달팽이 뒷간이 있다. 달팽이 모양이어서 붙여진 이름이며 사적 제250호로 지정된 뒷간이다. 흙반죽으로 매질한 돌담 위에 짚을 엮어 지붕처럼 덮고 두루마리처럼 둥글게 말아 세운 뒷간이다. 하늘은 열려 있고 변기통 가운데 널을 걸쳐 고민을 해결토록 하는 뒷간으로 주로 유생들의 뒷바라지를 하던 머슴들이 사용하였다고 한다. 선암사 '짠뒤'처럼 해학과 기지가 넘쳐서 보는 재미가 새록새록하다. 언젠가 TV에서 잘 지은 전원주택을 보여 주며 이와 같은 형태의 화장실을 강조하여 소개하는 것을 보고 '에이' 하며 입가에 미소를 지었던 기억이 떠올랐다.

병산서원은 안동의 남서권에 위치해 있다. 북동권에 있는 도산서원과는 대칭방향이나 역시 두 서원 모두 안동에 소재해 있는 양반문화의 산실이다. 2019년 가을 병산서원을 방문한 적이 있다. 그때 갓이나 건을 쓰고 도포를 입은 어르신들이 서원으로 향하는 행렬을 보았다.

궁금하여 뒤따라가며 여쭤보니 오늘이 서원의 유네스코 세계유산 등재를 기념하는 '고유 및 표지석 제막식' 행사의 날이라고 하셨다. 표지석은 앞마당에 흰 천으로 덮여 있었다. 노란색과 흰색 도포에 건을 쓴 많은 후손이 사당 앞에 모이고 몇 분은 존덕사로 들어가셨다. 제사를 이끄는 분이 큰 목소리로 제례의 순서를 말하면 모두 그에 따라 예를 갖추었다. 이렇게 전통 복식을 갖추고 정성을 다해 제사를 모시는 모습은 처음이어서 경이로운 느낌이 들었다. 또한 많은 언론에서도 취재하기 위하여 분주히 움직이고 있었다. 이렇게 철저히 전통방식을 지켜 예를 갖추는 모습이 말로만 듣고 글로만 보았던 현장이라니. 양반의 고장, 안동의 예와 성을 다해 전통을 지켜가는 모습에 코끝이 찡해졌다.

하회탈 속으로 숨은 나의 부끄러움
- 하회마을

하회마을은 조선 초기 공조전서를 지낸 류종혜가 1392년 이곳에 입향 후 600여 년 동안 대대로 살아온 풍산 류씨 동성마을이며 오랜 역사 속에서도 잘 보존된 우리나라의 대표적인 민속촌이다. 1999년에는 영국 여왕 엘리자베스 2세가 방문하였으며 2010년에는 경주의 양동마을과 함께 유네스코 세계유산으로 등재되었다. '하회(下回)'라는 이름은 낙동강이 마을을 감싸 안고 흐르는 데서 유래하였으며, 풍수지리적으로는 '태극형' '연화부수형(연꽃이 물 위에 떠 있는 모습) 또는 행주형(배가 물 위에 떠 있는 모습)'이어서 사람 살기에 좋으며 큰 인물이 많이 나는 곳으로 알려져 있다. 그래서인지 하회마을은 강에 둘러싸여 물이 휘감아 흘러도 큰물이 넘치는 경우가 없었다고 한다.

하회마을을 크게 일으킨 인물은 대유학자인 겸암 류운룡과 그의 아우 서애 류성룡이다. 겸암은 퇴계 이황의 제자로 벼슬길을 멀리하고 학문에만 전념하였으며 그의 자취는 풍산 류씨의 종택인 '양진당(보물 제306호)', 서재로 사용한 '빈연정사', 학문연구와 제자를 기르기 위해 지은 '겸암정사', 후학들이 뜻을 모아 선생을 모신 '화천서원'에 남아 있다.

임진왜란 당시에 영의정으로 국난극복에 공을 세운 서애 류성룡의 흔적으로는 부친상으로 낙향한 후 서재로 사용하려고 지은 '원지정사', 임진왜란에 대한 기록인 '징비록'을 집필했던 '옥연정사'가 있으며, 초가삼간에서 별세한 후 손자 류원지가 선생의 문하생과 지역 사림의 도움으로 지은 '충효당'(보물 제414호)이 있다.

　이외에도 하회마을에서는 발 닿는 곳마다 고래등 같은 한옥이 즐비하여 가히 우리나라의 대표적인 전통민속문화마을이라 할만하다. 마을 골목길의 황토로 쌓은 돌담 위로는 선홍색으로 익은 감이 고즈넉하게 마을의 정취를 더하고 열린 솟을대문을 넘으면 시선을 하늘 끝으로 잡아당기는 한옥의 추녀가 활짝 팔을 벌리고 있다. 마치 여인의 한복 저고리 배래 끝 맵시를 보는 듯했다. 마을 가운데에

· 원지정사

는 600년 된 느티나무 신목이 흰 광목을 두르고 마을의 평안을 지키고 있다. 나무를 빙 둘러싼 새끼줄에는 각종 소원을 비는 한지 리본이 빽빽이 끼워져 있어 주술적인 느낌이 든다. 신목을 지나 '원지정사'의 정자에 오르니 강 너머로 깎아지른 기암절벽인 부용대와 유유히 흐르는 강물이 한 폭의 그림이다.

강변으로는 우람한 만송정이라는 솔밭이 보인다. 겸암 류운룡 선생이 마을의 서쪽 지세가 약하여 이를 보완하기 위하여 심은 비보림(裨補林)이라고 한다. 마을 골목을 느리게 걸으며 옛 선비마을의 정취를 느끼고, 마을을 휘감고 흐르는 강물에 마음을 띄우는 고적함이 마음을 과거로 거슬러 오르게 한다.

· 부용대

하회마을에는 질박하고 익살스러운 서민의 놀이인 '하회별신굿탈놀이(국가무형문화재 제69호)'와 선비들의 사치스러운 풍류놀이였던 '선유줄불놀이'가 현재까지 전승되어 오고 있다. 오래전 미국 출장길에 조그마한 하회탈(국보 제121호) 액자를 선물로 가져간 적이 있다. 그런데 담당 강사가 아주 귀중한 선물을 받았다며 각시, 중, 양반, 부네의 탈을 하나하나 가리키며 익살스러운 표정이 무슨 뜻이냐고 묻는 통에 진땀을 흘렸던 적이 있다. 사실 나 자신도 몰랐고 단지 가장 한국적인 것을 고민하다가 남대문 시장에 들러 구입한 것이었다. 단지 우리나라에 전해 내려오는 유명한 '하회탈춤'이 있으며 그때 사용하는 탈이라는 것밖에는 모르는 내가 어떻게 설명할 수 있었겠는가? 지금 보니 하회탈춤의 정식 명칭도 '하회별신굿탈놀이'라고 한다. 이 얼마나 부끄러운 일인가? 외국인이 눈을 반짝이며 흥미로워하는데 정작 나는 거의 아는 것이 없으니 부끄럽고 괜한 선물을 골랐다는 후회뿐이었다. 귀국 후에는 반드시 한번 공부하고 관람해 봐야겠다고 다짐했으나 이 핑계 저 핑계로 지금까지도 실천을 못 한 나 자신이 한심한 생각이 든다.

· 하회탈 액자

보름달이 두둥실, 월영교

안동에서의 마지막 밤은 솔솔 부는 강바람을 맞으며 보내기로 하였다. 여장은 한옥체험을 위하여 예약해 둔 '구름에 리조트'에 풀었다. 구름에 리조트는 1976년 안동댐 건설 당시 수몰 위기에 처한 여러 채의 고택을 이전하여 다시 세운 집들로 야트막한 구릉에 자리잡고 있다. 리조트 마을길을 걸으며 고택들을 감상하기에도 좋으며 양반의 고장 안동에서 전통 한옥의 참맛을 체험해 볼 수 있는 곳이기도 하다. 리조트에 들어가 주차하니 안내원이 마중을 나왔다. 카트에 짐을 싣고 리조트 구석구석을 돌며 설명한 후에 예약한 고택으로 안내하였다.

각각의 고택에는 유래가 설명되어 있었다. 어둠이 깔린 집 입구에는 청사초롱 같은 등이 고택 이름을 밝히며 맞이해 주었다.

어둠에 잠기는 마을이 고즈넉하고 여유로워 보인다. 짐을 던져두고 서둘러 저녁 식사를 위하여 출발하였다. 메뉴는 유명한 안동찜닭. 안동에 유명한 음식이 찜닭? 유래는 그것이 아니란다. 원래 안동의 마을들은 안쪽은 양반댁이, 입구 쪽에는 서민들이 터를 잡고 사는 구조였다. 당시에 가끔 양반댁에서 찜닭 요리를 해서 먹었는데 그 냄새가 서민들이 사는 민가까지 퍼졌다고 한다. 그러니 제대로 고기 맛을 보기 어려운 서민들의 입에는 침이 고였을 것이고 "안동네에서는 찜닭 요리를 하는 모양인가벼" 하던 말이 '안동찜닭'으로 알려진 것이라고 한다. 그러니 안동찜닭은 모든 안동 사람이 먹던 음식이 아니고 안 동네 부자들만 맛볼 수 있는 음식이었던 것이다. 진한 안동찜닭으로 배를 채우고 안동댐 아래 월영교로 향하였다. 벌써 많은 사람이 다리를 걷고 있었다. 월영교는 길이가 387m로 우리나라에서 규모가 가장 큰 목책교라고 한다. 달빛이 은은하게 비치는 다리 월영교(月映橋).

긴 월영교를 따라 곡사 분수대가 무지갯빛 분수를 뿜어내고 넓은 강물에는 형형색색 빛을 밝힌 조각달 형태의 쪽배들이 유유히 노를 저으며 환상의 풍경을 연출한다. 무지개 분수 가운데를 연인들이, 가족들이 손을 잡고 다리 중간에 위치한 팔각형 모양의 '월영정'을 향하

· 월영교

여 걷고 있다. 월영정에 앉아 있으니 둥근 보름달이 휘영청 솟아오를 것만 같다. 이런 환상의 세계에 오래된 아름답고 애틋한 사랑 얘기가 담겨 있다.

450년 전 고성 이씨 이응태(1556~1586)의 무덤에서 발견된 한글

로 쓴 편지 한 장이 조선판 〈사랑과 영혼〉을 보여 준다.

"원이 엄마라고 시작하는 편지에는 당신을 여의고 아무리 해도 나는 살 수 없어요. 빨리 당신에게 가기만을 바란답니다. 당신을 향한 마음을 이승에서는 잊을 수 없어 서러운 마음이 한이 없습니다."

구구절절 써 내려간 편지와 함께 자신의 머리카락으로 엮은 미투리 한 켤레가 부부의 애틋한 사랑 이야기를 전해 준다. 이들의 사랑 이야기가 세상에 알려지자, 세계적인 다큐멘터리 저널 〈내셔널지오그래픽〉과 고고학 잡지 〈엔티쿼티〉에 소개되며 전 세계인들을 감동시켰다고 한다.

· 원이 엄마 편지와 미투리

고택에서의 하루는 아쉬움이 크다. 대청마루에 벌러덩 드러누우니 창틀로 초록빛 풀과 시원한 느티나무가 들어온다. 토방에 걸터앉아 햇볕이 내려앉은 마당을 보니 고즈넉하고 여유롭기만 하다. 누구나 시 한 수를 읊을 수 있을 것 같은 분위기다. 이제 떠나야 할 시간이다. 이응태 부부가 월영교를 오작교 삼아 재회하기를 기원하며, 다음 여정을 향하며 안동에서의 일정을 마무리하였다.

새재인가? 세재인가? - 문경새재

지금이야 교통여건이 좋아져 영남(조령 이남)에서 수도권으로 이동이 쉽지만, 조선시대까지는 괴나리봇짐을 등에 메고 백두대간 마루를 넘어야 했다. 백두대간을 넘는 고개는 여럿 있었겠지만 제일 높고 험한 고개가 조령을 넘는 새재길이었다. 그러나 항상 헷갈리는 것이 '새재인가? 세재인가?'였다. 새도 날아서 넘기 힘들다는 조령(鳥嶺)을 넘으니 '새재' 같기도 하고, '조령'과 '이화령(이우릿재), 하늘재가 나란히 위치하여 '세재' 같기도 하고, 적의 침입을 막기 위하여 세운 세 개의 관문이 유명하여 '세재' 같기도 하였기 때문이다. 어찌 되었든 문경새재는 문경의 진산인 주흘산(1,071m)과 조령산(1,017m) 고봉 사이를 넘는 높고 험한 고갯길로, 풍운의 꿈을 안고 과거를 보기 위하여 한양을 오르내리던 영남 선비들의 떨림이 스미고, 민초들의 땀과 삶이 서려 있으며, 왜구와 맞서는 군관의 함성이 들리는 곳으로 조선팔도 고갯길의 대명사처럼 알려진 길이다. 새재길은 과거 한양과 영남의 사회, 문화, 문물 교류의 요충지였기에 많은 이야기와 흔적이 서려 있다. 이제부터 새재길을 걸으며 선비가 되고 나무꾼이 되며 군사가 되기도 하여 함께 그들의 삶과 애환 속으로 들어가 봐야겠다.

문경새재 장원급제길은 안내소에서 3관문까지 편도 약 6.5km로 약 4시간 정도 소요되는 길이나 고갯길을 따라 펼쳐진 많은 유적과 진주탄 같은 계곡물이 발길을 느리게 한다.

안내소를 지나면 제일 먼저 마주하는 것이 '영남제1관 주흘관'이다.

동쪽으로는 주흘산이 우뚝 솟아 있고 서쪽으로는 조령산의 바위 능선이 공룡의 등뼈처럼 뻗어 있다. 조령산 바위 능선을 보니 옛 생각이 퍼뜩 떠오른다. 등산모임 친구들을 따라 이화령에서 출발하여 조령산을 넘어 새재길로 하산하는 코스였다. 출발부터 급경사를 오르기 시작하더니 오르고 내리는 길이 얼마나 험한지 등산에 익숙하지 않은 나로서는 다리가 후들거렸다. 그러더니 나중에는 완전히 암벽타기 수준으로 변하였다. 나로서는 발로 걷는 것이 아니라 손으

· 영남제1관 주흘관

로 기고 또 밧줄에 매달려 가는 등산코스였다. 별로 어렵지 않은 코스라고 꼬드긴 친구에게 불평할 틈도 힘도 없었다. 거의 초주검으로 정상에 올라 숨을 돌렸다. 새가 내려앉을 곳을 내가 차지하고 있었다. 겨우 숨을 돌리고 하산을 시작하였다. 그런데 말이 등산로이지 그냥 등산로를 개척하는 러셀 같았다. 겨우 새재길로 내려와 계곡에 발을 담그고 휴식을 취한 후, 평탄하고 한적한 산책로를 걸으며 다음 기회에 꼭 다시 걸어 봐야겠다고 다짐했던 그 아름다운 길이다. 그때의 다짐을 지금 실천해 보는 중이다. 그때 보이지 않던 것이 이제는 보인다.

주흘관이 어깨를 떡하니 벌리고 의젓하게 서 있는 모습이 천연의 요새임을 과시하고 있다. 중국의 함곡관이 이보다 더 의젓하지는 않을 것이다. 앞으로 흐르는 계곡의 다리를 건너니 넓은 잔디밭을 감싸안은 성곽이 장수가 어깨를 떡 벌리고 포용하고 있는 모습이다. 성곽 가운데 우뚝 서 있는 주흘관은 위엄을 갖춘 장수의 투구 쓴 얼굴 같다. 주흘관은 요새라기보다는 하나의 예술작품이다. 하늘을 배경으로 세 칸 기둥 위로 팔작기와지붕을 얹은 주흘관이 화강석 성곽의 월근문 위에 딱 버티고 서 있는 모습이 마치 옥황상제가 사는 자미궁 궁궐처럼 보인다. 누대 기둥 사이로 열린 하늘이 시원스럽게 보인다. 하늘을 배경으로 높은 곳에서 적의 동태를 한눈에 내려보고 있는 것 같다.

계곡에 흐르는 물소리와 산새 소리를 들으며 길을 재촉하니 '경북 100주년 타임캡슐광장'이 나오고 계곡 건너에 사극 〈태조 왕건〉의

· 주막

촬영장인 '문경새재 오픈 세트장'이 보였다. 산속이라 해가 일찍 저물어서인지 벌써 어둑어둑해진다. 저 앞으로 희미하게 조령원터 돌담이 보였다. 안으로는 낡은 초가만이 세월의 무게를 견디지 못하고 금방이라도 무너질 듯 서 있다. 이것저것 따질 계제가 아니다. 이제 해도 저물었으니 이곳에서 묵어야겠다.

'여보, 주인장, 방 있소?'

'예, 나으리 안으로 드시지요.'

'고맙소. 우선 목이 칼칼하니 위쪽에 있는 주막에서 국밥에 막걸리 한 사발하고 오겠소.'

'주모, 여기 한 상 차려 오시오.'

예쁘장한 처자가 고개를 숙이고 눈을 흘깃하며 술상을 내온다.

날이 밝아 괴나리봇짐을 메고 길을 나서니 관원들이 서 있고 중후한 대화소리가 들린다. 가까이 다가서니 우람한 소나무 옆 교귀정(交龜亭)에서는 신구 경상감사가 업무 인수인계를 하고 관인을 주고받으며 서로의 경사를 축하해 준다. 용이 승천하였다는 길 건너 '용추'의 우레 같은 폭포소리가 신구 감사의 웃음소리처럼 우렁차게 들린다.

· 영남제2관 조곡관

영·정조시대에 세운 것으로 추정되는 순 한글로 붉게 새긴 '산불됴심' 표석을 지나니 응암(매바위)폭포의 물을 받은 통나무 수로에 맑은 물이 흐르고 있다. 흐르는 물에 손을 적시고 오르니 세 음계의 폭포소리가 들린다. 45m 높이의 3단으로 된 조곡폭포로 주흘산 깊은 계곡에서 떨어지는 물길을 바꾸어 만든 인공폭포라고 한다. 새재 계곡이 좁아지더니 아치형 다리 너머로 '영남제2관 조곡관'이 나타났다.

임진왜란 때 신립 장군이 충주 달천에서 배수진을 쳤으나 왜군에게 패하고 조령을 막지 못한 것을 크게 후회하였다고 한다. 조곡관

· 영남제3관 조령관

은 이를 계기로 영의정 류성룡이 관문 설치의 필요성을 임금께 진언하여 1594년(선조 27년)에 축성하였으며 문경새재에 있는 세 개의 성 가운데 가장 먼저 축조되었다. 조곡관은 좁은 산비탈을 꽉 채우고 서 있는 것 같다. 페르시아전쟁에서 크세르크세스와 스파르타의 레오니다스가 전투를 벌인 테르모필레 계곡이 생각났다. 조곡관은 어떤 적도 통과할 수 없는 그런 천연의 요새 같다. 물맛 좋은 조곡약수로 갈증을 풀고 길손들이 묵어가는 '동화원터', 낙동강 발원지 팻말, 장원급제를 기원하는 책 바위를 지나니 '영남제3관 조령관'이 잔디광장 너머로 보였다.

조령관은 백두대간의 등뼈에 세워져 있으며 경상북도와 충청북도의 도계를 이루어 지붕 위에 떨어진 빗물은 남쪽은 낙동강 물이 되고 북쪽은 남한강으로 유입되며 용마루는 두 지방의 분수령이 되는 성관이다. 잔디광장 중앙으로 난 길을 걸으니 로마 장군이 아피아 가도를 달려 개선하는 것 같은 느낌이 든다. 개선하는 장군처럼 누마루에 올라 환호하는 군중에게 답례하고 내려와 성문 중앙에서 한 걸음에 문경에서 괴산 연풍으로 순간이동을 하였다. 성관 앞에는 아기자기한 동산과 조형물들이 이곳이 괴산임을 표시하고 있다.

돌아오는 길에는 조금씩 내리던 비가 갑자기 폭우로 변하였다. 빗속에서도 맨발로 걷는 사람들이 꽤 보였다. 다행히 일회용 우의가 있어 서두르지 않고 내려올 수 있었다. 그런데 그 폭우가 전혀 예상치 못한 장관을 펼쳐 주었다.

새재길과 나란히 이어지는 계곡에 물이 넘칠 듯이 쏟아져 흘렀다. 바다의 거친 파도와는 다르게 바위에 부딪혀 튕겨 오르며 흐르는 급물살이 경험하기 어려운 장관을 연출하여 여행의 대미를 멋지게 장식하여 주었다.

· 물이 넘치는 계곡

문경새재의 황톳길은 맨발걷기축제(문경새재맨발페스티벌)가 개최될 정도로 잘 조성되어 있다. 시원한 나무그늘이 드리워진 부드러운 황톳길을 새소리 물소리와 함께 친구, 연인, 가족과 두런두런 애기 나누며 걷는 산책길은 잊지 못할 추억으로 남을 것이다.

문경에서의 짧은 시간은 아쉽기만 하다. 언젠가는 참선도량인 봉암사와 백운대계곡, 선유동계곡, 진남교반 등을 찾아 문경의 더 많은 아름다움을 누려 봐야겠다.

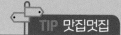

단양

🍴 대교식당 ▸▸ 올갱이해장국이 별미

🍴 그집쏘가리 ▸▸ 불친절도 감수하자, 쏘가리매운탕

🍴 구경시장 충청도순대 ▸▸ 줄 따라가면 그 집

🍴 구경시장 블랙핑크 아이스크림/훈이네 마늘빵

🍴 가연 ▸▸ 먹어 보면 놀라는 마늘떡갈비특선

☕ 카페산 ▸▸ 타이어 타는 냄새를 보상해 주고 남는 카페

영주

🍴 서부냉면 ▸▸ 슴슴한 맛이 일품인 물냉면

🍴 축산식육식당 ▸▸ 10년 전의 기억을 더듬어 다시 찾아간 갈비살맛

🍴 전통순흥묵집 ▸▸ 골프장에서는 맛볼 수 없는 진한 도토리맛의 묵밥

☕ 정도너츠 ▸▸ 찰기가 특징인 오색 도너츠

🍴 축협한우프라자 ▸▸ 지역민 때문에 기다림이 긴 곳

🍴 나드리김밥 ▸▸ 어느 종류 하나 실망 시키지 않는 김밥 백화점

🍴 풍기 한결청국장 ▸▸ 전통 발효의 진한 청국장 맛

🏢 소백여관 ▸▸ 옛 여관을 리모델링한 운치 있는 쉼터

안동

🍴 옥야식당 ▸▸ 선지해장국의 정수

🍴 중앙문어숙회 ▸▸ 부들부들 쫄깃쫄깃

🍴 맘모스빵집 ▸▸ 분주해지기 전에 미리 가야 하는 빵집

문경

🍴 문경새재 왕건집 ▸▸ 쫄깃쫄깃한 한우 국밥

🍴 전통시장 상차림3호 ▸▸ 상가 식육점에서 구입한 약돌 한우구이를 위한 상차림

🍴 채미락 ▸▸ 숨겨 두고 다시 찾는 채식전문점

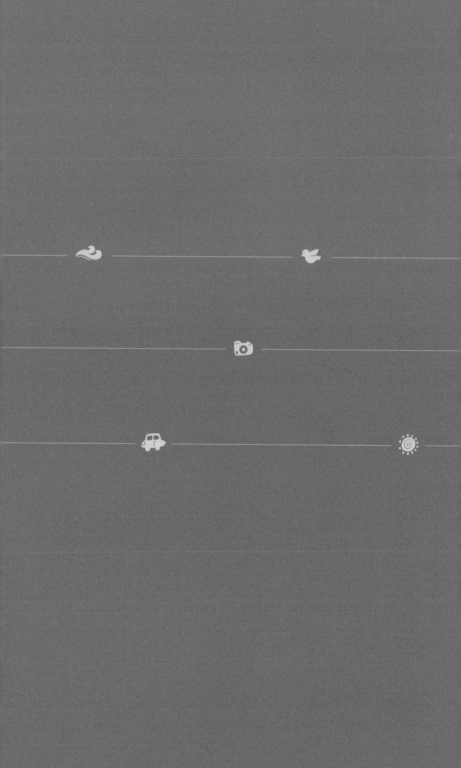

PART 3

남도서정

······· 신안 ·····▶····· 진도 ·····▶···· 해남 ·····▶···· 보길도 ·······

순천 ·····◀···· 벌교 ·····◀···· 보성 ·····◀···· 강진 ·····◀···· 청산도 ·····

아직은 겨울 동장군이 생떼를 쓰며 버티고 있어 코끝이 시리지만 이미 남도에는 봄기운이 완연할 것이다. 매년 대보름만 지나면 남도 여행을 생각하며 안절부절못한다. 이미 부풀어 버린 가슴엔 남도의 봄기운이 물씬 스미어 두근거리며 방망이질하고, 두 눈에는 그곳에서 만날 빛나는 봄날의 서정이 선하게 아른거린다. 따사로운 봄볕, 야트막한 언덕 아래의 옹기종기한 마을, 길가에 늘어선 붉은 동백꽃 담장, 봄기운 가득 머금은 붉은 고구마 빛 황토, 헐거워진 흙 틈새로 고개 내민 파릇파릇한 새싹, 봄물 가득 머금은 연초록 수양버들, 가지 사이를 오가는 까치소리, 모자 쓰고 허리 숙여 밭이랑 고르는 농부, 촉촉한 봄공기를 타고 들려오는 정겨운 남도 사투리, 들판에 피어오르는 아지랑이까지, 그곳에는 이미 봄빛이 산과 대지, 들판과 개울 위에 보랏빛 무명실을 흩뿌리고 있을 것이다. 서둘러야겠다. 봄빛이 땅에 떨어지기 전에 붙잡으러 가야겠다. 설친 잠으로 부스스하지만, 설레는 마음은 주체할 수가 없다. 주섬주섬 짐을 챙겨 그곳을 향하여 용수철처럼 튀어 나간다. 나의 봄은 이렇게 시작된다.

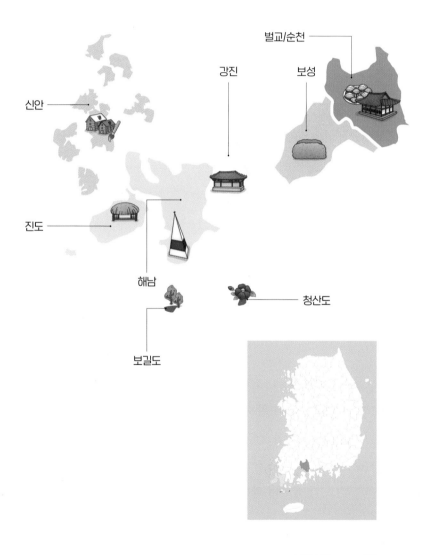

벌교/순천

강진

보성

신안

진도

해남

청산도

보길도

섬티아고 순례길 - 신안

고속도로가 붐비기 전에 혼잡구간을 벗어나기 위하여 일찍 나선다. 그리고 중간 군산에 〈12월의 크리스마스〉를 촬영한 '초원사진관' 앞 '한일옥'에서 뭇국으로 맛있게 식사를 마치고 근처에 있는 '이성당'에 들러 간식용 팥빵을 산다. 여행의 별미는 맛있는 음식으로 배를 든든하게 하는 것 아니겠는가? 그리고 다시 코끝을 간지럽히는 봄기운을 느끼며 신안 압해도 송공항에 도착하였다.

신안 섬티아고 순례자의 섬(12사도의 길)을 가려면 이곳에서 배를 타야 하기 때문이다. 순례자의 섬은 '대기점도 - 소기점도 - 소악도 - 진섬'으로 이루어져 있으며, 네 개의 섬이 노둣길로 연결되어 있다. 노둣길은 섬과 섬을 연결한 길로 밀물에는 잠겨 수평선이 되고 썰물에는 갯벌 따라 지평선이 되는 기적이 매일 두 번씩 이루어지는 곳이다.

산과 언덕, 논과 밭 그리고 노둣길을 따라 12km의 순례길을 걷다 보면 야트막한 언덕 위, 갯벌 한가운데 또는 숲속과 호수 위에 세워진 12사도의 특징을 반영한 작고 예쁜 12개의 작품 같은 집이 순례자를 맞이한다. 열두 작품은 한국과 프랑스에서 온 여섯 명의 예술가가 일 년간 공들여 만든 건축미술이며, 각 작품마다의 제목은 삶의 희로애락과 예수의 열두 제자 이름에서 가지고 왔다고 한다. 천천히 걸으며 섬과 바다의 풍광과 작품들을 구경하고 감상하며 바쁜 일상은 접어 두고 잠시 쉬어 갈 수 있는 쉼이 있는 낭만적이고 아름다운 길이다.

송공항에 차를 주차해 두고(물론 차를 가지고 갈 수 있으나 순례길을 다니다 보면 막다른 골목 또 좁은 외길을 만나기 때문에 어려움을 겪게 됨) 섬티아고 순례자의 섬으로 가기 위하여 승선하였다. 뱃고동을 울리며 송공항을 출항한 배는 천사대교 아래를 지났다. 섬이 많은 신안이 1,004개의 섬으로 이루어졌다고 하여 붙인 예쁜 이름 같다.

배는 소악, 매화, 소기점 선착장에 손님을 내려주고 대기점도를 향하였다. 선착장에는 하얀 벽에 딥블루색 돔 형태 지붕을 한 등대 모양의 건물이 보였다. 지중해풍 느낌이어서 12사도가 활동한 소아시아가 연상되었다. 멀리서도 섬을 알아볼 수 있도록 등대 역할을 하도록 설계되었다고 한다. 배에

· 베드로의 집 (ⓒ신안군청)

서 내려 다가가니 '1. 베드로의 집: 건강의 집'이라고 표시되어 있었다. 예수님의 첫 번째 제자여서 제일 먼저 위치하였나 보다. 키가 작은 종탑은 고개를 숙이고 종을 치도록 설계되어 있다. 몸을 낮추고 겸손한 마음으로 그리고 건강한 몸으로 순례길을 떠나기를 기원하

고 있는 것 같다. 무사히 순례를 마칠 수 있기를 기원하며 타종으로 순례길의 첫걸음을 고하였다.

오른쪽으로 난 길을 따라 걸으니 마을이 나오고 '2. 안드레아의 집: 생각하는 집'이 나왔다. 이 작품은 섬 주민이 사용하던 돌절구와 여물통을 사용하여 섬의 삶을 작품 안에 반영하였으며 지붕 꼭대기에는 섬의 상징물인 들고양이의 모형이 설치되었다고 한다. 이 작품 앞 정자에 앉으면 노둣길 건너 병풍도가 훤히 보인다.

마을의 펜션에 여장을 풀었다. 말이 펜션이지 주민의 살림집이나 다름이 없다. 펜션으로 오르는 좁고 구불구불한 구멍 숭숭 뚫린 돌담길이 정겹기만 하다. 이곳 펜션은 섬 주민의 자택이나 조그맣게 신축한 건물을 사용하여 운영하고 있으며 아침과 저녁 식사도 제공해 준다. 숙박비와 식사비도 신안군에서 정해 준 가격으로 운영되기 때문에 순례객의 주머니 사정을 가볍게 해주며, 음식은 섬에서 나는 재료를 사용한 주민들의 가정식 백반이어서 섬 내음이 물씬 나는 귀한 밥상을 받아볼 수가 있다. 펜션 어르신께서 아직 해가 남았으니 소기점도까지 다녀올 수 있을 거라고 말씀하셨다. 그래도 불안한 마음에 대기점도만 한번 빙 둘러보기로 마음먹고 길을 나섰다. 아름다운 해안가 길을 따라 오두막을 연상시키는 '3. 야보고의 집: 그리움의 집'을 지나 논길과 밭길을 걸어 소기점도로 건너는 노둣길이 내려다보이는 '4. 필립의 집: 행복의 집'에 도착하였다.

이 작품은 프랑스 예술가들이 자신들의 고향 툴루즈의 붉은 벽돌과 섬에서 채취한 자갈을 이용하여 지은 집으로 나무배 모양의 기하학적 구조와 뾰쪽한 첨탑지붕에 물고기 조각을 세운 지붕이 인상적이다. 산길 언덕을 넘어 '5. 요한의 집: 생명평화의 집'에 다다랐다. 원통형으로 쌓아 올린 하얀 집으로 천장의 스테인드글라스를 통해 빛이 내부의 자궁으로 쏟아지고 길게 난 창문으로는 섬 주민의 무덤이 보이며 유한한

· 필립의 집

인간의 삶을 되돌아보게 하는 집이다.

아침 일찍 일어나 문을 열고 낮은 돌담이 쌓인 마당으로 나오니 맑고 상큼한 공기가 기분을 상쾌하게 한다. 마당 한쪽 화단에는 주인이 가꾼 여러 종류의 식물들이 자라고 있어 다가가 보니 나무와 돌담 사이로 아침이슬 맺힌 거미줄이 보였다.

가늘고 여린 팔각형의 거미줄을 신기한 듯 빤히 바라보고 있으려니 우리 인생이 이처럼 기댈 곳 없는 줄타기 인생이라는 생각이 든다.

짐을 싸고 나와 주인 내외와 작별인사를 하고 소기점도를 향하여 걷기 시작하였다. 처음으로 걸어 보는 노둣길이 신기하다. 호수 위에 둥둥 떠 있는 '6. 바르톨로메오의 집: 감사의 집'을 지났다.

다음 작품을 찾아 약간 헤매는 중에 개 짖는 소리에 놀라 허겁지겁 도망하며 산 중턱에 오르니 오병이어의 부조가 설치된 '7. 토마스의 집; 인연의 집'에 도착하였다. 전망 좋은 위치에서 바다를 보며 한숨을 돌리고 언덕을 내려오니 소악도로 향하는 노둣길이 보이고 그 중간지점에 이슬람 사원

· 마테오의 집

모양의 황금빛 돔 지붕을 한 웅장한 성전 같은 '8. 마테오의 집: 기쁨의 집'이 보였다.

이 건축물은 밀물 때에는 바다 위에 떠 있는 집이라고 한다. 대형 창문이 설치되어 있어서 드넓은 갯벌과 바다 풍경을 감상하기에 안성맞춤이다.

소악도를 걷는 길에는 언덕 위에 교회당과 마을이 보였다. 마을 길가에 예쁘게 고개를 내밀고 있는 황새냉이, 층꽃, 봄까치꽃 위에 봄빛이 더욱 화사하게 빛났다. 꽃들이 걷는 발걸음을 서두르지 말고 봄을 더 누려 보라고 말을 건네는 것 같다. 언덕 위 마당에는 봄꽃이 줄지어 심겨 있고 정갈하게 정돈된 노랑 교회당은 다정하게 눈인사를 건네는 듯하다. 마을을 지나 좁은 들길을 걸어 '9. 작은 야고보의

집: 소망의 집'에 당도하였다.

소박하게 지어진 집은 마치 유럽의 거친 해안에서나 볼 수 있을 것 같은 '어부의 오두막' 같은 형태의 집이다. 파도를 만난 어부가 배를 정박하고 아슬아슬했던 순간을 용케도 헤쳐나올 수 있도록 도와주신 신께 감사기도를 드리며 바다가

· 작은 야고보의 집

잠잠해지기를 기다리며 쉴만한 곳이다.

다시 노둣길을 건너 진섬의 교차로에 자리한 '10. 유다 타대오의

· 가롯 유다의 집

집: 칭찬의 집'을 지나 '11. 시몬의 집: 사랑의 집'으로 향하였다.

벼랑 위에 서 있는 시몬의 집에서는 바다를 바라보며 나무 그늘에서 편안한 휴식을 취할 수가 있었다. 마지막 '12. 가롯 유다의 집: 지혜의 집'은 진섬 건너 딴섬(끝섬)에 위치해 있다.

이 섬으로는 노둣길이 없어 물이 완전히 빠졌을 때만 신비의 바닷길이 열려 그 짧은 시간을 이용하여 건널 수 있는 낭만적인 길이다. 외로운 딴 섬에 있는 '가롯 유다의 집'은 고딕양식의 첨탑에 붉은 벽돌로 지은 건물로 옆에는 뒤틀리고 꼬인 삶을 되돌아보게 하는 나선형으로 쌓은 종루가 있다. 이곳에서 무사히 순례를 마치게 해준 것에 감사하며 열두 번 타종함으로써 순례의 섬, 섬티아고 12km 12사도의 길 순례를 마쳤음을 고할 수 있다.

순례를 마치고 진섬에 위치한 소악도 선착장으로 향하였다. 시골버스 간이정류장 같은 초라한 모습이다. 머리가 갸우뚱거려졌다. 여기에 도무지 배가 정박할 것 같지 않았다. 마침 지나가는 주민에게 여쭤보니 그냥 기다려 보라고 한다. 불안한 마음으로 한참을 기다리고 있으니 배가 보이기 시작하였다. 셔츠라도 벗어 SOS 신호를 보내고 싶은 마음이 간절하였으나 12사도의 가르침대로 참고 기다리자, 배가 부두에 댔다.

이곳을 찾는 많은 순례객이 당일여행을 즐긴다. 그럴 경우에는 아침 일찍 출발하는 배를 타고 진섬 소악도 선착장에서 하선한 후 순례를 시작하여 소악도 - 소기점도 - 대기점도에 도착하여 대기점 선착장에서 병풍도를 회선하여 나오는 배에 타면 된다. 만일 시간이 여유가 있으면 다시 노둣길을 걸어 병풍도를 둘러보고 병풍도 선착장에서 승선하는 것도 가능하지만 미리 배편 운항시간을 잘 확인해 보는 것이 안전하다.

거리예술의 진수, 암태도 기동삼거리

신안을 그냥 떠나기에는 아쉬움이 크다. 특히 동백꽃 필 무렵이나 라벤더가 개화할 때는 더 그렇다. 육지가 된 섬 암태도를 향하여 1004대교를 건넌다. 기동삼거리의 담장 벽화를 보기 위해서이다. 암태도에는 여러 곳에 벽화가 그려져 있지만 그중 T자형 삼거리인 기동삼거리의 〈동백빠마〉는 기막힌 아이디어와 작품성에 감탄할 수밖에 없으며, 이에 따라 국민적 관심거리가 된 살아 있는 그림이다. 정면 담장에 약간 어색하면서도 편안하게 미소 짓고 있는 노부부가 그려져 있다. 그런데 머리에는 온통 동백꽃을 이고 계신다. 담

* 암태도 기동삼거리 <동백빠마> 벽화

장 안에 심어진 살아 있는 동백꽃이 머리를 대신하고 있다. 얼굴 벽화와 동백꽃이 너무 잘 어울려 가까이 가서 자세히 보지 않으면 구분할 수가 없다. 지금은 봄이라 사랑이 꽃처럼 피어나는 계절이다. 꽃이 뚝 떨어지지 않아야 할 텐데. 또 빠마머리 손질도 자주 해야 할 텐데. 생각만으로도 즐겁다. 벽화의 모델은 담장 안에 거주하시는 손석심 할머니와 문병일 할아버지시다. 처음에는 할머니만 그렸으나 나중에 할아버지가 직접 박우량 군수에게 자신도 그려 달라고 요청하여 그리게 되었다고 한다. 그리고 할머니 동백나무와 짝을 이루는 할아버지 동백나무는 전국을 수소문한 끝에 제주도에서 구해 왔다고 한다. 이 벽화 하나가 암태도를 환하게 만들며 전국적인 명소로 만들었다.

마법의 세계, 퍼플섬

　암태도에서 16km를 달리면 퍼플섬에 이른다. 그야말로 퍼플퍼플한 섬이다. 안좌도, 반달 모양의 반월도, 박 모양의 박지도, 이 세 개의 섬을 잇는 보라색 다리에서부터 온통 버들마편초 등의 보랏빛 꽃과 보라색 지붕, 보라색 공중전화 등으로 섬 전체가 보랏빛이어서 사람마저도 보라로 물들어 보이며 어디에선가 금방이라도 오즈의 마법사가 나올 것만 같은, 마치 마법의 세계에 온 것 같은 느낌을 준다. 5월이면 라벤더 축제 등이 개최되어 많은 연인과 가족 단위로 또는 친구들끼리 찾는 곳으로 걷기에 부담스럽다면 전동카트나 미니버스를 이용하여 보라색 섬을 둘러볼 수도 있다.

· 퍼플섬 (ⓒ신안군청)

보배섬 진도(珍島)

요즈음 진도의 최대 관광상품은 송가인이다. 〈미스트롯〉에서 입증되었으니 실력이야 말할 것도 없지만 아마 그녀의 구수한 사투리와 가식 없는 말투, 친근한 붙임성이 대중이 그녀를 좋아하는 이유일 것이다. 그리고 '진도' 하면 우리의 영웅 충무공 이순신 장군이 임진왜란 중에 "신에게는 13척의 배가 있사옵니다" 하며 133척의 왜선을 물리친 명량대첩지인 울돌목과 당시 왜군을 혼란에 빠뜨린 '강강술래'와 '진도아리랑' '진돗개' 등이 떠오른다.

또한 진도는 무형문화재의 고장이다. 인간이 사는 곳에는 문화가 있고 그 문화는 자연환경에 적응하며 살아간 인간의 흔적이기도

• 조도닻배노래 (ⓒ문화재청)

하다. 진도는 제주도, 거제도에 이어 우리나라에서 세 번째로 큰 섬으로 농사일과 고기잡이가 생계의 수단이었기에 이와 관련된 무형문화재가 많다. 유네스코 인류무형문화유산인 '진도아리랑'을 비롯하여 목청과 가락이 구성진 '홍타령'

'육자배기', 노동요인 '남도들노래', 뱃사람의 '조도닻배노래', 장례문화를 엿볼 수 있는 '진도다시래기'와 '진도만가', 민초들의 무사안녕을 기원하는 '진도씻김굿' 등 다양한 무형문화재가 전해 내려오고 있다.

더불어 진도는 수많은 예인을 배출하였으니 조선시대 추사 김정희의 애제자로 남종화의 대가이며 글, 그림, 글씨에 모두 능하여 삼절(三絶)이라고 불렸던 소치 허련 선생이 태어나고 말년을 보낸 곳이다. 세한도를 삼고초려 끝에 일본에서 되찾아 왔으며, 중국의 서법(書法), 일본의 서도(書道)를 제치고 글씨를 서예(書藝)라는 예술의 경지로 끌어올린 소손 손재형 선생, 소리 신이 몸을 빌려 살아서 소리를 하면 뒷산 솔숲소리도 숨을 죽였다는 맑고 슬픈 소리의 양홍도 할머니(《곽재구의 포구기행》), 찢긴 입술에서 매화송이처럼 떨어지는 붉은 피의 고초를 겪으며 남도 가락을 뱉어낸 조공례 할머니(《곽재구의 포구기행》), 인간문화재 신영희 명창, 송가인에게 육자배기 첫소리를 가르친 스승 강송대 명창 등 열거할 수 없이 많은 예인들의 산실이기도 하다. 이탈리아에서 노래자랑 하면 안 되듯이 진도 어느 곳에서나 소리 자랑은 삼가야 할 것 같다.

"신에게는 13척의 배가..." - 울돌목

울돌목을 가로지르는 진도대교를 건너 진도에 들어섰다. 망국의 위기에서 나라를 구한 명량대첩의 현장인 울돌목이다.

차에서 내려 울돌목 스카이워크를 걸으며 바라보니 물소리가 천둥소리같이 요란하고 물살이 소용돌이치며 물거품은 용솟음쳤다. 바닥에 구멍이 숭숭 뚫려 있어 온몸에 소름이 돋고 오금이 저렸다. 울돌목은 '소리 내어 우는 바다 길목'이라는 우리말이고 한자어로 '명량해협'이라고 한다. 폭이 제일 좁은 곳이 300m 정도이며 수심이 낮고 조수간만의 차가 커서 바닷물의 이동이 많아 물살이 세다고 한다. 이순신 장군의 귀에 백성의 신음이 울돌목의 물소리만큼이나 크게 들려왔다. 이순신 장군의 동상이 눈을 부라리고 왜군을 노려보며 서 있다. 이곳에서 물러서면 조선은 영영 왜놈의 발아래 짓밟히며 종노릇 하며 살아야 할 것이다. 눈에 핏발이 서린 장군이 '필사즉생 필생즉사(必死則生 必生則死)'의 각오로 금방이라도 칼을 뽑아 군령을 내릴 기세이다.

· 울돌목 스카이워크 (©한국관광공사)

소치의 묵향, 운림산방

소치 허련 선생을 만나러 운림산방으로 향하였다. 운림산방은 허련 선생이 49세에 낙향하여 글을 쓰고 그림을 그리며 여생을 보낸 곳으로, 뒤편으로는 첨찰산 봉우리가 감싸 안고 있으며, 아침저녁으로 피어오르는 안개가 구름을 이루었다고 해서 붙여진 이름으로 '소허암' 또는 '운림각'으로 불리었다. 영화 〈스캔들 - 조선남녀상열지사〉의 배경이 되기도 하였던 이곳은 연못과 정원, 초가집과 꽃핀 뒤뜰이 어우러져 조화를 이루어 남도 풍경을 만끽할 수 있는 곳이기도

· 운림산방 전경

하다. 원래는 오랫동안 방치되어 오던 것을 손자 남농 허건이 1982
년에 지금과 같이 복원하였다. 안으로 들어서면 제일 먼저 운림지가
맞이한다. 오각의 연못에는 흰 수련이 떠 있고 가운데 동그란 동산
에는 오래된 배롱나무가 가지
를 활짝 펴고 서 있다.

• 소치가 생활한 초가

　연못 앞에 서면 첨찰산을 배
경으로 소치 선생이 태어나고
기거하며 그림을 그렸던 초가
들과 고풍스러운 기와지붕의
운림산방이 호젓한 분위기를
이루고 있다.

　운림산방에 들러 소치 선생
의 화실에서 그림 그리던 모습을 보았다. 잘 정돈되고 정갈한 화실
에 앉아 흐트러짐 없는 곧은 자세로 그림에 집중하는 범접하기 어려
운 대가다운 모습이 울림으로 다가온다. 초가집으로 향하여 기거하
시던 고택 구석구석을 둘러보았다. 단정하게 정돈된 깔끔한 방과 마
루, 부엌은 현재에도 묵신(墨神) 소치 선생이 당장이라도 문을 열고
헛기침하며 나올 것 같다.

　뒤편으로 돌아가니 넓은 후원에 동백이며 매화가 만개하여 초가
지붕과 조화를 이루며 봄의 정취를 돋우었다. 소치 선생의 영정을
모신 운림사로 향하였다. 내부를 들여다보니 이 세상으로 잠시 내려
오신 것 같은 신선 한 분이 온화한 표정으로 서 계셨다. 소치 기념관

으로 향하였다. 기념관 옆 잔
디밭에는 유서 깊은 일지매가
고상하게 서 있다.

· 일지매

소치가 운림산방을 열었을
때 해남 대흥사 일지암의 초의
선사께서 선물한 나무라고 한
다. 매화나무는 일제강점기에
일본으로 옮겨질 위기에 처하
였으나 소치의 제자와 후손들
이 지켜냈으며, 현재의 나무는 본래 매화의 손자뻘인 3대째 나무라
고 한다.

기념관 입구에는 세계에서 유일하게 200여 년 동안 대를 이어온 5
대에 걸친 운림산방 화맥(소치 허련-미산 허형-남농 허건과 임인 허림-
임전 허문-허진, 허은, 허청규, 허재, 허준)을 알려 주는 가계도가 걸려
있다.

기념관은 1관과 2관으로 구성되어 있으며 1관에는 소치의 그림,
글씨를 비롯하여 한시첩, 서책이 전시되어 있고, 2관에는 2대에서 5
대에 이르는 후손의 작품이 전시되어 있다. 1관의 소치의 그림과 글
씨로 만든 병풍, 매화도, 사군자 병풍 등 그의 작품들을 보니 큰 화
선지 위에 붓질은 절제되어 있고 여백이 넓게 차지하고 있다. 캔버
스 전체를 채색으로 꽉 채운 서양화와는 달리 답답하지가 않다. 숨
쉴 여지가 있어 마음이 편안하고, 빈 곳에 생각을 채워 넣게 한다.

빈 곳에 퍼져 나온 매향, 난향이 코끝을 스치고 지나 기념관을 가득 채우고, 생각은 나비가 되어 무릉도원을 날고 있는 상념에 빠져 볼 수 있었다.

후손들의 작품이 세대별로 전시된 2관에는 세대를 따라 형태와 색이 변하고 있음을 알 수 있었다. 오직 수묵으로 선(線)과 기(氣)만을 사용하여 준법으로 채우던 화폭이 이제는 세상만큼이나 다양한 형태와 색으로 채워지고 있다. 그림도 시대를 반영하는 것이니 당연하겠지만 왠지 아쉬운 생각을 금할 수가 없다.

운림산방을 나오며 앞에 있는 남도전통미술관에 들렀다. 미술관에서 소치 허련과 그의 화맥을 이어온 진도 출신의 대가들인 백포 곽남배, 전정 박항환, 서암 이우진의 작품을 감상해 보며 운림산방 방문을 마무리하였다.

진도의 자연 - 세방낙조와 신비의 바닷길

　우리나라에서 가장 아름답다는 일몰을 보기 위하여 세방낙조전망
대로 향하였다. 하루가 길다 하지만 그래도 아름다운 모습은 눈 깜
짝할 사이에 지나가 버리므로 시간을 꼼꼼히 확인해 두어야 한다.
임회면 고정리 송가인공원을 지나 조금 더 가니 그녀의 고향인 소앵
무마을을 알리는 안내판이 보였다. 큰길가에 인접해 있어서 잠시 들
렀다 가기로 하고 짧은 오르막을 오르니 그녀의 집이 훤히 올려다보
였다. 경사면에 축대를 쌓아 지은 지방도시 변두리에서 쉽게 볼 수
있는 평범한 집이다. 그러나 대문 앞 넓은 도로는 난리법석이다. 담
벽락에는 그녀의 집을 알리는 그림과 글씨가 예쁘게 벽화처럼 그려

· 세방낙조전망대에서 바라본 일몰

져 있고, 길에는 그녀를 본뜬 모형의 포토존, 팬들이 남긴 사인 등이 수많은 사람이 다녀갔음을 말해 주고 있다.

마을을 출발하여 해변도로에 들어섰다. 이 길이 세방낙조전망대까지 이어지는 꼭 가봐야 할 '아름다운 자전거길'이며 '시닉 드라이브 코스'이기도 하다. 곧 본격적인 일몰이 시작되겠지만 해안도로에서 바라보는 하늘과 바다는 이미 노을빛으로 물들며 환상의 세계를 풀어내고 있다. 시간을 붙잡을 수가 없을까? 해를 꽁꽁 묶어 그 자리에 매달아 두고 싶다. 낙조전망대에는 이미 한순간도 놓치지 않으려는 많은 관광객이 그림자 마네킹처럼 서 있었다. 서서히 떨어지는 아폴론의 황금마차가 하늘을 핏빛으로, 바다를 황금빛으로 물들이자 다도해의 섬들은 수평선 위에 어두운 그림자를 만든다. 황금마차의 바큇살이 바다에 풍덩 발을 담그자 세상은 온통 붉은 노을빛으로 물들고 바다 한가운데로는 유혹하는 듯한 붉은 카펫이 펼쳐진다.

매년 음력 2월 그믐경의 영등사리와 6월 중순 무렵이면 고군면 회동마을과 의신면 모도 사이의 바다에는 모세의 기적이 일어난다. 이 시기에 조수간만의 차가 제일 커서 2.8km의 바다가 40m 폭으로 신비의 바닷길이 열린다. 물때를 잘 확인하고 조금 일찍 도착하여 바닷물이 찰랑찰랑하며 서서히 잔돌과 거친 모래의 바닷길이 드러나는 광경을 느껴 보기를 추천한다. 이래서야 언제 열리겠나 변화를 못 느끼는 사이에 어느덧 긴 바닷길이 섬까지 드러나는 신비한 체험을 하게 된다.

• 남망산에서 바라본 다도해

시간이 허락하면 가까이에 있는 접도의 '남망산(164m) 숲길'도 걸어 볼 것을 추천한다. 이 길은 전국 최고의 아름다운 숲길로 알려져 있으며, 다도해의 풍광을 만끽할 수 있다.

땅끝 해남

인생은 한곳에 머물 수만은 없는 나그네 같은 것. 더 많은 보배섬의 속살을 보고 싶지만 다음으로 미루고 아쉬운 마음을 달래며 울돌목을 건너 땅끝, 해남 땅으로 향한다. 끝이란 단어를 들으면 어쩐지 묘한 기분이 든다. 더 이상 나아가지 못하고 멈춰 버린 것 같아 안타까운 느낌이 들거나 모든 풍상을 겪고 난 후 지금에 이른 것 같아 애틋한 마음이 들기도 한다. 한반도의 끝, 해남이 바로 한반도 산하와 민초들 삶의 애환, 민족의 풍전등화 같던 질곡의 역사를 모두 훑어 담고 여기까지 흘러 내려와 옷고름을 풀어 헤치고 바다에 발을 담그고 있는 것 같다. 높은 산과 깊은 내는 풍상에 시달리며 삭아 문드러지고 뭉개진 어머니의 품속같이 넉넉하고 평평한 대지를 이루고 있다. 논이며 밭, 길이며 마을이 모두 대지의 형상을 따라 자연스러워 거슬리는 것이 없다. 항상 시간에 쫓기며 허둥대던 일상이 시간이 멈추며 자연스럽게 그 속으로 녹아드는 것 같다. 그러나 붉은 황토는 생명력을 잉태하고 있다. 사람들이 그 어머니의 자궁 속 같은 붉은 대지의 힘찬 고동과 함께 숨을 쉬고, 밭을 일구고, 가정을 이루고, 자식을 키우며 삶을 이어 오고 있는 곳, 해남 땅에 들어섰다.

국내 최대의 매화밭 - 보해 매실농원

보해 매실농원을 향하여 붉은 황토밭 사이를 지난다. 붉은 대지는 날이 풀리며 물기를 가득 머금고 부풀어 오르고, 밭두렁에는 새싹이 돋아나며, 아지랑이는 가물가물 이글거린다. 길 위의 버스는 봄볕에 취해 어슬렁어슬렁 달리고, 갈 길 바쁜 경운기는 검은 연기를 뿜으며 탈탈거리고, 드문드문 길가의 정자나무 아래에는 어르신들이 담소를 나누고 계시며, 담장 안의 홍매화는 아름다운 자태를 뽐내고 있다. 농로로 접어들어 한참을 가도 '보해 매실농원'은 나타나지 않고 길을 제대로 들어섰는지 의문이 든다. 매실농원이면 밭일 텐데 지금 논길을 가고 있지 않은가! 여기까지 왔으니 지나온 길이 아까워서라도 고집을 부리며 계속 나아가자 매실농원이 모습을 보였다.

해남군 산이면에 위치한 '보해 매실농원'은 전국 최대의 매화밭으로 1979년 14만여 평의 면적에 1만 4,500그루의 매화나무를 심어 조성하였으며 매년 3월이면 '땅끝매화축제'가 열리는 곳이다. 들어서자마자 입을 다물지 못하였다. 구릉같이 펼쳐진 매화밭은 사방이 하늘과 맞닿아 있으며 파란 하늘과 흰 매화꽃이 수평선을 이루고 있다. 이곳은 흰 눈밭, 저곳은 연분홍 꽃밭, 여기는 매화터널, 저기는 무릉도원. 까만 줄기와 조화를 이룬 매화터널은 방사형으로 사방팔방으로 퍼져 나간다. 터널은 매화 꽃잎을 통과한 투명한 햇빛으로 화사함의 극치를 이루고 있었다. 매화터널을 나와 매화전시장 같은 곳으로 향하였다. 그곳에는 갖가지 형태의 매화나무에 다양한 모양의 꽃과 백매, 홍매, 분홍매 등 여러 색깔의 매화가 가지마다 피어 있다. 또 한 그루의 나무에 백매와 홍매가 달린 매화나무도 있다. 여기에서는 새로운 품종의 매화를 개발하고 있다고 한다. 그래서인지 생각지도 못했던 느티나무 같은 매화, 치렁치렁한 매화, 왕벚꽃 같은 매화 등 다른 곳에서는 찾아볼 수 없는 다양한 매화를 감상할 수 있었다.

• 보해 매실농원

녹우당 - 고산 윤선도 유적지

고산 윤선도의 유적지인 녹우당(사적 제167호)에 도착하였다. 이곳은 해남 윤씨 중시조이자 어초은파의 시조인 윤효정이 처음 터를 잡은 곳으로, 고산이 효종으로부터 하사받은 '녹우당'을 비롯하여 어초은의 묘와 불천지위 사당, 추원각(어초은의 제각), 고산의 사당

· 녹우당 전경

이 자리 잡고 있다. 또한 조선시대 가사문학을 꽃피운 고산 윤선도의 작품과 그의 증손자 공재 윤두서의 자화상(국보 제240호)이 전시된 곳이기도 하다.

녹우당은 덕음산 자락 깊숙이 자리하고 있다. 뒷산 우거진 비자나무 숲이 바람에 흔들릴 때 푸른 비(녹우, 綠雨)가 내리는 듯하다고 하여 붙여진 이름으로 사랑채는 효종이 어릴 적 사부였던 고산에게 하사한 수원집 일부를 해상 운송하여 이전한 것으로 알려져 있다. 녹우당 넓은 앞뜰을 걷는 느낌이 아주 평화롭다. 잔디밭에는 희고 붉

은 동백이 봄빛을 맞으며 빛나고 있으며 천천히 걸어 오르면 높은 황토 담장 너머로 녹우당 기와지붕들이 보인다.

입구에는 500년 된 아름드리 은행나무가 무성한 가지를 펼치고 방문객에게 시원한 그늘을 만들어 주고 있다. 어초은 윤효정이 아들의 진사시험 합격을 기념하여 심은 나무라고 한다. 멋스러운 돌담길을 따라 걸으니 300년이 되었다는 우람하고 기품 있는 곰솔이 딱 버티고 서 있다. 바로 옆 고산의 불천지위 사당의 문지기를 자임하고 있는 것 같다. 그 옆으로 어초은의 불천지위 사당이 있고 뒤편에 묘역이 자리 잡고 있다.

어초은의 사당 앞에 세운 안내문에는 '삼개옥문 적선지가(三開獄門積善支家)'라는 내용이 있다. 백성들이 흉년이 들어 세미를 내지 못하여 옥에 갇히자 어초은이 미곡을 대신 바쳐 이들을 풀어 주었는데, 이렇게 하기를 세 번이나 하였다고 한다.

그의 후손 윤두서는 묵은 빚을 받아 오라는 어머니의 심부름으로 해남에 당도하여 보니 모두 가난하여 갚을 형편이 아님을 알고 빚문서를 모두 불태워 버렸다고 한다. 돌담을 따라 추원당 방향으로 산책로 숲길을 걸었다. 호젓하고 운치 있는 산책길이다. 고산도 공재도 걸었을 이 길은 비자나무숲에서 불어오는 시원한 바람과 새소리의 울림으로 깊은 산 속을 걷는 느낌이다. 갑자기 공재가 그린 풍속화 〈채애도(採艾圖)〉가 떠오른다. 봄날에, 녹우당에서 바라본 풍경일 것이다. 머리에 수건을 쓰고 치마를 걷어 올린 두 여인이 먼 산을 배경으로 비스듬한 언덕에서 파릇파릇 올라온 봄나물을 캐고 있다.

한 여인은 칼과 망태기를 들고 나물을 찾고 있고 다른 여인은 이제 막 허리를 펴고 고개를 젖히며 주위를 둘러보는 모습이다.

공재는 당시 이곳의 평화로운 풍경을 애민의 마음으로 보았을 모습이다. 다산 정약용의 애민사상도 윤두서의 손녀인 어머니를 통하여 이어지지 않았을까?

• 공재 윤두서 <채애도> (ⓒ고산윤선도박물관)

이야기가 많은 대흥사

　두륜산의 아홉 개 봉우리에서 흘러내린 골짜기가 모이는 '너부네' 라는 넓은 계곡에 자리하고 있는 대흥사는 유네스코 세계문화유산 으로 등재된 유서 깊은 고찰이다. 본래는 대둔산 대둔사였으나 대둔 산의 이름이 한민족의 성산인 백'두'산과 서왕모가 사는 신선들의 세 계인 곤'륜'산의 정기를 이어받았다고 하여 두륜산으로 바뀌며 대둔 사는 대흥사로 바뀌었다고 한다. 대흥사의 창건설화는 많으나 정확 한 창건연도는 밝혀지지 않았으며 그곳에서 발견된 유물들이 나말 여초에 세워졌음을 증거해 주고 있다. 이처럼 유구한 역사를 가진 대흥사는 그만큼이나 많은 이야기를 간직하고 있다. 대흥사로 향하 는 입구는 오래된 긴 이야기를 풀어내 줄 것처럼 계곡을 따라 늘어선 고목터널 숲길이 십 리 를 이룬다.

　대흥사로 오르다 보면 승탑 밭이 자리하고 있다. 서산대사 와 초의선사를 비롯한 많은 승

· 대흥사 전경

탑과 비석이 오밀조밀하게 배치되어 있어 대흥사가 깊은 내력과 많은 대선사를 배출한 명찰임을 느끼게 해준다. 서산대사의 비석을 어렵게 찾았다. 서산대사가 1604년 묘향산 원적암에서 마지막 설법을 마치고 제자 유정(사명대사)과 처영 스님에게 자신의 의발(衣鉢)을 남쪽 두륜산에 둘 것을 유언하고 결가부좌 한 채로 입멸하였다. 유언을 받든 유정은 스승을 다비하여 사리는 묘향산 보현사에, 영골은 금강산 유점사 북쪽 바위에 봉안하고 금란가사와 발우는 대흥사에 안치하였다. 서산대사의 의발이 전해진 후 대흥사는 크게 일어나는 전기가 되었다고 전해지고 있다. (유홍준, 《나의 문화유산답사기 - 산사순례》)

대흥사 경내에는 서산대사 휴정과 제자 유정, 처영 세 분의 영정이 봉안된 표충사(表忠祠)가 자리하고 있다. 표충사는 서산대사의 제자들이 1669년 건립한 대흥사 경내의 별도 공간에 마련된 사당 영역이다. 외삼문인 호국문(護國門)과 내삼문인 예제문(禮齊門)을 지나면 표충사와 좌우로 조사전, 비각이 있으며 맞은편으로는 제물을 준비하던 의중당을 비롯하여 강례제, 명의제 등이 함께 표충사의 영역을 이루고 있다. 표충사 건립 후 100여 년이 지난 1788년(정조 12년)에 대흥사 7세 법손인 천묵이 상소하자 정조는 세 승려의 충정을 치하하고 친히 '표충사'라 어필 사액하였으며, 관리를 보내 극진히 제사를 모시도록 하였다.

대흥사는 우리나라의 다성(茶聖)으로 알려진 초의선사가 조실로 불도를 닦은 곳으로 선사와 관련된 일화를 많이 간직하고 있다. 초의선사는《동다송》같은 저서를 남길 정도로 차에 대하여 경지에 이르신 분으로 맥이 끊어져 가던 차(茶) 문화를 일으켜 세우셨으며 대흥사를 차 문화의 성지로 자리매김하게 하였다.

많은 문인, 묵객과 교류한 선사이지만 평생의 벗 추사 김정희와의 관계는 특별하다. 당파싸움이 극심하던 1840년, 추사는 10년 전에 일어났던 윤상도 사건에 연루되어 심한 고문을 받았다. 목숨이 위태롭게 되자 친구인 영의정 조인영이 "추사를 살려 달라"는 상소를 올려 죽음은 면한 대신 제주도로 유배길에 올라 9년을 대정에서 보냈다.

추사는 귀양길에 해남 대흥사에 들러 동갑내기 벗이자 차를 배운 초의선사를 만났다. 그곳에서 중국의 모방을 벗어나 동국진체라는 독특하고 골기가 흐르는 민족적인 글씨의 일가를 이룬 명필 원교 이광사가 쓴 대웅보전(大雄寶殿)을 보더니 "글씨를 안다는 사람이 조선의 글씨를 망친 이광사의 글씨를 걸어 둘 수 있는가? 당장 떼어 버리게"라고 신경질을 부렸다. 그의 성미를 알던 선사는 원교의 현판을 떼어 내고 추사의 글씨로 교체하였다. 귀양 중에도 한양 부인에게 반찬 투정하고 선사에게는 차를 보내지 않는다고 서찰로 까탈 부리던 추사 아닌가. 추사체는 추사가 제주 귀양살이 중에 완성하였으니 당시 추사 글씨가 어떠했는지는 현재 대흥사 승방에 걸려 있는 '무량수각(無量壽閣)'을 보면 된다. 이후 귀양에서 풀려 한양으로 향하던 추사가 대흥사에 들러 "원교의 현판이 어디 있나? 다시 달아 주게. 그때는 내가 잘못 보았어"라고 말하며 다시 원교의 글씨를 대웅전에 걸도록 하였다.

　여기에서 원교 이광사의 애끊는 얘기를 하나 하고 넘어가야겠다. 많은 사람이 조선 고유의 서체인 '동국진체'를 완성한 원교 이광사는 몰라도 영·정조 시대의 역사서인 《연려실기술》의 저자 이긍익이 그의 아들이라고 하면 아마 놀랄 것이다. 이광사의 집안은 소론으로 당쟁에 휘말리며 집안에 회오리가 몰아치며 요동쳤다. 아마 추사가 귀양길에 그가 태어나기도 전에 세상을 떠난 원교의 글씨를 비판한 것도 노론이라는 당파의 영향도 무시할 수는 없을 것이다. 원교의 집안은 명문가였

· '대웅보전' 현판, 원교 이광사의 글씨

· '무량수각' 현판, 추사 김정희 글씨

다. 조부가 호조참판을 지낸 이대성이고, 백부 이진유는 대사헌, 대사성, 이조참판을 역임하였으며, 부친 이진검도 평안도 관찰사, 예조판서, 대사헌을 지냈다. 경종이 즉위하고 최대 당파인 노론은 경종의 이복동생인 연잉군(후에 영조)의 대리청정을 주장하는 쿠데타를 자행하였다. 이에 소론은 노론의 주장을 반박하는 상소를 하였으며 원교의 백부 이진유가 거기에 가담하였다. 경종이 독살설 끝에 승하하고 영조가 왕위에 오르자 백부는 귀양살이를 전전하다 한양으로 끌려와 곤장을 맞다가 죽고, 부친은

강진에 유배되어 그곳에서 죽고 말았다. 이후 원교의 집안에는 '역적 집안'이라는 꼬리표가 따라붙었다.

집안의 죄에 연좌되어 벼슬길에 나갈 과거에도 응시할 수 없어 양명학과 글씨에 몰두하며 떠돌던 원교에게는 또 다른 청천벽력 같은 사건이 일어났다. 그의 나이 50세에 강경파 소론 윤지가 나주 객사에 붙인 영조치세를 비판하는 벽서사건에 연루된 것이다. 윤지는 31년째 유배생활을 하던 인물이었다. 영조는 윤지는 물론 그의 아들 윤광철도 능지처참하고 많은 소론을 삭탈관직하였다. 원교는 윤광철과 나주 벽서와는 무관한 서신을 몇 차례 주고받았는데 이것이 빌미가 되어 하옥되고 목숨은 풍전등화였다. 게다가 이수범이 "윤광철과 이광사는 절친한 사이다"라고 자백하여 살아날 가망이 거의 없었다.

원교가 체포되자 며칠 후 부인 유씨는 그를 세상에서 다시 볼 수 없으리라 여겨 두 아들 긍익, 영익과 어린 딸 하나를 두고 자결하였다. 그러나 영조는 그가 전주 이씨 종친이라는 이유로 유배형에 처했고 함경도 부령으로 귀향길(1755년)에 올랐다. 원교는 귀향길에 부인이 자결했다는 소식을 듣고 주막 베개에 홀로 눈물만 비볐다고 한다. 그가 감내해야 하는 참담함과 상실감은 이루 헤아리기도 어려울 지경이었을 것이다. 그가 죽은 부인을 생각하며 쓴 〈죽은 부인을 애도함(悼亡)〉이라는 시의 내용을 보면 그의 슬픔이 얼마나 크고 애통한지 구구절절 느낄 수 있다.

"내가 비록 죽어 뼈가 재가 될지라도 이 한은 결코 사라지지 않으리

내가 살아 백 번을 윤회한대도 이 한은 정녕 살아 있으리

천지가 뒤바뀌어 태초가 되고 해와 달이 빛을 잃어 연기가 되어도

이 한은 맺히고 더욱 굳어져 세월이 흐를수록 단단해지리라

내 한이 이와 같으니 당신 한도 정녕 이러하리라

두 한이 오래토록 흩어지지 않으면 언젠가 다시 만날 인연 있으리"

원교 이광사, 〈도망〉

부령 유배생활 중에는 많은 문인이 글씨를 배우기 위하여 원교에게 모여들자 조정에서는 역모를 염려하여 그를 다시 최남단 진도를 거쳐 신지도로 이배(1773년)시켰다. 이배길에 원교는 다섯 형제 중 유일하게 살아남아 유배 중인 형 이광정을 만났으나 그것이 마지막 상면이 되었으며, 자신도 1777년(정조 1년) 신지도에서 73세를 일기로 한 많은 생을 마감하였다. 그가 죽자 그의 첩이 글씨를 판다는 소식을 들은 사람들이 다투어 높은 가격으로 사들여 마침내 세상에 널리 알려지게 되었으며 남도에서는 그의 서체를 모방하는 이가 많았다.

그의 글씨는 지금도 남도에 전시장을 이루고 있다. 대흥사의 '대웅보전' '천불전' '침계루' '해탈문', 강진 백련사의 '대웅보전'과 '만경루', 구례 천은사의 '일주문' '극락보전' '명부전', 부안 내소사의 '대웅보전'과 '설선당', 고창 선운사의 '천왕문'과 주지실 편액인 '정와'가

모두 그의 글씨이다. 현재 보물 제1486호로 지정된 원교의 초상화는 영조의 어진을 모사할 때 참여한 공로로 신지도 만호로 제수된 혜원 신윤복의 부친인 일재 신한평이 원교가 죽기 3년 전인 1774년에 그린 것이다.

초의선사는 조선불교 최대 논쟁의 당사자이기도 하다. 이 논쟁은 화엄종주인 선운사 백파 선생이 '선문수경'으로 교(敎)보다는 수선(修禪)을 중시하자 초의선사가 '선문사변만어'에서 교와 선은 다른 것이 아니라고 맞서며 벌어진 '백파-초의 논쟁'으로, 여기에 양측의 제자들과 추사 김정희까지 가세하며 100년 넘게 이어졌다. 추사는 '백파망증15조'를 지어 백파선사를 무식하고 그와의 논쟁은 철부지 어린애와 다투는 것 같다고 비판하였다. 그러나 추사는 백파가 입멸하자 선운사 백파선사비의 비문을 써서 오직 백파만이 큰 업적을 남긴 대율사로 칭하였다.

· 천불전

표충사와 같이 계곡의 남쪽 구역에 위치한 천불전으로 향하였다. 천불전의 현판도 원교 이광사의 글씨이다. 약간 높은 위치에 자리하고 있는 천불전은 화엄세계가 이곳이로구나 할 정도로 화려하고 장중하다. 천 개의 불상이 걸치고 있는 황금빛 가사가 법당 안을 환하게 밝히고 금방이라도 선녀가 부는 생황과 피리 소리가 울려 퍼질 것 같다. 이곳에 모셔진 불상들은 여섯 명의 스님이 여섯 해에 걸쳐 경주 불석산(기림사와 석굴암 근처로 추정)에서 나는 옥돌을 다듬어 완성하였다고 한다. 경주 옥돌은 유명하여 직지사 천불상, 경북 신흥사 아미타불상, 운문사 내원암 아미타불상, 그리고 현존하지 않는 지리산 쌍계사 16나한상이 불석산 옥돌을 사용하여 조성한 것으로 알려져 있다.

대흥사(대둔사) 천불은 1817년 10월 점안식을 거쳐 다음 달에 경주 장진포로 옮겨져 배에 실려 해남을 향하여 출항하였다. 그러나 배 한 척으로 운반하기는 어려웠는지 닷새 후 울산 장생포에 도착하여 더 큰 배인 함경도 홍원 상선에 768위를 옮겨 싣고 두 척의 배가 출발하였다. 그런데 동래 부근에서 서북풍을 만나자 해안으로 바짝 붙어 항해하던 작은 배와 달리 큰 배인 홍원 상선은 해안으로 접근할 수가 없었기에 풍랑에 휩쓸려 나가사키현으로 표류하고 말았다. 일본인들이 불상을 보더니 절을 지어 그곳에 모시려 하였다. 그러나 불상들이 그들의 꿈에 나타나 '우리는 해남 대둔사로 가는 길이니 여기 머물 수가 없다'라고 계시하여 결국 1818년 7월 표류 8개월 만에 해남 앞바다에 도착한 후 이곳에 모셔졌다고 한다. 일본을

· 일(日)자가 표시된 불상 (©국립중앙박물관)

거쳐 온 불상 768위에는 다산 정약용의 당부로 석불 배면에 소 전체로 일(日)자를 표시해 두었다고 하니 무심코 넘겨볼 수만은 없는 것 같다.('대흥사 승려 풍계 현정, 《일본표해록》, 1821년(순조 21년)', 〈보보담〉 통권 41호)

대웅전이 있는 북쪽 구역으로 가는 길에 500년이 넘은 연리근 느티나무가 언덕 위에 시원스럽게 서 있다. 왼쪽이 음이고 오른쪽이 양의 모습을 지니고 있다고 한다. 연리근은 소원을 이루어 주고 행운을 가져다준다고 하는데 무슨 소원을 빌어 볼까?

금당천에 시원한 물줄기가 흐른다. 마음을 씻어 주는 세심천 같다. 대웅전 구역에 들어서니 원교 이광사의 획이 가늘고 명쾌하며 화강암같이 골기 있는 '대웅보전' 글씨와 백설당에 걸린 추사 김정희가 썼다는 한껏 멋을 부린 획이 기름지고 곡선미를 갖춘 '무량수각'이 보였다.

달마고도 미황사

미황사는 우리나라 육지의 가장 남쪽에 위치한 사찰로 749년(신라 경덕왕 8년)에 창건되었다. 미황사 사적비에 따르면 인도에서 경전과 불상을 가득 실은 배 한 척이 땅끝 사자포구에 도착하여 의조화상과 마을 사람들이 맞이하러 나갔다. 이때 배에 있던 검은 황소가 경전을 싣고 가다 쓰러져 일어나지 못한 곳에 절을 세웠으며, 소의 울음소리가 아름다워 '미(美)'를 따오고, 배에 타고 있던 '金人'의 황금빛에서 '황(黃)'을 빌려 미황사(美黃寺)라고 이름 지었다고 기록하고 있다. 미황사의 중심전각인 대웅보전은 그 배를 상징하기 위하여 바다에 사는 게와 거북이 주춧돌에 새겨져 있다. 미혹의 예토인 사바세계에서 반야(깨달음)의 세계인 피안의 극락정토로 중생을 건네주는 반야용선을 의미하는 것 같기도 하다. 또한 대웅전 대들보와 천장에는 산스크리트 문자와 천불 천정화가 그려져 장엄함을 더하고 있다. 천불을 그리게 된 것은 이곳 '미황사가 일천 불이 출현할 곳'[연담유일(1720~1799), 《임하록》]이기 때문이라고 한다. 이곳에서는 부처님 천분의 자비로 세 번만 절을 올리면 한 가지 소원은 반드시 이루어진다고 한다. 미황사는 남도의 금강산이라 불리는 달마산의 공룡의 이빨 같은 긴 암벽 능선이 병풍처럼 감싸고 있다.

• 달마산 암벽에 감싸인 미황사 전경

달마산이란 이름은 달마대사가 중국에 선(禪)을 전하고 이곳에 머물렀다고 붙여졌다.

사천왕문을 지나 자하루(紫霞樓)에 이르자 눈이 부리부리한 달마대사가 바다 쪽을 바라보고 있다(실제는 달마산 방향을 바라보고 있음). 자하루는 만세루라는 이름 대신 자줏빛 노을이 아름다운 누각이라고 해서 붙여진 이름이며 만세루라는 현판은 경내 방향 뒤쪽에 귀요미처럼 걸려 있을 정도이다.

아마 달마대사도 어란포에서 불어오는 시원한 바닷바람을 맞으며 석양이 땅끝 바다에 반사되는 아름다운 저녁놀을 바라보고 있는 것 같다. 자하루 내부에는 부처가 그려진 모양이 제각각인 천 개의 돌이 한쪽 벽면에 걸려 있다. 영암에 사는 조병연 화가가 바닷가에 굴러다니는 돌들을 모아 각각의 모양에 맞추어 불상을 그려 넣은 것으로 대웅전의 천불과 서로 조응하며 더욱 매력 있는 미황사로 만들고

· 자하루

있는 것 같다.

자하루를 지나면 단정한 축대 위에 달마산 바위 병풍을 배경으로 빛바랜 단청을 한 대웅전이 고풍스럽고 멋스럽게 모습을 드러내며 맞이해 준다. 할머니 품속에 안긴 것처럼 모든 것이 녹아 버리고 편안해진다.

미황사는 불상과 바위 그리고 노을빛이 조화를 이루어 삼황(三黃)의 아름다움을 가진 절로 알려져 있다. 여기에 하나를 더해야 할 것 같다. 미황사는 템플스테이로도 유명한데 여러 가지 사유가 있겠지만 미황사 밥을 빼고는 이야기할 수가 없을 것이다. 미황사의 밥맛은 이미 꽤 오래전부터 이어져 왔나 보다. 소설가 성석제가 1980년대 후반 미황사에 머물렀다고 한다. 당시의 신도들은 주로 김과 해초를 시주물로 하여 불공을 드렸다. 절에서는 보살님이 매끼 가마솥에 새로 밥을 지었다. 기름기 자르르 흐르는 가마솥 밥에 미역국, 아궁이에 살짝 구운 김, 김을 찍어 먹을 참기름 간장, 설탕이 살짝 뿌려진 다시마튀각을 생각하며 입맛을 다셨으나 그것을 맛볼 수 있는 건 무슨 기념일이나 특별한 날뿐이었나 보다. 이후 그의 식성은 당시 있음을 알면서도 제대로 먹지 못했던 까닭에 해초 특히 김에 애착을 가진 식성으로 변하여 식사나 술안주로 김밥, 김국, 김무침 같은 음식을 자주 요리해 먹는다고 한다.

미황사에 가면 우리나라에서 가장 신비한 달마산 정상 바위 암벽 위에 앉은 도솔암을 지나칠 수 없다.

도솔암은 미황사가 창건되기 전 화엄조사 의상대사가 창건한 유서 깊은 암자이다. 의상대사도 낙조를 즐겼다는 곳이다. 도솔암은 정유재란 때 울돌목에서 패전한 왜구가 퇴각하던 중 화마를 입고 주춧돌과 기왓장만 남았다. 이후 여러 차례 복원을 시도하였으나 불사의 뜻을 이루지 못하였다. 이

· 도솔암

후 2002년 이곳과는 전혀 인연이 없던 오대산 월정사의 법조 스님이 3일 연속으로 선몽의 꿈을 꾸고 32일 만에 법당을 복원하였으며 2006년에는 아래쪽에 삼성각이 건립되었다.

도솔암은 미황사에서 걸어
오르면 1시간 30분 정도 소요
되며, 차로 오르면 주차장에 주
차하고 15~20분 정도 소요되
는 능선길을 걸으면 된다. 능
선길은 경사가 거의 없는 오

· 삼성각

솔길로 너무 좁아 혼자 걸을 수 있는 길이다. 기암괴석의 능선길은
산아래마을, 시원한 들녘과 바다가 조망되는 호연지기의 길, 사색
의 길이기도 하다. 800m를 걸으면 암자가 나오는데 바위 속에 감추
어진 보물 같다. 암자에는 두 분의 부처와 협시보살 한 분이 모셔져
있다. 세상이 훤히 내려다보인다. 우리의 국토를 내려다보며 지키
고 계시는 것 같다. 그곳에서 매일 오신다는 학교 교직원 한 분을 만
났다. 정성스레 기도하면 왜구가 묻어 두고 간 보물을 찾을 수 있다
고 귀띔해 주셨다. 그러면서 "저기가 땅끝마을, 저어기는 만재도, 조
오기는 진도" 하며 친절하게 설명해 주시고는 삼성각으로 내려가셨
다. 암자를 받치고 있는 바위 50m 아래에는 일년내내 마르지 않는
다는 용샘이 있다. 이 산꼭대기의 샘이 마르지 않는다니 무슨 조화
인지 신비하기만 하다. 암자 아래에는 산속에 피어난 연꽃같이 수줍
은 삼성각이 자리 잡고 있다. 삼성각에서 올려보는 도솔암은 천상에
숨겨진 보물 같다.

토말(土末), 끝과 시작

　우리나라 최남단 북위 34도 17분 21초의 해남군 송지면 갈두리 사자봉, 땅끝이다. 《신증동국여지승람》 만국경위도에서는 우리나라의 남쪽 기점을 해남현, 북으로는 함경북도 은성부에 이른다고 적고 있다. 또한 육당 최남선은 《조선상식문답》에서 해남 땅끝에서 서울까지 천리, 서울에서 함경북도 은성까지를 이천리로 잡아 우리나라를 '삼천리 금수강산'이라고 하였다. 이곳에 도착하니 온통 땅끝 광고다. 땅끝(갈두)마을이 있고, 땅끝탑이 있고, 땅끝전망대가 있으며 토말비도 있다. '끝'은 맨 마지막 부분 또는 마지막 한계가 되는 곳을 의미한다. 끝이라고 하면 마무리지어 이제 편안하다는 느낌도 있지만 뭔가 아쉽고 절박하며 새로운 생명력이 느껴지지 않는다는

· 땅끝탑

생각이 든다. 단지 지역경제를 위한 홍보용 문구였으면 한다.

땅끝마을에서 약 720m의 해안벼랑길을 걸어 땅끝탑으로 향하였다. 그곳에는 엄청나게 뾰족한 탑이 하늘을 꿰뚫을 듯이 서 있다.

땅끝탑 아래 부분에는 손광은 시인의 시 한 구절이 새겨져 있다.

이곳은 우리나라 맨 끝의 땅
갈두리 사자봉 땅끝에 서서
길손이여
토말의 아름다움을 노래하게
먼 섬 자락에 아슬한
어룡도 백일도 흑일도 당인도까지
장구도 보길도 노화도 한라산까지

또 거꾸로 세워 땅끝이 맨 위쪽으로 향한 우리나라 지도와 배의 앞머리를 먼바다로 향하게 하여 대양으로 힘차게 나아가는 배 모형이 있으며 희망의 시작이라고 쓰여 있는 기단도 있다.

사자봉 정상에 우뚝 솟은 땅끝전망대는 타오르는 횃불의 역동적인 이미지를 형상화하여 새 희망과 새 출발을 상징화하였다고 한다. 입구에는 '희망의 상징 첫 땅'이라는 팻말도 서 있다. 나는 이 지점이 끝이 아닌 시작이기를 희망한다. 여기에서 점화한 겨레의 횃불이 남도의 붉은 흙같이 불근거리며 삼천리 금수강산에 타오르기를 희망해 본다.

부용동 보길도

해남 땅끝선착장에 도착하였다. 미리 전화로 배의 출항 여부를 확인하였지만 그래도 여전히 조마조마하다. 선착장에 도착해서 배표를 사고서야 마음이 놓이며 선착장에 정박해 있는 큰 배가 눈에 들어왔다. 신안 소악도 선착장에서 조금 익숙해져서인지 선착장이 마치 조그만 포구 같아도 별로 낯설지가 않다. 페리호에 승선하였다. 자칫하면 고개가 갸우뚱하며 돌아갈 수도 있을 정도로 승객이 많지 않았다. 이러다 나중에는 배가 운항하지 않는 것 아닐까 쓸데없는 걱정이 들었다. 이곳에서 운항하는 많은 배들의 선수에는 ○○농(수)협하고 깃발이 펄럭인다. 아마 수익성보다는 섬 주민의 편의를 배려한 정책인 것 같다.

40여 분의 항해 동안 배가 만들어 내는 포말에 힘이 느껴지고 얼굴에 부딪히는 시원한 바닷바람이 상쾌하다. 파란 물감을 풀어 놓은 것 같은 바다에 점점이 뿌려진 양식장과 봉긋봉긋 수평선 위로 꽃처럼 피어 있는 섬들이 한편의 파노라마를 연출하며 아름답게 스쳐 간다. 노화도, 보길도 세연정 조성에 참여한 아낙들을 지칭하여 붙여진 이름. 세연정에서 흩어져 작업하는 그녀들의 모습이 연못에 핀 연꽃 같았을 것이다. 노화도 산양진항에 도착하자 생선 말리는 냄새가 진동한다. 마치 내가 거친 바다와 싸우며 그물을 펴고 걷어 올린 것 같은 생명의 용솟음이 느껴진다. 지금도 어렸을 적 보았던 면소재지 같은 분위기의 노화읍을 지나 보길대교를 건넜다. 대교 중간의 장사도를 지나 목적지 보길도에 들어섰다.

· 보길도

이제부터 송강 정철과 더불어 조선 중기 최고의 가인(歌人)으로 추앙받는 고산 윤선도의 발자취를 따라가며 그의 삶의 편린이나마 느껴 봐야겠다. 고산은 1587년 지금의 서울 대학로 연(지)동 부근인 '연화방(蓮花坊)'에서 태어났으며, 현재 그곳에는 '오우가(五友歌)'를 새긴 '생가 터 기념비'가 세워져 있다. 8세에 큰아버지 윤종현의 양자로 들어가 지금의 명동성당 근처 '명례방(明禮坊)'에서 생활하였으며, 현재에는 집터 기념비만 남아 있다. 고산의 본관은 해남(海南)이다. 그의 5대조 할아버지인 어초은 윤효정이 크게 부를 일으키고 사방의 어려운 향민을 돕고 덕을 베풀어 해남 윤씨의 관향을 얻었기 때문이다.

고산은 초시와 진사시험, 별시에서 세 번이나 장원급제하였다. 그러나 집권세력의 비리와 횡포를 고하는 상소를 올린 것이 그들의 미움을 사서 함경도 경원으로 유배되었다. 다행히 1623년 인조반정으로 6년이 넘는 귀양살이에서 풀려났다. 그러나 계속되는 반대파의 모함으로 조정의 만류에도 불구하고 병을 핑계로 두 번에 걸쳐 관직을 사직하고 해남으로 내려가기도 하였다. 고산이 해남에 머물며 그의 나이 50세 되던 해에 병자호란이 일어나 청나라가 조선반도를 휘저었다. 다급해진 조정은 남한산성으로 들어가고 왕족은 강화도로 피신하였다. 이 소식을 들은 고산이 의병을 일으켜 강화도에 거의 도착하였을 무렵, 인조가 삼전도에서 항복하고 굴욕적인 군신관계를 맺었으며, 강화도는 이미 청나라의 수중에 들어갔다는 소문이 들려왔다. 그 사실을 알게 된 고산은 제주도에 가서 은거하겠다고 마음먹고 남으로 향하던 중 보길도에 이르러 산세의 수려함과 수석의 기이함에 이끌려 그곳에 머물기로 하였다.

부용동 원림으로 향하였다. 이곳은 고산이 직접 조성한 별서정원으로 우리나라 3대 정원으로 알려져 있다. 이곳의 산세가 피어나는 연꽃 같다고 하여 '부용동(芙蓉洞)'이라 불렸으며 그가 태어난 연동의

· 윤선도 문학관

'연화방'과도 알맥상통한 점이 있어 보인다. 고산은 이곳에서 85세로 생을 마감할 때까지 일곱 차례에 걸쳐 방문하고 13년 동안 머물렀다고 한다. 이곳은 그의 손길이 미치지 않은 곳이

없을 정도로 곳곳에 그가 붙인 이름과 유적지가 산재해 있다. 그중에 현재 많은 방문객이 찾는 곳이 세연정, 곡수당, 낙서재, 동천석실이다. 세연정 입구에는 윤선도 문학관이 자리하여 그의 발자취를 잘 보여 주고 있다.

문학관을 지나 안으로 들어서며 큰 연못인 세연지가 나타나고 그 가운데에 큰 정자인 세연정이 서 있다. 세연지는 물이 들고 나는 회수담, 연못 가운데 물소리가 공명하는 석조보인 판석보, 물이 적으면 다리가 되고 많으면 폭포가 되는 계담, 세연지 물속에 춤추는 모습이 비치는 옥소대, 노래하고 춤추는 예악을 즐기는 동대와 서대, 낚싯줄을 드리우는 유도암과 무도암, 물의 흐름을 조절하고 조화로운 경관을 빚어내는 칠암이 조화를 이루며 가경을 이루고 있다. 사방이 훤히 트인 세연정에 앉아 밖을 내다보니 산과 거목, 연못이 어우러져 심산유곡에 자리 잡은 신선들의 세상 같았다. 별천지가 있다면 이곳일 것이다. 이곳에서는 누구나 부귀와 명예를 내려놓고 한가로운 사람이 될 것 같았다.

• 세연정

고산도 이곳에서 가사문학의 백미인 〈어부사시사(漁父四時詞)〉를 읊지 않았을까?

동풍이 건듯 부니 믉결이 고이 닌다

돋 드라라 돋 드라라

동호를 도라보며 셔호로 가쟈스라

지국총 지국총 어스와

압뫼히 디나가고 뒫뫼히 나아온다

〈어부사시사〉 춘사(春詞) 10수 가운데 세 번째 수

· 곡수당

곡수당(曲水堂)으로 향한다. 격자봉에서 흐르던 물이 이곳에서 곡수를 이루어 붙여진 이름이다. 오르는 길에 곡수를 건너는 무지개다리가 있다.

둑에는 분홍빛, 보랏빛 수레국화가 봄빛에 활짝 피어 있고 다리 끝 봄물 뚝뚝 떨어지는 연초록 수양버들에서 되지빠귀가 노래하며 봄의 정취를 북돋운다. 마치 단원 김홍도의 〈마상청앵도〉를 옮겨 놓은 것 같다.

곡수당 마루 앞으로는 계곡이 흐른다. 유수지를 만들어 물을 담아 두기도 했던 모양이다. 산에서 흘러온 청량한 맑은 물소리를 들으며 낙서재에서 독서로 피로해진 몸과 마음을 이곳에서 쉬어주고 회복했을 고산이 떠올랐다.

낙서재(樂書齊)는 고산이 독서하며 보낸 생활공간이며 1671년 85세를 일기로 생을 마감한 공간이기도 하다. 아무런 치장이나 꾸밈 없이 소담해 보이는 세 칸 집이다. 고산이 벼슬을

· 낙서재

버리고 이곳에 은거해 책 읽고 시 읊는 것을 즐거이하며 자연과 더불어 처사의 삶을 추구하였음을 보여 주고 있는 것 같다.

앞산 중턱 높은 곳에는 바위절벽과 조화를 이루며 사각 우진각 지

· 동천석실

붕 모양으로 학이 날개를 활짝 편 것 같은 조그만 암자 같은 건물이 서 있다. 동천석실(洞天石室)이다.

고산이 이곳을 부용동에서 제일 아름다운 곳으로 여겨 건물을 짓고 서책을 보관하여 두었다고 한다. 이곳에 오르는 산길은 땀이 등에 촉촉이 적시지만 구불구불한 우거진

숲길을 물소리와 함께 걸으면 왜 고산이 최고의 풍광으로 여겼는지 알 수 있다. 아마 고산은 동천석실에서 바라보는 경치만이 아니라 그곳까지 오르는 발걸음을 즐겼을 것이다. 마지막 가파른 산길을 올

라 조그맣고 아담한 동천석실에 오르면 맞은편 들판과 마을, 산 아래 곡수당과 낙서재가 한눈에 들어와 고산의 의견에 동의할 수밖에 없음을 알게 된다.

부용동을 나와 공룡알 해변으로 향하였다. 바닷가를 따라 구불구불한 해변과 마을길이 정겹다. 갑자기 넓은 주차장이 나타나 들어가 보니 그곳이 '망끝전망대'였다. 끝없이 탁 트인 시원한 바다와 서해로 몸을 감추는 아름다운 일몰을 감상할 수 있는 곳이어서 사진작가들이 즐겨 찾는 곳이라고 한다. 조금 더 가니 조그만 창고 건물이 나타났다. 그 앞에 주차를 하니 주민 한 분이 이쪽으로 가면 된다고 알려 준다. 아마 공룡알 해변을 방문하는 관광객이 거의 입구를 찾지 못하는 모양이다. 해변 입구를 지나니 '돌을 가져가지 마세요'라는 안내멘트가 나왔다. 안으로 들어가니 해변에 온통 공룡알이다. 하나를 들어 보니 어휴 무겁다. 그곳에서 한 부부를 만났다. 캠핑차를 몰며 한 달째 남쪽 해안 섬들을 돌고 있다고 하였다. 이번이 벌써 몇 번째라고 한다. 오늘도 이곳에서 차박을 할 예정이라고. 그럼 식사는 어떻게 해결하느냐고 여쭤보니 바닷가에서 해초도 채취하고 산에서 나물도 채취하여 해결한다고 하셨다. 모르고 양식하는 곳에 들어가 혼난 일도 있었다며 웃으셨다.

다음 예정지는 '송시열 암각시문'이다. 그러나 앞쪽으로는 길이 없어 왔던 길로 되돌아서 가야 한다. 주차 후 바다를 바라보며 해안가로 난 오솔길을 걸으니 넓은 해안가 바위에 수직 절벽이 나타났다. 그곳에 글씨가 각자되어 있었다. 많은 글씨가 새겨져 있었으나 상당

부분이 바닷바람과 파도에 침식되어 선명하지가 않다. 안내판에는 '우암 송시열(1607~1689)이 숙종대에 왕세자 책봉 반대 상소를 올려 1689년 83세의 나이로 제주도로 유배를 가던 중 폭풍을 만나 이곳에 잠시 머물던 중 암벽에 오언절구 시를 남겼다'고 쓰어 있다.

여든셋 늙은 몸이
멀고 찬 바다 한가운데 있구나
한마디 말이 무슨 큰 죄이기에
세 번이나 쫓겨나니 역시 궁하다
북녘의 상감님을 우러르며
남녘바다 바람 잦기만 기다리네
이 담비 갖옷 내리신 옛 은혜에
감격하여 외로이 흐느껴 우네

시를 읽고 나니 조선시대 서인-노론의 거두이며 공자, 주자에 버금간다며 '송자(宋子)'라고 높여졌던 우암의 절절함이 느껴진다. 이곳에서 바라보는 바다는 '망끝전망대'에서 바라보는 것보다 더 망망대해처럼 아득하다.

슬로길 100리, 청산도

　산과 바다, 하늘이 푸르러 청산이라 이름 붙여진 섬, 청산도(靑山島). 예로부터 유난히 아름다워 청산여수(靑山麗水) 또는 신선들이 노니는 곳이라 하여 선원(仙苑)이라 불렀다고 한다. 완도 여객선터미널에서 청산도행 승선권을 구입하였다. 승선하기 위하여 선착장으로 들어가려는데 입구에서 관리하시는 분이 멈추라고 하였다. 그리고 운전자가 아닌 분은 걸어서 다른 입구로 들어가고, 운전자는 차를 운전하여 페리호 앞에서 대기하고 기다리다 배가 완전히 접안하면 안내에 따라 승선하라고 하면서 손으로 방향을 가리켰다. 이게 무슨 소리인가? 이미 배표를 구입할 때 신분 확인을 마쳤는데 또 각각 승선할 이유가 뭐지 하는 생각에 그럴 필요가 있느냐고 여쭈었더니 짜증스럽게 대꾸하셨다. 짜증 낼 일이 아닌 것 같다고 말씀드렸더니 본인은 짜증을 낸 적이 없다는 것이다. 그러면서 여기 말투가 그렇다고 말씀하시며 겸연쩍게 웃으셨다. 미안한 생각에 얼른 인사하고 도망치듯 자리를 떠났다. 완도를 출발한 배는 50여 분을 항해한 후 청산(도청)항에 도착하였다.

　청산도 하면 임권택 감독의 영화 〈서편제〉가 떠오른다. 서편제의 주인공 유봉과 송화, 동호가 진도아리랑을 부르며 저 고개를 넘어 청보리 물결 속에 넘실거리는 노랑 유채꽃(실제는 상당수가 월동용 배추들이 피워낸 배추꽃이라고 한다) 가운데로 난 돌담길을 내려오는 장면이 관객의 마음속에 강렬하게 각인되며 관광명소가 되고 영화와 드라마 촬영지로도 인기를 얻은 곳이다. 청산도항에서 해안을 따라 구불구불한 오른쪽 언덕 꼭대기에 오르면 해송 우거진 곳에 당집이 있다.

언덕 아래 당리마을이라는 지명도 당집에서 비롯되었다. 돌담에 둘러싸인 당집에서는 바다에 나간 남편이나 자식이 무사히 귀환하기를 바라는 아녀자들이 가난한 살림에도 정성껏 마련한 제수를 바치며 용왕이나 영등신에게 간절히 소원을 빌었을 것이다.

지금이야 많은 관광객이 찾는 섬이 되었지만 과거에는 육지와도 거의 단절되고 평지도 없어 농사를 지어 먹을 곳이라고는 다랑이논과 산비탈 밭 한 뼘뿐인 곳에서 바다는 그들의 삶의 터전이었을 것이다.

· 당집 언덕에서 바라 본 다랑이 밭과 포구

청산도에서는 모든 것이 구불거린다. 다랑이 논둑도, 고샅길도, 고갯길도, 아리랑 가락도 모두 휘어지고 느려 보인다. 그렇다고 이곳 주민들이 게으르다는 것이 아니다. 그들도 삶을 개척하기 위하여 부지런히 땀 흘리고 일하였다. 그러나 드러난 결과는 자연의 형상대로 모든 것이 구불구불하고 느리게 나타났을 뿐이다. 그것들은 주어진 환경에 적응하며 삶을 일구고 살아온 흔적들일 뿐이다. 그러나 이제는 이러한 느린 구불구불함이 빛의 속도로 직선의 삶에 지친 현대인들에게 편안한 안식처가 되고 있다. 이것이 많은 관광객이 청산도를 찾는 큰 이유일 것이다.

청산도는 이러한 문화를 인정받아 2007년 아시아 최초로 슬로시티로 지정되었으며 매년 4월이면 슬로걷기 행사가 열린다. 곡선의 문화의 가치를 인정받은 것일 거다. 여기에서는 속도를 줄이고 발걸음을 늦추어 느리게 걷기만 하면 된다. 그러면 자연스럽게 혼탁한 정신이 맑아지고 마음에 여유로움이 찾아들 것이다.

상서마을과 청계마을의 옛 담장은 어떠한가? 마을길을 따라 구불

· 당리마을

구불 돌담장이 이어져 있다. 화산에서 분화한 섬이라 흙이 부족하고 돌이 많아 돌담을 쌓았을 것이다. 다듬지 않은 막돌을 아무렇게나 허튼쌓기로 올려놓은 돌담은 인위적이지 않다. 돌 틈을 무엇으로 메꾸지도 않아 바람이 숭숭 통할 것 같다. 세월의 흔적으로 담장은 검은색으로 변하였고 담장 아래에는 하얀 접시꽃이 비를 맞으며 서 있다. 담쟁이넝쿨에 파묻힌 담장 끝에는 얼기설기 엮은 사립문이 걸쳐 있다. 높고 낮은 돌담 안으로는 지붕들이 보인다. 담은 벽과는 다르다. 도시의 벽을 보라. 이웃과 소통할 여지라고는 있어 보이지 않는다. 돌담은 어떤가. 돌 틈 사이로 또는 담장 너머로 모두 안쪽이 들여다보인다. 항상 볼 수 있으니 서로 소통과 돌봄이 가능하여 상호 울타리가 되어 줄 수 있다. 우리라는

＊상서마을 돌담 (ⓒ한국관광공사)

말은 울타리에서 파생된 개념이다. 탱자나무 같은 생울타리가 돌이 많은 이곳에서는 돌담으로 바뀌었을 뿐이다. 얼마나 아름다운 길이고 인간적인 담인가. 이집 저집 기웃거리며 걷는 구불구불한 돌담길에서는 시간마저도 느리게 흐르는 것 같다.

　청산도의 구들장논은 2013년 국가중요농업유산 제1호로 지정되었으며 이듬해 세계중요농업유산으로 등재되었다. 얼마나 사람들

이 피와 땀을 흘리며 만들었으면 농사짓는 논이 중요농업유산으로 지정되었을까? 청산도는 화산섬이어서 평지가 거의 없이 경사가 급하고, 돌이 많아 물빠짐이 심하여 특히 논농사에는 적합하지 않은 곳이다. 구들장논은 이러한 자연조건을 극복하기 위해 섬사람들이 고안해 낸 지혜의 산물이다. 구들장논은 청산도에서도 대봉산 산기슭에서만 나타난다. 구들장논이란 명칭도 1982년 큰 홍수에 논의 일부가 훼손되어 바닥이 드러나 알려지면서 붙여졌다.

이곳에 거주하는 임화규 옹에 따르면 나주 임씨인 자신의 선조가 1630년대에 상서마을 덜리로 입도하였으며, 1740년경 양지바르다고 하여 이곳 양지리로 이사하여 자리 잡았으나 온통 돌밖에 없는지라, 먹고 살기 위하여 산비탈에 논을 만들기 시작하였다고 한다. 자신도 '중핵교 댕길 때'부터 어른들을 따라 논을 만들었다고 한다. 그 과정은 5단계로 이루어지는데 1단계 석축을 쌓아 통로수를 만들고, 2단계 방독이라 부르는 넓은 구들장을 그 위에 놓는다. 3단계는 경사를 극복하기 위하여 굵은 돌을 쌓아 수평을 잡고, 4단계 '밑복글'이라고 부르는 거친 흙과 자갈을 다져 올리고 마지막으로 '윗복글'이라는 고운 흙을 덮는 작업으로 마무리된다. 그러나 흙이 귀하여 그 높이가 20~30cm에 불과했다고 한다. 가장 중요한 작업은 '샛똘'이라 부르는 통수로 윗층에서 내려온 물이 햇빛에 데워진 후 아래층으로 흐르게 하는 장치인데, 차가운 돌 위에 만들어져 지열을 못 받는 구들장논의 단점을 보완한 것이라 한다.

이러한 구들장논은 산비탈에 만들어진 천수답이라 '비 안 오믄 소용없제'. 그래서 창산에서는 "쌀 한 말 먹고 시집간다"라는 말이 있을 정도로 애처롭게 살았다고 한다. 구들장논이라는 명칭이 사용되기 전에는 구들장의 이곳 사투리인 방

• 구들장논 (©농촌진흥청)

독을 사용하여 '방독논'이라고 불렀다고 한다(〈보보담〉, 통권 37호). 구들장논이라는 단어는 우리 전통가옥인 구들장에서 비롯되었다. 물론 만드는 방식이 같아서이겠지만 그 크기는 어떻겠는가? 가옥의 구들장처럼 손바닥만 하다. 그것도 비탈진 경사면에 맞추어 돌을 쌓아서 논둑이 곡선으로 휘어져 있다. '느랭이'처럼 천천히 논둑길을 걸으면 '느랭이논'이 오랫동안 간직해 온 지난 이야기를 한땀 한땀 풀어낼 것만 같다.

청산도 슬로 100리길 9코스 단풍길로 향하였다. 계절이 봄이라 단풍은 보지 못했지만 단풍나무가 도로 위를 덮어 터널을 이루었다. 관광객이 적은 한적한 길이다. 바다 풍경을 감상하며 도란도란 이야기를 나누며 걷는 단풍나무 터널은 섬에서의 또 다른 추억으로 기억되었다.

청산도를 나오며 지난번 보길도 공룡알해변에서 만난 부부의 얘기가 떠올랐다. 청산도에서는 걸으라고. 그리고 천천히.

적멸의 세계, 무위사

　월출산 남동쪽 산기슭에 위치한 무위사는 신라 원효대사가 창건하였으며 도선국사에 의해 중창되고 10세기 초에 선각대사 향미 스님이 크게 일으킨 사찰이다. 무위사로 향하는 길은 월출산 모퉁이를 감돌며 한참을 마을과 논밭을 지나야 한다. 무위사를 제대로 느끼려면 큰 도로를 벗어나자마자 펼쳐지는 남도의 농촌 풍경부터 맛보며 마음의 준비운동을 해야만 한다. 논밭에는 밀짚모자를 쓴 남편과 챙이 큰 모자로 햇빛을 가린 아내가 농사 준비를 하는 모습이 보인다. 그러나 밀레의 그림에서처럼 움직임이 없다. 논도 밭도 모든 것이 정지해 있는 스틸컷 같다. 넓은 농토에서 언제 농사 준비를 다 마치나 하는 생각이 들 정도이다. 그러나 이 부부는 평생을 땅과 함께 살아오셨을 것이다. 그러니 무위사 방문을 마치고 나올 때는 저만치 계시든가 아니면 보이지 않을 것이다. 무위사에 도착하여 일주문과 사천왕문, 보제루 아래를 지나 넓은 황토마당에 섰다. 정면에 국보 제13호 극락보전이 자연석 석축 위에 서 있다.

　우리는 문화재를 답사할 때 여러 정보를 듣게 된다. 정면 3칸에 맞배지붕이네, 주심포식 기둥이네, 단청이 없다시피 하여 단아해 보이네, 측벽의 면 분할이 예술이네, 단아하고 소박하네…… 하며, 그러나 이곳에서는 그냥 바라보기만 하면 된다. 노자의 《도덕경》에 나오는 무위무불위(無爲無不爲)가 떠오른다. 무엇을 보려고 하지 말라. 그냥 보이는 대로 보기만 하면 된다. 그것이 보지 않음이 없음이다. 가만히 바라만 보고 있어도 살아

• 극락보전

오며 공부하고 경험했던 많은 것이 무너져 사라지고 공(空)의 세계 적멸의 세계로 빠져들게 된다. 단순한 건물 하나가 이렇게 큰 울림을 줄 수 있다는 것이 놀라울 뿐이다. 정신을 차리고 천천히 대웅전 앞으로 나아가 내부를 들여다봤다. 이곳은 극락정토의 세계가 펼쳐진다. 아미타불을 중심으로 협시보살인 관음보살과 지장보살이 중생을 위하여 무량수(無量壽), 무량광(無量光)의 자비를 베풀며 가부좌하고 계신다. 천년이 넘었다는 선각국사의 사리탑비를 둘러보고 마당 앞쪽의 종각 옆에 섰다. 소담하게 피어 있는 홍매화 너머로 월출산과 너른 들이 훤히 내려다보인다.

• 기왓장

홍매화 나무 아래에서는 기왓장에 그린 귀여운 표정의 동자 스님들이 올려다보고 있었다.

조선의 여산
- 백운동 원림과 강진다원

가로로 보면 산마루요, 옆으로 보면 봉우리라

원근고저의 모습이 제각각이로구나

여산의 진면목을 알 수 없으니

이 몸이 산중에 머물기 때문이로구나

소동파, 〈제서림벽(題西林壁)〉

북송 최고의 시인으로 추앙받던 소동파가 여산의 명승지를 두루 주유하며 웅장한 산세, 기이한 봉우리, 깎아지른 암벽, 삼천 척 폭포 등의 절경을 감상하였건만 그의 필력으로도 여산의 모습을 일괄하지 못함을 개탄하는 것 같다. 위 시도 소동파가 유배길에 서림사 벽에 쓴 시문이다. 여산은 '호계삼소(虎溪三笑)'로 유명한 정토종의 혜원, 〈귀거래사(歸去來辭)〉로 우리에게 익숙한 동진의 도연명이 머문 곳이며, 시성이라 불리는 이백이 '비류직하삼천척(飛流直下三千尺)'하고 노래 부른 곳이다. 여산에는 많은 중국의 고승과 묵객들이 찾아들며 셀 수 없이 많은 일화와 시를 남긴 곳으로 중국문학의 성지로 간주되고 있다. 유불선(儒佛仙)이 모두 산림에 묻혀 부귀영화를 버리고 자연을 벗 삼아 안빈낙도하는 것을 선비의 최고 덕목으로 여겼다.

　동쪽 울타리 아래서 국화를 따다가

　멀리 남산을 바라본다네

　산 기운은 저녁 되어 아름다운데

　나는 새들 더불어 돌아간다네

도연명, 〈음주(飲酒)〉

　두 사람이 대작하니 산에 꽃 피네

　한 잔 두 잔 또 한 잔

　나 취해 졸리니 그만 돌아가시게

　내일 아침 생각나거든 거문고 안고 오시게나

이백, 〈산중여유인대작(山中與幽人對酌)〉

　중국에 여산이 있다면 우리나라에는 '부용동'이 있고 '백운동 (白雲洞) 원림'이 있다. 백운동 원림은 조선 중기의 처사 이담로 (1627~1701)가 가꾼 산중유거로 고아하고 엄결한 선비가 조용히 은 거하며 월출산에서 흘러내린 물이 안개가 되고 구름이 되어 산봉우 리로 올라가는 모습을 보며 맑은 차향이 은은하게 퍼지는 가운데 시 를 읊고 풍류를 누리던 곳이다. 다산 정약용, 초의선사, 이시헌, 임 제, 임영, 김창흡, 허련 등이 이곳에서 풍류를 즐기고 교분을 나누며 시를 읊기도 하였다. 김창흡은 8영물시(8詠物詩: 8개 사물에 대하여 지은 시)를 음송하였고, 창계(滄溪) 임영(林泳)도 다섯 수의 차운시를 지었다. 그중 첫째 수를 보면 원림에서의 호젓함을 즐기는 은일처사의 마음이 느껴진다.

푸른 산 깊은 곳에 문을 닫고
주인은 절로 대를 바라보누나
이따금 맑은 바람 불어오거든
이것으로 호젓한 마음 달래러

창계 임영, 〈차운시〉

다산 정약용도 강진 유배 말기인 1812년 가을, 제자였던 이시헌(1803~1860, 이담로의 5대손)이 원림의 주인이었을 때 초의선사를 비롯한 제자들과 월출산을 등반하고 원림으로 놀러 와 하루를 묵었다. 돌아간 후에도 이곳의 아름다움을 잊을 수 없어 초의선사에게 〈백운동도〉를 그리게 하고 자신은 백운동 원림의 12승경을 묘사한 시문을 지어 그림에 붙였다. 그중 동진의 서성 왕희지의 서문으로 유명한 난정서(蘭亭序)를 빗댄 〈유상곡수(流觴曲水)〉를 보자.

담장을 뚫고 여섯 굽이 흐르는 물이
고개 돌려 담장 밖을 다시 지난다
우연히 만난 두세 분 손님이 있어
한가로이 술잔을 함께 띄우네

백운동 원림은 무위사를 조금 지나 강진다원과 인접해 있다. 무위사를 나와 옆 도로로 운전해 가다 보면 월출산 아래 강진다원이 있다. 월출산을 병풍처럼 두르고 산자락 아래 완만한 경사지에 10만 평에 이르는 넓게 펼쳐진 차밭의 정경은 장관을 이룬다. 일찍이 월출산 주변으로는 도갑사, 무위사 등 사찰을 중심으로 차나무가 재배되었다. 다산 정약용은 월출산에서 나는 차를 극찬하였으며 초의선사는 《다신전(茶神傳)》을 집필하여 이곳 차의 우수성을 알리기도 하였다. 이곳은 일교차가 크고 맑은 안개가 강한 햇빛을 막아 주어 차재배에 적당한 조건을 갖추어 떫은맛이 적고 향이 강한 것이 특징이라고 한다. 병풍처럼 두른 월출산의 기운이 차에도 스며 있어 정신을 맑게 해줄 것 같다. 다산은 강진 유배시절 중국 육우의 《다경》을 비롯한 차 제조에 관련된 책을 많이 읽고 여러 가지의 제다법을

· 강진다원

시도하였다고 한다. 이시헌에게도 서찰을 보내 '세 번 찌고 세 번 말려 절구에 곱게 빻아 돌샘에서 나는 샘물로 반죽하여 작게 떼어 떡으로 굳혀 만들라'라고 제다법을 설명하였다. 다산은 유배에서 풀린 이후 제자들과 다신계(茶信契)를 맺어 자신의 제다법으로 해마다 차를 만들어 보내기로 약조하였다고 한다. 당시 제자였던 이시헌 선생의 집안에서는 그 약조를 백 년이 넘도록 지켰으니 후손 이한영(1868~1956)이 일제강점기까지도 다산 집안에 차를 보냈다고 한다. 다산의 사후에도 제자와 그 후손들이 다산의 제다법으로 만든 차를 매년 보냈으니 그 이름이 '금릉월산차'였다. 금릉은 강진의 옛 지명이고 월산은 월출산이라는 뜻이다.

· 백운동 암각

백운동 원림으로 들어가는 길은 예사롭지 않다. 강진다원과 이웃하여 있는 숲으로 들어가야 하나 입구가 쉽게 나타나지 않았다. 무릉도원의 입구를 찾아 나선 것 같다. 동백나무 작은 숲길인 산다경을 걷다 보면 풍화되어 희미한 '백운동' 암각글이 나타나며 이 길이 원림 입구임을 알려 준다.

숲길을 지나면 흰 구름 덮인 깊은 산중에 자리 잡은 백운동 원림이 빼꼼히 고개를 내민다. 초옥의 백운동 원림은 거의 폐허가 되었으나 초의선사의 백운동도와 다산의 12승경(옥판봉, 산다경, 백매오, 홍옥폭, 유상곡수, 창하벽, 정유강, 모란체, 취미선방, 풍단, 정선대, 운당원) 시문을 근거로 현재의 모습으로 재현되었다.

돌담을 지나 '백운유거'라고 현판이 달린 대문을 건너면 축소판 무릉도원이 펼쳐진다.

정자와 사랑채 앞으로는 아홉 구비 유상곡수가 담장을 뚫고 흐른다. 정자에 앉아 먼 산을 바라보며 주인이 되어 승경마다 신선이 모여 앉아 담소하는 풍경을 상상하며 유유자적한 시간을 누려 본다. 두 개의 정원을 지나 쪽문으로 나가자 붉은 소나무가 있는 정유강 언덕에는 불콰한 신선이 화선지를 앞에 두고 있다. 신선이 머물렀다는 옥판봉이 보이는 정자 정선대에서는 신선들의 나이 자랑이 한

• 백운동 원림

창이다. 원림 뒤편 댓잎소리 바스락거리는 왕대나무숲인 운당원에는 봉황이 고고하게 내려앉고, 백 그루의 바위 언덕 백매오에는 흰 나비가 너울거린다. 고즈넉한 초가지붕의 취미선방에서는 신선이 오수를 즐기고, 모란이 심어진 돌계단 모양의 모란체 화단에는 종자가 물을 주고 있다. 붉은 글씨가 새겨진 푸른 절벽 창하벽을 지긋이 바라보는 신선, 단풍나무 화단인 풍단을 고개를 젖히고 바라보는 신선, 단풍에 비친 홍옥 같은 폭포수 홍옥폭을 손으로 가리키며 얘기를 나누는 신선까지 여산의 선경이 모두 이곳으로 옮겨 온 것만 같다.

원림을 나와 월남사지터로 향하였다. 월출산을 배경으로 월남마을에 위치한 절터 입구에는 삼층석탑과 진각국사비만 덩그러니 서 있다. 덩그러니 황량한 폐사지 터에는 월출산으로 넘어가는 시든 햇빛만이 떨어지며 쓸쓸함을 더하고 있었다.

남도의 소월 - 영랑생가

　영랑 김윤식은 1903년 강진 대지주의 아들로 태어났으며, 휘문의숙 3학년 때 3·1운동에 참여하여 6개월간 복역한 후, 일본 청산학원으로 유학 중 잠시 귀국한 사이에 관동대지진 소식을 듣고 학업을 중단하였다. 1930년에는 정치성이나 사상성을 배제한 순수 서정시를 추구하며 박용철, 정지용, 정인보, 이하윤과 함께 시문학파를 결성하였으며 뒤이어 변영로, 김현구, 신석정 등이 동참하였다. 해방 후에는 서울로 옮겨 공보처 출판국장을 역임하였으나 6·25전쟁 중인 1950년 47세를 일기로 사망하였다.

　'북의 소월 남의 영랑'. 소월 김정식이 투박한 언어로 질박한 민요조 향토색 짙은 시를 쓴 데에 비해 영랑은 새침데기 '새악시' 같은 세련되고 영롱한 언어로 마음속 정감의 극치를 보여 주는 감성시를 지어 뭇 청춘들의 사랑을 듬뿍 받은 시인이다. 그의 생가는 강진 읍내 강진군청 근처에 있다. 군청 옆 영랑생가길은 강진의 몽마르뜨 언덕으로 조성되어 있다. 생가와 문학관, 골목벽화와 모란공원 등으로 단장되어 있어 영랑의 문학과 낭만을 느낄 수 있다.

　생가 초입 현구길은 시인 김현구가 살았던 곳으로 골목에는 예쁜

벽화와 김현구의 대표작품들이 곳곳에 걸려 있으며 영랑생가 사립
문 앞에는 시문학파기념관이 자리 잡고 있다.

> 두견이 울며 두견이 울며
> 이른 봄을 밤 새도록 바람이 불면
> 산에는 진달래꽃이 피었다
> …
> 세월이 흘러 세월이 흘러
> 꿈속에 깃드린 파랑새는 날아가고
> 가슴에는 새설움 또 한줄기 자랐다
>
> 김현구, 〈밤 새도록〉

사립문을 지나 생가터에 들어서면 넓은 황토마당에는 모란화단이
있고, 새끼줄로 엮은 초가지붕의 문간채와 안채, 사랑채가 돌담에
둘러싸여 있다.

마당에는 시비가 서 있고 대숲으로 둘린 안채 옆으로는 장독대와
샘이 있으며 커다란 감나무와 동백나무가 그늘을 드리우고 있다.

동백나무 아래에는 뚝뚝 핏자국이 홍건하다.

생가는 영랑의 시 자체였다.

· 장독대

· 핏자국을 이룬 떨어진 동백꽃

돌담에 속삭이는 햇발같이

풀 아래 웃음 짓는 샘물같이(돌담에 속삭이는 햇발같이)

새악시 볼에 떠오르는 부끄럼같이

살포시 적시는 실비단 하늘(내 마음 고요히 고운 봄 길 위에),

모란이 뚝뚝 떨어져 버린 날

삼백 예순날 하냥 섭섭해 우옵네다(모란이 피기까지는)

장광에 골 붉은 감잎 날아와

누이는 놀란 듯이 치어다보며

오-매 단풍 들것네(누이의 마음아 나를 보아라)

맑은 새암은 내 영혼의 얼굴(마당 앞 맑은 새암은)

감나무 그림자가 사뿐 한 치씩 옮아오고

마루 위에 빛깔의 방석이 보시시 깔리우면(사개 틀린 고풍의 툇마루에)

돋쳐 오르는 아침 날빛이 눈엔 듯 핏줄엔 듯(동백잎에 빛나는 마음) 등 익숙한 시 구절이 그 안에 있었다.

남도에는 남도의 색이 있다.

진달래, 개나리, 동백꽃,

유채꽃, 무꽃, 장다리꽃,

보리밭에 일렁이는 초록 물결과 뭉게뭉게 피어오르는 흰 구름

뻘건 황토와 시꺼먼 갯벌

투명한 햇빛과 나부끼는 바람,

그리고 영랑의 문학이 있다.

대숲으로 난 오솔길을 오르면 세계모란공원이 나온다. 그곳 모란원에는 국가별 모란정원이 있으며 100년생 모란도 자라고 있다. 전망대에 오르면 강진 읍내가 한눈에 펼쳐지고 강진만 가우도에서 불어오는 시원한 바람이 얼굴을 스친다.

목민심서의 산실, 다산초당

　다산(1762~1836)은 1762년 광주군 초부방 마재리(현재 남양주 와부면 능내리)의 소내에서 태어났다. 그의 선조는 조선 초 한양에 살며 8대에 걸쳐 급제하며 관직에 나아갔으나 고조부가 당쟁을 피하여 마재의 소내로 이사한 후 계속 그곳에 정거하였으며 부친 정재원이 음서로 벼슬길에 올랐다. 그의 모친은 해남 윤씨 가문 태생으로 공재 윤두서의 손녀이다. 그의 집안은 천주교와 밀접한 관련을 맺고 있다. '황사영 백서사건'으로 유명한 황사영의 장인인 맏형 정약현, 신유옥사에 연루되어 신지도로 귀양 갔으나 다시 백서사건에 연루되어 흑산도로 이배된 후 그곳에서 《자산어보》를 저술한 둘째 형 자산 정약전, 우리나라 최초의 천주교 전교회장으로 신유옥사 때 참수당한 정약종이 그의 막내 형이다. 특히 약종은 부인과 두 아들 그리고 딸까지 신유옥사와 기해옥사 사건으로 죽임을 당하였다. (정병헌·이지영, 《고전문학의 향기를 찾아서》) 둘째 형 약전과 약용이 유배지인 흑산도와 강진으로 가던 중 두 형제는 목포와 해남으로 나뉘는 삼거리에 있는 율정주막에서 마지막 하룻밤을 보내고 다음 날 눈물로 헤어졌다. 그것이 그들의 마지막 인사였다. 약전이 유배지 흑산도에서 사망하였기 때문이다. 다산이 유배에서 풀려나 고향으로 돌아갈 때는 그곳을 지나며 눈물을 훔쳤으리라.

띠로 이은 주막집 새벽 등잔불이 어스름해(茅店曉燈青欲滅)
잠자리 일어나 샛별 바라보니 이별할 일 참담하다(起視明星慘將別)
그리운 정 가슴에 품은 채 묵묵히 두 사람 말이 없네(脈脈嘿嘿兩無言)
억지로 말을 꺼내니 목이 메어 눈물 나네(強欲轉喉成鳴咽)

다산 정약용, 〈율정별(栗亭別)〉 중에서

다산은 관직에 있을 때는 정조의 각별한 신임을 받으며 자신의 재능을 펼쳤다. 정조와 함께 한강의 배다리를 만들고 수원성을 설계하고 기중기를 만들어 성을 쌓는 데 공을 세우기도 하였다. 그러나 정조가 갑자기 승하하자 보호막이 무너지며 천주교에 대한 탄압이 다산과 그의 형제들에게도 몰려와 참수되고 유배길에 오르게 되었다. 다산은 '황사영의 백서사건'으로 고진 문초를 받고 강진으로 유배되었다.

다산의 생애는 크게 네 시기로 구분해 볼 수 있다. 제1기는 과거에 급제하기 전까지의 수학기요, 제2기는 28세에 진사시에 급제하고 형조참의를 끝으로 벼슬살이를 사직할 때까지의 사환기이며, 제3기는 40세에 강진 귀양지에서 보낸 18년 세월의 유배기이며, 제4기는 57세에 해배되어 75세 생을 마칠 때까지 관직에 나아가지 않고 고향에서 유유자적한 소요자적기로 나누어 볼 수 있다.

다산은 강진에서 모두 네 곳의 거처에 머물렀다. 처음 거처는 동문 밖 주막집이었다. 그는 그 주막을 '생각, 용모, 말과 행동을 바르게 한다'하여 '사의재(四宜齋)'라 이름 짓고 두문불출하였다.

그는 술집 노파의 따뜻한 보살핌으로 서서히 안정을 찾아가며 아이들을 가르치고 학문연구에 집중하게 되었다. 4년 후에는 백련사의 학승 혜장선사의 도움으로 보성사 보은산방으로, 이듬해에는 제자 이학래의 집으로 이사하여 그곳에서 어린아이와 배움을 구하는 사람을 제자로 삼아 학문을 가르쳤다. 다시 2년 후인 1808년에는 외가인 해남 윤씨 집안에서 마련해 준 만덕산 서쪽에 자리 잡은 처사 윤단의 산정(山亭)으로 옮겨갔다. 그곳이 현재 만덕리 귤동마을 뒷산(만덕산)에 위치한 다산초당(茶山草堂)으로 《목민심서》《경세유표》《흠흠신서》 등 600여 권의 책이 저술된 '다산학'의 산실이다.

· 다산초당

역사는 참 아이러니하다. 다산의 역저나 추사의 추사체가 유배 중에 완성되었으니 말이다. 어느 대가가 했던 말이 떠오른다. 예술가는 배가 고파야 명작을 창작할 수 있다고. 이 산에서 야생차가 많이 자생했다 하여 그에게 다산(茶山)이라는 호가 붙여졌다. 다음 해에는 동암과 서암을 지어 동암에는 자신의 책과 외가에서 가져온 책 등 천여 권의 책을 보관하며 학문에 몰두하였고 서암에는 제자들이 머물게 하였다.

　다산초당에 오르는 길은 가파른 산길이다. 다산이 처음 이곳으로 옮겨 왔을 때는 이 길로 마을에 내려와 매 끼니 식사를 해결하였다. 이것을 본 백련사의 한 스님이 다산의 인품에 감복하여 초당 옆에 움막을 지어 놓고 식사를 제공하기도 하였다고 한다. 초당으로 오르는 산길 중간지점에는 정호승 시인이 '뿌리의 길'이라고 노래한 소나무 뿌리가 어지럽게 드러나 길이 극적인 풍경을 보여 주고 있으며, 맞은편으로는 다산의 집필에 크게 기여한 제자 윤종진의 묘를 초등학생 그림같이 순수하고 귀여운 문인석 두 개가 보호하고 있다.

· 뿌리의 길

　다산초당은 이제는 초당이 아니라 와옥(기와집)이다. 현재 건물은 1950년대에 복원하며 지은 집이다. 초당에는 사의(四宜) 같은 모습의 흐트러짐 없이 단정해 보이는 학자풍의 다산 영정이 놓여 있다.

　다산은 이곳에서 꽃을 심고 채소를 가꾸며 제자를 가르치고 학문연구에 몰두하였을 것이다. 초당 주위로는 찻물로 사용되었을 흐르는 샘물인 약천(藥泉), 차를 끓이고 마시던 마당 가운데 너럭바위인 다조(茶竈), 대나무 대롱으로 물이 떨어지는 연지(蓮池)와 석가산(石假山)이 조화를 이루고

있으며 천일각으로 오르는 입구에는
《목민심서》등 많은 서책이 완성된 서
재이자 서고인 동암(東菴)이 조화를 이
루고 있다.

· 정석

초당 옆 마루에는 정석(丁石)이라고
새긴 오석이 세워져 있다. 다산이 해배
되어 돌아가며 남긴 자취이다. 아무런
가식도 없이 힘 있고 간결하게 새겨져 있다. 해배의 기쁨일까? 복받
치는 회한일까?

다산은 백운동 원림 12승경을 노래한 것처럼 이곳의 8경을 〈다산
팔경사(茶山八景詞)〉로 읊었다.

담장에 흔들리는 복사꽃 가지(拂墻小桃)

주렴을 치며 날리는 버들솜(撲簾飛絮)

따스한 날에 들리는 꿩의 울음소리(暖日聞雉)

보슬비 속에 물고기에 먹이 주는 모습(細雨飼魚)

비단바위에 얽혀 있는 단풍나무(楓纏錦石)

연못에 비친 국화(菊照芳池)

언덕에 푸르른 대나무(一塢竹翠)

일만 골짜기에 일렁이는 소나무 물결(萬壑松濤)

또한 다산초당은 추사체를 감상할 수 있는 즐거움을 덤으로 가미

해 준다. '茶山草堂(다산초당)' '寶丁山房(보정산방)' 현판이 추사 김정희의 글씨로 새겨져 있다.

동암을 지나 백련사로 향하는 길에는 천일각(天一閣)이라는 정자가 세워져 있다. 강진만 구강포가 훤히 내려다보이는 풍경이 구경(九景)에 들만하다. 천일각은 다산의 유배시절에는 없었다. 그러나 아마도 다산이 소내의 가족이나 흑산도의 형이 그리울 때면 이곳에서 강진만을 바라보며 눈물을 훔쳤을지도 모를 일이다. 백련사로 향하는 길은 옛날 나무꾼이 다니던 좁은 오솔길이다. 조그만 야산으로 어릴 적 책보를 등에 가로 메고 친구들과 장난치며 등교했을 만한 길이다. 키 작은 소나무, 진달래와 허리춤만 한 나무와 풀이 칡넝쿨과 얽히고설켜 있고 가는 대나무가 자라는 오붓한 길은 아스라한 기억을 소환하는 추억의 길 같다.

이 길은 다산과 혜장선사가 초당과 백련사를 오가며 교류하던 길

· 백련사로 향하는 길

이다. '아암'이라 불리던 혜장은 다산과의 만남을 갈망하여 대흥사에서 일부러 백련사로 와서 묵었다고 한다. 혜장은 다산보다 열 살이 적었지만 서로 학문을 토론하고 시를 짓고 차를 즐겼다. 다산도 혜장선사에게 차를 배웠다고 한다. 둘이 이야기를 나누면 술

· 동백숲

이 술 부대에서 쏟아지듯 끝날 줄을 몰랐다고 한다. 혜장은 비 내리는 깊은 밤에도 기약 없이 찾아오곤 하여 다산은 밤이 깊도록 문을 열어두었다고 한다. 그러나 둘의 교류는 오래가지 못하였다. 혜장이 1811년 마흔이라는 젊은 나이에 병으로 생을 마감하였기 때문이다. 다산은 혜장이 세상을 떠난 후 '아암장공탑'명'이라는 비문을 직접 지었다. 지금 혜장의 비석은 대흥사의 승탑 밭에 서산대사, 초의선사 등의 비석과 함께 자리하고 있다. 오솔길을 내려가 백련사 입구에 다다르면 차밭과 빽빽한 동백숲이 나온다. 이른 봄이라 붉디붉은 동백꽃이 땅에 뚝뚝 떨어져 누워 있다. 봄이 다 오기도 전에 가는 모양이다.

백련사 경내로 들어섰다. 백련사는 신라 말기 무염선사가 창건하였으며 고려 원묘국사에 의해 중건하고 백련결사를 조직한 큰 사찰이었다. 고려시대 8명의 국사와 조선시대 8명의 대사를 배출한 명찰이었으나, 조선의 숭유억불 정책과 왜구의 잦은 침략으로 시들어 버린 과거의 화려한 영광을 오래된 배롱나무와 선명한 홍매가 전하고 있었다.

· 배롱나무

쉼표 같은 녹차언덕과 바닷가 곰솔밭
- 보성

보성차밭(대한다원)은 '한국에서 꼭 가 봐야 할 명소' '세계의 놀라운 풍경'으로 선정되기도 하였으며 수많은 드라마, 예능, CF의 촬영지로 익숙하여 누구나 한 번은 꼭 가봐야지 하고 마음에 담아 둔 장소일 것이다. 보성 활성산 자락 오선봉 주변 170만여 평의 면적에 50만여 평의 차밭과 대나무숲, 주목나무숲, 단풍나무숲 등을 가꾸고 일구어 다람쥐, 노루 등 다양한 새와 들짐승이 찾아들어 서식하는 자연생태농원이다. 매표소에서 차밭 언덕까지 이르는 쭉쭉 뻗은 삼

· 보성다원

나무 길은 '한국에서 가장 아름다운 길'로 선정될 만큼 아름답다. 삼나무잎이 떨어져 다져진 길은 양탄자같이 푹신푹신하여 부드러운 촉감을 느끼게 하고 삼나무의 향기와 청량한 공기는 기분을 상쾌하게 하며 발걸음을 느리게 한다.

삼나무숲을 지나면 그림이나 사진으로 많이 보았던 비밀의 화원 같은 차밭 언덕이 펼쳐진다. 넓은 산봉우리를 감싼 차밭 이랑이 물결처럼 펼쳐진다. 언덕 가운데 중앙전망대에는 큰 소나무가 서 있어 하마터면 단조로울 수 있는 차밭 언덕에 색채미를 더해 준다.

차밭 언덕 사이로 난 산책길을 걸으면 누구나 영화 속 주인공이 된다. 산책길 곳곳에는 많은 관광객이 카메라 앞에서 저마다 밝게 다양한 포즈를 취하고 있다. 아직은 곡우 전이라 겨울을 견뎌 내고 올라온 초록 애기찻잎이 선명하다. 그 찻잎들은 곧 우전차가 되어 마니아들의 입안에 향기를 머금게 해줄 것이다. 꼭대기 차밭전망대를 오르는 길은 숨이 차다. 이렇게 경사진 돌밭에 차밭을 일구고, 차나무를 심고 가꾸며 수확하는 일이 얼마나 고생스러울지 하는 생각이 든다. 차밭 고랑에는 아직도 돌이 박혀 있다. 그 돌들이 굵어진 손마디, 시꺼멓게 그을린 농부의 주름살처럼 보인다. 차밭전망대에 오르니 차밭이 훤히 내려다보인다.

어찌나 급경사인지 조심스럽기만 하다. 주위를 둘러보니 뾰족뾰족한 삼나무 우듬지 너머로 산봉우리마다 차밭이 감싸고 있는 풍경이 장관을 이룬다. 신선들이 사는 세계의 풍광 같다.

가상의 모교, 회천중학교

회천면에 있는 율포솔밭해수욕장으로 향하였다. 대개 여행코스를 정할 때는 역사적 명소나 문화재 또는 스토리가 있는 장소를 우선 고려한다. 그러나 이곳은 예정에 없이 방문한 곳이다. 보성차밭에서 가까웠고 다음과 같은 이유 때문이다. 회천 출신 선배 한 분이 계신다. 만날 때마다 이야기 레퍼토리가 정해져 있다. 만나는 시간 동안의 7할 이상은 고향과 이곳 중학교 동창들 얘기다. 그런데도 희한한 것은 지루하지 않고 들을 때마다 재미있다는 것이다. 만나러 출발할 때 오늘은 또 어떤 고향친구 얘기가 나올까? 하며 혼자 웃기도 한다. 세어보지는 않았지만 아마 내가 그분 중학교 동창의 5할 이상은 아는 것 아닌가? 하는 생각이 들기도 한다. 한 학년에 6학급이었다는데. 그 당시에는 학급당 60~70명은 기본이었고. 너무 자주 들어서 한편으로는 모두 내 선배의 얘기 같은 생각이 들기도 한다. 지금도 매년 개최되는 고향 중학교 동창회가 열리는 날이면 여러 대의 버스가 서울에서 출발한다고 한다. 이 정도로 애교심이 강한 학교이니 그분이 만날 때마다 동창 얘기를 하는 것도 이해가 간다. 그래서 가상의 모교가 있는 회천을 가게 된 것이다. 중학교에 들렀다.

· 율포솔밭해수욕장 (ⓒ보성군청)

지금은 쪼그라들어 초라해진 학교로 학생이라고는 전교생 20여 명 남짓에 교직원이 8명 정도라고 한다. 어쩌다 내 모교(?)가 이렇게 쪼그라들었나 안타까운 마음이 들었다. 여기만 그런가? 우리나라 지방 소도시 전부가 그렇다는데 하며 스스로를 위로하며 발길을 돌린다. 율포솔밭해수욕장에 들러보기로 하였다. 그런데 의외다. 100년이 넘는 곰솔밭으로 둘러싸인 고운 은빛모래해변이 어마어마하다. 폭이 60m에 길이가 1.2km이며 양 끝에는 율포항과 동율항이 있고 송림에는 맨발로 걷기 좋은 산책로와 텐트촌, 오토캠핑장이 갖추어져 있으며 녹차의 고장답게 해수녹차온천탕과 해수풀장 등이 이미 명소로 알려진 곳이었다.

주먹자랑 하지 말라 - 벌교

벌교 하면 떠오르는 말이 있다. 여러 가지 버전이 존재하는 것 같은데 내가 젊은 시절 들었던 전설 같은 이야기는 '목포에서 돈자랑 하지 말고 벌교에서 주먹자랑 하지 말라'였다. 그래서 벌교가 깡패들이 많은 지역이구나 하고 좀 무시무시한 생각을 했었다. 나중에야 이러한 선입관이 바뀌었는데, 일제강점기 벌교 장터에서 아낙을 희롱하는 일본 순사를 보고 머슴살이하던 안규홍 의병장이 한주먹에 때려눕힌 사건에서 비롯되었다고 한다. 안규홍은 일제에 치열하게 항거한 머슴살이 의병장으로 선근공원에 황금주먹 조형물이 설치되어 있다.

· 황금주먹 조형물 (ⓒ보성군)

깡패 주먹이 아니고 의(義)를 지키는 주먹이었던 것이다. 그러던 것이 언젠가 벌교 꼬막을 맛본 후로는 꼬막의 고장으로 인식이 바뀌었다. 요즘에는 수입산 꼬막도 많지만, 벌교 꼬막과는 차원이 다르다. 시커먼 갯벌에서 자란 벌교 꼬막은 껍데기가 까맣고 골이 깊으며 알이 굵다. 수입 꼬막의 맛이 깨끗하지만 심심한 맛이라면 벌교 꼬막은 갯내음이 진동하여 땅에 묻어 둔 푹 익은 김장김치맛 같다. 얼마 전 벌교 꼬막을 먹기 위하여 벌교에 갔다. 그런데 수입 꼬막 이었다. 벌교에서 수입 꼬막이라니. 나중에 어느 분이 말씀하기로는 시장통에 가서 먹어야 벌교 꼬막 맛을 볼 수 있다고 한다. 요즘 벌교 꼬막은 중간상들이 입도선매하여 벌교에서도 귀하다고.

꼬막 얘기가 나왔으니 순천만에서 꼬막을 채취하시는 할머니분들이 생각난다. 11월에서 2월경 추운 겨울이 꼬막 채취의 적기이다. 지금은 냉장보관시설이 발달하여 사계절 먹을 수 있지만 꼬막의 참맛을 느끼려면 겨울에 맛보아야 한다. 계절은 한겨울. 벌교 아낙들 아니 할머니들이 순천만으로 꼬막 채취를 나오셨다. 살을 에는 듯한 바닷바람이 시꺼먼 갯벌 위를 휩쓸고 있었다. 그런 갯벌에 우리의 어머니, 아주머니들이 고무 옷을 입고 나무썰매처럼 생긴 널 위에 왼쪽 무릎을 올리고 오른발로 갯벌을 박차며 앞으로 나아가고 있었다. 널 위에는 채취한 꼬막을 담을 대야와 상자가 올려져 있었다. 두 발로 걸어야 할 사람이 미끄러지듯 기어서 사라지는 것이었다. 그녀들은 그렇게 평생을 갯벌에 시커먼 동물처럼 엎드려 꼬막과 조개 등을 채취하며 삶을 살아오고 있었다. 일 년 중 쉬는 날은 섣달그믐께 사나흘 쉬는 것이 전부라고 하셨다. 그것도 설 제사상 차릴 음식 준비를 위해서라고 하신다. 자신의 삶을 돌아볼 겨를이 없다. 생각만으로도 사치라고 여기셨다. 그러면서 채취한 조개나 꼬막을 팔아 가족을 부양하고 자식을 가르치는 즐거움만을 자신들이 누릴 수 있는 전부로 여기셨다. 꼬막이 가득한 상자를 들고 나오며 광부같이 시커먼 얼굴에 하얀 이빨을 드러낸 얼굴에는 웃음기가 가득하셨다. 오늘은 수확이 만족스러우신 모양이다. 새학기 대학생 자식 등록금은 걱정을 놓았나 보다. 그래도 집안에 몸져누워 있는 시어머니 약값은 내일 채취를 기약해야 한다. 그녀들이 걸어 나온 발자국은 언제 그랬냐는 듯이 흔적도 없이 지워져 버리고 그 흔적 위로는 황금빛 저녁놀이 빛나고 있었다.

늦은 밤 벌교읍에 있는 보성여관에 도착하였다. 예약하면서 늦은 도착에 대비하여 미리 받아둔 전화번호로 연락하니 관리자분께서 나오셨다. 내일 아침은 문간채 카페에서 토스트와 빵, 커피가 준비되어 있으니 간단히 식사할 수 있다고 알려 주셨다. 아침에 일어나 여관을 둘러보니 한옥과 일본식이 결합한 전형적인 적산가옥 형태이다. 가운데 화단을 중심으로 가옥 3채가 ㅁ자를 이루고 있다. 문간채에는 보성여관의 역사에 대한 전시실과 응접실 같은 카페가 있다.

· 보성여관(ⓒ보성군)

전시실에는 조정래 작가의 대하소설 《태백산맥》에 대한 소개도 있다. 현재 벌교는《태백산맥》의 문학기행지라고 해도 과언이 아니다. 지금 이곳 보성여관도《태백산맥》에서 '남도여관'으로 등장하는 곳이다. 간단한 아침 식사 후 '태백산맥' 문학길 탐방에 나섰다.

소설《태백산맥》은 조정래 작가가 1983년부터 6년에 걸쳐 1948년 여순사건 직후부터 6·25전쟁을 지나 1953년 휴전협정까지 우리나라 혼돈의 현대사를 배경으로 쓴 4부작 총 10권으로 이뤄진 대하소설이다. 작품의 바탕을 이루는 줄기는 좌우 이념대립이다. 당시 사회에 존재했던 토지문제, 분단문제 등 각종 모순에 대해 각 개인이 저마다의 순수한 방법으로 해결하고 새로운 시대를 열고자 치열한 삶을 살며 투쟁했던 이념대립의 현장이다. 그러나 각자가 추구했던 이상적인 해결책들은 실현되지 못하고 미완의 과제로, 다음 세대의 과제로 남았다. '태백산맥'이라는 제목은 상징적이다. 작가 자신이 생활하고 소설 속의 무대로 삼은 벌교와는 동떨어져 있기 때문이다. 제목이 갖는 의미는 북쪽 끝 백두산과 남쪽 끝 한라산을 이어 주는 한반도의 척추인 태백산맥의 잘린 허리를 말하며 분단의 현실을 상징하는 것이다. 작가는 민족의 잘린 허리 잇기를 염원하며《태백산맥》을 집필하였다고 한다.

출발지인 보성여관은 일제강점기인 1935년 건립된 건물로 현재는 가치 있는 문화유산의 조사, 매입, 보전관리를 목적으로 제정된 '문화유산과 자연환경자산에 관한 국민신탁법'에 의거하여 2007년 설립된 문화유산국민신탁에서 복원하여 관리·운영하고 있다. 보성

여관 앞길은 소설《태백산맥》의 배경을 살린 '태백산맥 문학거리'로 조성되어 있어 당시의 분위기를 느끼며 근대유럽양식의 (구)금융조합 건물을 지나 조정래 기념조형물까지 걸을 수 있다. 홍교다리를 건넌다. 홍교는 강물과 바닷물이 만나는 곳으로 원래는 뗏목다리가 있었으나 홍수로 유실되자 1729년(영조 5년) 선암사 승려인 초안선사와 습성대사가 세 칸의 무지개형 돌다리를 건축하였다고 한다.

　벌교라는 지명도 원래 이곳에 있던 뗏목다리를 의미하는 '벌교(筏橋)'에서 유래하였다고 한다. 김범우의 집을 지나 태백산맥 문학관에 들렀다. 무당 월녀의 딸 소화와 정참봉의 손자 정하섭의 애틋한 사랑이 시작하는 곳인 정갈하고 아담한 소화의 집과《태백산맥》첫 장면에 등장하는 배산임수에 좌청룡 우백호의 명당자리에 자리 잡은 한옥과 일식이 혼합된 현부잣집을 지나서, 일제강점기 실존인물인 중도가 물이 밀려들어 오는 것을 막기 위하여 쌓은 둑으로 인해 생겨난 중도방죽에서 마더로드를 걸었다.

　넓은 방죽에 부는 바람에 머리카락이 흩날리듯이 수많은 태백산맥의 인물들이 스쳐 갔다. 나는 누구와 제일 닮았을까?

예토가 정토로, 승보사찰 송광사

송광사(松廣寺)의 창건에 전해 오는 전설이 있다. 고려시대 보조국사 지눌이 나무토막으로 세 개의 새 모형을 깎았다. 그런 후 스님이 원하는 곳으로 훨훨 날아가라고 말을 마치자 세 마리의 나무새가 하늘로 날아올랐다. 한 마리는 순천 조계산 자락에, 또 한 마리는 거금도 용두산에, 나머지 한 마리는 여수 금오도로 날아갔다. 스님은 그 세 곳에 불사를 일으켰으니 그중 한 곳이 송광사라는 전설이 내려오고 있다.

송광사는 신라말 혜린선사가 송광산 길상사라는 이름으로 창건하였으나, 이후 거의 폐허로 변해 버린 사찰을 고려시대 보조국사 지눌(1158~1210)이 당시 쇠퇴하는 불교계를 바로 세우고 선종과 교종의 통합을 추진하기 위하여 정혜결사를 이곳으로 옮겨 중창불사하며 각광받은 절로서, 고려 희종은 지눌을 지지하며 조계산 수선사라는 이름을 하사하였다. 이후 수선사는 다시 송광사라는 이름으로 변경되어 현재의 조계산 송광사가 되었다. 조계산이나 조계종이라는 명칭은 1대 조사 달마대사에서 시작된 선종의 법맥을 중국 관둥지방에 위치한 조계산 보림사를 중심으로 활동하며 크게 부흥시킨 6조 혜능의 법호 조계대사에서 유래했음으로 생각해 볼 수 있다.

'선종의 문자에 의존하지 말고 참선과 수양을 통해 진리를 깨닫는 다[불립문자(不立文字) 교외별전(敎外別傳) 직지인심(直指人心) 견성성불(見性成佛)]'라는 수행의 중요성을 강조한 법맥이 면면히 흐르는 송광사는 16명의 국사를 비롯하여 가장 많은 고승대덕을 배출함으로써 승보사찰로서 법보사찰인 해인사, 불보사찰인 통도사와 더불어 삼보사찰로의 지위를 지켜 나가고 있다. 주차장에서부터 절을 향하여 난 삼나무와 편백 숲길이 마음을 편안하게 정제해 준다. 숲 향을 깊이 마시며 오르는 길에 법정 스님이 거처하시고 자주 걸으셨던 무소유길 팻말이 나왔다.

• 송광사 무소유길 (ⓒ송광사)

무소유를 실천하셨던 법정 스님과 길상사가 떠올랐다. 본디 삼청각, 오진암과 더불어 우리나라 3대 요정이었던 대원각을 운영하신 분은 백석을 사랑했던 그의 나타샤 김영한이라는 여인이었다. 그녀가 법정의 《무소유》를 읽고 법정 스님을 찾아가 대원각을 시주하겠다고 하였으나 법정 스님의 거절로 10년 동안을 반복하여 찾아갔다고 한다. 결국 법정 스님은 그 제안을 받아들여 대원각을 사찰로 변경하고 그녀의 법명 길상화를 차용하여 '길상사'라 이름 짓고 송광사의 말사로 등록하였다고 한다. 편백숲을 지나 시원스러운 계곡물 소리를 따라가면 나무 깃대 같은 마른나무 하나가 높이 서 있다. 지눌의 주장자(지팡이)로 알려진 '고향수(枯香樹)'라 불리는 나무이다.

지눌은 정혜결사를 추진하기 위하여 일행과 함께 이곳 길상사(송광사)에 도착하자마자 자신의 지팡이를 꽂으며,

나 너와 함께 살고 죽으니
내가 떠날 때 너도 떠나고
너의 푸른 잎을 다시 보게 되면
나도 그런 줄 알리라.

하고 예언하며 굳은 결의를 다졌다고 한다.

지눌의 정혜결사가 성공하며 그의 명성이 오를수록 이 지팡이의 가지와 잎이 무성해졌으나 스님이 열반하자 이 지팡이도 잎을 떨구고 고목이 되었다. 지눌이 열반하고 900년이 지난 지금까지도 지팡이는 잎을 돋우기 위해 그 자리에 꼿꼿이 서 있다. 언제 다시 예토가 정토가 되어 지팡이가 잎을 피울 수 있을지 막막하기만 하다. 능허교 위의 우화각은 예토에서 정토로 들어서는 문 같다. 맑은 계곡 위로 무지개다리가 놓여 있고, 다리

· 우화각 천정화

위에는 우람한 붉은 기둥이 지붕을 받치고 있다. 천정에는 송광사의 트레이드마크 같은 화려한 그림들이 수놓아져 있다. 학이 상서로운 구름 속을 날고, 당초무늬 하늘에서는 두 선녀가 피리를 불고 꽃을 뿌리고 있으며, 봉과 황이 서로를 희롱하며 날개를 활짝 펴고 있다.

그 휘황한 하늘 아래를 걸어 정토에 들어서면 겹팔작지붕의 대웅보전, 단아한 관음전과 뒤에 있는 보조국사 지눌의 사리를 모신 감로탑, 문수전, 지장전, 효봉영각, 성보박물관 등의 많은 당우가 자리잡은 웅장한 송광사 가람이 펼쳐진다. 이곳 사바세계가 정토로 바뀌고 지눌의 주장자에 새가 내려앉으며 중생이 생노병사의 사고(四苦)에서 벗어나는 자비가 베풀어지기를 기원하며 굴목재 보리밥집으로 향하였다.

· 대웅전

둘이 먹다 셋이 죽어도 모를 꿀맛
- 조계산 보리밥집

　우화각을 건너 왼쪽으로 오르기 시작하였다. 스님 한 분이 맨발로 뒤따라오시더니 잠깐 사이에 공중부양하는 것처럼 쏜살걸음으로 사라지셨다. 천년불심길을 따라 목교와 토다리를 건너고 헉헉거리며 재를 오르고 내린다. 힘겹게 굴목재에 도착하여 가쁜 숨을 몰아쉬며 휴식을 취하고 있으니 이 고장에 사신다는 두 분이 올라오셨다.

　"어디서 왔어요?"

　"서울에서 왔습니다."

　"요즘 서울 코로나로 난리법석이던데 괜찮으신 거죠?"

　"예, 감염되지 않았으니 걱정하지 않으셔도 됩니다."

　그러더니 다른 분이 맞는 것 같단다. 코로나에 걸렸으면 숨이 차서 여기까지 올라올 수가 없었을 거라고.

　다시 큰굴목재를 향하여 진군하였다. 초봄이어서 산은 황량하지만 등산로에는 봄꽃이 고개를 내밀기 시작하였다. 저 앞쪽에서 사람들 소리가 들려온다. 조계산 굴목재 보리밥집에 거의 도달한 모양이다. 산 아래여서인지 새싹이 파릇파릇하고 귀룽나무에 새싹이 움트기 시작하고 있었다. 햇살은 따스하다. 개울을 건너 보리밥집에 도

· 굴목재 보리밥집

착하였다.

벌써 여러 팀이 야외 테이블에서 식사 중이었다. 보리밥집은 간이건물처럼 허름하고 낡았으며 주막 같은 분위기를 느끼게 했다. 앞마당은 넓고 건물 옆쪽에는 김장용 붉은 고무대야에 산에서 내려오는 물로 콸콸거리고, 앞쪽으로는 검은 가마솥에서 새어 나온 수증기가 공기 속으로 흩어진다. 긴 테이블 빈 곳에 앉았다. 따로 주문이라고 할 것도 없다. 도금이 벗겨진 둥그런 양은쟁반에 비빔용 나물과 태양초 고추장, 된장국과 채소에 보리밥이 전부이다.

그리고 막걸리 한 주전자. 큰 대접에 나물과 보리밥을 넣어 쓱쓱 비벼서 한 숟가락을 입으로 가져간다. 꿀맛이다. 음식 맛의 종합에 술 편이다. 아지랑이 피어오르는 산자락, 따스한 봄볕, 맑고 깨끗한 산 공기, 산에서 난 싱싱하고 선명한 빛깔의 재료들, 힘겨웠던 시절에 먹던 꽁보리밥, 등산 후의 배고픔, 추억을 떠올리는 쟁반과 그릇, 산에서 내려오는 물소리와 바람소리, 검은 가마솥에서 풍겨오는 숭늉 냄새, 외진 산골에서의 느긋함. 조계산 보리밥집은 산길을 네 시간 가까이 걸어야 하지만 매년 초봄이면 꼭 가고 싶은 두세 곳 중 하나이다. 다음을 기약하며 선암사를 향하여 출발하였다. 오르내리는 산길에는 얼레지가 지천으로 피어 있었다.

흩뿌려졌으나 조화로운 절집, 선암사

선암사(仙巖寺)에 올 때마다 고향에 온 것 같은 느낌이 든다. 웅대하거나 화려하지도 않고 옹기종기 앉아 있는 당우와 구불구불한 동선은 마치 고향 동네의 아기자기한 골목길을 따라 집들이 들어선 오래된 시골마을처럼 푸근하다. 경내의 건물들도 새로 짓거나 화려하게 치장하지 않고 필요할 때마다 수선하는 방식으로 유지·관리되어 옛 모습을 간직하고 있으며 또한 건물의 배치도 자연발생적인 자연부락 같아 단조롭지 않고 친근하고 편안하다. 한마디로 중심축이 없다. 그러나 산만하지 않으며 흩뿌려져 있는 것 같지만 조화롭다. 아마 우리 조상의 유전자 속에 흐르는 자연과의 합일정신이 아무런 의도도 없이 자연스럽게 드러난 결과일 것이다.

선암사에서는 꼭 보아야 할 유무형의 아름다움이 있다. 그러나 이 둘을 엄밀히 구분할 수는 없다. 자연스러운 가람배치, 세월 머금은 돌계단과 석축 및 건물들이 보여 주는 편안함과 여유로움, 오밀조밀 정겨운 동선, 자연을 차경한 조형물, 터널을 이루는 희고 붉은 선암매, 심지어 뒷간까지도 미학의 정수가 담겨 있다. 이러한 다양한 아름다움이 어우러져 조화를 이루며 고차원의 미감을 제공하기 때문이다.

선암사는 진입로에서부터 시작된다. 거의 모든 사찰의 진입로가 길 자체의 아름다움을 가지고 있지만 계곡을 따라 구불구불한 선암사의 진입로는 산세에 따라 자연스럽게 생겨난 것 같은 호젓한 산길이다. 또 중간에는 선암사의 명물인 승선교와 강선루, 삼인당이 눈길을 사로잡는다. 승선교는 무지개다리 형태이다.

선암사 스님들이 이곳에서의 축조 경험으로 벌교의 무지개다리인 홍교도 건설하였다고 한다. 지금은 곧게 뻗어 있지만 전에는 앞쪽 작은 승선교를 건너 산아랫길로 걸어서 다시 큰 승선교로 나오는 ㄷ자형 길이었다. 아마 서두르지 말고 여유를 갖고 걸으라는 뜻일 것이다. 작은 승선교를 건너 큰 무지개다리를 바라보면 그림자가 물에 비치며 큰 원을 그린다. 그리고 계곡 아래로 내려가 보면 그 동그라미 안으로 강선루가 수면을 기준으로 데칼코마니처럼 보이는 신비로운 풍경을 연출한다. 승선교와 강선루가 어우러진 이 풍경 사진이 선암사를 소개하는 거의 모든 안내책자와 사이트에 실려 있을 정도이다.

• 승선교

강선루는 기둥 하나가 계곡 아래로 내려가 있다. 가급적 누마루를 계곡으로 더 가까이 붙여 지음으로써 계곡물 흐르는 모습을 바로 내려다볼 수 있게 하려는 의도일 것이다. 강선루를 지나 삼인당 연못에 이르렀다. 삼인은 마음속에 세 가지 불법을 새긴다는 뜻이다. 거울이 없던 시기에는 물에 자신을 비추어 보며 자신을 되돌아보기 위함이었다. 슬그머니 나타나는 일주문을 지나 부처님의 세계로 다가간다. 일주문 후면에는 '고청량산해천사'고 쓰인 현판이 걸려 있어 과거에는 선암사가 청량산 해천사였음을 전하고 있다. 만세루에도 후면에 '육조고사(六朝古寺)'라는 편액이 걸려 있다.

선암사는 선종 1대 조사 달마대사가 활동한 중국 육조시대부터 내려온 역사가 유구한 절이라는 뜻이다. 대웅전 뒤쪽 당우들의 자리앉음이 한일(一)자형이어서 갈지(之)자 형태로 천천히 돌아보면 된다. 팔상전, 불조전, 조사전을 지나고 첨성각을 감아 돌아 원통전 뒤편으로 향한다. 세월 먹은 정겨운 돌계단과 석축이 마음을 편안하게 해준다. 조사전에는 선종 1대 조사 달마대사, 6조 혜능 등 중국의 5대 선사와 태고종의 보우국사, 그리고 선암사를 널리 알린 선사들의 진영이 모셔져 선암사의 오랜 역사성을 보여 주고 있었다. 관음보살을 모신 원통전 담장 뒤편에서부터는 천연기념물로 지정된 약 600년 되었다는 선암매의 향연이 펼쳐진다.

선암매를 감상하는 인파가 빽빽하고, 새벽부터 카메라를 설치하고 매화를 담는 사진작가들이 진을 치고 있다. 무우각, 각황전 돌담길을 배경으

· 선암매

· 무우전 매화

로 고목에 핀 백매와 홍매가 터널을 이루고 있다. 하늘을 덮은 매화꽃과 그 향기에 정신이 아득할 정도이다.

사군자인 매화의 고결한 기품과 짙은 향기가 좋지만, 꽃이 지는 모습이 더 아름답게 느껴질 때가 있다. 긴 겨울을 견디며 제일 먼저 피워낸 꽃이지만 화려하지도 않고 드러나지도 않게 잠시만 머물다 바람에 날리며 흔적도 없이 사라져 버린다. 꽃이 지는 뒷모습마저도 선비의 고고함으로 뒤돌아보지 않고 가벼이 발길을 옮기는 것 같기 때문이다. 운 좋게 스님의 허락을 받아 조심스럽게 응진당 뒤편의 산신각을 볼 수 있었다. 회랑으로 연결된 조그마한 산신각으로 깊은 산속 명당에 자리하고 있는 것 같았다.

· 산신각

선암사에는 문화재로 지정된 400년 된 정(丁)자형 건축 명물이 있다. '짠뒤'다. 원래는 '所便大' 그 아래 '짠뒤'라고 병행하여 썼기 때문에 한자와 같은 방향으로 '뒤깐'이라고 읽었으나, 대변소는 일본식이라고 하여 현재는 '싼뒤'만 남아있고 所便大는 안쪽에 조그마하게 걸려있다. 엉덩이를 까고 보라는 것인지, 뒤를 본다는 뜻인지 해학과 재치가 넘쳐난다. 선암사에 가면 반드시 이곳에서 명상의 시간을 가져야 한다는 불문율이 있다고 한다. 그렇지 않으면 선암사를 봤다고 할 수 없다는 옛말이 전해지고 있다.

방문할 때마다 드는 생각이지만 선암사는 절집이라기보다는 우리의 자연마을 또는 전통정원 같은 느낌이 든다.

선암사는 527년 백제 성왕 5년에 아도화상이 청량산에 해천사로 개창한 것을 신라시대 도선국사가 선암사로 중창하고 고려시대 대각국사 의천이 크게 중창한 사찰이다. 2018년에는 유네스코 세계유산으로 등재된 우리나라 7개 사찰 중 하나로 역사와 유서가 깊은 산지승원이다. 그러나 현재 태고종과 조계종 사이에 선암사의 소유권을 두고 분규와 법적 소송 중이다. 수십 년째 진행 중인 법적 다툼은 최근 대법원의 확정판결로 태고종의 승소로 일단락되는 듯하였으나 다시 조계종이 재심을 신청함으로써 현재에도 법적 소송이 진행 중이어서 안타까움을 자아낸다.

선암사는 우리 문학과 영상문화에도 족적을 남긴 곳이다. 《태백산맥》으로 잘 알려진 작가 조정래의 부친이 태고종 대처승으로 작가가 이곳에서 태어났으며, 송기숙 작가가 해천당에 머물며 《녹두장군》을 집필하기도 하였다. 또한 선암사는 불교를 소재로 하는 영화 촬영지로도 자주 등장하였다. 임권택 감독의 영화 〈아제아제 바라아제〉와 〈만다라〉 및 드라마 〈용의 눈물〉에서 경순공주가 삭발하고 출가하는 장면도 이곳에서 촬영하기도 하였다.

조선의 신도시, 낙안읍성

낙안읍성은 고창읍성, 해미읍성과 더불어 우리나라 3대 읍성 중 하나이다. 읍성은 산성과 도성과는 그 목적이 약간 다르다.

산성은 침략전쟁이 활발하던 시기인 삼국시대에 주로 많이 세워졌다. 외사산(북한산, 덕양산, 관악산, 용마산)을 연결하여 쌓은 북한산성, 인왕산과 북한산을 잇는 탕춘대성, 공산성으로 불리는 공주산성이 대표적으로 적의 공격을 방어하기에 용이하도록 주로 산악지형을 이용하여 축조되었다.

도성은 성안에 종묘와 사직을 갖추고 있어야만 도성이라고 한다. 또한 왕궁과 나라를 이끌어 가는 주요 행정기관이 위치해 수도의 기능을 하는 곳으로, 전쟁으로부터의 방어는 기본이며 반란이나 도적때, 역병으로부터 보호하기 위한 기능도 겸하고 있어 출입이 제한되었다. 대표적인 도성으로는 내사산(북악산, 인왕산, 남산, 낙산)을 이으며 한양을 감싸고 있는 한양도성으로, 동서남북에 위치한 사대문의 통금시각과 해제시각은 보신각종을 쳐서 알렸다. 통금시각은 한밤 이경(二更, 亥時, 10시경)에 인정(人定)을 28번 쳤으며, 해제시각은 새벽 오경(五更, 寅時, 4시경)에 파루(罷漏)를 33번 쳤다.

읍성은 도성과 비슷하나 종묘와 사직을 갖추고 있지 않다. 적으로

부터 읍민을 보호하기 위하여 세워진 성이기 때문에 마을 안이나 최대한 마을 가까이 세웠다. 성안은 관아와 행정기관, 민가가 어울려 있는 보통의 마을 같으나 단지 성곽으로 둘러싸여 있는 것이 다르다. 앞의 세 개의 읍성도 모두 왜구의 침략에 읍내 백성을 보호하기 위하여 축조된 성이다. 그러나 세워진 시기와 위치 및 자연환경, 축조방법, 읍의 규모 등이 다르기에 그 특징이 서로 상이하여 다른 느낌을 준다.

낙안읍성은 1397년(태조 6년)에 이곳 출신 김빈길 장군이 왜구의 침입을 막기 위하여 토성(土城)을 쌓았고, 세종 시기에 석성으로 축조되었으며 정유재란 후인 1626년(인조 4년)에 임경업 장군에 의해 중수되었다. 낙안읍성은 진산인 금전산을 배경으로 서쪽에 백이산, 동쪽에 오봉산으로 둘러싸인 분지로 전면에는 넓은 들판이 펼쳐진 전형적인 배산임수의 중심에 있다. 동문인 낙풍루에서 서문까지 곧게 뻗은 길을 중심으로 오른쪽은 관아 영역, 왼쪽은 민가 영역으로 나뉜다. 다른 읍성과는 달리 낙안읍성에는 290여 동의 초가집에 100여

세대 230여 명의 주민이 실제로 생활하고 있으므로 최대한 조용히 걷는 것이 예의다.

민가의 꼬부랑 골목길, 낮은 돌담 너머로는 높이 자란 접시꽃과 작약꽃밭이 노란 초가지붕과 대비를 이루며 정취를 북

· 성곽에서 본 낙안읍성

돈운다. 가지런한 사립문 사이로 보이는 토방 댓돌에는 가지런히 벗어 놓는 신발이 보이고, 툇마루는 오래 묵은 막장 같은 색을 띠고 있다. 열린 부엌문으로는 들기름으로 정성껏 길들였을 검은 무쇠솥단지가 보인다. 마을 곳곳에는 두부/매주 만드는 집, 여지(蓮池), 외양간, 우물, 쪽대 고기잡이, 큰샘 빨래터, 민속공예, 절기음식, 전통악기, 천연염색 체험장 등 과거에 실재하였을 생활모습을 잘 재현하여 낙안읍성만의 추억여행을 제공하고 있었다.

생뚱맞게 마을에 옥사가 있었다. 옥사 앞에는 다섯 종류의 형벌이 설명되어 있다. 태형(종아리 때리기), 장형(엉덩이 때리기), 도형(일 시키기), 유형(귀양보내기), 사형(교형, 참형, 능지처참). 갑자기 잔인하기 짝이 없는 중국의 10대 혹형(박피, 요참, 오마분시, 능지, 액수, 청군입옹, 궁형, 월형, 삽침, 활매: 잔인하여 설명은 피함)이 생각났다. 이외에도 중국에는 팽형, 절설, 알안, 포락 등 입에 담기에도 두려운 잔혹한 형벌이 많았다. 이와 비교하면 우리의 형벌은 상대적으로 인간적이구나 하는 생각이 들었다.

성곽에서는 성 안과 밖이 한눈에 조망된다. 읍성은 산이 감싸고 앞이 넓은 들판이어서 엄마 품에 포근히 안긴 아기의 모습 같다. 성안은 봉긋봉긋 솟아 있는 노란 초가집 지붕과 구불구불한 마을길이 옛 고향풍경과 같아 마음을 편안하게 해준다. 이웃한 관아와 객사, 낙민루가 우뚝 솟아 사방을 관찰하며 민가를 철두철미하게 보호하고 있는 듯하다. 1,420m의 성곽을 천천히 밟으며 걸으면 마치 과거로의 시간여행을 떠난 기분을 느낄 수가 있다.

적묵의 바다 - 순천만 습지와 갯벌

이곳에서는 누구나 나그네가 된다. 소월의 구름에 달 가듯이 남도를 정처 없이 떠도는 나그네일 수도 있고 절세미인 왕소군의 소슬한 심정이 될 수도 있다.

왕소군은 한나라 원제에 의해 흉노의 선우에게 받쳐진 궁녀였다. 기러기가 그녀를 보고 날갯짓을 잊고 떨어졌다고 하여 별명이 '낙안(落雁)'이며, 오월동주의 서시(浸魚: 물고기가 가라앉고), 삼국지의 초선(閉月: 달이 부끄러워 구름 속으로 숨고), 당현종의 양귀비(羞花: 꽃이 고개를 숙인다)와 더불어 중국의 4대 경국지색으로 전해 오고 있다. 고향 호북성 자귀현을 떠나 북방의 흉노에게로 가는 길에 기러기를 떨어뜨린 그녀의 비파곡조가 순천만 습지 상공을 끼룩거리며 날아가는 기러기의 울음소리와 닮지 않았을까?

적묵의 바다. 누런 갈대가 꽉 메우고 있는 드넓은 습지는 모든 것이 멈추어 버리고 오직

· 순천만 습지

바람소리만 부스럭거린다.

바람이 복잡한 생각을 쓸어 가는 것 같다. 갈대 사이로 난 데크길을 걸어 본다. 걸어도 걸어도 그 자리다. 항상 바쁘고 정신없이 종종거리는 삶 가운데 이렇게 흐르지 않는 시간 속으로 들어서자 잠자던 내부의 소리가 부스럭거리며 깨어나는 것 같다. 항상 나의 깊은 곳에 갇혀 있는 소리에 귀 기울여 봐야겠다고 되뇌었지만, 바쁘다는 핑계로 제대로 된 기회를 한 번도 갖지 못했다. 복잡하고 변화무쌍한 세상에서 생존하기 위하여 진정 내가 아닌 타인의 얼굴로 살아왔음을 실감한다. 일터에서 또 사람을 만나며 나의 진심을 드러낸 적이 얼마나 되는가? 갈대가 바람에 흔들린다. 저항하지 않고 바람 부는 대로 몸을 맡긴다. 갯벌에서는 숨구멍마다 물거품이 올라온다.

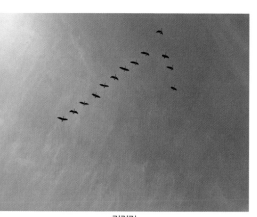

· 기러기

하늘에는 끼룩거리는 기러기가 창공을 가르며 남쪽으로 날아가고 있다.

모두 자신의 본능에 따라 몸을 맡기고 있다. 그러나 우리의 삶은 고단하다. 본능을 거슬러 오르려 하기 때문이다. 이곳 침묵의 바다가 이제부터는 본능에 충실하라 일러준다.

멈추어 버린 이곳 시간 속에서 억눌렸던 본능이 깨어나며 나 자신이 회복되고 있음을 느꼈다. 물론 이 순간일 뿐 이곳을 벗어나면 다시 일상으로 돌아가게 될 것이다. 그러나 이러한 순간의 회복마저 없다면 삶이 너무 팍팍할 것이다.

순천만 습지는 광활하다. 갈대가 출렁이는 파도처럼 바람에 흔들리며 바다로 흘러가는 것 같다. 습지를 덮은 갈대 사이로 데크길이 갈래갈래 뻗어 있다. 포토존에는 연인들, 중년 부부, 함께 여행에 나선 어르신들까지 다양한 포즈로 예쁘게 사진을 찍는다.

그러나 하이라이트는 멀리까지 뻗은 데크길을 무심하게 걸으며 바람소리, 갈대 부스럭거리는 소리, 숨구멍 사이로 올라온 물거품 터지는 소리, 철새들의 날갯짓 소리, 큰 바다로 흐르는 갈대 물결을 감상하며 정지된 것 같은 시간을 음미하는 것이다.

습지를 나와 해안도로를 달리면 화포해변 또는 와온해변에 다다를 수 있다. 그곳에서는 여자만 건너로 여수 앞바다까지 탁 트인 바다를 감상할 수 있으며 일몰을 감상하기에 좋은 곳이다. 그곳에서 보는 일몰은 신비롭다. 수평선 너머로 풍덩 하고 빠지는 일몰의 아름다움만이 아니라 넓은 갯벌 발자국 흔적 같은 물웅덩이에 반사되는 저녁놀 빛은 황홀하기가 그지없다. 노을빛이 스러지고 바다에 잠기는 해가 끌고 온 부드러운 어둠이 갈대밭에 고요하게 내려앉는다.

· 순천만 노을

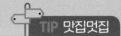

진도

🍴 굴포식당(졸복탕) ▸▸ 바닥만 제외하고 사면 벽과 천장이 사인으로 꽉

🍴 용천식당 ▸▸ 어미낙지임이 확실, 입안이 가득

🏨 지중해 펜션 ▸▸ 바다절벽에 기댄 전망 좋은 집

해남

🍴 천일식당 ▸▸ 지방 명물이 된 한상차림 식당

🍴 어부횟집 ▸▸ 땅끝마을 남편이 잡은 물고기, 여주인이 회는 좀 뜬다며 자랑하던 집

🍴 소망식당 ▸▸ 뚝배기 주물럭 맛에 관광객이 몰리는 곳

🍴 삼산떡방앗간 ▸▸ 해풍쑥떡이 별미인 방앗간

🏨 땅끝풍경 펜션 ▸▸ 해안절벽에 매달려 있는 기억될 만한 좋은 펜션

🏨 블루오션 펜션 ▸▸ 진도만이 아니다. 바닷길이 갈라지는 기적을 체험할 수 있는 곳

청산도

🍴 청운수산식당 ▸▸ 해초향이 향긋한 싱싱한 해초비빔밥

강진

🍴 강진만갯벌탕 ▸▸ 강진의 원조 짱뚱어탕 맛집

🍴 황칠갈낙탕 ▸▸ 몸보신 될 것 같은 푸짐한 황칠갈낙탕

🍴 마량항 수산물회센터

🍴 멋짐만남 ▸▸ 단호박 수제비와 진한 서리태 콩국수가 명물인 맛집

장흥

🍴 유희의 반상 ▸▸ 남도밥상 한상차림은 여기에서

🍴 수문항 바다하우스 ▸▸ 한우, 키조개, 표고버섯이 환상적 조합을 이루는 장흥 삼합

영암

🍴 독천 낙지전문 거리 바다촌 ▸▸ 문어 맛을 아는 현지인이 찾는 식당

보성

🍴 율포해수욕장 회센터

🍴 보성명가 ▸▸ 녹차와 보리 굴비, 도다리와 쑥 등의 주재료는 물론 반찬의 식재료마저 살아있는 맛. 남도명가.

순천

🍴 벽오동 보리밥정식 ▸▸ 그 큰 식당에 그 많은 지역민이

🍴 조계산 굴목재 보리밥집 ▸▸ 딱 한 끼라면 이곳 쟁반보리밥과 가마솥 숭늉

🏢 벌교 보성여관 ▸▸ 일제강점기 여관을 리모델링한 여관(소설 《태백산맥》에서 '남도여관'으로 등장)

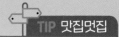

광양

🍴 삼대불고기 ▸▸ 지역민으로 시끌벅적한 광양불고기의 원조

PART 4

심산유곡에

울리는

삶의 노래

정선 ▶ 태백

삼척 ◀ 영월

일찍 출발해야만 숙소에 늦지 않게 도착할 수 있기에 아침이 바쁘다. 숙소인 정선까지의 거리가 멀기 때문은 아니다. 숙소에 도착 전까지 꼭 들려야 할 코스가 많기 때문이다. 그 얘기는 나중에 하자. 여행가방이야 어젯밤에 얼추 싸두었지만 소소한 것들은 아침에 마저 챙기고 출발 전 집안 여기저기 확인 절차가 필요하다. 이곳을 여행할 때는 대부분 정선에 숙소를 정하고 정태영삼(정선, 태백, 영월, 삼척) 지역의 여러 곳을 방문하고 저녁이면 숙소로 돌아오는 마치 클래식 음악의 마지막 악장 '론도' 같은 여정을 취한다. 숙소를 옮기려면 풀었던 짐을 다시 싸는 번거로움, 이곳에서 체크아웃, 저곳에서 체크인, 새로운 숙소의 적응 등 여행 중 아껴 써야 할 시간과 에너지가 낭비되기 때문이다.

　이제 출발이다. 내비게이션에는 안흥면 행정복지센터(옛 안흥면 면사무소)가 찍혀 있다. 여기가 우리나라 찐빵의 대명사처럼 알려진 곳이다. 옛날 괴나리봇짐을 등에 메고 다니던 시절, 강릉에서 한양으로 가려면 반드시 이곳을 통과해야만 했으므로 나그네의 허기를 달래 주는 찐빵집들이 번성하던 것이다. 이곳에서 찐빵과 감자떡으로 아침 새참을 먹기 위해 아침도 굶고 차 안에서 과일 등으로 허기를 채우며 달려온 것이다. 여행의 맛에서 빼놓을 수 없는 것이 먹는 맛 아니겠는가? 근처에 다다르면 여기저기 찐빵집들이 즐비하다.

특히 겨울이면 김이 모락모락 나는 찐빵집들에서 전통찐빵, 오색 찐빵(색소를 사용하지 않고 천연재료를 밀가루와 반죽한 빵), 감자떡이 입맛을 당긴다. 벌써 관광객을 싣고 온 버스가 보이고 빵집 앞에는 대기 줄이 길게 늘어서 있다. 찐빵 한 상자를 주문하면 덤으로 한 개를 더 준다. 아마 상자는 그냥 가져가고 오가는 길에 먹을 수 있도록 배려함이리라. 그리고 이웃한 감자떡 집에서도 찐빵과 감자떡을 조금 더 산다. 찐빵의 맛이 오묘하게 다른 맛이다. 앞쪽 빵집은 피와 앙금이 알맞게 쪄져 감자같이 퍼글퍼글하여 바로 먹기에 그만이고, 두었다 다시 데워 먹기에는 부드럽기가 카스텔라 같은 감자떡집 찐빵이 내 입맛에는 딱 맞는다. 구입한 빵과 감자떡은 여행 중 가벼운 아침 식사 대용이다.

언젠가 한 번은 구입한 찐빵을 차량 트렁크에 넣으며 자동차 키를 안에 둔 채로 닫아 버리는, 지금도 생각조차 싫은 불상사가 발생하였다. 아뿔싸! 이 일을 어떡하란 말이냐. 차량회사와 보험사에 연락하였으나 견인하는 것 외에는 자동차 문을 열어 주는 업소에 연락하는 방법밖에는 없다고 안내해 주었다. 그리고 견인하면 며칠이 소요된다고. 여행 시작부터 이런 낭패라니. 머릿속이 텅 빈 것처럼 한동안 멍하였다. 결국 잠금장치 해제업소에 연락하여 문은 열었으나 기쁨의 순간은 찰나(刹那)에 불과하였다. 뒷좌석에서 트렁크로 통하는 별도의 손받침 구멍이 없었다. 이제 견인 이외에는 방법이 없으니 여행도 멈추어야 할 상황이었다. 하는 수 없이 서울에 사는 딸에게 키를 가져다 달라고 전화하였다. 그런데 또 이게 무슨 일이란 말인가. 시댁 가족들과 식사 자리에 있던 딸이 서둘러 오겠단다. 이제 손녀 생일축하 모임마저 엉망으로 만든 꼴이 되고 말았다. 하염없이 시간이 흐르고 비상용 키를 가지고 온 사위가 도착했다. 얼마나 반갑고 고맙고 미안한지 이루 말할 수가 없었다. 여행지 숙소에 도착하여 쉬고 있으니 밤 10시가 지나서야 사위에게서 문자가 왔다. '안전하고 즐거운 여행 즐기세요'하고. 그날은 일요일이어서 돌아가는 길이 엄청나게 막혔던 것이다.

안흥면사무소를 출발하여 평창읍까지 가는 길에는 7월 말이나 8월 초면 즐비하게 늘어선 대형트럭들이 고랭지배추를 싣고 있는 장관을 보는 즐거움도 누릴 수 있다. 이것이 좁은 국도를 따라 여행하는 즐거움이다. 전파상, 우체국, 전자제품 대리점, 약방 등이 늘어선 전형적인 시골 맛이 나는 평창읍을 관통하여 읍내 옆을 흐르는 평창강과 나란히 달리며 구경하는 사이에 불쑥 나타나는 평창교를 건너면 정선 땅으로 들어선다.

정선

영월

태백 삼척

산 넘고 물 건너 심산유곡으로

이 방향의 길을 선택한 큰 이유 중의 하나가 여기서부터 시작된다. 여기부터는 세상만사 번잡함 모두 벗어 버리고 차 대신 나귀를 타고, 바지저고리 두루마기로 갈아입고, 갓 쓰고 보따리 짊어지고 산에 드는 선비의 마음으로 유유자적하는 모드로 바뀐다. 천 년 전 북송의 범관이 우점준법(雨點皴法: 빗방울 같은 점을 찍어 표현하는 기법)으로 그린 〈계산행려도〉가 떠오른다.

〈계산행려도〉는 중국을 대표하는 작품으로 대만 고궁박물관 깊숙이 보관되어 일반에게는 거의 공개되지 않는다고 하니 머릿속으로 그려볼 수밖에는 없다. 리린찬이 자신의 저서 《중국미술사고》에서 "류귀쑹이 이 작품 앞에서 깊은 생각에 잠겨 있다가 감격하여 눈시울이 붉어지더니 마침내 눈물을 흘렸다"고 썼다는 그림. 어쩐지 《적과 흑》으로 유명한 스탕달이 귀도 레니(Guido Reni)의 〈베아트리체 첸치의 초상화〉를 보고 몸에 힘이 빠지고 정신이 아득히 혼미해지고 호흡이 곤란해져 거의 죽을 것 같은 느낌이었으며 이런 충격에서 빠져나오는 데 무려 한 달이나 걸렸다는 '스탕달 신드롬'의 데자뷔 같다.

아마 〈계산행려도〉는 종남산을 그렸을 것이다. 범관이 그곳을 유

· 풍경

람한 적이 있기 때문이다. 그때 종남산에서 보고 느끼며 마음에 담았던 장대하고 웅장한 산세를 풀어냈을 수도 있다.

이제 나귀 타고 섶다리 대신 평창교를, 종남산 대신 우리의 대동맥을 가로지르며 느릿느릿 걷기 시작한다. 산수를 주유하기에는 느려 터진 나귀가 최고이다. 주마간산이라 하지 않았던가. 끝없이 이어지는 웅장한 산속으로 구물구물 미물같이 더듬거리는 걸음걸이로 산길을 따라 천천히 스며들어 간다. 보이는 것은 산과 계곡이요 들리는 것은 새소리 바람소리뿐이다. 자연만이 그 자리에 있을 뿐이다. 한없이 편안하고 자유스러운 느낌이다. 산은 나를 감추고 바람은 나를 감싸고 흐를 뿐이다. 현대인이 찾고 누리기를 갈망하는 것이 바로 이것 아니던가. 길옆의 잔가지 많은 꽃나무들, 먼 산을 덮은 거목들, 바람에 뒤틀린 고목들이 눈을 시원하게 하고, 가까이 흐르는 계곡물 소리는 귀를 간지럽히고 멀리 보이는 낙차 큰 물줄기는 힘찬 생명을 부어 주는 것 같다. 일월오봉도같이 우뚝 솟은 봉우리는 영원불변하며 흔들림 없이 세상을 주관하는 주재자 같다.

계곡과 산허리를 지나 재에 오르니 끝없는 계곡과 능선이 펼쳐진다. 굽이굽이 산 능선들이 사방으로 겹겹이 눈에 들어온다. 산자락에는 드문드문 조그만 마을들이 자리 잡고 있다. 마을마다 띄엄띄엄 집들이 보인다. 사립문을 밀고 마당에 들어서면 죽림칠현이나 귀거래한 선인들을 만날 수 있을 것 같다. 우리의 묵은 때는 108번은 씻어야 하는 모양이다. 108재를 넘고 계곡을 건널수록 점차 눈이 맑아지고 귀가 밝아진다. 내 모습이 산에 묻히고 마음은 홀연히 사라져 버린 것 같다.

산중에 사람소리 새어 나오고 - 아리랑시장

　재를 넘고 계곡을 건너 산속 깊은 곳 너른 평야에 자리 잡은 정선5일장인 아리랑시장에 도착하였다.

　아마 전통시장 중에서 최고로 핫한 곳 중 하나일 것이다. 주말에는 가게마다 관광객이 북적거려 시장 분위기를 물씬 느낄 수 있으며 장날인 2일, 7일이 주말과 겹치면 발길을 옮기기조차 힘겹다. 깨끗하게 정돈된 시장에는 골목골목 늘어선 가게와 통로마다 들어선 간이판매대에 지역토산품들이 즐비하다. 곤드레, 취나물, 고사리, 더덕, 도라지, 옥수, 조, 기장, 귀리, 메밀, 율무, 녹두, 팥 등. 모두 맑고 깨끗한 백두대간의 자연에서 자란 우리의 먹거리일 것이다.

　지금이야 이러한 토산품들이 별미처럼 여겨지지만, 옛 우리 선조들은 이러한 음식을 먹으며 어려운 시절을 건뎌냈을 것이다. 시장에서 여기의 전통음식인 '후루룩 마시면 콧등을 친다'고 하여 이름 붙여

· 아리랑시장 토산품

진 칼국수처럼 생긴 '콧등치기'와 '감자옹심이' '배추전'으로 배를 채우고, 벌집에 꿀을 얹어 주는 벌집아이스크림이나 한과로 입가심하곤 한다.

깊은 산중이었을 이곳에도 시장 맞은편에 향교가 있다. 개화기 초기 서양의 선교사 한 분이 조선에는 아무리 가난한 집에도 책이 있다고 격찬한 우리 민족 아닌가. 지금은 그 형태가 조금 변했겠지만 그래도 홍살문과 외삼문, 대성전, 명륜당, 동재, 서재 등 원래의 모습이 잘 남아 있다.

괜히 여행만 다니는 것 같아 뒤통수가 근질거리지만 조선시대 선비들도 관동팔경 유람을 필수코스로 간주하였다. 식견을 넓히려면 많이 보고 느껴야 하는 것이니 여행도 공부라 생각하자.

· 정선 향교

떼꾼과 처녀의 애달픈 이별 - 아우라지

아우라지는 태백의 금대봉 기슭 두 개의 물구녕인 석간수와 예터 굼에서 솟아난 물이 지하로 스며들어 한강의 발원지로 알려진 검룡 소에서 다시 솟아올라 골지천을 타고 흘러 송천과 합류되는 지점, 즉 아울러지는 지점이다. 너른 그곳에는 지금도 강물이 석양에 물비 늘을 반짝이며 높은 산 사이를 흐르고 있는 낭만적인 곳이다.

지금이야 시절이 변하여 볼 수 없는 모습이 되었지만, 아우라지 는 조선시대에는 궁궐과 양반 대갓집을 짓기 위하여 한양으로 수송 되는 백두대간의 금강송 뗏목이 출발하는 곳이었다. 뗏목을 잘 끌고 한양에 무사히 다녀오면 떼돈을 벌 수 있었기에 떼꾼들은 낭군의 뒷 모습만 바라보며 보이지 않을 때까지 손 흔들며 눈물 적시는 사랑하 는 처녀를 뒤로하고 물길을 나섰다. 뗏목은 골지천이 나전삼거리에 서 오대산 우통수에서 발원하여 내려온 오대천과 합하여 이룬 조양 강을 지나, 영월의 가수리에서 동강으로 이름을 바꾸고 흐르며, 청 령포의 애사를 담아 내려온 서강과 만나 남한강이 되어 단양, 충주, 여주를 거쳐 양수리에서 북한강과 합류하여 동호, 한강, 서호의 나 루터에 도착하여 뗏목의 칡넝쿨 매듭을 풀었다. 현재에도 그곳에 가 면 이별의 아픔을 보여 주는 떼꾼 총각과 처녀의 이별 모습 조각이

· 아우라지 풍경

있으며 또 치마폭을 여미며 낭군을 기다리는 눈이 퀭한 아름다운 처녀상을 만날 수 있다.

처녀상 앞으로 부챗살처럼 펼쳐진 넓은 강물은 기다림에 지친 처녀의 눈물을 담고 무심하게 유유히 흐르는 것 같다. 다리 위에는 돌아오는 낭군의 모습을 애타게 기다리는 마음처럼 실눈썹 같은 초승달이 떠 있다. 이번 초승이 돌아오기로 약속한 날인 것처럼.

환상의 낭만여행, 정선레일바이크

아우라지를 뒤로하고 올라가면 우리나라 최초의 정선레일바이크 출발지인 구절리역에 도착한다. 과거 한창 산업 발전이 시작되던 시절에는 석탄을 실어 나르던, 역 이름도 예쁜 정선선[예미역-민둥산역(옛 증산역)-별어곡역-선평역-정선역-나전역-아우라지역(옛 여량역)-구절리역] 철도가 운행되었지만, 지금은 아우라지역까지만 뜸하게 정선아리랑 관광열차가 운행되고 있으며, 구절리역에서 아우라지역까지의 7.2km 구간은 관광용 레일바이크가 운영되고 있다.

처음 방문해서 헛걸음했던 기억이 생생하다. 평일에 방문하였기에 예약하지 않고 가더라도 무난히 탈 수 있을 거라는 안이한 생각이었다. 매표소에 갔더니 마침 점심시간이어서 매표원이 없었다. 조금 후에 매표원이 들어와 탑승권을 사려고 하니 대뜸 예약번호를 묻는다. 아찔하였지만 희망을 품고 아무 시간이나 가능

· 구절리역 레일바이크 철길

· 레일바이크 터널 입구

한 표를 달라고 했더니 오늘은 모두 예약 만료라고 하였다. 낭패였다. 그때야 매표원이 자리를 비운 이유를 깨달았다.

정선레일바이크는 낭만적이고 환상적인 코스이다. 출발지의 탑승장에 서면 뒤쪽으로는 병풍처럼 산이 감싸고 있고 앞쪽으로는 높은 산 사이로 계곡이 펼쳐지며 두 줄기의 철로가 원근법의 평행선을 보이며 시원스럽게 뻗어 있다. 앞차와의 안전거리 30m, 시속 10km 준수 등 안전요원의 설명을 들은 후 처음 밟는 페달의 느낌을 어찌 말로 할 수 있으랴. 안전요원의 짧은 주의사항이 왜 이렇게 길게 느껴지는지.

출발! 환상여행으로

연인이 타는 2인승과 가족 단위 4인승의 레일바이크가 길게 일렬로 길게 늘어선 모습이 주위의 산과 계곡, 옛 모습을 간직한 기차역사 등과 어우러지며 아름다운 풍경을 연출한다. 모두들 사진 찍기에 바쁘다. 출발신호와 함께 페달에 힘을 가하자 기차가 기적소리와 함께 출발하는 것처럼 레일바이크가 천천히 움직이더니 곧 속도를 내기 시작하며 수려한 경치 속으로 빨려 들어간다. 저 아래로 흐르는 맑고 깊은 계곡 위로 놓인 교각을 가로질러 조금 더 달려가더니 터널 앞에서 모든 레일바이크가 멈춘다. 웬일이지 하는 사이에 터널 입구에 안전요원이 나타나더니 이곳이 포토존이라고 소개한다.

다시 페달을 밟고 약간은 두려운 마음으로 터널 속으로 들어서자 환상의 빛의 세계가 펼쳐진다. 무지갯빛의 꽃과 나비, 공룡 등 다채로운 영상을 연출하는 광경에 빠져 페달밟기를 멈출세라 신경을 쓰지만 그래도 모든 레일바이크는 규정속도를 훨씬 밑돌며 달린다.

터널을 빠져나오자 기차는 강을 건너고 산허리를 감싸며 달린다. 기차가 깊은 골짜기와 깎아지른 절벽을 달리자 긴장감으로 관자놀이에 힘이 들어가지만 절벽 바위틈으로 자란 나무들의 울긋불긋 오색단풍과 수정 같은 물방울을 튕기며 흐르는 맑은 계곡에 탄성을 지르며 나도 물들어 간다.

계곡과 골짜기, 여러 개의 터널과 다리를 지나 넓게 펼쳐진 밭 사이를 달리며 둥근 산 아래 평화롭게 자리한 산마을이 향수를 불러일으킨다. 옛적 한겨울, 온 세상이 눈으로 뒤덮인 초가집 앞마당에는 눈 쌓인 가지가 축 늘어진 키 큰 소나무가 서 있고, 아이들의 얼은 옷이 빨랫줄에 널려 있으며, 흰고무신 검정고무신이 댓돌에 눈 맞으며 가지런히 놓여 있고, 토방 한쪽에는 순둥이 같은 바둑이가 고개를 내밀고 있으며, 방안에서는 감자를 먹으며 나누는 가족의 대화가 문풍지 사이로 소곤소곤 들려온다.

상상의 세계를 펼치는 동안 환상열차는 마지막 터널을 벗어나고 있다. 골지천을 건너는 철교를 지난다. 앞서 보았던 아우라지를 다리 위의 높은 곳에서 내려다보니 넓은 강물이 석양빛에 물들어 마치 황금물결 반짝이는 한 폭의 그림과도 같다. 40여 분 동안 구절이 아니라 구십 절은 구부러지고 깎아지른 절벽의 단풍과 어두운 터널 속 환상의 빛 가운데를 통과하며 보고 느낀 감흥이 마치 한편의 아름다운 영화를 본 것만 같다. 아우라지역에 도착하여 여울물 자갈 틈에 산란한다는 어름치 조형물, 기념품 가게와 아우라지 장터를 둘러보는 사이에 '기차펜션'과 '여치의 꿈' 카페가 있는 구절리역으로 데려다줄 풍경열차가 도착하였다.

가장 아름다운 간이역, 나전역

숙소를 향하는 길에 잠시 휴식을 취할 겸 북평 나전역 역사 카페에 들렀다. 나전역 카페는 말끔하게 잘 보존되고 단장되어 있어서 정겨운 느낌이 든다. 구내 커피숍과 매점 또한 깨끗하면서도 옛 분위기를 잘 살리고 있다.

우리나라에서 가장 아름다운 간이역답다. 칠판에 분필로 써진 메뉴판을 보고 차와 쫀득이를 주문하고, 아리랑열차 시간표와 옛 역무원의 복장 등 이것저것 둘러보았다. 또 플랫폼에서 그 자체만으로도 추억에 잠기게 하는 철길을 바라보고, 역사 앞에 마련된 포토존에서 산을 배경으로 아담한 역사를 카메라에 담고 있는 사이에 해가 뉘엿뉘엿 산 너머로 잠기고 있었다.

대합실에 조개탄 난로가 있을 겨울이었다면 뚜껑 위에 쫀득이를 구워 먹으며 더 많은 추억을 담아 갈 수 있었을 텐데 하는 아쉬움을 남기며 발길을 돌렸다.

· 나전역

검은 절벽과 물안개가 수묵화 같은 곳
- 대촌마을

· 옥순봉 절벽

민둥산으로 출발하기 전 TV 방송에서 인기리에 방송되었던 〈삼시세끼-정선편〉이 진행되었던 덕우리 대촌마을에 가보기로 하였다. 밤새 강바닥 돌 위를 흐르는 맑은 물소리에 매혹되어 이른 아침 강가로 나가 보니 강물 위로 자욱하게 피어오르는 물안개가 깎아지른 옥순봉 절벽과 오묘한 조화를 이루며 수묵화를 연상케 하였다.

강을 따라 내려가다 보니 '이나영-원빈 결혼식장' 팻말이 보였다. 그 장소로 가기 위해서는 돌다리를 건너야 한다. 돌다리 사이로 제법 센 물살이 난간에 부딪히며 내는 물소리가 참으로 정겹다. 다리를 건너 몇 걸음 옮기자 시커먼 절벽 협곡 사이로 강이 휘감아 돌며 넓은 들판 같은 밭이 펼쳐진다.

앞쪽으로는 탁 트이고, 멀리 보이는 높은 산 중턱에는 농가와 밭들이 검푸른 산과 조화를 이루며 한 폭의 그림처럼 보인다.

· 돌다리

마을길 가운데로 걷다 보니 초록 지붕, 황토색 벽에 넓은 마당이 있는 눈에 익은 집이 보였다. 마당에는 자전거가 기대어 있고 마루 아래 토방에는 신발이 놓여 있었다.

· 삼시세끼 촬영 가옥

만추의 서정, 민둥산 억새

1,119m의 민둥산 정상, 20여 만 평의 구릉지대에 나무 한 그루 보이지 않고 바람에 흔들리는 은빛물결의 억새. 태백준령이 내려다보이는 이곳에는 바람에 하늘거리는 외로운 억새소리만이 귓등을 스친다.

억새축제 기간이라 민둥산역 근처 공터에 넓은 주차장과 공연장 그리고 민속장터가 마련되어 있었다. 물론 증산초등학교 앞 주차장에도 주차할 수 있다. 차를 세우고 가벼운 마음으로 오르기 시작한다. 조금 오르니 쉬운 길, 어려운 길 표시가 나오고 눈치껏 사람들 뒤를 따라 쉬운 길 방향으로 오른다. 약 50분 남짓 올라 쉼터에서 숨을 고른다. 말이 쉬운 길이지 그리 만만치가 않다. 남은 길도 앞으로 40분은 올라야 할 텐데. 그래도 여기까지 와서 포기하기에는 자존심이 하락하지 않는다. 와! 옛 화전민들은 어떻게 이렇게 높은 곳을 개간하고 농사를 짓고 살았지? 존경스러운 생각이 저절로 든다. 화전민이 산 정상의 나무를 베어 내고 민머리처럼 만들어 밭을 일구고 농사를 짓던 곳이 지금은 구릉으로 남아 억새밭이 되었으며 민둥산의 유래도 그렇게 시작되었다고 한다.

20여 만 평이면 얼마나 많은 화전민이 살았을까? 토지가 척박해

· 민둥산 억새

서 화전민이 적었을까? 그럼, 아이들 학교는? 엉뚱한 생각을 하다가 고개를 들어 길을 올려다보니 아무래도 지나온 등산로보다는 더 가파를 것 같아 한숨이 나온다. 숨을 몰아쉬며 약 30분 가까이 오르자 억새가 보이기 시작한다. 그래도 갈 길이 멀다. 20만 평이잖아. 구릉길 한 걸음마다 억새밭이 넓어진다. 힘겹게 구릉 능선에 오르니 말문이 막힌다. 정상 방향으로는 햇빛에 반짝이는 억새물결 아래쪽으로는 넓은 억새평원. 정상으로 오르며 중간에 사진도 찍어 본다. 모든 지점이 뷰포인트이다. 정상에 오르니 표지석이 버티고 서 있다. 그곳에서 내려다본 바람에 흔들리는 은빛억새의 물결이라니. 말문이 아니라 입이 닫히지를 않는다. 빨리 사진을 찍어 지인들에게 전송한다.

· 민둥산 정상

모두 어디냐고 그들의 닫히지 않는 입도 상상이 된다. 지금도 그 사진을 꺼내 볼 때마다 그날의 감격이 느껴진다. 서늘한 바람에 땀을 식히며 그곳에 마련된 엽서편지 쓰기

함으로 가서 나에게 편지를 쓴다. 한 달 후에 도착한단다. 받아볼 때 너무 간질거리지 않게 써야지.

반대편으로 내려오기로 한다. 왜냐하면 짧은 급경사를 내려오면 8개 정도 되는 '돌리네(슬라브어로 땅속 석회암이 빗물이나 지하수에 녹아 움푹 파인 지형을 말함. 골프장 원형 벙커 모형임)'를 볼 수 있고 이름도 다정한 발구덕마을(8개의 구멍이 있는 마을)도 지나기 때문이다.

따뜻한 마른 바람과 은빛물결의 억새소리만큼 깊어 가는 만추의 서정이 민둥산 억새밭만 한 곳이 있을까 싶다.

정태영삼(정선·태백·영월·삼척)의 허브, 하이원

하이원리조트는 이름부터가 상쾌하고 그린그린(GreenGreen)하다. 아마 이곳이 우리나라에서 제일 높은 곳에 위치한 리조트일 것 같다. 하늘 아래 첫 동네 같아서 손을 뻗으면 파란 하늘이 손바닥과 마주칠 것 같은 곳이다.

또한 하이원은 경제적이다. 폐광지역인 정태영삼의 지역경제 활

· 하이원에서 바라본 백두대간

성화를 목적으로 정부와 지방자치단체 등 공공부문이 51%의 지분을 보유하고 있는 공기업이어서 국민 누구에게나 개방되어 있으며 패키지 상품을 이용하면 가성비도 아주 만족스럽다.

이곳에서 방사형 여행을 진행하겠지만 피벗(pivot)하는 론도처럼 여기가 중심축이 될 것이다. 베이스캠프이며 세컨드하우스 역할을 하는 곳으로 매 계절 여기에 와서 묵는다. 한 번은 방에 들어오면서 '이제야 집에 들어왔네' 하는 아내의 중얼거림을 들었다.

일 년 사계절이 각각의 색채와 풍경을 가지고 있을 뿐 아니라 골짜기마다 사람 살아가는 소리가 들리기도 하고, 다른 한편으로는 소잔등이 이어지는 수묵화처럼 첩첩이 아스라한 묵직한 능선들이 복잡한 세상을 벗어나 산림에 푹 안긴 것 같은, 남북조시대 동진의 도연명이 귀거래 하여 여산에 잠긴 것처럼 나도 산중의 처사 같은 느낌이 드는 곳이다.

한편 정태영삼 지역은 곳곳에 숨은 맛집들이 즐비하다. 한창 석탄산업이 활황기였을 때에는 전국 팔도에서 광부 지원자가 몰려들었다. 지원자도 각양각색으로 선량한 사람, 도망 중인 범죄자, 사회적응 실패자 등 다양하였으며, 개도 만 원권 지폐를 물고 다닐 정도로 돈이 넘쳐난 곳이었던 만큼 분냄새 나는 방석집도 넘쳐났었다고 한다. 고한의 구공탄시장에 가면 광부로서의 입문과정에서부터 성실한 채탄작업 모습과 타락해 가는 모습 등 광부의 일대기를 그린 벽화를 볼 수 있다.

쌀가마를 들어 올리며 체력 테스트 중인 지원자, 입사하여 밴또

(도시락)를 들고 갱에 들어가 열심히 탄을 캐는 햇돼지(신입광부)의 모습, 돈을 모아 니나노 집에서 젓가락 장단에 맞추어 술상을 두드리는 모습, 심해져서 도박에 손을 대는 모습 등. 당시에는 사북, 고한, 태백 등 탄광지역이 전국에서 손꼽히는 인구밀집지역이었다고 한다. 돈이 있는 곳에 사람이 모이고 그곳에 술집과 식당들이 생겨나는 것이 세상의 이치인지라 식당들이 번창하였다. 특히 탄을 캐는 광부에게는 목에 낀 탄가루를 없애는 데 고기가 최고라 여겨 고깃집들이 성업하였으며 지금도 그 흔적이 고스란히 남아 있다.

추운 겨울 일을 마치고 귀가하며 따뜻한 물닭갈비를 안주 삼아 한잔 걸치는 모범생, 월급날 비싼 소고기·돼지고기로 목구멍의 때를 벗기는 땡추 같은 기분파, 지역특산물인 막국수와 감자전으로 막걸리를 들이켜는 가장, 조용히 생각에 잠기어 곤드레밥을 먹는 서생 같은 광부 등이 먹던 맛깔스러운 음식들이 이어져 오고 있어 골라 먹는 재미가 쏠쏠하다. 콘도에서 식당까지 6km를 이동해야 하지만 이마저도 또 다른 즐거움이다.

구공탄시장에서 식사하며 식당 사장님께 관광객이 늘며 사정이 좋아졌느냐고 여쭤보니 어림도 없는 소리라고 목소리를 높이셨다. 석탄산업이 한창 번창할 때가 훨씬 좋았다고.

국내 최고[最高]의 디즈니성
팰리스호텔과 하이원리조트

　하이원 팰리스호텔은 2000년 10월 해발고도 1,137m의 탄광 갱도 만큼이나 높은 곳에 디즈니 성(독일 뮌헨의 노이슈반슈타인 성) 모습의 카지노로 개관되었다. 이곳에서는 여름에도 밤에는 공기가 차가워 겉옷이 필요하다. 현재 카지노는 하이원리조트가 있는 사북 쪽으로 옮겨가고 이곳은 숙박전용 하이원 팰리스호텔로 운영되고 있다. 고한역을 지나 입구에서부터 호텔까지 오르는 5~6km의 드라이브 코스 같은 진입로를 오르다 보면 바람이 얼마나 많은 곳인지를 느끼게 해주는 수천 개 색색의 바람개비가 돌아가는 장관을 볼 수 있으며

· 팰리스호텔

산에는 노란 괴불주머니꽃이 색을 입히고 있다. 또한 룸이나 라운지에서 창문으로 보이는 겹겹의 능선들과 한눈에 내려다보이는 골프장은 바라만 보아도 시원하다.

　사북역에서 진입로만 거의 6km에 이르는 하이원리조트

에 오르는 드라이브 코스는 여름이면 원추리꽃, 한여름에는 노루오
줌꽃을 보는 것만으로도 눈이 호사를 누릴 수 있다. 콘도는 2003년
4월부터 카지노가 이전 개관하여 운영되고 있는 그랜드호텔을 지나
해발고도 950m의 백운산 자락 중봉 위에 자리 잡고 있어 여름에도
모기 걱정이 없을 정도로 시원하다. 진입로를 오르다 보면 석탄문화
공원 공사가 진행 중이며 그곳이 탄광으로 수직갱이었음을 알려 주
는 철 구조물인 수갱타워가 거대하게 서 있다.

　저 위쪽으로는 카지노와 호텔 건물이 휘황한 불빛을 뿜어낸다. 높
고 깊은 산중에 탐욕의 끝판 같은 카지노가 묘한 대조를 이룬다. 사
계절 운영되는 엄청난 규모의 워터월드를 지나 조금 더 오르니 '운
암정'이라는 한옥카페와 '운암작가(雲巖酌家)'라는 전통주점이 있다.

멋스러운 기와지붕에 거대한
대문은 가히 대장부의 기개를
보여 주는 것 같다. 천년이 넘
었을 백운산 주목나무 뿌리를
다듬어 힘 있는 기운이 느껴지
도록 수복(壽福) 글자를 양각한
대문은 문턱을 통과하는 모든
손님에게 부귀영화를 부어 줄
것만 같다.

· 운암정 대문

　안으로 들어서면 여러 채의 한옥이 이어지고 나눠지며 걸어보기
를 유혹하는 동선을 이루며 멋스럽게 배치되어 있다. 운암정을 보면

· 샤스타데이지 천국

날림공사가 많은 요즘 새로 짓거나 복원한 한옥건물들과는 달리 제대로 지어진 한옥을 보는 즐거움에 마음이 흡족해진다. 고즈넉한 한옥의 조그만 방을 선택하여 조용히 옛 분위기를 느끼며 차를 마시기도 하고 또 앞쪽 소나무숲 속에는 야외 테이블들이 마련되어 있어 그곳에서 부드러운 바람을 맞으며 한가한 시간을 누릴 수도 있다.

고한역 방향에서 오르는 진입로는 밸리콘도와 힐콘도 입구의 투명한 가을단풍이 선명하다. 터널을 지나면 사북 방향에서 올라오는 진입로와 카지노가 운영되고 있는 그랜드호텔에서 합류하여 산을 휘감으며 마운틴콘도로 향하게 된다.

하이원리조트는 볼거리, 즐길거리가 다양하다. 6월 중하순이면 개최되는 샤스타데이지 축제에는 많은 사진작가와 이를 즐기려는 관광객이 몰려든다. 소금은 평창의 가을에만 뿌려지는 것이 아니라 6월 정선에도 뿌려진다는 것을 느낄 수 있다. 축제기간 운행하는 스키 리프트에서 내려다보는 샤스타데이지 천국은 황홀하기 그지없다.

태백준령이 훤히 내려다보이는 1,340m 고지에 자리한 하이원탑까지는 약 20분(왕복 40분)이 소요되는 2.4km 코스의 곤돌라가 운행되고 있어서 이동 중에 멋진 풍경을 감상할 수 있다. 정상에 도착하여 곤돌라에서 내리면 탑 주위의 산상정원에 핀 수많은 야생화를 관찰할 수 있으며, 우리나라에서 가장 높은 곳에 있으면서 느리게 360도를 회전하는 '탑오브더탑 전망카페'에서 조용히 앉아 사방의 풍경을 파노라마처럼 감상할 수도 있다.

업다운, 뒤틀림, 회오리코스 등으로 이루어진 2.2km의 알파인코스터는 몸이 튕겨 나갈 것 같아 즐길 생각도 못 하고 빨리 종점에 도착하기만을 기다리게 하고, 왕복 7km에 달하는 하늘길 카트투어는 중간에 정차하여 야생화도 감상하며 슬로우하고 낭만적인 시간을 즐길 수 있다.

· 전망카페에서 바라본 백두대간

천상의 화원, 하늘길

하이원의 백미는 하늘 아래 첫길, 하늘길 트레킹이다. 하늘길은 1960년대부터 경제발전의 원동력이었던 석탄을 캐내 기차역까지 운반하던 '하얀 구름이 드리워진 산'이라는 백운산 주변의 도로와 숲길들이 1980년대 후반 폐광으로 석탄산업이 쇠퇴하면서 묻혀 가던 것을 1998년 트레킹 코스로 조성하고 관리하는 정선의 대표적인 걷기길이다. 이 길은 평균 1,200m의 고지대에 위치하여 고원의 자연 생태환경을 느껴 볼 수 있으며, 능선과 트레킹 코스를 따라 350여 종의 천상에 핀 야생화 화원들을 감상하고, 잊혀가는 옛 탄광의 자취를 느끼며 걸어 볼 수 있는 역사가 깃든 길이다.

· 하늘길 지도

하늘길은 둘레길(17.1km), 고원숲길(6.2km), 무릉도원길(4.9km)로 구성되어 있다. 백운산 정상인 1,426m의 마천봉을 중심으로 한 바퀴 빙 돌아보는 트레킹 코스이다. 일반적으로 많은 등반객의 출발지인 마운틴콘도의 고도가

950m이고, 정상인 마천봉까지 편도가 6.5km 정도여서 경사는 완만한 편이다. 그리고 세 개의 코스가 서로 겹치고 교차하므로 섞어서 걸을 수도 있으며, 모든 길은 마천봉에서 1.8km 아래 위치한 하이원탑으로 연결되어 있다. 따라서 가벼운 트래킹을 원하는 경우에는, 걸어 오른 후 하이원탑에서 곤돌라를 이용하여 하산하는 방법, 반대로 곤돌라를 타고 올라가 걸어 내려오는 방법도 있다. 이런 경우 곤돌라 요금은 왕복 금액을 지불해야 하기에 약간은 억울한 생각이 들기도 한다.

나는 봄이면 셔틀버스(무료)를 타고 팰리스호텔로 이동하여 그곳에서 출발한다. 그리고 무릉도원길로 마천봉에 오르고 고원숲길을 이용하여 하이원탑을 지나 둘레길을 걸어서 마운틴콘도로 향한다. (1코스: 마운틴콘도-셔틀버스 이용-팰리스호텔-소로-무릉도원길-마천봉-고원숲길-하이원탑-둘레길-마운틴콘도) 또 사계절 어느 시기에나 최고의 트래킹 코스임을 증명하는 2코스(2코스: 마운틴콘도-고원숲길(둘레길)-도롱이 연못-둘레길(고원숲길)-마운틴콘도)도 좋다. 탄광촌의 흔적을 느끼며 봄의 운치나 가을의 공허한 낭만을 즐기고 싶을 경우에는 승용차로 워터월드 맞은편 '화절령 가는 길' 표지판을 따라 올라 보성사를 지나 산불감시초소에 주차하고 화절령에 오르며 새비재 방향으로 운탄고도길를 좀 더 걸은 후 다시 화절령으로 되돌아와 도롱이 연못을 지나 임도길을 걸어서 주차된 곳으로 내려오곤 한다. (3코스: 산불감시초소-화절령-새비재 방향-화절령 회귀-도롱이 연못-임도길-산불감시초소)

이름 없는 꽃, 야생화 – 1코스

마운틴콘도 스키하우스 앞에서 서틀버스에 승차하니 승객은 우리뿐이다. 출발한 버스는 산 중턱 옥외 주차장에서 승객을 태우고 터널을 지나 힐콘도를 한 바퀴 휙 돌더니 고한 방향으로 향한다. 고한역에서 손님 두세 분이 내렸다. 밤새 카지노에서 보낸 손님인가? 아닐 것이다. 카지노는 새벽 6시에 종료하고 오전 10시에 오픈한다고 들었으니까. 바람개비가 빙글거리며 돌고 있는 진입로 위치를 통과하여 출발 후 약 35분쯤 지나 팰리스호텔 앞에 도착하였다.

호텔 앞 화단에는 분홍색의 '범의 꼬리'가 어지러이 피어 있다. 주차장을 가로질러 하늘길 입구에서부터 소로를 걷기 시작하였다. 초입은 경사가 좀 급하지만 걱정할 필요는 없다. 곧 무릉도원길과 만나면 길도 넓어지고 경사도 완만해질 테니까. 벌써 야생화가 여기저기 고개를 내민다. 먼저 개별꽃이 인사한다. 옅은 갈색 줄기에 하얗고 여린 흰 꽃이 혼자서 또는 동무지어 나타난다. 개별꽃을 보느라 앞으로 나아갈 수가 없다.

그런데 이건 시작에 불과하였다. 조금 더 오르자 얼레지가 길 가운데에도 길가에도 헤아릴 수 없이 많다. 얼마 전 남도에서 봤던 그 얼레지다. 아마 이곳은 위도와 고도가 높아 달포 가까이 늦게 개화하는 모양이다. 오를수록 야생화 천국이다. 개별꽃, 양지꽃, 현호색, 괴불주머니, 황새냉이, 졸방제비꽃, 태백제비꽃, 꿩의 바람꽃, 홀아비바람꽃, 회리바람꽃, 처녀치마, 족두리, 피나물, 쥐오줌풀 등 한 발짝도 나아가기가 어렵다.

· 현호색

· 홀아비바람꽃

봄바람은 비단결 같다. 중간 전망대에 오르니 고산지대라 이제야 연분홍 진달래가 피어 아직은 겨울산의 삭막함에 색칠하고 있다.

1,426m의 마천봉에 올라 탁 트인 영봉들을 바라보고 있으니 반대편으로 한 무리 일행이 올라온다. 발아래 핀 현호색 군락을 보면서 오르는 길이 온 천지에 야생화라고 하였다. 고원숲길로 내려오는 길이 그랬다. 온통 야생화밭. 하이원탑을 지나 내려오는 길에도 올라올 때 보았던 꽃들에 더해 삿갓나물, 괭이눈 등이 더 눈에 띈다. 길한가운데 얼레지꽃 하나가 서 있다. 그런데 꽃대에 돌이 받혀 있다.

· 노루귀

· 얼레지꽃

어느 아름다운 이의 마음일까? 꽃처럼 아름다운 사람이겠지. 빙그레 미소 지어진다. 이보다 큰 행복이 무엇이겠는가? 아직은 황량한 봄산에 옅은 분홍빛을 색칠한 진달래를 보며 내려오는 길에 귀를 쫑긋 세운 보랏빛 노루귀를 만났다.

불면 꺼질세라 만지면 다칠세라 조심스럽게 꽃잎 위를 덮은 낙엽을 치우고 눈에 담는다. 실바람 부는 고산에서의 봄날, 이름마저도 없이 야생화라 통칭하던 금방이라도 바람에 넘어질 것 같은, 화려함과는 거리가 있으나 초라하지도 않은 우리 산하의 꽃들과 함께 걷는 길이 꽃길 아니겠는가.

풍금소리 들리는 – 2코스

미루나무 꼭대기에 조각구름 걸려 있네
솔바람이 몰고 와서 살짝 걸쳐 놓고 갔어요
뭉게구름 흰 구름은 마음씨가 좋은가 봐
솔바람이 부는 대로 어디든지 흘러간대요

박목월 시, 외국곡, 〈흰 구름〉

초등학교 시절 선생님의 풍금소리에 맞추어 부르던 박목월 시인의 〈흰 구름〉이라는 동요이다. 물론 지금은 풍금이 사라졌고 오케스트라나 피아노 등 다른 악기 반주가 일반적이겠지만 그래도 내 마음속에는 항상 풍금소리가 함께한다. 까까머리 코흘리개 어린이들이 나무로 만든 조그만 책상과 의자에 앉아 음악책을 펼쳐 놓고 음악시간마다 다른 교실에서 끙끙거리며 끌고 온 교단 옆 풍금에서 손이 하얗고 예쁜 여선생님의 반주에 맞추어 부르던 동요이다.

초입의 약간 가파른 경사에 마음의 부담이 생기지만 조금만 오르면 오선지 위의 흰 구름 같은 멜로디의 잘 닦인 트레킹 길이다. 오르내리는 숲길이 리드미컬하다. 얼마 오르지 않아 경사로의 끄트머리 언덕에 이르면 '멧돼지 퇴치종'이 나무기둥에 매달려 있다. 종은 큰 통나무의 안쪽을 파내어 만들었으며 종채도 나무를 깎아서 만들었다.

물론 이러한 종은 하늘길 입구에서 가끔 볼 수 있다. 갑자기 뭐야? 걷다가 멧돼지 만나는 거 아냐? 입구에 멧돼지 만났을 때 대응요령도 쓰여 있잖아. 그러나 낮인데 뭘. 멧돼지는 야행성 아닌가? 뭐 멧돼지야 만나지 않겠지만 그래도 한번 종을 쳐보고 싶은 장난기가 발동한다. 채를 잡고 한

• 멧돼지 퇴치종

번 쳐보니 재미있다. 그래 삼세번은 해봐야지. 통통통. 그야말로 통나무 울리는 소리다. 이 소리에 멧돼지가 도망가겠어? 조금 걷다 보니 약수터가 나오고 산 위에서 흘러내리는 물이 대롱 끝에서 졸졸거리며 크고 작은 돌탑들도 보인다.

위압적이지 않고 자연스러워 눈과 마음에 편안함을 준다. 이미 멧돼지 걱정은 잊었다. 조금 더 걸으니 둘레길과 고원숲길의 갈림길이다.

여기도 '멧돼지 퇴치종'이? 통통통. 조건반사 같다. 어느 길로 갈까? 그래 이번에는 고원숲길로 오르고 둘레길로 내려오자 높은 나무들 위쪽에 달린 마른 나뭇잎이 바람에 흔들리며 사각거리는 소리가 오감을 맑게 해준다. 조금 더 큰 사각거리는 소리에 고개를 위로 들어 보니 사시나무 잎사귀가 딸랑이 흔들리듯이 바람에 나부끼고 있다. 그리고 키가 껑정한 나무들 사이로 보이는 파란 하늘과 흰 구름은? 풍금소리가 들려온다. 오랜 세월 마음에 담아 둔 그 아련한 추억이 소환되는 순간이다. 모든 것이 정지되고 오직 파란 하늘과 흰 구름, 풍금소리만 존재하는 이 순간. 나도 모르게 온몸이 전율하며 소름이 돋고 눈물이 고인다.

전망대 데크에 올라 살찔 것 같은 시원한 바람을 맞으며 청명한

· 둘레길 가을풍경

· 둘레길 겨울풍경

하늘을 배경으로 굽이굽이 늘어선 능선들을 보니 몸과 마음이 깨끗해지고 세파에 찌든 상처들이 말끔히 치유되는 것 같다.

단군 할아버지가 나라를 열고, 해인사 팔만대장경의 주 목재이며, 거북선 돌격대의 재료로 사용되었다는 박달나무, 환인이 환웅에게 주어 외적을 물리치고 평화 때에는 산모의 기력회복에 사용하게 하였다는 생강나무 등 키 큰 나무들 사이로 구름이 흐르고 바람에 흔들리는 나뭇잎소리를 따라가니 도롱이 연못이다.

드라마 촬영 중인지 카메라와 스텝들이 접근을 막아선다. 우회하여 연못 옆 벤치에 앉아 휴식을 취하며 바라본 고요한 맑은 녹색 빛의 수면으로 주위를 둘러선 삼나무 그림자가 너무 아름답다. 호기심에 연못을 한 바퀴 돌아보기로 한다. 발걸음마다 보이는 연못에 비

· 도롱이 연못

친 다른 그림자가 가히 환상적이다. 이 연못에는 도롱뇽이 서식하였으며 광부의 아낙들은 매일 도롱뇽이 살아 있는지를 확인하고 갱 속 남편의 생사를 판단하였다고 한다. 일개 미물인 도롱뇽의 생사가 뭐 그리 중요하였을까? 조마조마하고 애타는 연약한 아낙의 심정이 오죽했으면. 조금 더 올라 하산을 위해 둘레길로 접어들었다. 중간중간 돌무지, 커다란 고사목들이 보이고 그곳에 세워진 표지판들이 남편의 안녕을 비는 신당이었음을 전해 주고 있다.

꽃 없는 꽃꺼끼재 – 3코스

이 고원에 무슨 꽃이 있을까? 물론 야생화는 지천이다. 그러나 야생화는 화려하지도 드러내지도 않고 오직 자신에게 관심을 보이는 사람에게만 보여 줄 뿐이다. 그런데 꽃꺼끼재라니. 얼마나 아름다운 꽃이었길래 사람들이 꺾었을까. 궁금하다. 처음 가보게 된 계기도 그 이름에서 비롯되었다.

늦은 오전 산불감시초소 근처에 주차하고 오른쪽 완만한 경사지로 걸어가는데 노인 몇 분이 길을 정비하고 계셨다. 이미 4월 말인데도 이곳은 겨울의 흔적이 여전하다. 연로하신 분들이라 꽃꺼끼재에 대해 잘 아시리라 생각하고 지금 무엇을 하고 계시냐고 물었더니 지난겨울 땅이 얼어 팬 길을 정비하고 있다고 하신다. 오전에는 싸라기눈이 내려 좀 늦게 나와서 지금 일을 시작하셨다고.

"꽃꺼끼재에는 꽃이 많은가요? 또 무슨 꽃들인가요?" 하고 여쭈니 모두 어리둥절해하시며 "무슨 꽃?"하고 대꾸하셨다.

·풍경

"꽃꺼끼재잖아요. 꽃이 많아 그렇게 이름 지어진 것 아닌가요?"

"꽃 없어."

"수고하세요" 인사하고 난감하지만 여기까지 왔으니 일단 올라가 보기로 하였다. 검은 길바닥은 아직도 시커메 탄을 나르던 길임을 말해 주고 있다. 오른편으로는 흘러내린 탄이 온통 산 경사면들을 덮고 있어 마치 산만큼이나 크고 높게 탄을 쌓아 놓은 낟가리 같다.

길이며 산이며 옛 탄광 분위기를 쓸쓸하게 전하고 있는 것 같다. 조금 더 오르니 중간에 폐교 기념비가 보였다.

바로 옆에는 잡초가 무성한 제법 넓은 평지가 있었다. 아마 그곳 이 학교 부지였던 모양이다. 기념비를 보니 "이곳은 '운락초등학교'가

소재하던 곳으로 1967년 3월 1일 설립되어 22회 544명의 학생이 졸업하였고 폐광으로 인한 이주현상으로 1991년 2월 28일 폐교되어 건물을 철거하였다(1994년 10월)"라고 적혀 있다. 답답한 마음에 기념비 옆에 주저앉아 멀리 보이는 말 없는 산등성이만 바라본다. 이곳의 아이들은 저 좁은 교실과 운동장에서 그리고 놀이기구도 없이 친구도 몇 명 없는 이곳에서 어떻게 보냈을까? 가슴이 저려 왔다.

아버지는 광산을 팔년이나 다녔다
그런데 아직도 세들어 산다

월급만 나오면 싸움이 벌어진다
화투를 쳐서 빚도 지고 온다
빚을 지고 온 아버지는
어머니에게 죽어라고 빈다

그래도 어머니는 용서 안한다
밤에 잘 때는
언제 싸웠냐는 듯이
오순도순 잔다

그땐
누나와 나도

꼭 껴안고 잔다

김명희(사북초등학교 5학년), 〈아버지〉

지금은 모두 잘 살아가고 있기만을 바라며. 화절령에 도착하여 두 리번두리번 꽃을 찾았다. 아직 그곳은 봄과 겨울이 섞여 있었다. 듬 성듬성 화사한 진달래꽃이 보였다.

아마 화절령은 1,000m의 상 대적으로 낮은 고지여서 다른 고개들과는 달리 봄이면 진달 래꽃이 피었나 보다. 그리고 겨 우내 움츠렸던 탄광촌 사람들 이 꽃을 따며 마음을 좀 밝게 해주었기에 꽃꺼끼재라고 하

· 화절령 진달래꽃

였나? 무지하기 짝이 없는 이러한 생각이 여지없이 무너졌다. 배고 픈 시절, 보릿고개 시기인 봄에 핀 진달래꽃은 탄광촌 사람들의 허 기를 달래 주었던 것이다. 봄이면 이곳에는 정선 사북과 영월 상동 광부와 그 가족이 어르신들 눈에는 보이지도 않을 만큼 적은 몇 잎 밖에는 피지 않은 진달래꽃을 따기 위해 모여들었을 것이다. 새비 재 방면으로 한참을 걸은 후 돌아와 다음에는 새비재와 타임캡슐공 원과 엽기소나무길을 들러 이름도 예쁜 예미역(꽃꺼끼재-예미역: 운 탄고도4길)까지 가보기로 작정하며 도롱이 연못을 지나 둘레길로 내 려왔다.

구름 위의 산책, 운탄고도

우리나라의 산업을 일으키는 데 중추 역할을 한 석탄산업. 현재
는 태백의 장성광업소 한 곳만 운영되고 있지만 한창 산업을 부흥시
키던 1960년대부터 1980년대까지 석탄산업은 우리나라 경제발전의
원동력이기도 하였다.

운탄고도(運炭高道)는 중국의 윈난성, 쓰촨성의 차와 티베트의 말
을 교역하기 위해 걷던 고도 4,000m 이상의 높고 험준한 길로 설산
과 협곡을 지나며 약 5,000km에 걸쳐 형성된, 마방들이 다녔던 '차
마고도(茶馬古道)'에 빗대어 지은 이름이다. 석탄산업이 번창하던 시
기에는 높은 고지에 위치한 수많은 갱도를 따라 이어진 아슬아슬한
도로를 따라 트럭들이 석탄을 싣고 인근 역이나 저탄소로 이동하던
도로, '광부의 길'이다.

하지만 지금은 트럭 대신 많은 사람이 걷기 위하여 찾는 힐링의
걷기길로 변신하였다. 영월관광센터 내 운탄고도 1330 안내센터에
서 단종애사를 품은 '청령포'를 바라보며 시작한 이 길은 삼척 '소망
의 탑'까지 173km, 9개의 코스로 구분되어 있다. 각 코스마다 주제
를 가지고 있으며, 가장 높은 고지에서 세상에서 가장 낮은 바다에
까지 이어 주는 '人生의 길'이다.

성찰과 여유, 이해와 치유의 1길

김삿갓 느린 걸음 굽이굽이 2길

광부의 삶을 돌아보며 걷는 3길

과거에 묻어 두었던 미래를 찾는 4길

광부와 광부 아내의 애틋한 사랑의 숨결이 있는 5길

상쾌한 풍경과 소박함이 있는 6길

영서와 영동의 고갯마루 7길

간이역을 만나러 가는 8길

오십천을 건너 바다에 이르는 9길

(운탄고도 홈페이지 참조)

산허리에 걸친 구름 위를 걸으며 굽이굽이 또 오르고 내리며, 하늘을 올려보고 산을 휘감아 도는 절벽 아래 급물살 흐르는 강을 조심스럽게 굽어보며 걷는 이 길, 구름이 양탄자처럼 펼쳐진 고원 길- 雲坦高道.

사계절이 아름다운 운탄고도. 나는 특별히 비구름 낀 여름의 운탄고도(雲坦高道)와 눈 내린 눈탄고도(雪坦高道)를 사랑한다.

운탄고도(雲坦高道)

광부와 그 아내의 사랑이 숨 쉬는 해발고도 1,100m가 넘는 5길(만항재-꽃꺼끼재)을 걷기 위하여 마운틴콘도에서 콜택시를 타고 만항재로 이동(택시요금 2만 5천~3만 원)하였다. 그곳으로 이동하며 택시 기사분과 탄광이 번창하던 시기 그리고 폐광 후 삶의 모습에 대해 여쭤보며, 고한역 앞을 지나 2001년 폐광한 삼척탄좌가 예술을 캐는 광산으로 재탄생한 삼탄아트마인, 수마노탑이 있으며 부처님 진신사리를 모신 적멸보궁 정암사, 한창때는 주민 수가 1,000명이 넘었으나 지금은 왜소한 야생화마을을 지나 만항재에 도착했다. 이 지점이 운탄고도 173km 가운데 제일 높은 곳임을 선언하는 것같이 '만항재 1,330m'라고 새긴 커다란 표지석이 둔중하게 서 있다.

· 만항재 표지석

이곳은 정선, 태백, 영월이 나뉘는 지점이기도 하여 강원도, 경상북도, 충청북도의 경계지점이 있는 소백산 비로봉이 떠올랐다. 만항재는 고려 유신들이 이성계의 녹을 먹지 않겠다고 함백산 기슭 두문동에 은거하여, 여생을 두문불출하며 개경을 향해 망향제를 올렸다는 충절의 전설이 담긴 고갯길이다. 또한 우리나라에서 차로 올라갈 수 있는 가장 높은 고갯길로 지리산 정령치(1,172m), 태백-고한의 싸릿재(1,268m), 평창-홍천의 운두령(1,089m)보다 높다. 넓은 주차장에는 휴게소 같은 쉼터가 있으며 쉼터 맞은편으로는 '하늘숲공원', 운탄고도 5길 입구에는 천상의 화원인 '산상의 화원'이 펼쳐져 있다.

비안개가 자욱한 천상의 화원을 걸어 들어가 봤다. 동자꽃, 고려

엉겅퀴, 개미취, 어수리, 흰톱풀, 미역취, 큰꿩의비름, 부처꽃, 진범, 이질풀, 용담, 투구꽃, 양지꽃, 처녀치마 등, 뿌연 안개연무 속에 수많은 야생화를 감추고 있는 비밀의 화원 같다.

꽃꺼끼재를 향하여 15.7km, 고도 1,067~1,330m, 약 5시간이 소요되는 5길을 걷기 시작하였다.

입구에서 차박을 하는 부부를 만났다. 60대 후반으로 보이는 부부로 보통 한 번 나서면 일주일 정도씩 전국 방방곡곡을 다니신다고 한다. 이번에 여기는 3일 차이고 곧 다른 곳으로 이동할 예정이라고. 길에 대해서 여쭤보니 별로 어려울 것 없다고 하셨다. 초입의 평탄한 길을 걷다 보니 갈림길이 나왔다. 오른쪽으로는 출입금지의 정암풍력단지로 가는 길이고 왼쪽은 혜선사 방향이다. 천천히 날개가 돌아가는 풍력발전기가 띄엄띄엄 서 있는 풍경은 나름대로 걷는 사람의 동반자 같은 맛이 있으나 자연에는 많은 해를 끼치는 모양이다. 발전기에서 나는 소음과 진동, 전자파로 인하여 새들도 오지 않고 야생동물은 물론 야생화도 멸종위기에 봉착하여 지금은 희귀 동물과 식물은 안전한 곳으로 옮겨져 보호되고 있다고 한다.

혜선사 방향으로 가는 길은 구불구불한 내리막길이 계속된다. 오르면 내리고 감아 돌고 뻗치는 길이지만 전체 표고차가 250m 정도여서 쉬이 걸을 수 있는 아름다운 길이다. 봄이면 고산지대의 야생화에 취해 걷고, 여름이면 비구름 위를 걷고, 가을이면 붉게 물든 단풍으로 낭만 속을 걷고, 겨울이면 뽀드득 소리와 함께 설국을 걸을 수 있는 사계의 길이다. 이번 걷기는 비구름 위를 걷기 위하여 일부러 우기를 택하였다. 발아래 골짜기로는 구름이 펼쳐져 흐르고 있었다. 멀리 구름을 뚫고 솟아오른 산봉우리에 걸려 있는 구름을 보며 구름 위를 걷는다.

산을 흘러 내려와 길 위에 내려앉은 구름 속을 걷는다. 미세한 비알갱이가 얼굴에 부딪힌다. 부드럽고 촉촉하다. 계속 구름 위를, 구름 속을 걷다 보니 거리감각도 시간감각도 사라지고 무아지경에 빠져든 것 같다. 그렇게 팰리스호텔 갈림길에 도착하기 전 뒤에서 자동차 소리가 들렸다. 초입에서 보았던 차박 하는 부부가 걱정되어 왔다고 하신다. 짧지만 갈림길까지 타고 가라고 권하셨다. 감사한 마음으로 차를 타고 갈림길에 도착하여 인사하고 헤어졌다. 저분들 내년 여름에도 오시려나? 조금 지나자 하늘이 비구름으로 덮이며 이슬비 같던 빗방울이 굵어졌다.

운탄고도와 둘레길의 갈림길에서 테일러스 지형(순우리말 : 너덜겅, 돌서렁)을 볼 겸 둘레길을 택하였다. 테일러스 지형은 화산폭발로 생긴 바위가 빙하기를 거치며 오랜 세월 얼었다 녹기를 반복할 때 균열이 생겨 떨어진 돌이 산허리에 쌓인 지형이다. 둘레길에 있는 테일러스 지형은 자연의 힘이 얼마나 거대한지를 느끼게 해준다.

겸하여 중간중간에 세워진 탄광촌 아이들의 살아 있는 시를 읽는 맛이 재미를 더해 준다. 고원숲길과 합류지점에 이르자 폭우가 쏟아질 것 같은 하늘이다. 마운틴콘도까지 4km를 걷기에는 조금 무리일 것 같다. 여기에서 하이원탑까지는 오르막 경사가 있지만 1km이다. 어떻게 할까? 하이원탑으로 가자. 그런데 곤돌라가 운행하지 않으면 낭패이다. 만일 마지막 곤돌라가 운행하면 잠시 세워 달라고 부탁할 생각으로 가쁜 숨을 몰아쉬며 전력 질주하였다. 거의 도착하자 곤돌라 레일바퀴 돌아가는 소리가 들렸다. 설마 마지막 운행은 아니겠지? 아내는

· 테일러스 지형

저 아래 열심히 올라오고 있다. 무사히 곤돌라에 탑승하고 한숨을 몰아쉬며 하얀 이를 드러내며 씨~익 웃었다.

눈탄고도(雪坦高道)

겨울이면 이곳은 썰매 트래킹의 천국이다. 풍력발전단지를 지나면 계속 구불구불 내리막길이다. 만항재가 운탄고도 제일 높은 지점 아닌가. 눈 속을 걷다 내리막이 시작되는 지점을 조금 지나니 배낭과 다른 물건이 길가에 떨어져 있다. 누가 이런 곳에서 조난했나? 그럴만한 곳은 아닌데 하며 굽은 길을 돌아내리는 눈길에는 썰매의 흔적이 많이 보였다. 저 아래에서 여자 한 분이 카메라를 설치하고 있었다. 아마 다양한 각도에서 썰매 타는 동영상을 찍기 위하여 여러 번 시도하고 있는 것 같았다. 겨울이면 투명한 햇빛이 눈 덮인 산

에 자작나무의 잿빛 그림자를 그리는 설국을 발썰매를 타며 뽀드득거리는 발자국 소리와 함께 걷는 상쾌함은 '얼음의 겨울왕국'이 아닌 '눈의 겨울왕국'을 체험하게 해준다.

· 눈탄고도 풍경

광부의 길

운탄고도 5길에는 우리나라에서 제일 높은 곳에 위치한 1177갱도가 있다. '지상의 하늘'과 '막장의 하늘' 두 개의 하늘을 이고 산다는 광부들의 땀과 눈물이 서려 있는 장소이다. 그들은 매일 파란 하늘을 바라본 후 위험을 무릅쓰고 막장으로 들어갔을 것이다. 오죽했으면 광부의 아내들 사이에 '3,000만 원짜리 검은 돼지를 키운다'는 가슴 시리고 섬뜩한 말이 오고 갔을까? 남편을 사고로 잃으면 사망 보상금이 3,000만 원이었다고 한다.

또 '광부가 병반이면 아내도 병반'이라는 말도 전해 온다. 광부들은 하루 3교대 8시간씩 근무하였다. 갑을병으로 나눴으며 그중 병반은 밤 12시부터 다음 날 아침 8시까지 막장에서 석탄을 캤다. 그런데 남편이 밤에 출근하면 드물게는 몰래 시내로 놀러 나가 춤을 추거나 샛서방을 만나는 아내도 있었다고 한다. 이런 아내들을 보며 이웃들이 '광부가 병반이면 아내도 병반'이라고 수군댔던 모양이다.

풍경소리 청아한 적멸보궁
- 정암사와 수마노탑

정암사는 사북과 고한의 함백산 자락에 위치한 아담한 절이지만 통일신라시대의 자장율사가 창건한 유서 깊은 절이다. 자장율사가 선덕여왕의 부름을 받고 당태종의 허락을 받아 귀국길에 수도처였던 청량산 북대에서 문수보살을 친견하고 받아 가져온 부처님 진신사리 100립 중 일부를 봉안한 곳이기도 하다. 지금은 오대산 상원사, 영월 사자산 법흥사, 설악산 봉정암, 양산 통도사와 함께 5대 적멸보궁으로 알려져 있다. 또한 정암사는 자장율사가 문수보살을 친견하기 위하여 만년을 보낸 곳으로 자장이 암자를 짓고 공부했다는 적조암과 유골을 안장했다는 뾰족바위가 전해 오고 있다. 자장율사가 이곳에서 입적하게 된 것은 그가 수행 중에 변신하고 나타난 문수보살을 알아보지 못하고 내쫓은 후 뒤늦게 그가 문수보살임을 알고 황급히 쫓아갔으나 이미 아득히 사라져서 만나지 못하고 쓰러진 후 입적하였기 때문이다.

정암사는 높고 험한 산자락 좁은 터에 자리 잡고 있어서 아담하다. 또한 산자락 가파른 경사면에 위치하여 모든 건물의 위치 높낮이가 다르다. 일주문도 진입로 없이 도로에 접해 있으며 조금만 안

· 적멸보궁

· 범종루

으로 들어서면 왼쪽에는 육중한 축대 위에 절묘하게 조화를 이루며 엄숙하게 앉아 있는 6칸의 선불도량과 맞은편의 적묵당이 평행으로 배치되어 있다.

그곳에서 고개를 들면 산 중턱에 서 있는 수마노탑이 보인다. 그리고 정면에는 호계(내가 임의로 붙인 이름임) 양편의 두 개의 기와 담장 너머로 새롭게 단장한 적멸보궁의 청기와 지붕이 보인다.

기와 담장 위로 보이는 적멸궁 청기와 색채의 은근하며 맑은 오묘함에 정신이 번쩍 든다. 왼쪽으로 고개를 돌리니 범종루의 처마가 보인다. 이건 또 뭐야? 세월 머금은 소담한 단청에 감탄의 한숨만 나온다.

극락교를 걸어 세심천을 건너니 적멸궁 뜰에 적멸의 세계로 향하는 석탑 모양의 무성한 주목나무가 우뚝 솟아 있다. 1,500년 전 자장 율사가 정암사(당시 이름은 석남원, 즉 신령한 바위, 수마노탑의 남쪽)를 창건하시고 평소 사용하시던 주장자(지팡이)를 꽂아 신표로 남기신 것이라고 한다.

적멸궁 안에는 불상을 모시
지 않았다. 뒷산 중턱 수마노
탑에 부처님 진신사리를 모셨
기 때문이다. 대신 적멸궁 안
에는 불상 위치에 개금기법으
로 표현한 수마노탑 그림이
있으며 옆면에는 탱화가 있
다. 그 아름다움에 다리가 굳
고 정신이 혼미해져 움직일
수가 없었다.

· 주목나무(주장자)

아쉬움을 남기고 돌아 나와
문수전 앞에 섰다. 자장율사가 그토록 애타게 기다리던 문수보살을
모신 곳이다. 문수전의 아름답기 그지없는 닫집 그리고 적색 기둥과
황색 벽의 조화가 다시 한 번 마음을 강타하였다. 화이불치 검이불

· 적멸보궁 내부의 수마노탑 그림

루(華而不侈 儉而不陋, 화려하나 사
치스럽지 않고 검소하나 남루하지
않은), 정암사의 다른 이름이다.

일심교를 건너 수마노탑 10분
이라는 표시를 따라 국보 제332
호 수마노탑으로 향한다. 오르
는 길이 만만치가 않은 갈지자

급경사이다. 헐떡거리며 오르
자 석양빛을 받아 오묘한 색을
발하는 벽돌을 쌓은 것 같은
전탑 형식의 거대한 7층 수마
노탑이 나타난다.

마노석으로 건립한 이 탑이
수마노탑이 된 것은 자장율사
가 중국에서 귀국할 때 용왕
이 바닷물 건너 울진까지 마

• 수마노탑

노석을 운반하여 다시 태백산에 보관해 두었다가 탑을 세울 수 있도
록 해주었기 때문이라고 한다. 이 탑에는 부처님의 진신사리가 모셔
져 있어 경내 적멸궁에 불상을 모시는 대신 곧바로 수마노탑이 예배
의 대상이 되었음을 1972년 탑의 해체, 복원 시에 내부에서 발견된
사리와 관련 기록으로 확인되었다. 내려오는 길에는 자장율사 순례
길 안내 표시판이 1,500년 전 자장율사가 걸으며 수행하였을 길을

• 삼소정

알려 주고 있다. 이 길은 자장
율사가 문수보살을 친견하고
깨달음을 얻기 위해 걸었던 고
된 6.6km의 수행길이다. 중간
지점에는 자장율사가 공부하
며 만년을 보낸 적조암이 고즈
넉하게 자리하여 자장율사의

가르침을 전하고 있다. 내려오는 길목에 호계를 건너는 임시다리를 건너니 삼소정(三笑亭)이 모습을 갖추고 있다.

다리 건너 삼소정이라. 동진의 고승 혜원이 여산의 동림사에 주석하며 시내를 건너지 않겠다는 계율을 스스로 정하고 30년간 지키고 있었으나, 어느 날 유학자 도연명과 도사 육수정이 찾아와 정담을 나눈 후 배웅하다가 자신도 모르게 호계를 넘자 뒷산 호랑이가 크게 포효하는 것을 듣고서야 세 사람은 그 사실을 깨닫고 한바탕 웃음을 터뜨렸다는 호계삼소(虎溪三笑)가 떠올랐다. 자장율사의 웃음소리가 들려오는 것 같은 상념에 빠지게 한다. 언덕 위에 자리한 앙증맞은 자장각과 삼성각에 이르렀다.

감로수같이 시원한 샛바람이 땀을 식혀 주는 듯하여 돌계단에 앉으니 고원의 깊은 골에서 불어오는 산바람에 청량하고 낭랑한 산사의 풍경소리가 마음을 씻어 준다.

· 자장각 풍경

상고대가 아름다운 함백산

함백산은 1,573m로 우리나라에서 여섯 번째로 높은 산이다. 특히 태백산과 더불어 겨울이면 멋진 설국을 이루며 상고대로 유명하여 많은 등산객이 찾는 명산이다. 정암사와 야생화 마을을 지나 만항재 도착 직전 갈림길에서 태백선수촌 방향으로 진행하여 KBS중계소 입구를 들머리로 이용할 수 있다. 출발지부터 함백산 정상까지는 약 1km 코스로 편도 20~30분 정도로 짧은 코스이지만 한겨울 눈이 많이 쌓였을 때는 철저한 겨울 등산용품으로 무장해야 한다. 짧은 거리이지만 경사가 만만치 않다. 눈을 밟으며 오르는 좁은 등산로 양편으로는 키 작은 오래된 수령의 나무들이 즐비하다. 열악한 환경에서 오랜 세월 견디어 내며 마디마디 굽은 모습이 마치 고흐의 '아몬드 나무'를 보는 것 같다.

거센 바람과 눈보라 속에서 생명을 유지하기 위해서는 줄기보다 땅에 더 깊이 뿌리를 내리고 견디기 위해서일 것이다. 삐뚤빼뚤 가지마다 투명한 얼음이 햇빛에 반사되어 오색 무지갯빛을 발산하며 황홀경을 연출한다. '살아 천년 죽어 천년'의 주목이 꼿꼿한 모습으로 눈보라에 맞서며 흔들림 없는 기상을 뿜어내며 서 있는가 하면 다른 곳곳에는 고사목이 세월의 흔적을 보여 주고 있다. 정상 부근

· 정상에서 바라본 백두대간

· 함백산 정상석

에 오르면 곧게 뻗은 등산로 양편으로 늘어선 철쭉 군락들도 뿌리마저 뽑힐 듯한 눈보라를 견디며 가지마다 맺힌 눈꽃으로 등산객을 맞이한다.

정상에 오르자 설국을 이룬 백두대간이 파노라마처럼 펼쳐진다. 백운산, 태백산, 매봉산, 중함백산으로 이어지는 긴 능선이 시원스럽게 한눈에 들어온다. 능선 멀리 보이는 곳에서는 능선을 따라 풍력발전기가 바람에도 아랑곳하지 않고 천천히 돌아가고 있다. 차가운 칼바람이 얼굴에 부딪히고, 반듯이 서 있기조차 어렵다. 오직 모든 것을 날려 버릴 것 같은 날카로운 바람소리만 들린다. 겨우 함백산 정상석에서 사진을 찍고 있는데 반대쪽 두문동재 방향에서 올라온 등산객 한 명이 도착하여 사진을 찍으려 하였다. 대신 찍어 드리겠다고 휴대폰을 받아 자세를 취하려는데 하마터면 바람에 휴대폰이 날아갈 뻔한 아찔한 순간을 겪었다. 후유! 안도의 한숨을 쉬고 바로 아래 바위틈으로 몸을 피하였다.

백민(白民)의 터전, 태백

태백은 태백산에서 따온 이름으로 그 뜻은 크게 밝다는 의미가 있다. 태백산은 '크게 밝은 뫼'이며 '한밝달'로 부르는 단군신화와 연관이 있다고 한다. 태초에 하늘나라 하느님이신 환인의 아들 환웅이 태백산(현 백두산) 아래에 민족의 터전을 잡고 신시를 열었다. 그로 인하여 우리 민족은 환웅이 내려온 산을 하늘로 통하는 길 즉 사다리 같은 곳으로 보았으며, 그 성스러운 신산(神山)을 태백산이라 이름 짓고 그곳에 올라 하늘에 제사 지내는 풍습이 생겼다. 그 후 우리 민족이 분열하여 남쪽으로 내려오며 삼한(마한, 진한, 변한)을 건국하고 태백산(백두산)과 비슷한 산의 꼭대기에 천제단을 짓고 하늘에 제사 지내니 현재의 태백산이 그곳이다. 하늘을 상징하는 것이 태(太)양이며 태양은 밝은 빛을 의미하니 천신자손인 우리 민족을 밝은 민족[白民]이라 하였고, 하늘에 제사 지내는 산을 밝은 산, 즉 백산(白山)이라 하였으니 태백산(太白山)은 산 가운데 가장 밝은 산이요 우리 민족은 민족 중에 가장 빛나는 민족인 것이다.

태백시는 석탄산업이 번창하던 시기에 인구의 증가로 태백산 아래 형성된 장성읍과 황지읍이 1981년 통합하여 형성된 도시이다.

장성이란 지명은 태백산 천제단에 오르는 길목 곳곳에 장승(장생)이 많아서 붙여진 이름이며 황지는 장성의 중심에 자리 잡은 촌락이었으나 낙동강의 발원지로 더욱 알려지며 장성이란 지명을 쓰지 않았다고 한다. (태백시 홈페이지 참조)

이곳 태백시 삼수동의 삼수령은 서해로 흐르는 한강과 남해로 흐르는 낙동강 또 동해로 흐르는 오십천의 발원지로서 우리나라의 핏줄과 같은 세 물길의 분수령이다. 아마 이렇게 인간에게 생명을 부어 주는 물이 솟아나는 곳이니 예부터 이곳을 백민이 사는 터로 삼았던가 보다.

천제단과 주목 - 태백산

　유일사 주차장을 들머리로 하여 유일사 입구-장군봉(1,567m)-천제단(1,561m)-단종비각-용정-당골(석탄박물관)을 날머리로 하는 코스를 택하였다. 이 코스를 걷다 보면 야생화, 주목 군락지를 통과하기 때문이다. 기본체조와 스트레칭으로 사전 준비운동을 마치고 천제단을 향하여 걷기 시작하였다. 초입부터 보라색 꿀풀이 길을 따라 꽃밭을 이루고 있다. 입에서 단내가 나고 침이 고인다. '꿀꽈배기'가 떠올랐기 때문이다. 조금 더 오르니 태백사가 나타나고 갈림길이다. 사길령 쪽 등산로를 보니 좁은 급경사 길이다. 조금 더 걷더라도 넓고 잘 정비된 쉬운 길을 택하였다. 몇 걸음 올라가니 솜털 같은 야생화가 수줍게 고개를 내밀고 있다. 누군가 봐주기를 기다리듯이. 노루처럼 귀여운 노루삼이다. 깊고 높은 곳, 노루가 사는 곳에서만 자라는 꽃인가 보다. 높고 울창한 삼나무 숲 사이로 난 등산로를 걷다 보니 한 부부가 박새 꽃을 자세히 관찰하며 사진에 담고 있었다. 인사를 건네니 맞은편 길가의 감자란을 가리키신다.

　자세히 보니 풀숲에 두 포기 감자란이 보일 듯 말 듯 피어 있었다. 감사인사와 함께 헤어지고 난 후 아내가 말을 건넨다. '저분들은 박사시고 당신은 초딩'이라고. 그분들은 이미 다른 코스를 이용하여 오르고 벌써 하산 중 아니신가. 박새 꽃을 따라 걷다 보니 유일사 입구가 보였다. 그런데 육중한 철제 기둥이 보이고 레일에는 커다란 짐받이 캐리어가 매달려 있었다. 위로 올라가 보니 급경사 저 아래에 유일사가 보였다.

워낙 급경사여서 사람을 대신하여 유일사에 물건을 배달하는 케이블카형 캐리어였다. 마치 설악산 오세암을 보는 듯하였다. 유일사는 터만 남은 자리에 1959년 한 불자(李小仙)가 백일기도 중 꿈에 원효대사와 의상대사가 바위 밑에서 수도하는 모습을 보고 다시 불사를 일으킨 사찰이라고 한다. 여기부터 천제단까지 1.7km의 또 다른 등반이 시작된다. 어려운 코스라기보다는 아름다운 길이다. 자연스러운 돌계단에 중간중간 나무토막을 심어 놓은 길은 좌우로 곡선을 이루며 사라졌다 나타나기를 반복하였다.

· 태백산 등산길

조금 오르니 초어름인데도 꽃향기가 진동하였다. 보라색 라일락 향기가 길을 따라 퍼져 있었다. 붉은병꽃의 꽃길에는 산목련이라는 하얀 함박꽃이 수줍은 듯 환하게 인사하였다.

돌계단과 나무토막을 밟으며 그늘 터널을 걷는 길에 주

· 산길에서 만나는 함박꽃

목의 모습이 나타나기 시작하였다. 기기묘묘한 자태로 서 있는 주목이 시선을 사로잡았다. 백두대간의 눈과 바람을 견디며 두 팔을 활짝 펴고 서 있는 자태가 신비하고 신령스러워 보였다. '살아 천년 죽어 천년'이라는 주목. 바람에 실려 오는 세상의 모든 소식을 품에 안고 묵묵히 서 있는 모습 앞에 구부러지고 타협하며 살아온 나 자신이 한없이 작아지는 것 같다. 우리나라에서 가장 큰 주목 군락지인 태백산에는 2,800여 그루의 주목이 서식하고 보호받으며 사시사철 등산객의 마음에 울림을 주고 있다.

태백산에서 가장 높은 장군봉에 이르자 사방 시야가 시원스럽게 탁 트였다. 장군봉에는 어느 장군을 기리는 것인지 알 수 없는 자연석으로 쌓은 네모난 제단이 있고, 그 안에는 자연석 비석이 세워져 있다. 멀리 태백산 정상이 보이고 그곳에서 세상을 굽어보는 것 같은 원형의 천왕단이 보인다. 산세와 천왕단이 마치 주발을 뒤집어 놓은 모습 같다.

소잔등 같은 능선을 걸어 개천절에는 하늘에 나라의 태평

· 태백산 주목

과 번영을 기원하는 제사를 지내기도 하고 강원도민 체전이 개최될 때는 성화를 채화하는 천왕단으로 향하였다. 그곳에 도착하니 제일 먼저 '太白山'이라고 힘 있는 글씨로 새긴 비석이 어떠한 요동에도 흔들림 없을 것처럼 위풍당당하게 서서 이 나라를 지키고 있는 것 같다.

천왕단 중앙에는 천제단이 위치하고 있다. 안에는 넓은 돌로 쌓은 제단과 '한배검'이라고 새긴 비석이 세워져 있다. 크고 밝은 배달민족의 시조 환인-환웅-단군을 상징하는 것인가 하는 생각이 든다. 천제단에서는 온 세상이 한눈에 들어오는 듯하다. 태백산 천제단은 정상의 천왕단을 중심으로 일직선으로 북쪽에는 장군단, 남쪽에는 하단이 자리하고 있다.

· 천제단

하산 중에 단종비각에 들렀다. 조선 초 단종이 유배되자 전 한성부윤 추익한은 태백산의 머루와 다래를 따서 진상하곤 하였다. 어느 날 머루와 다래를 진상하기 위하여 영월로 가는 꿈을 꾸었는데, 곤룡포를 입고 백마를 타고 태백산으로 오는 단종을 만나는 꿈이었다. 이를 이상히 여겨 급히 영월에 당도하니 단종이 그날로 세상을 떠난 것이었다. 이후 단종이 태백산 산신령이 되었다고 전해 오며 매년 음력 9월 3일 제사를 지내고 있다고 한다. 비각 안에는 오대산 월정사 탄허 스

· 단종비각

님이 친필로 쓴 '조선국태백산 단종대왕지비'라는 비문이 새겨진 비석이 세워져 있다.

천제단 아래 외롭게 서 있는 단종비각으로 슬픔을 머금은 태백산 바람이 어린 왕이 겪어야만 했던 비애와 무상함을 전해 주는 듯하다.

조금 더 내려오니 망경사 입구에 우리나라에서는 가장 높은 곳(해발 1,470m)에 위치한 '용정'이라는 샘물이 있다. 천제단의 제수로 쓰이는 이 물은 가뭄이나 홍수 등 어떤 기상이나 계절 변화에도 수량이 일정하게 솟아나는 신비한 샘물이라고 한다. 우리나라 명수 중 으뜸에 속한다는 용정 샘물을 한 모금 마셔 보니 달달하다.

당골에 도착하였다. '당골'은 태백산의 신령한 기운을 받은 수많은 신당들이 들어서서 무속의 근거지가 되었기 때문에 붙여진 이름이다. 태백산 등반을 마치고 당골에 위치한 석탄박물관에 들렀다. 8개의 전시실과 야외전시장은 석탄의 생성과 발견, 채굴방법의 발전, 탄광의 사고와 안전, 광산정책에 따른 탄광의 흥망성쇠, 광부와 그 가족들의 생활을 보여 주는 탄광촌의 생활과 문화, 태백의 민속문화

그리고 지하갱도 체험을 제공하여 석탄산업과 탄광의 생활, 문화에 대한 조금 더 깊은 이해를 높이는 의미 있는 기회를 제공하였다. 또한 근처의 함태탄광을 이용한 태백체험공원

· 탄광사택촌

· 광부 사진

에서는 갈래갈래 나뉘는 갱도와 지하 수백 미터를 오르내리는 수갱타워 등을 체험할 수 있으며, 시기별 사택이 그대로 재현된 탄광사택촌에서는 당시 광부들의 생활상을 느껴 볼 수 있다.

한강과 낙동강의 발원지 - 검룡소와 황지

검룡소

전설에 따르면 서해에 살던 이무기가 용이 되어 승천하고자 한강을 거슬러 올라와 가장 먼 곳의 상류 연못을 찾아 헤매다 이곳임을 알고 들어가기 위해 몸부림친 곳이라고 한다. 우리나라 수도권의 젖줄인 514km에 이르는 한강의 발원지로 대덕산 금대봉 기슭에서 솟아나는 물이 지하로 스며들어 검룡소에서 다시 솟아난다.

· 검룡소

둘레 20여 m에 깊이를 알 수 없는 검룡소에는 사계절 내내 9도 정도의 물이 하루 2,000~3,000톤가량 물살도 없이 용출하고 있다. 용출된 물은 깊게 팬 바위를 타고 아래 소로 흘러내린다. 바위에 팬 골이 깊고 커서 1억 5,000만 년 무한의 세월을 느끼게 할 뿐만 아니라 푸른 이끼로 덮여 있어 신비로움을 더해 준다.

또한 용이 오르며 몸부린친 흔적 같은 깊게 팬 구불거리는 바위골을 타고 흘러내리는 맑은 물은 아래쪽 소의 희뿌옇게 덮인 물안개와 조화를 이루며 비경을 보여 준다.

· 신비스럽게 이끼 낀 바위골

우리가 먹고 마시는 수도권의 젖줄인 한강이 여기에서 발원하여 송천, 오대천, 서강, 금강산에서 발원한 북한강을 품어 안으며 곳곳 민초들의 애환과 구석구석 산천의 비경을 싣고 생명수를 제공하며 임진강과 합류하여 서해로 흘러든다.

황지

대개 유적지나 명소들이 도시와는 떨어진 곳에 자리한 것과는 달리 황지연못은 태백시 중심부에 위치해서 연못이 있는 황지공원에 가면 많은 시민이 나와서 휴식을 취하는 모습을 볼 수 있다. 이곳에는 커다란 비석 아래 깊이를 알 수 없는 상지, 중지, 하지로 이루어진 둘레 100m의 연못 세 개가 있으며, 매봉산 천의봉 너덜샘에서 발원한 물이 이곳 황지에서 솟아오른다. 매일 5천 톤씩 솟아오른 물은 시내를 관통하고 먼 옛날 고생대의 흔적을 지닌 구문소를 지나 경상남북도를 거쳐 을숙도에서 남해로 유입된다. 이곳이 익숙한 황부잣집 전설의 현장이다.

· 황지

어느 날 황부자가 마구간을 치우고 있었는데 태백산 스님이 시주를 청하였다. 심술궂은 황부자는 시주는 하지 않고 쇠똥을 던져 주었다. 이를 본 마음씨 착한 며느리가 황부자 몰래 쌀 한 바가지를 시주하며 용서를 빌었다. 그러자 스님은 며느리에게 따라오라고 얘기하며 절대 뒤를 돌아보지 말라고 당부하면서 이 집은 곧 망할 것이라고 하였다. 얼마를 걸은 후 구사리 산꼭대기에 이르자 벼락치는 소리가 천지를 진동하였다. 놀란 며느리가 뒤돌아보자 황부잣집은 사라지고 그곳이 연못으로 변해 있었다. 하지만 뒤를 돌아본 며느리는 아기를 업은 채 그 자리에서 돌이 되고 말았다. 그런데 어디에선가 들어 본 전설 같다. 아하! 고성 화진포에서. 근처에는 '황부자 며느리 친정 가는 길'이라는 둘레길이 잘 조성되어 있어서 옛 정취를 느끼며 걷기에 제맛이다.

바람의 언덕, 구와우 그리고 추전역

매봉산은 백두대간의 낙동정맥이 분기하는 곳으로 천의봉이라고
도 불린다. 산 중턱에서부터 저 위 정상까지 40만 평(그곳 주민은 60
만 평이라고 한다)에 펼쳐진 고랭지 배추밭과 능선을 따라 끝없이 세
워진 풍력발전기가 장관이다. 차로 오르면 배추밭 사이로 구불구불
닦여 있는 시멘트 포장도로를 따라 정상까지 오를 수 있다.

이 길은 수확기에 배추를 실어 나르기 위한 농로인 셈이다. 입구

· 고랭지 배추밭

에서 올려다보면 저 멀리 오르는 택시가 개미가 기어가는 것처럼 보인다. 오르는 중간에 차를 세우고 두 팔을 벌리면 나도 한 포기 배추와 흡사해진다. 온 세상이 초록 들판에 파란 하늘, 그 사이를 하얀 기둥의 풍력발전기가 받치고 있다. 정상에 오르면 함백산에서 보았던 겨울풍경을 여름의 매봉산 정상에서 보는 데자뷰 같다. 여기 또한 얼마나 바람이 많던지. 한여름에도 옷깃이 문풍지처럼 펄럭이고 모자가 날아갈 것 같다. 맑았던 하늘이 잠시 사이에 먹구름으로 바뀌기도 하였다.

· 바람의 언덕

우연히 이곳 주민과 얘기를 나눌 기회가 있었다. 편안히 길에 걸터앉아 이분들의 고충을 들을 수 있었다. 이곳은 다른 고랭지 배추 재배지역보다 수확시기가 조금 늦다고 한다. 6월에 파종하여 7월 말부터 8월 중순까지가 수확기라고. 그런데 이미 고랭지 배추시장은 평창이나 다른 지역에서 먼저 수매하였기 때문에 이 지역 수확기에는 가격이 하락해 버린다고. 가뭄이 들면 그 넓은 지역에 물차를 이용하여 물을 주어야 한다고. 자세히 보니 고랑으로 배수용 호스들이 보였다. 또 똑딱병(뿌리마름병으로 배추뿌리가 병들어 살짝만 건드려도 똑딱 하고 넘어지는 병)이라도 들면 완전히 한 해 농사를 망친다고 한다. 말씀 중에 담배 한 모금을 깊게 빨아들이신다.

이곳은 평소에는 승용차로 접근이 가능하나 배추 수확기에는 진입이 안 되고 지역에서 배차한 차량을 입구에서 이용해야 하는 곳이다. 바람 맞지 않도록 미리 확인이 필요하다.

바람의 언덕을 나와 근처 해바라기 축제가 진행 중인 구와우마을로 향하였다. 산 아래 넓은 경사지가 온통 해바라기 천국이다.

전국 최대의 해바라기 꽃밭이라고 한다. 노란 해바라기 꽃밭 사이로 관광객의 모자나 머리만 보인다. 주차장에서 보았던 그 많던 차량의 손님

· 구와우 해바라기 꽃밭

들은 모두 어디에 잠겼단 말인가. 여기저기 뷰포인트마다 사진을 찍느라 대기하고 있다. 사진 찍기를 포기하고 걷다 보니 밭두렁에 흔들거리는 자줏빛 꽃이 보인다. 자주꽃방망이꽃이다. 아무리 맞아도 좋을 것 같은 예쁜 꽃이다. 해바라기 축제는 7월 하순에서 8월 중순까지 함백산 야생화 축제와 겹쳐서 열린다.

1973년 10월, 당시로서는 우리나라에서 가장 긴 터널인 고한선 정

암터널이 개통되었다. 태백산맥을 가로지르며 고한과 황지를 잇는 4,505m의 이 터널은 동쪽과 서쪽의 입구에서 각각 하루 평균 6m씩 파내며 3년 2개월 만에 완공한 터널로 양쪽이 만났을 때 터널 오차는 불과 9cm였다고 한다. 이 터널의 개통으로 두문동재를 넘어 반나절이 걸리던 고한-황지간 거리를 단 5분으로 단축하고, 영동과 영서를 이어 줌으로써 석탄 수송능력을 향상시켜 수송비를 절감할 수 있었으며 동쪽지역 주민의 소득을 올리고, 빙빙 돌아 도시로 나가던 생활권을 단축했다. 고한에서 정암터널을 지나면 우리나라에서 제일 높은 해발 855m의 고지에 위치한 추전역이 있다. 지금은 폐쇄된 역이다. 고지대라 오르는 길이 구불구불하다. 길은 잘 닦여 있지만 길을 따라 이어지는 축대에는 푸른 이끼가 뒤덮여 있어 그곳이 폐쇄된 역임을 나타내고 있다.

역에 오르면 표지석과 함께 철조망으로 막아 둔 낡은 역사가 쓸쓸하게 서 있으며 앞마당에는 둥치가 큰 벚나무가 화려하게 꽃을 피우며 옛 영화를 말해 주고 있는 것 같다.

천지가 시커먼 철암

희미한 추억이 아스라이 머릿속을 맴돌며 언젠가는 꼭 다시 가봐야 할 것 같은, 미뤄둔 숙제 같은 생각이 마음에 옹이처럼 박혀 있는 곳이 철암과 승부역이다. 아마 1980년대 초반으로 기억된다. 럭비공처럼 어디로 튈지 모르는 예측불가의 친구가 있었다. 갑자기 승부에 간다며 여름방학에 그곳으로 놀러 다녀가라고 하였다. 산간오지에 계곡이 깊고 깨끗하여 여름에는 아주 끝내준다고 하면서 청량리에서 중앙선 기차를 타고 제천에서 태백선으로 갈아타고 또 철암역에서 영동선으로 환승하여 두 정거장 오면 승부역이라고 하였다. 승부역에 도착하면 자기를 찾을 수 있다면서. 그러고는 떠나 버렸다. 지리 시간에 중앙선, 태백선, 영동선은 배워서 알겠는데 승부라니. 철암은 들었어도 강원도에 승부라니(실제는 경상북도 봉화). 어렸을 적 같은 면에 있던 이웃마을 승부도 아니고.

호기심에 가보기로 하였다. 지리 시간에 배운 내용도 확인할 겸 (그 당시에는 우리나라에서 가장 긴 터널이 고한-황지 터널, 즉 정암터널이라고 지리 시간에 배웠다. 그것도 4km나 되는 길이의 터널을 양쪽에서 뚫기 시작하여 중간에서 만난 기적 같은 터널이라고). 전화도 불가능하였기에 미리 연락도 없이 여름방학이 시작되자마자 무작정 친구 두어 명과 함께 청량리에서 기차에 올랐다. 처음 타보는 태백선 차창으로 스치는 기암절벽과 높은 산들은 은하철도 999를 탄 기분이었다. 깎아지른 절벽과 터널을 지나고 산 아래로는 광산촌 같은 시커먼 마을이 보였다. 책에서만 보던 광산촌을 직접 보니 신기한 느낌이었다. 마침내 고한-황지 터널을 통과하기 위하여 기차가 터널로 진입하였다. 와! 듣기만 했던 그 터널이구나 감탄하며 컴컴한 터널을 통과하자 뭔가 승리한 것 같은 쾌감이 벅차올랐다. 그리고 얼마 지나지 않아 기차가 철암역에 진입하고 있었다.

전기에 감전된 듯 온몸에 전율이 일었다. 천천히 플랫폼으로 들어서는 기차에서 보이는 것은 오직 시커먼 색뿐이었다. 이곳이 지금은 국가등록문화재 제21호로 지정된 철암역두 선탄시설이었다.

• 철암역두 선탄시설

철암역은 인근 1,000m 깊이의 수(직)갱와 수 km의 수평갱에서 캐낸 석탄이 이곳에 집하되어 품질에 따라 분류되고 다시 석탄수송열차에 실려 배송되는 중심역이었다. 플랫폼에서 몇 걸음 떨어진 곳 시커먼

땅에는 여러 개의 야적된 석탄이 피라미드같이 높게 쌓여 있고, 뒤로 보이는 산등성이는 온통 석탄을 뒤집어쓰고 있어서 쌓아 둔 석탄과 구분할 수가 없었으며, 두 눈만 멀뚱거리며 움직이는 광부들이 동물과 구분되는 것은 오직 두 발로 걷는 모습뿐이었다. 탈탈거리

· 철암 탄광역사촌 거리

· 까치발 건물

머 돌아가는 기계는 대기에 석탄먼지를 흩뿌렸고, 하늘은 온통 탄가루로 뒤덮여 있었다. 기차에서 내려 잠시 환승열차를 기다리는 동안 철암역 도로 맞은편으로 가보았다. 도로를 건너 시커멓게 탄가루를 뒤집어쓴 기다란 건물에는 지하에서부터 3층까지 여관이며 선술집, 식당, 다방, 중국집, 슈퍼 등이 즐비하게 들어서 있었다.

건물 뒤쪽으로 가보니 이게 도대체 무엇이란 말인가? 건물 뒤쪽은 새까맣게 철암천이 흐르고 있었으며, 앞쪽에서 보았던 그 기다란 건물은 철암천 바닥에 얇은 지지대를 세우고 아슬아슬하게 지은 건물이었다. 부족한 공간을 확보하기 위하여 궁여지책으로 수상가옥 같은 건물을 지은 것이다. 이름하여 '까치발 건물'. 지금은 철암의 상징 같은 건축물이다.

하늘도 땅도 물도 산도 그리고 사람도 시커멓게 기억되는 곳, 철암역. 마을 북쪽 쇠성분 많은 쇠바위에서 유래하였다는 철암. 지금도 석탄 하면 철암, 철암 하면 석탄이 연상된다.

♫ 광부 아리랑

태백산 기차 소리는 매봉산을 울리고 깊은 막장 발파소리는 내마음을 울리네

가기싫은 병방 생활 어느 누가 알겠나 샛별같은 자식 생각에 또 한짐을 지네

오늘 떠날지 내일 떠날지 뜨내기 인생목구멍에 검은 가래만 남아 있네

아리랑 아리랑 아라리가 났네 아리랑 고개고개로 날 넘겨주게

탄광촌 고개는 자물통 고개 곧 간다 삼년 오년 삼십년이 지났네

기차 전차 떠날적에 고향 그리워 울고깊은 막장 삽질하니 땀방울이 피 방울

태백같이 살기 좋은 곳 구경한번 오세요 태백산 골짜기에 철쭉꽃이 피 었네

아리랑 아리랑 아라리가 났네 아리랑 고개고개로 날 넘겨주게

♫ 태백 아리랑

불원천리 장성땅에 돈벌러 왔다가_꽃같은 요내 청춘 탄광에서 늙네

작년간다 올해간다 석삼년이 지나고_내년간다 후년간다 열두해가 지 났네

남양군도 검둥이나 얼굴이나 검다지_황지장성 사는 사람 얼굴 옷이다 검네

통리고개 송애재는 자물쇠고 개인가_돈벌러 들어왔다가 오도 가도 못 하네

문어낙지 오징어는 먹물이나 뿜지_이내몸 목구멍에는 검은가래가 끓네

하늘도 세평, 땅도 세평 - 승부역

철암역에서 영암선을 타고 승부역에 내렸다. 조그만 간이역 같은 곳이었다.

그곳은 길이 없어 기차가 아니면 갈 수가 없는 산간오지, 길의 끝이었다. 승부라는 지명도 전쟁이나 난리가 일어나도 최종적으로 이곳에서 승부를 봐서 이겨야 한다고 해서 붙여진 이름이라고 한다. 오죽했으면 역무원이 '하늘도 세평, 땅도 세평'이라고 적었겠는가.

그러니 친구를 찾는 것은 식은 죽 먹기였다. 철암역에서 승부역에 가는 철로는 구불구불하고 험준한 산 사이를 황지에서 시작한 낙동강 상류가 흐르는 곳이어서 터널과 철교의 연속이다. 승부역에 붙어 있는

· 세평 쉼터

서너 가구의 오지마을 사람들은 아침 일찍 기차가 지나면 그 뒤를 따라 철교를 건너고 또 기다려 기차 뒤를 따라 터널을 건너는 것을 반복하며 채취한 산중의 나물을 철암시장에 내다 팔았다. 우리 일행도 기차 뒤를 따라 철교와 터널을 지나 깊은 산속 계곡에 있는 깊고

· 철교

큰 맑은 웅덩이로 피서를 갔다. 돌아올 때도 기차 뒤를 따라 하나씩 하나씩 번갈아 교량과 철교를 통과해야 했으나 피곤하고 급한 마음에 한꺼번에 두 개를 통과하려고 서둘렀다. 터널을 지나 철교의 침목을 밟으며 걷고 있는데 갑자기 바퀴소리와 함께 기관차가 산을 돌아 모습을 드러내며 철교로 진입하였다.

두 명은 앞으로 달려 철교 중간에 있는 대피소로 피하고 나머지는 뒤로 되돌아 뛰어가는데 기차와의 거리가 자꾸 줄어들었다. 철교 거의 끝에서 일행은 강 둔덕으로 뛰어내리고 기차는 철교에 걸쳐 멈추었다. 중간 대피소 앞으로 기차 문이 열리더니 얼굴이 하얗게 질린 승무원이 나타났다. 아마 평생 먹을 별의별 욕은 그때 다 먹은 것 같다.

변화하는 철암과 승부

현재 철암역은 새 건물을 신축하여 아래쪽으로 이전하였다. 그리고 역 맞은편에 있던 까치발 건물은 '철암 탄광역사촌' 건물로 변모하여 옛 모습을 재현해 주고 있다.

대개 역사관 하면 뭔가 부족하고 아쉬움을 느끼는 경우가 많은데 이곳은 당시의 모습을 충실하게 재현하여 과거의 모습을 생생하게 느껴 볼 수 있다. 우리나라의 석탄산업이 가장 번창했던 시기는 국민경제 발전을 위하여 1962년부터 1986년까지 5차에 걸쳐 추진되던 경제개발 5개년계획 기간이었다. 이 당시 철암 지역에만 5만 명이 거주하였다고 하니 현재 태백시 전체 인구 약 4만 명과 비교해 보면 얼마나 번창한 지역이었는지 미루어 짐작해 볼 수 있다.

역사촌 한쪽 끝은 '한강의 기적'을 이룬 경제개발 5개년계획 기간 독일에 파견되어 '한강의 기적'의 주춧돌이 되었던 파독광부 기념관이 자리 잡고 있다. 이 기념관에는 1963년 파독 합의과정, 광부의 모집, 교육과정, 앵커리지를 경유하는 19시간에 걸친 비행 후 독일 도착, 독일에서의 생활상 등을 자세히 소개하고 있다. 당시 파독 광부는 신문, 방송을 통하여 공개 모집하였다. 1963년 최초의 500명 모집에는 4만 6,000명이 지원하여 100 : 1에 달하는 경쟁률을 보였으며 이중 상당수가 대졸 이상의 학력이었다. 음대·미대를 졸업한 예술가 지망생, 태권도 전국대회 은메달리스트, 경찰 출신, 사이클 선수, 월남전 참전용사, 서울법대생, 장관보좌관, 교사 등도 지원할 정도로 인기였다고 한다. 당시 선발 면접시험에는 60kg 모래주머니 들어올리기, 애국가 부르며 애국심 증명하기, 신체검사, 신원조회 등의 엄격한 과정을 거쳤다고 한다. 1963년에 시작하여 1977년까지 75회에 걸쳐 파견된 파독 광부 총인원은 7,936명에 이르렀다.

철암천을 건너 갱도 모형의 조형물을 지나 광부들이 모여 살았던 사택마을인 '삼방마을'로 가는 '천국의 계단'에서 '철암역두 선탄장'을 한눈에 내려다볼 수 있다. 이 선탄시설은 1935년 일제강점기에 만들어져 현재까지 가동되고 있는 국내 최초의 무연탄 선탄시설로 지금은 과거와 비교할 수 없이 축소되어 운영되고 있다. 삼방마을은 골목길이 거미줄처럼 얽혀 있어 '미로마을'로도 불리며 현재는 잘 정비되어 있어 깨끗한 모습일 뿐만 아니라 아트프로젝트를 통해 벽화 그리기와 조각작품 설치 등을 통하여 역사가 있는 맑고 밝은 관광명소로 변모해 가고 있다.

세평 쉼터가 있는 승부역도 현재는 도로가 개설되어 자동차로 갈 수 있다. 얼마 전 승용차로 그곳에 갔다. 승부역까지는 갈 수 있었으나 거기가 끝이었다. 여전히 산과 물이 가로막는 길의 막장이었다. 그리고 당시에 묵었던 허름한 그 집이 그대로 있었다. 더군다나 토방 위에는 신발이 가지런히 놓여 있었다. 눈물이 핑 돌았다. 당시 주인 어르신의 신발일까? 아니면 자녀의 신발일까? 역 앞으로는 낙동강이 흐르고 그 위에 철교가 옛 모습 그대로 강을 가로지르며 서 있다. 철교가 끝나는 지점에서 두 줄 레일이 어두운 터널 속으로 사라졌다.

• 과거에 묵었던 민가 사진

옛날에 건넜던 철교, 통과했던 터널이다. 플랫폼에 마련된 세평 쉼터에는 옛 모습을 재현해 아련한 그리움을 자극하였다. 그간의 가슴옹이가 녹아내리며 아름답고 애잔한 기억으로 변해 가고 있음을 느꼈다.

작지만 소중한 우리 역
- 분천역, 양원역, 승부역

이곳이 우리나라에서 제일 아름답다는 낙동정맥 트레일 2구간, 승부-분천 9.9km가 시작되는 들머리 지점이다. 산타마을 분천역에 주차하고 승부역으로 기차를 타고 와 걸어서 다시 분천역으로 가는 방법이 접근하기 가장 쉬운 방법이다. 기차표는 코레일에서 예매하거나 차내에서 승무원에게서 구입하면 된다. 분천역은 춘양목이라 불리는 적송을 수송하는 기차가 정차하던 50, 60년대에 황금기를 맞이하였으나 춘양목 벌목이 금지되며 역사의 뒤안길로 잊혀져 가는 역이 되었다. 그러나 첩첩산중 오지였던 탓에 2013년 우리나라와 스위스 수교 50주년을 기념하여 스위스 체르마트역과 자매결연을 맺으며 알프스 산악마을 같은 붉은 지붕의 산타마을이 조성되었다.

지금은 다양한 볼거리와 맛집, 사진관과 우체국, 카페가 마련되어 관광객을 맞이하고

· 산타마을

· 분천역

있는 곳으로 알프스 산악관광 열차 컨셉의 3량의 객차를 백호 기관차가 끌고 가는 백두대간 협곡열차(V-Train: 분천-철암)나 전망과 포토존 등을 갖추고 4량의 객실로 운행하는 동해산타 열차(강릉-분천)를 이용하여 심산유곡의 설경을 감상하려는 많은 관광객과 사계절 내내 트레킹족 이 방문하는 명소가 되었다.

분천역을 출발한 기차는 비동역을 지나 양원역에 정차하였다.

이야기가 있는 양원역

영화 〈기적〉의 배경이 되었던 양원역. 역 앞을 흐르는 낙동강의 동쪽은 울진군 금강송면 원곡마을, 서쪽은 봉화군 분천리 원곡마을이 있어 양원이라 이름 붙여진 역이다. 양원역은 두 원곡마을 주민들이

· 양원역

직접 세운 세상에서 가장 작은 역이다. 손바닥으로 가려질 만한 크기이다. 주민들이 돈을 모아 삽과 곡괭이로 대합실과 승강장을 만들고 역 표지판을 붙인 후 기차를 정차하게 해달라고 청와대에 수차례

탄원서를 제출함으로써 1988년 4월 처음 기차가 멈춘 우리나라 최초의 민자역이기도 하다. 기차가 정차하기 전에는 기차가 마을을 지날 때 보따리를 창밖으로 던지고 승부역에서 내려 철교와 터널을 따라 걷다가 다치기도 하고 10여 명이 목숨을 잃기도 했다고 한다.

그리움이 있는 승부역

우리나라 최고의 오지에 위치한 간이역인 승부역에서 내렸다. 새로 지은 조그만 역사가 한쪽에 자리하고 있고 관광객을 위한 간이매점이 있으나 겨울에만 운영하는지 문이 닫혀 있다. 사람의 흔적이 없어 바람소리, 물소리만이 쓸쓸함을 자극한다. 1970년대까지만 하여도 석탄산업의 번창과 함께 활기가 넘쳤을 것이다. 그러나 석탄산업이 사양길로 들어서며 1997년 간이역으로 전락하였다. 저만치 보이는

• 물레방아가 있는 승부역

현수교를 건너 강변길을 걸으면 '눈꽃마을 승부'라는 안내비석이 서 있다. 다리를 건너며 물레방아 돌아가는 모습을 바라본 후 트레킹을 출발하였다.

아름다운 오지 트레킹
- 낙동강 세평하늘길, 낙동정맥 2구간

　낙동정맥대장군과 청정봉화여장군, 좀 어색한 꼬리표를 새기고 눈을 부라린 장승과 옛날 호랑이가 출몰하는 무서운 곳임을 말해 주는 백호상을 뒤로하고 숲길을 오르자 '산간오지마을의 이모작'이라는 안내판이 서 있다. 논 한 뙈기 없는 주변 사람들은 주로 화전을 일구며 살았다. 유독 겨울이 길고 추운 이곳 사람들은 배고픔을 이겨내기 위하여 봄에는 옥수수, 조, 콩, 수수를 심고, 가을 수확 후에는 보리와 밀을 심어 봄에 거두어 여름에 먹었다고 설명되어 있었다. 곧 넓은 길이 나왔다. 이 길은 춘양목을 나르기 위해 닦은 길이어서 '산판길'이라 부른다.

　다른 말로 '제무시길'이라고도 불리는데 적송을 실어 나르던 트럭인 'GMC'를 쉬운 형태로 말하려는 변어로 우리 선조들의 기지와 유머가 느껴진다. 상수리나무와 소나무가 어우러진 시원한 산판길을 따라 흐르는 계곡물소리처럼 발걸음이 절로 가벼워진다.

　청산도 절로절로(青山自然自然)

　녹수도 절로절로(綠水自然自然)

산 절로 물 절로(山自然水自然)

산수간에 나도 절로(山水間我亦自然)

아마도 절로 생긴 인생이라(已矣哉自然生來人生)

늙기도 절로절로(將自然自然老)

하서 김인후, 〈자연가(自然歌)〉

산판길이 끝나고 오솔길로 들어서 계단을 오르면 배바위고개 정상이다. 계곡의 물소리를 따라 배바위고개를 오른다. 오르는 길에 뽕나무골과 샘터를 만났다.

이곳은 옛날 화전민들이 한겨울을 제외하고는 사시사철 물이 솟아오른 샘터를 중심으로 뽕나무밭을 일구고 누에를 치면서 생계를 이어 갔다고 하여 뽕나무골이라 불렀다. 지금은 빈터인 이곳에서 좁쌀만 한 밭을 일구고 살아가는 화전민과 쪼그리고 앉아 소꿉놀이하는 아이들의 모습이 떠오르고 세평 하늘과 땅이 전부인 양 놀이에 열중하는 아이들의 지저귐 같은 놀이 소리가 들려왔다. 주위는 깊고 울창하여 금방이라도 백호가 으르렁거리며 나타날 것만 같다. 짧은 급경사 계단을 올라 배바위고개 정상에 도착하였다.

이 고갯길이 1968년 11월 울진·삼척 무장공비침투사건이 일어났을 때 북으로 도망하던 간첩들의 이동경로이다. 당시 공비들이 저지른 양민학살 등의 만행으로 뽕나무골 주민을 포함하여 18명의 희생자가 발생한 아픈 역사를 간직한 곳이다. 고갯마루 오른쪽으로 비룡산(1,120m), 왼쪽으로 배바위산(968m)을 잇고 있는 것이 낙동정맥이다. 하산길에 사람의 혼을 뽑아 먹는 요망스러운 도깨비로부터 길손의 안전을 수호하는 500년 된 길상목(吉祥木)인 엄나무를 지나면 계곡 물소리가 들려온다.

바람소리와 물소리에 발길은 경쾌하다. 계곡을 지나 다시 오솔길로 들어서면 소장시길이다. 옛날 소장수들이 소떼를 몰고 춘양장이나 멀게는 내성장으로 가기 위하여 이 길을 걸었을 것이다. 고삐는 쇠등에 올려 두고 뒤를 따르는 소장수의 발자국 소리와 소의 목에 달린 쇠방울 소리가 들릴 것만 같다. 흥정을 마치고 돈과 소를 서로 주고받은 후, 운수가 좋았을 때는 기분이 좋아, 밑진 날에는 울적한 마음을 달래며 혹시나 산도적이나 호랑이를 경계하며 걸었을 길이다.

· 임선목

계곡을 따라 띄엄띄엄 있는 비동마을 가옥과 마을 중간의 자식 없는 부인에게 태몽의 효험이 있다는 임선목(林仙木)이라는 희귀한 반송을 지나 내리막 비탈길을 내려와 마을 끄트머리에 이르면 비동계곡이 낙동강에 합수하고, 대해와 같이 넓은 낙동강 물줄기가 산을 휘

· 낙동강 합수지

돌아 유장하게 흐르는 강을 가로지르는 영암선 철교가 보인다.

비동마을부터 분천역까지는 4.7km의 '세평하늘길'이다. 비동이란 이름은 땅이 살쪄 기름지다고 하여 붙여진 화전민촌이다. 비동에서는 새와 산짐승이 어우러져 숲을 살찌우고, 물고기와 수초가 계곡과 강을 살찌우고, 숲과 강이 사람의 몸과 마음을 살찌우는 곳이다. 굽어져 흐르는 강을 따라 걷다 보면 앞으로 흐르는 낙동강이 아름다운 호수 같다는 '가호'를 지난다.

험준한 계곡을 갓 빠져나온 낙동강이 옷매무새를 고치듯 고요하게 흘러 내려오며 절벽과 조화를 이루어 어디에선가 선녀의 옷자락이 보일 것만 같다. 다리를 건너 강변 절벽 위를 달리는 철길과 나란히 걷다 보면 와유곡이라는 강 둔치에 넓게 펼쳐진 솔밭과 만난다.

여장을 풀고 가만히 누워 솔밭의 바람소리와 강물 흐르는 소리를 느끼고 파란 하늘과 흘러가는 구름을 바라보기만 하면 된다. 팔베개 하고 누워 지나온 길을 생각하니 아름다운 산과 계곡을 오르내리는 오솔길 위에 사람들의 삶과 아이들의 얼굴이 포개어진다. 눈을 감고 걸어온 길을 반추해 본다. 백두대간의 아름다운 협곡과 계곡, 울창한 삼림을 따라 오솔길을 걷겠다고 출발할 때의 낭만적인 생각은 빗나갔음을 깨달았다. 그 길은 자연의 아름다움뿐 아니라 세평 하늘과 땅에 발을 붙이고 삶을 이어 가는, 산판 일꾼들의 톱질과 곡괭이 소리, 화전민의 농사짓는 소리와 아이들의 소꿉놀이 소리, 소장시들이 고삐도 놓고 소와 같이 걷는 발자국 소리가 가득한, 사람의 길임을 깨달았다. 비동마을을 지나면 포장된 찻길을 걷는 코스여서 중간중간 햇빛을 받으며 걸어야 하는 단점이 있지만 한가하게 걸을 수 있는 나만의 길이다. 소나무와 암반, 험준한 절벽과 계곡을 갓 빠져나와 굽이굽이 펼쳐지는 낙동강의 절경을 감상하며 걸을 수 있는 매력이 있는 비경길이다. (소요시간 3시간30분~4시간) (월간 〈산〉 참고)

지그재그 산악열차

　기차가 험준한 산악지역을 직선으로 운행하기에는 힘에 부친다. 가파른 경사면을 오르기 위해 각도를 낮추기 위한 목적으로 갈지자(之)처럼 오르내리기를 반복하는 스위치백 열차가 고안되었다. 알프스에 관광용 스위치백 열차가 있다면 우리나라에는 삼척 도계에 석탄을 운반할 목적으로 설치된 스위치백 구간이 있었다. 현재에는 폐광되어 석탄 운반 대신 관광용으로 운행되고 있다. 추추파크에서 운행하는 이 열차는 추추파크를 출발하여 영화〈지금, 만나러 갑니다〉촬영지인 심포리역을 지나 흥전역과 나한정역을 거쳐 흥전 삭도마을까지 왕복 16km 구간을 110분 동안 운행한다. 3량의 객차는 객실마다 대통령실, 교회, 놀이방 같은 다양한 컨셉으로 꾸며져 있다.

· 추추파크 스위치백 열차

· 심포리역

열차는 매우 느리게 운행하므로 가끔은 철길 건널목에서 정차한 차들을 보며 손도 흔들고 인사도 해볼 수 있다. 또 삼척의 깎아지른 기암절벽과 높은 산, 낭떠러지처럼 아슬아슬한 계곡, 금방이라도 옷이 젖을 것 같이 높은 산에서 긴 물줄기를 떨어뜨리는 폭포 등도 어유롭게 구경할 수 있다. 갑자기 기차가 멈추었다.

그리고 기관사 아저씨가 철길을 따라 객실 쪽을 보고 손을 흔들며 반대쪽으로 이동한다. 아마 이제 스위치백 구간이라 반대방향으로 운행할 모양이다. 삼척의 멋진 산악을 지나 삭도마을에 도착할 즈음 저 산등성이에 시커먼 큰 연립주택들이 즐비하게 마을을 이루고 있다. 아마 그곳이 광부들이 살던 마을이었던 것 같다. 삭도마을에 내려 30분의 정차시간 동안 감자전, 메밀전 등과 함께 간식을 즐기고 또 옛 생활상을 그대로 재현한 전시관과 3차원 영상처럼 생생하게 당시의 모습을 찍을 수 있는 사진관에서 포즈도 취해 볼 수 있다.

운행 중에 폐쇄된 다 무너질 듯한 폐쇄된 역과 풍경들이 타임머신을 타고 먼 옛날을 슬로우 모션으로 여행하는 듯한 묘한 기분을 느끼게 해준다.

굽이굽이 협곡을 돌아 - 동강과 어라연

동강은 검룡소에서 발원한 물이 골지천을 지나 아우라지에서 송천과 아우러지고 나전삼거리에서 오대산에서 내려온 오대천과 섞이며 조양강이 되어 흐르며 동남천의 물줄기와 합해지는 정선 가수리 수미마을에서 시작하여 청령포에서 단종 애사를 담고 내려온 서강과 합하는 영월 합수머리까지의 46km 구간을 말한다. 이곳부터는 남한강으로 이름을 바꾸고 유유히 흐르며 양수리에서 북한강과 합류하여 서울을 지나 서해로 흘러든다. 동강은 백두대간의 굽이굽이 협곡을 흘러오기 때문에 물살이 거칠고 투명하며 강과 나란히 하는 높은 산과 기암절벽은 조화를 이루며 절경을 이루고 있다. 옛 시절에는 한양으로 궁궐이나 대가댁을 건축하기 위한 금강송의 수송로로 이용되었다. 험준한 골짜기를 따라 흐르는 강물결은 폭포나 협곡을 통과해야 했기에 매우 거칠어 목숨을 내놓고 다니는 떼꾼들의 삯이 지방 수령의 녹봉보다 높았다고 한다. 이러한 동강이 현재는 래프팅과 걷기의 명소로 탈바꿈하였다.

특히 동강생태탐방로는 강을 따라 걸으며 동강의 애환과 원시산림, 기암절벽, 맑고 투명한 물살, 호수 같은 수면의 비경을 볼 수 있으며 그 끝에는 국가지정문화재인 어라연이 자리하고 있다. 이 길은 삼옥리의 거운교를 건너 봉래초등학교 거운분교 앞에 위치한 삼옥 안내소에서 시작한다. 약 900m를 오른 후 오른쪽 내리막길로 내려가다 보면 사람소리가 들린다. 이곳에도 주민이 있나 보다 하며 걷다 보면 동강이 보이고 래프팅하는 사람들의 서로 리듬을 맞추기 위한 구령소리와 말소리였음을 알 수 있다. 드디어 동강이 보였다. 모래톱을 왼쪽으로 휘감아 돌아내려 오는 강물 건너로는 깎아지른 검은 바위 절벽이 수면 위로 흔들린다. 절벽 뒤로는 고봉의 능선들이 첩첩이 겹쳐 펼쳐져 있다.

내려가는 트래킹 보트를 뒤로하고 강을 거슬러 오르기 시작한다. 강과 산에 홀려 걷고 있는데 백사장같이 희고 고운 모래가 넓게 펼쳐진 모래톱이 보였다. 모래톱으로 나가 강물에 발을 담가 본다. 아마 흔들리는 물비늘 그림자가 없다

· 동강 모래톱

면 강물의 존재도 알 수 없을 것 같이 맑고 투명하다. 맨발로 모래톱 강물을 따라 걷는다. 넋 놓고 흐르는 강과 산 그림자를 바라보는 것, 그 순간이 얼마나 평온하고 소중한 순간인지.

물과 조약돌에 부딪힌 강물소리가 아기자기하니 귀를 간지럽힌다. 모래톱을 걷다 보니 어느새 만지고개 아래에 이르고 강물 건너

편에는 만지나루터가 보인다. 길가에는 전산옥을 소개하는 안내판이 나무 아래 축축하게 젖어 서 있다.

　정선아리랑에도 나온다는 여인 전산옥이 운영하는 전산옥 주막터이다. 조금 더 올라가면 강이 황새의 목같이 좁은 황새여울인 된꼬까리가 있다. '뼝대'라 불리는 절벽 사이 협곡을 어렵게 지나온 떼꾼들에게는 물살이 거칠어서 피하고 싶은 그런 곳이다. 한판 승부를 앞두고 긴장감이 최고조에 오른다. 사투 끝에 십년감수하며 겨우 여울을 통과하여 만지나루에 도착하였다. 이리저리 부딪치며 풀어지고 느슨해진 뗏목도 수리하고 휴식도 취할 겸 전산옥에 들어선다. 막걸리를 주문하자 전산옥이 술상을 들고 나온다. '여보게, 자네도 한잔 해야지' 하며 손을 끌어당긴다. 된꼬까리의 긴장과 흥분을 반주 삼아 두어 순배가 돌자 취기가 오른다. 권주가를 청하자 전산옥이 '정선아리랑'을 구성지게 뽑아낸다. 불콰하게 술판이 끝나고 상위로 둥실 떠 오른 달을 보며 팔베개하고 누우니 아우라지에서 황

· 동강 풍경

새목만큼이나 길게 목을 뽑고 기다릴 처자 생각이 간절하다. 한양에 도착하여 다시 아우라지에 돌아가려면 앞으로도 족히 달포는 걸릴 텐데. 심란하지만 떼돈을 쥐고 초승달이 뜰 때 집에 들어설 생각을 하며 깊은 잠 속으로 빠져든다. 전

산옥 주막터를 지나 모래톱으로 오르니 바위틈으로 급물살이 흐르는 된꼬까리가 나왔다. 이곳이 떼꾼들의 목을 쥐고 있던 곳이다. 이곳을 지나면 어라연까지 오솔길이다. 조금 오르자 조그만 나룻배 한 척이 강가에 매여 있었다. 강 건너에 딱 한 분이 사신다더니 그분 고깃배인가? 거울 같은 강

· 어라연

물에 비친 나룻배와 절벽, 산 그림자가 수면 위에 어우러지며 그지없이 평온한 분위기를 연출하였다.

어라연에 도착하였다. 말발굽 모양의 협곡이다. 어라연은 강물 속에 뛰노는 물 반, 고기 반만큼이나 많은 물고기떼의 비늘이 비단결처럼 반짝인다고 하여 붙여진 이름이다. 가파른 절벽 위 전망바위에 올라 아래를 보면 휘감고 흐르는 강이 한눈에 보인다. 급물살이 휘감아 돌며 오른쪽 절벽을 깎아 만든 큰 연못이 어라연이다. 그 가운데 신선이 기거했다는 상선암과 하선암이라는 섬 같은 두 개의 큰 바위가 솟아 있어 신비로움을 더한다. 돌아오는 길은 잣봉을 지나 어라연 전망대에서 다시 한 번 동강의 아름다움을 눈새김하고 발길을 옮겼다. (왕복 약 7km, 4시간 정도 소요)

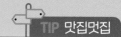

횡성

🍽 안흥면사무소 앞 찐빵 ▶▶ 안흥찐빵의 대표 격, 주말이면 관광버스가 줄을 섬

🍽 안흥 원조안흥찐빵/감자떡 ▶▶ 부드러운 찐빵에 쫄깃한 감자떡

영월

🍽 성호식당 ▶▶ 구례 섬진강 '다슬기식당'과 다슬기 요리의 쌍벽을 이루는 맛집

🍽 이가닭강정 ▶▶ 바삭바삭 고소한 닭강정

🍽 서부시장 서부순대 ▶▶ 뚝배기에 순댓국이 지글지글

🍽 만선식당 ▶▶ 생선구이 곤드레돌솥밥 맛집

🍽 행운식당 ▶▶ 콩국수 단일메뉴 뙤약볕 아래 줄 서는 숨은 맛집

🍽 고씨동굴 강원토속식당 ▶▶ 칡국수는 이곳에서, 도토리묵과 막걸리 한잔

북평

🍽 번영슈퍼 번영식당 ▶▶ 쟁반에 나온 반찬과 보리밥을 태양초 고추장에 비빈
꿀맛

☕ 나전역 카페 ▶▶ 옛 모습을 재현한 낭만이 있는 국내 첫 번째 간이역 카페

정성

🍽 아리랑시장 회동집 ▶▶ 사시사철 줄 서는 집, 콧등치기가 별미

🍽 아리랑시장 정선면옥 ▶▶ 동네 어르신이 추천한 된장 장칼국수

🍽 동광식당 ▶▶ 황기족발의 정선 백년가게

🍽 사북 황기소곱창 ▶▶ 첼리스트가 운영하는 냄새 없이 깔끔한 소곱창

🍽 사북 찬이네감자탕 ▸▸ 곤드레해장국, 덧붙일 말이 없음

🍽 사북 산능이본가 ▸▸ 곤드레와 꽁치의 환상적 조합, 구수한 돌솥밥까지

🍽 사북 황소식육실비식당 ▸▸ 군산 한일옥과 더불어 최고의 뭇국

🍽 사북 보문식당 ▸▸ 쫄깃한 소고기국밥

🍽 사북 짜글이 ▸▸ 뭉텅뭉텅 주먹고기와 고추장의 얼큰한 짜글이찌개

🍽 사북 여주쌈밥 ▸▸ 여주쌀밥과 걸쭉한 두루치기에 무한리필 싱싱한 야채

🍽 고한 대숲마을 ▸▸ 곤드레영양돌솥밥과 생선구이의 절묘한 조화

🍽 고한 구공탄시장 다원 ▸▸ 꼬들꼬들한 연탄구이 주먹고기 삼겹살

🏢 구름사다리 펜션 ▸▸ <삼시세끼 – 정선편> 대촌마을에 위치, 옥순봉과 물안개 낀 강 풍경이 환상

☕ 하이원 카페 운암정 ▸▸ 한옥 제대로 즐기기&한적한 소나무숲 야외 카페

태백

🍽 김서방네물닭갈비 ▸▸ 태백 최고의 가성비 맛집

🍽 부래실비해장국 ▸▸ 소고기해장국이 일품

🍽 현대실비 ▸▸ 살살 녹는 한우구이와 선지해장국

🍽 황비자유시장 부산감자옹심이 ▸▸ 두툼하고 바삭한 감자전으로 소문난 집

🍽 황지자유시장 충북식당/한솔식당 ▸▸ 시장 상인과 고객으로 항상 붐비는 집

🍽 광천막국수 ▸▸ 주민이 찾는 막국수와 감자전 맛집

☕ 몽토랑 산양목장 카페 ▸▸ 산양우유로 만든 음료와 탁 트인 전망이 일품

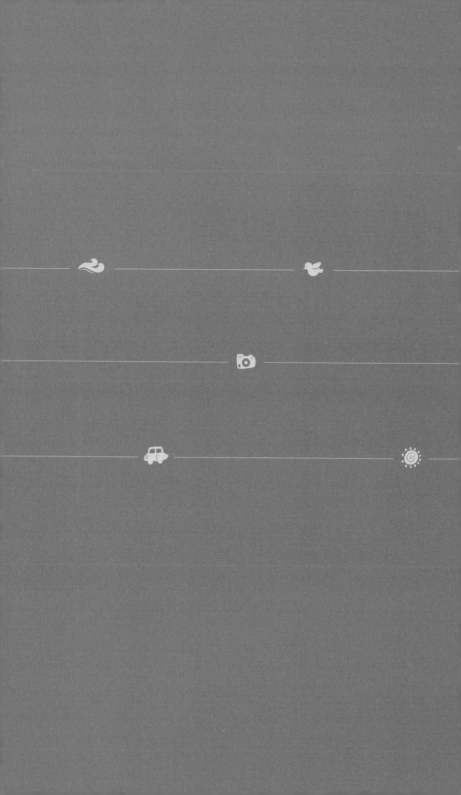

PART 5

검이불루

화이불치

공주

부여

공주와 부여는 몽촌토성과 풍납토성이 위치한 서울 송파구의 하남위례성과 함께 백제의 도읍이 자리 잡았던 유구한 역사를 가진 곳이다.

　백제는 온조가 기원전 18년 이복형제인 주몽이 고구려 왕위에 오르자 유민집단을 이끌고 남하하여 한강 이남인 위례에 세운 나라이다. 이후 서기 475년 고구려 광개토대왕을 이어 왕위에 오른 장수왕이 남하하며 백제를 침공하였다. 이 전쟁에서 백제의 개로왕이 죽자 문주왕은 금강 남쪽인 웅진 현재의 공주로 천도하였으며, 서기 538년 성왕이 백마강 아래쪽에 있는 사비 현재의 부여로 천도하기까지 63년간 수도의 역할을 하였던 지역이다. 백제는 660년 신라와 당나라 연합군의 공격으로 사비성이 함락됨으로써 약 700년 동안 이어온 역사에 종지부를 찍으며 멸망하고 말았다. 백제 700여 년 역사에서 대부분을 차지하는 위례성 시대의 문화유적은 현재 서울에 속하여 개발과정에서 많이 묻히고 파괴되었을 것으로 추정된다. 확인된 유적 발굴에서도 많은 난관에 봉착할 수밖에 없는 현실이 안타까울 뿐이다. 공주에서의 63년과 부여에서의 123년 동안의 역사는 전체

백제 역사에서 삼분의 일에도 미치지 못한다. 두 곳의 문화유적이 충분히 발굴되었더라도 부족할 터인데 그나마 현재까지 발굴된 내용도 백제의 문화를 이해하기에는 턱없이 부족할 뿐이다.

현재 공주와 부여로 여행을 해도 한 국가가 번성했던 문화유적과 관련된 행선지로는 빈약하다. 고작 왕릉과 절터, 무너진 성곽 정도이다. 가시적으로 보이는 것도 거의 없다. 보이는 것마저도 위엄 있고 근엄한 것이 아니라 문 열고 나서면 만나고 볼 수 있는 이웃 같고, 마을 담장 같고, 소박한 동네 뒷동산 같다. 현재의 두 도시 역시 거의 비슷한 분위기로 여행객이 찾기에는 활력이 부족하게 느껴진다. 쇠락해 가는 다른 지방도시와 별반 다르지 않다. 그런 곳에 대형 리조트가 들어섰다. 단지 학생들의 수학여행만을 대상으로 운영할 목적은 아닐 것이다. 여행객이 점차 늘고 있다는 증표 같다. 눈에 보이는 것 이상의 무엇이 여행객의 호기심을 자극하는 것 아닐까?

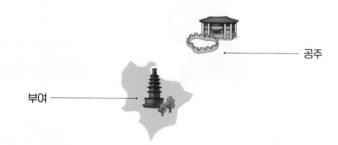

공주

부여

이름마저 잃어버린 도읍지, 공주

공주의 본래 이름은 웅진이다. 공산성은 웅진성이다. 옛날에는 고마나루라 부르고 한자로 웅진(熊津)이라고 썼다. 그 웅진이 나중에는 웅주 또는 곰주라고 불렸는데 고려시대 초기에 전국의 지명을 한자식으로 표기하면서 곰주가 전혀 다른 뜻의 공주로 바뀌었으며 그것이 현재에 이르고 있다. 곰나루라고도 불리는 고마나루는 공주의 태동지이자 곰과 인간에 얽힌 전설이 내려오는 곳으로 송산리고분군 서쪽의 구릉지대와 공주 시내를 가로지르며 흘러 내려온 제민천이 금강과 만나는 나루 일대를 일컫는다. 고마나루 일대에는 국가에서 명승지로 지정한 흰 백사장을 껴안고 강변으로 늘어선 아름다운 솔밭이 펼쳐진다. 솔밭 모퉁이에는 돌로 조각된 '돌곰'을 모시는 '웅신단'이라는 곰사당이 자리 잡고 있다. 솔밭에서 출토된 백제시대의 것으로 추정되는 돌곰을 모셔 놓은 사당으로 이곳이 공주의 뿌리임을 증거하고 있는 듯하다.

· 웅신단 (ⓒ문화재청)

산책길로 변한 왕궁터 - 공산성

도읍지로서 공주의 역사는 63년에 불과하다. 공산성은 고구려의 침공으로 500여 년 동안 지켜 온 한강유역의 위례를 지키지 못하고 도망치듯 쫓겨 와 새롭게 정한 백제의 두 번째 도읍지를 둘러싸고 있는 성곽이다. 금강과 해발 110m 높이 공산의 자연지형을 최대한 활용하여 축조한 공산성은 본래는 전체길이가 2.2km의 토성이었으나 임진왜란 이후 석성으로 증축되었다.

단순히 방어만을 목적으로 축조된 산성이라면 작지 않을 것이나 발굴 결과 성곽 안쪽으로 많은 건물과 민가까지 자리 잡고 있었음이 확인되어 비좁은 느낌이 든다. 게다가 남쪽으로는 경사가 심하여 실제로 활용 가능한 공간은 공북루 앞으로 펼쳐진 평지뿐이어서 많은 건물과 시설이 들어선 왕궁터로서는 매우 옹색해 보인다. 잃었던 위례를 되찾을 때까지 절치부심하며 국력을 키우기 위한 임시 도읍이었나 하는 생각마저 들게 한다. 성곽은 동서로는 영동루와 금서루 두 성문이 있으며 금서루는 사실상 정문의 역할을 하고 있다. 남북으로 산성의 제일 높은 곳에 위치한 진남루, 금강이 발아래 굽어 보이는 공북루라는 두 개의 2층 누각이 있으며, 성 안에는 왕궁터와 영은사라는 절터, 주민이 거주하던 성안마을터 그리고 임류각과 광

• 공산정 (ⓒ백제역사유적지구)

복루, 만하루와 연지가 자리하고 있다. 또한 최근에는 금서루와 공북루 사이 시야가 훤하고 사방이 확 트인 곳에 공산정이라는 2층 누각을 지어 성의 안과 밖, 금강과 강 건너 공주 신시가지를 조망할 수 있도록 하였다.

공산성을 둘러보기 위한 시작점은 '세계유산 백제역사 유적지구, 공산성' 기념비에서 시작된다. 굳이 성문을 시작점으로 말하지 않는 것은 기념비에서 성곽 입구까지 오르는 길에 목민관들의 공덕비가 즐비하게 늘어서 있기 때문이다. 과거에는 공주가 충청도의 소재지였기 때문에 공주를 거쳐 간 목민관이 많았겠지만 그렇더라도 이렇게 일렬횡대로 세워진 공덕비는 좀 어색하다. 그래도 선정을 베푼 목민관이 많았음을 자랑하고 싶은 공주시의 정성을 생각해서라도 반드시 한 번은 봐주어야 한다.

공산성의 주 출입구는 서문인 금서루이다. 네 개의 성문 중 가장 위엄있고 당당해 보이

• 금서루

는 대문이다.

계단을 걸어 성곽에 올라선다. 사실 공산성은 남아 있는 유적이 거의 없다. 그나마 남아 있는 것은 성곽과 성문, 누각뿐이다. 오직 성 안팎으로 보이는 풍광을 감상하고 불안했던 웅진시대의 역사를 떠올리며 그 안에서 들려오는 상상의 속삭임을 들어 볼 수밖에 없다. 금서루를 지나니 높은 곳에 공산정이 나온다. 2층에 올라가니 답사객과 영상을 촬영하는 사람들로 장사진을 이루어 앉을 곳마저 마땅치 않았다. 그래도 사방을 조망하기에는 최적지인지라 서성이 며 주위를 둘러보았다. 이곳이 원래 망루가 자리했을 만한 위치이 다. 성안으로는 왕궁터, 사지터, 누각과 연지가 보인다.

밖으로는 철교 아래로 금강이 흐르고 멀리 하늘에 제사 지내는 천 단터가 위치한 곳으로 알려진 정지산과 봉우리가 아름다운 연미산, 동쪽으로는 구석기 유적지인 석장리 그리고 신시가지가 한눈에 들 어온다. 금강철교는 옛 시절 배다리가 놓였던 자리이다. 과거에는 나룻배로 강을 건넜으나 점차 이용자가 늘어나며 나무다리를 세웠 다. 그러나 홍수에 떠내려가 버리자 나룻배 20~30척을 잇고 그 위 에 널빤지를 깔아 배다리를 만들어 이용하였으나 이마저도 큰 홍수 와 오랜 세월을 견뎌 내지 못했다. 마침 1932년 충남도청이 공주에 서 대전으로 옮겨가는 대가로 다리를 만들게 되었는데 그것이 금강 철교이다. 현재에도 철교 아래 모래섬에는 나무다리의 교각이었던 원목의 흔적이 남아 있다.

북쪽의 문루인 공북루는 배다리 나루터와 가까워 아래쪽은 금강의 남북을 오가는 주 통로 역할을 하였으며 위쪽 마루는 금강의 아름다운 풍광을 감상하는 장소로 이용하였다고 한다. 영동루를 지나 진남루로 오르는 성곽길은 숲속을 거슬러 오른다. 진남루는 공산성과 공주 시가지를 연결하는 문이며 조선시대에는 삼남지방(충청, 전라, 경상)의 관문 역할을 하던 곳이다. 성곽을 한 바퀴 돌고 난 후 금서루에 도착하여 성안으로 들어가 본다. 성안이래야 겨우 흔적조차 희미한 왕궁터, 부속 건물터, 영은사지뿐이며 가시적으로 볼 수 있는 것이라고는 만하루와 물을 저장하는 연지뿐이다. 연지도 원래는 영은사 앞에 있던 것을 조선시대에 만하루 앞으로 옮긴 것이다. 그러나 좁은 공산성의 5왕(문주왕, 삼근왕, 동성왕, 무령왕, 성왕) 63년의 짧은 웅진 시기는 고구려의 침략으로 동요하는 민심을 안정시키고 약소국으로서 주변국의 위협에 대항하며 제도를 정비하고 기틀을 잡으며 찬란한 백제문화의 융성을 이루었던 시기이기도 하다.

화려하고도 단아한 백제문화 - 송산리고분군

외관으로 보이는 송산리고분군은 공산성처럼 좁은 구릉에 옹기종기 팥죽 끓는 모습으로 모여 있다. 송산과 아니 한반도 남서지방의 산과 들판, 강과 조화를 이루며 부드러운 곡선미를 보여 준다. 백제의 고분이라고 말하지 않는다면 원경의 수묵화나 양지바른 좋은 곳에 자리 잡은 오랜 종갓집 선산 정도로 치부하고 지나치기 쉽다. 그런 곳에 백제의 찬란한 문화가 감추어져 있다.

공산성 인근에 있는 공산에는 모두 7기의 고분이 1∼4호분의 고분군과 이웃한 5∼6호분, 무령왕릉 3기의 고분군으로 나뉘어 있다. 그중 1∼5호분은 1927년 일본인에 의해 모조리 도굴되었으며, 6호분은 1932년 일본인 공주고보 교사와 총독부가 공동으로 발굴하였다. 발굴을 마친 일본인 교사는 유물을 가로채어 일본으로 빼돌리고 총독부에는 이미 도굴된 것으로 보고하였다. 1∼5호분이 돌무덤(굴방식 석실묘)인데 반해 6호분은 무령왕릉과 더불어 중국식 벽돌무덤으로 벽면에는 사신도가 그려져 있어 백제가 중국 및 고구려와 교류한 증거를 볼 수가 있다. 그러나 불행 중 다행은 일본인 교사가 5호분과 6호분 사이에 있는 무령왕릉은 무덤으로 생각하지 않았다는 것이다.

여기부터가 우리에게 익숙한 무령왕릉 발굴과 관련한 유명한 일화이다. 무령왕릉과 이웃한 5, 6호분이 큰비만 오면 무덤 천장으로 물이 스며들었다. 일본인들이 도굴하고 발굴하는 과정에서 천장이 훼손되었기 때문이다. 이에 대비하고자 1971년 장마철을 앞두

· 송산리 6호분 사신도

고 배수로를 만들기 위하여 옆쪽 언덕을 파 내려가는 도중 한 인부의 삽이 무령왕릉의 벽돌에 부딪혔다. 부딪힌 벽돌을 따라 파 들어가 보니 아치형의 벽돌이 나타나기 시작하였다. 바로 무령왕릉의 입구였다.

당시 책임자는 즉시 작업을 중지시키고 문화재관리국에 보고하였으며 관계부처에서는 김원용 국립박물관장을 단장으로 하는 발굴단을 구성하여 파견하였다. 발굴단은 7월 7일 현장에 도착하여 확인하고 다음 날 아침에 문을 열기로 하였다. 그러나 공교롭게도 이날 저녁 무렵부터 내리던 비가 폭우로 변하여 자칫 무덤 안으로 역류할 위험이 발생하였다. 발굴단은 빗속에서 배수로를 만들어 역류를 방지하여야 했고 비는 새벽에 그쳤다. 이것이 와전되어 왕릉 입구를 파헤치자 천둥·번개가 몰아치고 폭우가 쏟아졌다는 소문이 돌기 시작하였고 이 내용은 뉴스를 타고 전국으로 전파되었다. 다음

날 7월 8일 새벽 점검 결과 다행히 무덤에는 피해가 없었음을 확인하고 맨 위의 벽돌 두 개를 빼내었다. 이때 무덤 안에 1,500년 동안 갇혀 있던 찬 공기가 밖으로 새어 나와 바깥 따뜻한 공기와 부딪치며 결로현상이 일어나 흰 연기가 피어올랐다. 그러자 또 왕릉의 문을 열자 오색무지개가 떠올랐다는 소문이 꼬리에 꼬리를 물었다. 한 번도 열린 적 없는 처녀분이 열리는 순간이었다. 이후 발굴단은 언론의 극성으로 오랫동안 차분히 진행해야 했을 발굴작업을 이삿짐 싸듯이 이틀 만에 해치우는 경이적인 기록을 수립하였다. 이때 발굴된 유물로는 왕과 왕비의 관, 귀걸이, 목걸이, 팔찌, 비녀(뒤꽂이), 청동거울, 나무머리받침, 나무발받침, 금동신발, 무덤을 수호하는 돌로 만든 동물 모형인 석수, 은으로 만든 잔과 동으로 만든 받침, 목재관, 돈꾸러미(오수전) 등이 있으며 출토된 108종 4,600여 점 가운데 상당수가 역사문화적 가치를 인정받아 국보로 지정되어 국립공주박물관에 보관, 전시되고 있다. 백문이 불여일견(百聞不如一見)이라. 출토된 금제 장신구들의 화려함과 섬세함, 은동 세공품의 은은함과 단아함, 목재용품의 단순성과 조형성이 형언할 수 없는 백제 문화의 화려함과 아름다움의 진수를 보여 준다. 출토된 유물 중에는 일본에서도 신성시되고 지배층에서만 사용하는 금송(金松)으로 만든 목재관이 있으며 특히 왕릉 입구에서 발굴된 왕과 왕비의 지석(誌石)은 우리 역사문화사의 이정표를 수립하였다.

무령왕릉 지석에는 무덤 주인의 이름이 등장하여 피장자가 누구인지를 확실하게 아는 삼국시대의 첫 번째 왕릉이 되었다. 지석에는 '영동대장군 백제 사마왕이 62세 되는 계묘년(서기 523년) 5월 7일 임진날에 돌아가셔서, 을사년(서기 525년) 8월 12일 갑신날에 이르러 대묘의 예를 갖추어 안장하고 이와 같이 기록한다'라고 적혀 있다. 삼년상이란 개념이 성리학이 우리나라에 본격적으로 도입된 고려말 이전에도 존재했음을 보여 주고 있다. 무령왕이란 호칭은 사후에 받은 시호이다. 지석의 사마왕은 무령왕이 살아 있던 시기의 호칭이며, 영동대장군은 중국 양나라에서 무령왕을 백제의 왕으로 인정하며 부여한 칭호이다. 그런데 왜 일국의 왕에게 대장군이란 칭호를 부여했을까? 대국과의 활발한 교류가 백제 문화가 꽃피울 수 있는 자양분이 되었다고 위로해 보지만 분통이 터지는 것은 어쩔 수가 없다. 또한 지석에 기록된 날짜가《삼국사기》〈백제본기〉의 무령왕 편과 완벽히 일치하여 우리 기록문화의 정확성을 증거하고 있다. 이러한 사실이 그동안 실증적인 증거를 제시하지 못하고 심정적으로만 주장하던 편년체계의 기준을 제공하여 그동안 애매하던 삼국시대 유물의 역사적 기준을 제시하는 계기가 되었음은 물론 우리의 역사 해석을 한 단계 도약시키는 이정표가 되었다. 지석 뒷면에는 매지권이 새겨져 있다. 매지권의 내용은 토지신에게 1만 냥을 주고 땅을 사서 무덤을 쓴다는 내용으로 자연에 대한 신성함과 왕조차도 임의로 권력을 남용할 수 없음을 간접적으로 보여 준다. 지석 위에 놓여 있던 두 꾸러미의 오수전(중국돈)이 왕과 왕비가 지불한 토지대금으로 추정된다.

잃어버린 1~5호분이 품고 있을 이야기가 더욱 궁금증을 자아낸다.

전설의 본좌, 마곡사

마곡사는 640년(백제 무왕 41년) 신라의 고승 자장율사가 창건한 사찰로 율사가 당나라에서 유학하고 돌아와 세운 7대 가람 중의 세 번째라고 전해 오고 있다. 〈사적입안(事蹟立案)〉에는 '최초의 창건자는 자장이요, 재조(再造)는 보조이며, 삼건(三建)은 범일이요, 사수(四修)는 도선이며, 오성(五成)은 각순이다'라고 기록되어 있어 마곡사가 오랜 역사를 지닌 대덕고승들의 수도정진의 도량임을 엿볼 수 있다. 마곡사라는 이름의 유래는 여러 가지 이야기가 전해 오고 있으나 그중 하나가 이곳이 삼밭이 많은 삼골이어서 마곡사(麻谷寺)라 불렸을 것이라는 설이 있으며, 청양의 장곡사(長谷寺), 예산의 안곡사(安谷寺)와 더불어 삼곡사(三谷寺)라 불렸다고도 전해진다. 마곡사의 산문길은 태화산에서 흘러오는 마곡천 계곡을 따라 걷는 맛이 일품이다. 일주문 근처에 이르니 하회탈 같은 할머니와 아주머니들이 붉은 고무대야와 자리를 펴고 직접 캐고 가꾼 나물과 밭작물을 팔고 계셨다.

이런 모습을 볼 때마다 그냥 지나치기란 참새가 방앗간을 지나치기만큼이나 어렵다. 팔고 계시는 물건들이 얼마나 특별하겠는가? 그분들과 이런저런 얘기를 나누며 옛 추억을 사는 것 아니겠는가?

· 마곡사

말씀은 어찌나 온화하고 따뜻하신지 또 하나의 아름다운 추억으로 남을 것 같다. 일주문을 지나 해탈문에 이르렀다. 이 문이 해탈의 세계, 부처님의 세계로 들어서는 입구렸다.

낡은 기와와 색이 바랜 단청, 입을 꼭 다문 듯 다소곳한 모습이 앞서 보았던 쭈글쭈글한 얼굴과 닮아 보인다. 그분들이 이미 해탈한 부처님 아니겠는가. 부처님의 설법 같은 계곡물 흐르는 소리를 들으며 천왕문을 지나니 '유네스코 세계유산 마곡사'라고 새겨진 큰 돌기둥 앞에서 스님들이 꽃을 심고 물을 주며 땀을 흘리고 계셨다.

마곡사에 얽힌 많은 설화와 백범 김구 선생의 일화를 보기 위하여 극락교를 건넜다. 범종각을 지나니 유명한 오층석탑이 우뚝 솟아 있다. 현재는 보물 제799호로 지정되어 있으나 국보로 승격을 추진 중이라고 한다. 폭이 좁고 높이가 8.76m로 높으나 전혀 불안정해 보이지 않고 오히려 껑충한 멋쟁이 신사 같다. 원나라가 융성하던 13세기 말이나 14세기 초인 고려시대에 조성된 것으로 추정되고 있으며 전체적인 탑의 모형과 상륜부에 청동제 풍마등이 올려져 있는 점으로 보아 라마교의 영향을 받은 것으로 보인다. 탑신 2층 각 방향으로는 사방불이 새겨져 있어 온 세상에 부처님의 광명을 밝히고 있다.

탑 안쪽으로는 부처님의 진리를 밝히는 비로자나불이 모셔진 대광보전이 그윽하게 자리 잡고 있다. 대광보전 편액은 조선시대 장원급제하고 김홍도와 신위의 스승이며 시서화에 모두 능했던 문인화의 대가 표암 강세황의 글씨이다.

대광보전 안에는 삿자리가 깔려 있다. 대광보전에 내려

• 대광보전과 오층석탑

오는 설화를 상징하는 물건이다. 옛날하고도 또 옛날 앉은뱅이가 걸을 수만 있다면 세세생생 보시하는 삶을 살겠노라고 맹세하며 부처님께 공양할 삿자리를 짜기 시작하였다. 그러다가 자신이 가진 업보가 얼마나 큰데 그런 부질없는 소원을 부처님께 빌다니 하며 부끄러운 마음이 들어 참회하며 더 열심히 삿자리를 엮어 나갔다. 그렇게 100일째 되는 날 삿자리가 완성되고 앉은뱅이는 기어서 법당으로 들어가 지극한 마음으로 절을 하고 공양을 올린 후 나왔다. 그런데 이게 어찌 된 일인가? 앉은뱅이가 걸어 나오고 있는 것 아닌가? 그의 마음에 부처님의 자비가 임하며 남은 생을 모든 것과 나누는 자비의 삶을 살겠노라고 맹세하며 법당을 나섰다.

편액과 전설만이 대광보전의 전부가 아니다. 문살과 처마를 보고 벽화를 보아야 대광보전을 보았다고 할 수 있다. 연화무늬 문살의 오묘한 비례가 가섭의 염화미소(拈花微笑)의 마음을 느끼게 한다. 다포식 처마의 문양과 조각이 이를 데 없이 화려하나 거슬리거나 자극적이지 않고 자연스럽다. 벽화는 어떤가? 인물의 자세와 표정이 살아 있는 것 같으며, 그림의 색과 구도가 마치 어딘가에서 본 듯하며, 선들은 천의무봉처럼 자연스럽다. 어느 것 하나 그냥 지나칠 수 없는 사찰 건축의 명작이다.

대광보전 안쪽으로는 2층 통층의 대웅보전이 있으며 이마에 걸린 편액은 신라의 명필 김생이 쓴 글씨다. 제단에는 석가모니불을 중심으로 약사불과 아미타불을 모셔 과거와 현재, 미래를 보살피고 있다. 내부에는 네 개의 우람한 싸리나무 기둥이 천장을 받치고 있다. 여기에도 전설이 내려오는데 염라대왕 앞에 섰을 때 이 기둥을 돌았느냐의 여부와 횟수에 따라 지옥행과 극락행이 결정된다고 하며, 아들이 없는 사람이 싸리기둥을

· 대광보전 옆면

· 대웅보전

안고 돌면 아들을 낳게 된다고 하여 기둥에 윤기가 번지르르 흐르고 있다.

대웅보전 옆으로는 백범 김구(1876~1949)의 자취가 남아 있는 백범당이 있다. 1896년 명성황후가 시해되자 김구는 황해도 안악군 치하포 나루에서 일본군 중좌를 죽이고 인천형무소에서 복역 중 탈옥 후 마곡사로 은신하여 삭발하고 원종(圓宗)이라는 법명으로 출가하여 머물렀던 곳이다. 이때 삭발바위에서 삭발하던 김구가 삭발진언 끝에 상투가 툭 하고 떨어지자 이미 결심하였지만 머리털과 같이 눈물이 뚝 떨어졌다고 고백하였다. 1898년 마곡사를 떠난 김구가 1946년 50여 년 만에 다시 마곡사를 찾았다. 이때의 백범의 감정과 마곡사의 풍경이 《백범일지》에 잘 묘사되어 있다.

나는 이 서방과 같이 … 마곡사 앞 고개를 올라섰을 때는 황혼이었다. 산에 단풍이 누릇불긋하여 … 감회를 갖게 하였다. 마곡사는 저녁 안개에 잠겨 있어서 풍진에 더러워진 우리의 눈을 피하는 듯하였다. 뎅, 뎅, 인경이 울려온다. 저녁 예불을 알리는 소리다. 일체 번뇌를 버리라 하는 것 같이 들렸다.

백범 김구, 《백범일지》

마곡사에 들어서 대광보전 앞에 선 백범의 눈에 '각래관세간 유여몽중사(却來觀世間 猶如 夢中事, 돌아와 세상을 보니 마치 꿈 가운데 일 같구나)'라는 능엄경 문구를 새긴 주련이 들어왔다. 김구는 이를 보고 감개무량하여 50년 전을 생각하며 향나무 한 그루를 심었는데, 지

· 백범당

금도 백범당 마당에서 푸르게 잘 자라고 있다. 백범당 안에는 백범의 진영과 방문을 기념하여 마을사람들과 함께 찍은 사진이 걸려 있다. 사진에는 백범을 중심으로 왼쪽은 완장 찬 좌익, 오른쪽은 넥타이 맨 우익이 서 있다. 사진 옆에는 백범이 평생 좌우명으로 삼고 가슴에 새겼던 서산대사 휴정의 선시가 자신의 친필 글씨로 나란히 걸려 있다. 이런 우연이. 내가 지갑 속에 넣어 품고 다니는 선시 아닌가!

답설야중거(踏雪野中去 눈 내린 들판을 걸을 때는)

불수호란행(不須胡亂行 어지러이 걷지 말지니)

금일아행적(今日我行跡 오늘 걷는 내 발자국을)

수작후인정(遂作後人程 뒷사람이 그대로 따를 것이니)

휴정 서산대사, 〈답설(踏雪)〉

다시 다리를 건너 나오며 마곡사에서 가장 오래된 건물인 보물 제 800호 영산전에 들렀다. 영산전에는 석가모니 부처님 이전에 세상에 출현한 일곱 분의 부처님이신 과거칠불과 천불이 모셔져 있다. 또한 조선 세조대왕이 생육신의 한 분인 매월당 김시습을 만나러 왔으나 이미 부여 무량사로 거처를 옮긴 후여서 만나지 못하자 '매월당이 나를 버리고 떠났으니 연을 타고 갈 수 없다' 하여 연을 징표로 남겨 두고 소를 타고 갔다는 이야기가 전해 오는 장소이다. 영산전은 입시, 승진 등의 소원이 잘 이루어져 불자들의 발길이 끊이지 않는 곳이라고 한다. 전설이 많고 영험이 많은 마곡사에서 나도 소원 하나를 가슴에 품고 문고리를 당기며 고개를 빼꼼히 내밀어 봤다.

언덕에 핀 난초 - 부여

　부여는 백제 후기 123년 동안의 도읍지였다. 백제 성왕은 고구려의 침략으로 쫓겨나다시피 옮겼던 공주의 임시처소 같은 도읍에서 일찍부터 마음에 두고 있던 부여로 서기 538년에 천도하였다. 고구려의 침략을 교훈 삼아 외적의 침입에 철저히 대비하기 위함이었는지 도읍을 정하고 틀을 갖춤에 있어서 방어기능이 잘 나타나 있다. 북쪽으로 백마강이 감아 도는 진산인 부소산에 겹겹이 병풍처럼 산성을 쌓고 남쪽 기슭에 왕궁을 자리 잡았다. 왕궁 앞쪽으로는 도읍지가 자리 잡고 너머에는 서쪽을 흘러온 백마강이 들판 앞을 가로지르며 자연적인 방어시설로 기능을 하고 제방은 성벽의 역할을 대신하며 수도 사비를 보호하고 있다. 동쪽으로는 부소산성에서 시작하여 백마강에 이르는 길이 6.3km의 나성을 쌓아 왕궁을 보호함은 물론 수도 안과 밖을 구분 지었다. 이처럼 수도 사비는 천연과 인공의 방어벽으로 빙 둘러싸인 요새였다. 왕궁을 중심으로 백마강과 나성이 두 팔을 넓게 벌려 도읍을 폭 감싸 안고 있는 형상이다.

과거와의 대화 - 능산리고분군

능산리고분군은 왕궁에서 10리쯤 떨어진 해발 121m의 능산리산 남쪽 경사면 중턱에 능산리사지와 나란히 자리하고 있으며 사지 측면으로는 나성이 지나고 있다. 고분군은 모두 3개 군으로 나뉘어 분포되어 있으며 현재 사적으로는 중앙의 7기가 지정되어 있다.

사비시대 백제 왕은 모두 여섯 명으로 성왕, 위덕왕, 혜왕, 법왕, 무왕, 의자왕이다. 그중 성왕은 공주, 무왕은 익산, 의자왕은 중국에 무덤이 있으니 능산리고분은 나머지 세 명의 왕과 왕족 그리고 상류층의 분묘로 추정된다. 도성 밖에 매장하는 풍습은 백제에서 시작되지 않았나 하는 생각이 든다. 조선시대에 한양도성 안에서 사람이 죽으면 남소문의 역할을 하는 광희문[일명 시구문(屍口門)]을 통하여 시신을 성 밖으로 운구하여 매장하는 풍습이 있었다. 그리고 조선시대 모든 왕릉도 도성 밖에 자리 잡고 있기 때문이다. 안내소를 지나면 구릉에 있는 왕릉이 보인다. 야트막한 구릉을 오르면 어릴 적 시골에서 자주 보았던 선산같이 평범한 왕릉이 보인다. 자동차를 타고 지나며 차창 밖으로 보이는 산 중턱에 자리 잡은 보통의 가족묘보다 규모가 조금 크다는 것을 제외하고는 특별할 게 없다. 조선시대의 왕릉처럼 홍살문(紅箭門)이며, 정자각(丁字閣), 비각(碑閣) 같은 치장도 없다. 하물며 접근금지 표시조차도 없다. 누구나 편안하게 다가 갈 수 있게 아기를 안은 엄마 품처럼 편안한 느낌이다. 봉분을 베개 삼고 누워 흘러가는 구름을 바라보며 한적한 한나절을 보내고 싶은 충동이 느껴진다. 어렸을 적 마땅히 놀이할 장소가 없어 친구네 넓은 선산에서 뛰어놀던 기억이 났다. 봉분 위를 넘나들며 봄과 여름에는 공을 차고 가을에는 자치기하며 겨울이면 연을 날렸다. 그야말로 어린이 놀이터 역할을 해주는 장소였다. 당연히 학교 수업이 끝나면 그곳으로 모였고 방학이면 누가 먼저랄 것도 없이 아침부터 아이들이 모여들었다. 자녀를 찾는 부모님은 그곳 근처로 오셔서 이름만 부르면 되었다. 가끔 동네에 어르신이 봉분 망가진다고 혼내시면 그때뿐이었다. 돌아서자마자 놀이는 계속되었다.

백제의 고분은 신라의 왕릉처럼 거대하거나 근엄하지도 위압적이지도 않다. 부여의 능산리고분군이나 공주의 송산리고분군 모두 좁은 공간에 옹기종기 모여 있다. 아마 외적의 침략에 대응하며 두 번이나 천도해야 할 만큼 항상 나라의 방어에 집중해야 했을 터이니 장묘문화 역시 거대하고 화려하게 치장할 수 없었을 것이다. 그렇다고 백제의 고분이 왜소해 보인다거나 초라해 보이지는 않는다. 선이 젖가슴처럼 둥글고 부드러우며 따뜻하고 정겨운 느낌이다. 할머니, 할아버지의 푸근한 미소처럼 마음을 편안하게 하는 묘한 매력이 있다. 드러누워 두런두런 대화를 나누어 보고 싶어진다. 가까운 직계 조상의 무덤이라면 '잘살고 있느냐?' '건강은 어떠냐?'와 같은 자손

걱정하는 일반적인 질문이 주를 이루겠지만 여기에서는 인생에 대하여, 무엇이 나은 삶인가에 대하여 고민을 털어놓기도 하고, 선화 공주가 얼마나 예뻤는가를 물으며 우문현답을 들을 수 있을 것만 같다. 그리고 당시 군왕으로서의 고뇌와 걱정, 무거운 짐을 벗어 버리고 싶은 충동 등 인간적인 고민에 대해서도 들어 보고 싶다.

　고분군 옆으로 능산리사지가 자리하고 있다.

　폐사지로 황량하고 쓸쓸한 바람만이 귓가를 스친다. 언덕 위로는 낡고 허물어진 나성이 지나고 있다. 이곳은 567년(백제 위덕왕 14년)에 성왕의 명복을 빌기 위하여 창건된 것으로 추정되는 정릉사(定陵寺)지로서 위치로 가늠해 보면 능산리고분군에 축원을 빌기 위한 사찰이었을 가능성을 시사한다. 지금까지 발굴된 내용으로 보면 강당, 금당, 목탑, 중문이 남북 일직선으로 배치되고 각 2채씩인 공방(工房)

• 능산리사지 (ⓒ한국학중앙연구원/유남해)

지와 부속사가 금당의 어깨를 두르고 금당 양편으로는 긴 회랑이 나란히 자리 잡고 있다. 큰 배수로가 사찰 전체를 둘러싸고 있으며 배수로에는 목교와 석교가 확인되어 백제인의 우수한 건축기술을 보여 준다.

이렇게 인간적이고 서민적인 고분군과 사지에서 발굴된 유물은 백제의 문화가 얼마나 아름답고 세련되었는지 보여 준다. 능산리고분군과 사지에서는 섬세하고 뛰어난 솜씨를 보여 주는 금사(金絲), 금제 장신구, 금동방울 등의 공예품이 발굴되었으며 특히 사지 서쪽 공방지에서 발굴된 백제 금동대향로(국보 제287호)와 목탑지에서 나온 석조사리감(국보 제288호)은 감탄을 자아내게 한다.

1993년 발굴된 금동대향로는 높이 61.8cm, 무게 11.8kg의 대형 향로로 백제문화의 섬세함과 조형미의 극치를 보여 준다. 향로의 뚜껑은 삼신산(봉래산, 방장산, 영주산)이 하늘을 향하여 연꽃 모양으로 솟아 있다. 뚜껑 손잡이 부분에는 여의주를 품은 봉황이 날개를 활짝 펴고 정면을 응시하며 보주 위에 서 있으며, 목 부분에는 5명의 악사가 금, 완함, 동고, 종적, 소를 실감 나게 연주하고 악사 사이의 다섯 산봉우리에서는

* 금동대향로 (©국립중앙박물관)

새가 봉황을 올려보고 있다. 향로 뚜껑에는 신선이 산다는 24개의 삼신산이 연꽃 모양으로 솟아오르고 꼭대기마다 인물과 상상의 동물들이 조각되어 있으며 산봉우리와 계곡에는 나무와 바위, 폭포가 있으며 산 사이를 흐르는 잔잔한 물결과 물가의 풍경도 보인다. 곳곳에는 호랑이, 사슴 등 42마리의 동물과 참선하는 인물, 기마수렵인, 낚시꾼 등 17명의 인물이 등장하며 현실세계를 표현하고 있다. 대접 모양의 받침에는 신수(神獸)와 신조(神鳥)를 비롯하여 요고를 연주하는 주악상, 동물을 타고 있는 인물 등이 묘사되어 있으며 뚜껑 부분과 합하여 달걀 모형을 이루고 있다. 제일 아래쪽 받침에는 구름 모양의 갈기와 두 갈래의 뿔을 가진 용이 물결을 박차고 용트림하며 승천하고 있다. 향로의 섬세함과 우아함, 균형 잡힌 아름다움에 금방이라도 숨이 멎을 것 같다. 김부식의 《삼국사기》〈백제본기〉에 나오는 검이불루 화이불치(儉而不陋 華而不侈). 이것이 백제인의 정신이고 백제의 아름다움이라는 생각에 머리가 숙어지고 마음이 숙연해진다.

석탑의 원형, 정림사지 오층석탑

정림사는 사비도읍기(서기 538~660년)에 건립된 사찰로 나성으로 에워싸인 사비도성 내부의 중심부에 자리 잡고 있다. 정림사라는 사찰명은 일제강점기인 1942년 발굴과정에서 '태평8년 무진 정림사 대장당초(太平8年 戊辰 定林寺 大藏唐草)'라고 새겨진 명문기와가 출토되어, 고려 1028년(현

· 정림사지 오층석탑

종 19년) 당시 정림사로 불리었음이 밝혀졌다.

정림사지의 가람배치 역시 백제 불교의 전형을 따르고 있다. 강당, 금당, 탑, 중문이 일직선을 이루고 승방이 강당과 금당의 어깨를 감싸며, 금당 양편과 중문 옆으로는 회랑이 배치되어 있다. 중문으로 들어서면 절터 가운데에 하늘로 솟아오를 듯 날렵한 오층석탑이 서 있다. 각 층 지붕돌의 체감률이 낮아 급경사를 이룬다. 자칫 불안감을 유발할 수 있으나 몸돌의 높이를 낮게 하여 그러한 위험성을

상쇄해 버린다. 또한 몸돌의 둘레도 작다. 그러나 장구를 세워 둔 형태를 취함으로써 단단한 중심축 역할을 한다. 이렇게 낮고 유려한 곡선의 강한 몸돌이 급한 경사각을 이루며 날개를 활짝 편 모양의 넓은 지붕돌을 단단하게 붙잡고 있어 탑이 하늘로 솟아오르는 듯 상승감과 동시에 안정감을 준다. 게다가 지붕돌의 각 코너가 외씨버선처럼 살포시 들어 올려져 더욱 운동감과 율동감을 느끼게 한다. 날렵하나 가볍지 않은 정제미와 단정하고 기품 있는 우아함과 고고함까지 품은 오층석탑은 아무리 강조해도 지나치지 않을 만큼 백제인의 탁월했던 심미안을 보여 주는 것 같다.

그러나 오층석탑에도 아픈 역사의 흔적이 남아 있다. 사비성을 침공한 당나라 장수 소정방이 탑신 1층에 '대당평백제국비명(大唐平百濟國碑銘)'이라는 승전기념문을 새겨 백제인의 가슴에 또다시 소금을 뿌리는 천추의 한을 남겼다.

망국의 한이 서린 낙화암

낙화암이 있는 부소산은 사비 백제의 진산이며 최후의 방어선이기도 하다. 부소산은 뒤로는 백마강에 둘러싸여 있으며 앞으로는 왕궁을 품고 있다. 또한 나성이 시작되는 지점으로 부소산성이 산을 가로지르며 거미줄처럼 축성된 부여 최후의 방어진이기도 하다. 부소산에 오르는 길은 여러 갈래가 있으나 여러 유적을 보며 오르기에는 영일루-군창지-반월루-사자루-백화정에서 낙화암을 보고 고란사 옆 선착장에서 유람선을 타고 구드레선착장에 이르는 약 2시간이 소요되는 코스가 추천할 만하다. 부소산은 표고가 겨우 106m에 불과해 걷기에도 무리가 없다. 그리고 누정이 많은 것으로 보아 부소산은 왕궁의 후원 기능도 겸하고 있었던 것 같다.

영일루는 부소산 동쪽 봉우리에 자리 잡은 이층누각이다. 원래 이름은 영월대였으나 언제부터인지 영일루로 바뀌었다고 한다. 더 오르면 나오는 사자루의 본래 이름이 송월대였으니 영월대에서 달맞이하며 연회를 베풀고 송월대에서 지는 달을 보며 즐겼으리라 추측된다. 조선시대까지 사용하였던 것으로 추정되는 군량미를 보관하던 군창 터와 이를 지키던 군사의 움막을 지나면 반달 모양의 백마강이 끼고 도는 사비 도읍이 훤히 내려다보이는 전망 좋은 반월루에

· 백화정

이른다. 부소산에서 제일 높은 곳에 위치하여 달넘이 주연을 베풀던 사자루(송월대)를 지나면 낙화암 절벽 정상 우뚝한 바위 위에 서 있는 육모지붕의 백화정에 도달한다.

　이곳이 삼천궁녀가 뛰어내린 장소일까? 낙화암은 40m 높이의 절벽으로 원래 이름은 '타사암'이었으나 궁녀의 죽음을 아름다운 꽃이 떨어지는 것에 비유한 후대의 표현이 이름으로 굳어진 것이다. 물론 낙화암은 삼천궁녀가 뛰어내릴 만큼 큰 절벽이 아니다. 그리고 백제의 국력이 삼천궁녀를 가질 만큼 부강하지도 않았을 것이며 부소산 아래 왕궁터도 광활하지 않다. 항상 북과 동으로부터의 외적 침략에 전전긍긍하지 않았는가? 아마 페르시아의 술탄도 하렘에 삼천 명의 오달리스크를 거느리지는 못했을 것이다. 또 대국이라 섬김을 받는 중국의 자금성도 999칸 집 아니던가? 주변국에서 조공으로 받은 여인이 많다고 해도 999명을 넘길 수는 없는 것 아닌가. 그러나 사실 여부를 떠나 충절을 중요한 덕목으로 삼던 시기였으므로 그 규모를 떠나 그러한 사건이 일어날 수는 있었을 것이다. 망국의 한과 충절과 절개가 서린 곳이 낙화암이다. 가파른 산길을 내려가면 유람선 선착장이다. 그 옆으로 고란사(皐蘭寺)가 절벽에 매달려 있다.

· 고란사

· 유람선에서 바라본 낙화암

스님에게 여쭤보니 고려시대에 삼천궁녀의 원혼을 위로하기 위하여 지은 절이라고 한다. 사찰 이름도 언덕에 핀 꽃이란 의미로 '고란사(皐蘭寺)'라고 지었다고 한다. 법당 뒤에는 마시면 3년 젊어진다는 바위틈에서 물이 흘러나오는 고란약수터가 있다.

황포돛배가 구드레선착장을 향하여 출발하였다. 요즈음 강의 물이 줄어 강바닥을 드러내는 경우가 많은데 백마강은 생각보다 훨씬 수량이 많았다. '백마강 달밤에~' 하고 나오는 옛 노랫가락에 맞추어 배는 흔들흔들 강을 거슬러 올라간다. 배가 강 가운데로 나가자 절벽 위로 '백화정'과 낙화암 바위가 보였다.

아래 바위에는 우암 송시열의 글씨로 '낙화암'이라는 빨간 글씨가 각자되어 있다. 우리나라 어디를 가나 볼 수 있는 볼썽사나운 풍경들이다. 황포돛배는 과거를 아는지 모르는지 강바람을 맞으며 일렁이는 물결 따라 흔들거리며 나아가고 있었다.

서동과 선화공주의 사랑이 깃든 곳
- 궁남지

궁남지는 634년(무왕 35년)에 만든 우리나라 최초의 인공연못으로 '왕궁의 남쪽에 연못을 팠다'라는 삼국사기의 기록을 근거로 '궁남지'라 부른다. 궁 남쪽에 못을 파고 20여 리 밖에서 물을 끌어와 못을 채우고 주위에는 버드나무를 심었으며 못 가운데에는 삼신산 중의 하나인 방장선산을 상징하는 섬을 만들고 포룡정이라는 누각을 세웠다고 전해진다. 방장선산으로 섬 이름을 정한 이유는 삼신산 중 방장산이 현재의 지리산으로 백제의 영토에 속하기 때문일 것이다.

백제는 자연을 거스르지 않는 정원조성 기술도 뛰어나 일본에도 조경기술을 전해 주었으며 궁남지 조경이 일본 조경의 원류가 되었다고 전해 오고 있다. 연못의 동쪽에서 백제 시기의 기와조각, 그릇조각, 초석과 기단석이 출토되어 근처에 이궁(離宮)이 있었을 것으로 추측한다. 궁남지는 가운데 동그란 호수를 중심으로 주위의 크고 작은 아름다운 연못과 산책길이 잘 조성되어 있다. 바람이 버드나무 가지를 헝클어뜨리고, 화려하게 꽃봉오리를 벌린 수련, 백련, 홍련을 감상하며 연못들 사이로 난 흙길을 밟으며 걷는 기분은 논둑을 걷는 것 같은 특별한 느낌을 준다. 땅거미가 내려앉고 궁남지에 불빛이 켜지면 환상의 세계가 연출된다. 호수 가운데 포룡정 불빛이 호수에 비친다. 호수 위로 화려한 오작교가 포룡정까지 펼쳐진다.

선녀들이 청사초롱을 들고 줄지어 늘어선 가운데를 선화공주와 서동이 손잡고 포룡정을 향하여 걷는다. 연못 주위로는 산책길과 아담한 동산이 조성되어 있어 산책의 재미를 더해 준다. 지금은 부여 시민뿐만이 아니라 많은 여행객이 찾아 산책하며 즐기는 우리나라의 대표적인 연꽃명소가 되었다. 궁남지에서 사랑하는 사람의 손을 꼭 잡고 저녁바람에 머리카락 날리며 연꽃향에 취하고 호수에 비치는 황홀한 불빛 속으로 빠져 보아라. 선화공주와 서동의 사랑 같은 아름다운 추억이 더해질 것이다.

• 궁남지의 야경

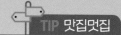

공주

🍴 매향막국수 ▸▸ 공주인이 즐기는 막국수와 육질 좋은 편육무침

🍴 시골손칼국수 ▸▸ 중동먹자골목 칼국수 골목대장, 부드러운 수육까지도 최고

부여

🍴 통큰식당(왕성식당으로 상호 변경) ▸▸ 감자와 갈치의 갈치조림, 한 끼 뚝딱

🍴 솔내음 ▸▸ 정성 가득한 향기로운 연잎밥과 입안에서 사르르 녹는 떡갈비

🍴 서동한우 본점 ▸▸ 120일 숙성, 풍미가 입안에 가득한 부드러운 맛

PART 6

지붕

없는

박물관

경주

경주에 갈 때마다 내가 여행을 제대로 하고 있나 하는 의문이 머리에 맴돈다. 발길이 닿는 곳마다 유적이고 문화재이니 모든 것을 볼 수는 없다 치더라도 우선순위라는 건 있지 않겠는가? 물론 학창시절 배운 내용이 우선순위겠지만 그것은 역사적 가치가 우선으로 반영되었을 터이니 그 이외에 다양한 종류의 감추어져 있는 유무형의 아름다움이라는 것도 있을 것 같은 생각 때문이다. 마침 경주 출신의 경주 최씨인 자상한 친구를 만났다. 그 친구의 등산이나 여행 가방은 언제나 우리 것보다 훨씬 크다. 가끔은 두 개를 둘러메고 오는 경우도 있다. 응급처치용 의약품이 들어 있는 가방을 메고 땀을 뻘뻘 흘리면서도 항상 일행의 제일 뒤쪽에서 일행의 안전을 보살피는 그런 친구이다. 시베리아횡단철도 여행 중에는 갑자기 발생한 응급상황에서 가방 속 의약품과 응급조치로 위급상황을 잘 넘긴 적도 있다고 한다. 그 친구에게 염치없이 경주를 제대로 볼 수 있는 여행 코스를 부탁하였다. 여행을 며칠 앞두고 친구에게서 일정표를 메일로 보냈다는 전화가 왔다. 일정표를 확인해 보니 갈 곳, 먹을 곳, 잘 곳, 쉴 곳 등이 망라되어 있었다. 친구의 정성이 절절히 느껴졌다.

출발할 때는 여행을 마치고 감사 표시를 해야겠다고 마음먹었으나 차일피일 지금까지도 제대로 된 사의를 표하지 못했다. 친구야, 고맙고 미안하다.

지구상에 계속하여 1,000년 도읍지였던 곳이 몇이나 될까? 고대 이집트와 로마 정도가 아닐까? 기원후로 좁혀 보면? 해석의 차이가 존재하겠지만 나는 우리나라의 경주가 유일하다고 생각한다. 그리고 이처럼 다양한 분야의 문화재를 한 도시에서 만나 볼 수 있는 곳이 어디일까? 수많은 왕릉과 원림, 사찰 및 석탑과 석불, 서원과 전통마을, 고옥과 민속 등이 한 도시를 꽉 채우고 있는 지붕 없는 박물관이다. 온 도시가 문화재이다 보니 정신을 바짝 차리지 않고 처삼촌 묘 벌초하듯이 해서는 헷갈리기 십상이다. 그래도 학창시절 죽어라 외웠던 기초지식이 있으니 용감하게 도전해 볼 만하다. 막상 부딪혀 보면 고개가 끄덕여지고 보는 안목도 생겨나지 않겠는가.

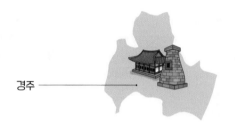

경주

오감여행

노블레스 오블리주 - 최부자댁

경주 최부잣집으로 유명한 교촌마을은 신라에서 조선으로 이어지는 천년 배움터로 신라 신문왕이 세운 국립대학인 '국학'이 위치하였던 곳으로, 고려시대에는 '향학'이, 조선시대에는 '향교'가 터를 잡았던 곳이다. 마을 이름이 교촌(校村), 교동(校洞)으로 불리게 된 연유도 이러한 유서 깊은 배움터가 자리하였기 때문이다. 교촌마을은 경주여행을 시작하며 워밍업을 하기에 그만이다. 최부잣집 고택을 비롯하여 새롭게 조성된 한옥마을의 고샅길과 담장 너머 보이는 장독대의 가지런한 옹기들, 그윽한 한옥의 정취를 감상하며 달팽이 걸음으로 걷다 보면 숨 가쁘게 달려온 헐떡임이 가라앉고 마음도 편안해진다.

최부잣집 대문 입구에 이르니 유명한 교동법주를 주조하는 한옥이 있다. 안으로 들어가 따님으로 보이는 분과 이야기할 기회가 있었다. 교동법주는 최부자댁에 전해 오는 비주로, 조선 숙종 때 음식을 관장하던 사옹원의 관직에 있던 최국선이 낙향하여 처음 빚은 가양주(家釀酒: 집에서 빚어 마시던 술)라고 한다. 현재에는 그 후손이 조상 대대로 내려온 방법으로 직접 술을 빚어 전통의 맥을 이어 가고 있으며, 국가지정 중요무형문화재로 지정되었다고 한다. 당장 구입

· 경주 최부자댁

하여 맛보고 싶은 마음이 꿀떡이나 일단 오늘 일정을 마무리하고 오는 길에 들르기로 했다. 노블레스 오블리주로 유명한 최부잣집 안으로 들어섰다.

신라시대 요석공주가 살았던 요석궁터에 자리 잡은 최부자댁은 원래는 99칸 집이었다고 하나 현재는 사랑채와 안채, 곳간과 사당만이 남아 있다. 지붕 위로 크게 풍성한 가지를 벌리고 있는 고목이 집안의 역사를 보여 주는 듯하였다. 사랑채에는 대우헌(大愚軒: 크게 어리석다)과 둔차(鈍次: 재주가 둔하다)라는 현판이 걸려 있다. 겸손함을 강조한 선대의 호를 편액으로 걸어 두고 들락거릴 때마다 마음에 새겼을 것이다. 곳간은 만석꾼 집안 것으로 보기에는 생각보다 작았다. 문에는 육훈(六訓, 여섯 가지 행동지침)이 걸려 있었다.

진사 이상 벼슬을 하지 마라.

만석 이상의 재산은 사회에 환원하라.

흉년에는 땅을 늘리지 말라.

과객을 후하게 대접하라.

100리 안에 굶는 사람이 없도록 하라.

시집온 며느리들은 3년간 무명옷을 입어라.

그것에 더하여 옆에는 쌀통이 놓여 있었다. 쌀통은 가로세로 석 자에 높이가 넉 자이며 위에는 다섯 치의 구멍이 뚫려 있다. 최부잣집 사랑채에는 항상 손님이 넘쳐나 잠자리가 부족하니 늦게 도착한 과객은 여기에서 쌀 한 줌을 가지고 근처 하인의 집으로 가면 하인들이 식사와 잠자리를 제공하게 하였다고 한다. 이러한 가문의 정신은 400여 년 동안 이어져 오며 어려운 백성을 구휼하고, 일제강점기에는 국채보상운동을 주도하고 독립운동 자금을 대는 등 항일구국운동을 하였으며, 현재 영남대학의 전신인 (구)대구대학을 설립하여 교육사업을 펼치기도 하였다. 이같이 대대손손 이어 온 긍휼과 고매한 정신이 현재에도 노블레스 오블리주의 귀감으로 회자되고 있는 것 같다.

경주향교는 최부자댁에서 계림으로 향하는 길목에 있다. 이 장소가 682년(신라 신문왕 2

· 육훈 표지판

년) 국학이 있던 곳으로 현재는 조선시대에 건립된 향교가 자리하고 있다. 경주향교는 한양의 성균관을 본떠 전묘후학(前廟後學)의 형태를 취하고 있다. 경주향교에 들어서면 큰 우물이 인상적이다. '총명수 우물'이라 불리며 원효대사와 요석공주 사이에 태어난 설총이 이 우물물을 마시고 대학자가 되었다고 해서 붙여진 이름이다. 또한 5,000여 평의 넓은 경주향교에는 학생들의 기숙 공간이 유난히 많은데 이곳에서 공부하던 학생이 90명에 달했으며 생원과 진사에 오른 사람이 무려 200명을 넘었다고 하니 명문 배움터, 8학군이었던 모양이다.

침묵이 수런거리는 계림

　계림으로 가는 길목에서 내물왕의 능이 보였다. 왕릉의 도시 경주에서 처음으로 가까이 접해보는 왕의 무덤이다. 강력했던 백제의 근초고왕과 고구려의 광개토대왕 시기에 고군분투하며 국력을 강화하고 중앙집권적 체계를 수립하여 신라 발전의 기틀을 만들었으며, 왕권을 강화하여 박/석/김 세 성씨가 번갈아 왕위에 오르던 관습을 폐지하고 경주 김씨 왕조의 기반을 마련한 강력했던 왕의 무덤이다. 생뚱맞게도 '영웅호걸이 몇몇이며… 우리네 인생…' 하는 성주풀이가 떠올랐다.

　계림으로 들어섰다. 경주 김씨의 시조 김알지의 탄생설화를 품고 있는 곳이다. 이곳은 왕궁터인 월성과 가까이에 있으니 옛 신라왕들도 휴식을 취하며 정사를 가다듬었을 것 같다. 물푸레나무, 홰나무 등 키가 높고 신비로운 모양의 고목이 울창한 숲은 한적하였다. 오랫동안 쌓여 있는 침묵이 느껴지며 청나라 김농의 〈마화지추림공화도〉가 떠올랐다.

　가을 솔바람은 소슬하고 주위로는 옛 왕들의 발자국 소리가 들려온다. 고개를 들어 하늘을 보고 허리를 굽혀 땅을 바라보며 말없이 걷는다. 고요한 계림에서 지난날들을 회상하며 서로의 마음으로 전해지는 침묵의 수런거림이 귀에 와닿는다. 한참을 귀 기울이고 인생의 덧없음을 생각하며 걷는데 갑자기 들려오는 닭 울음소리에 정신이 번쩍 들었다. 계림비각에 가까이 온 것이다. 김알지의 탄생설화는 익히 들어 알고 있는 바와 같다. 65년(신라 탈해왕 9년)에 왕이 꿈에 시림에서 닭 우는 소리를 듣고 호공을 보내 살펴보게 하였다. 호공이 당도해 보니 금빛 궤짝이 빛을 내며 나뭇가지에 매달려 있고 흰 닭이 그 아래에서 울고 있었다. 이를 왕께 아뢰자 탈해왕이 사람을 시켜 금궤를 열어 보니 궤 속에 자태가 뛰어난 사내아이가 들어 있었다. 왕은 크게 기뻐하며 이름을 알지(아이)라 하고 성은 금궤에서 나왔다 하여 김(金)이라 하였으며 이후부터는 시림 또는 구림이라 부르던 숲을 계림이라 바꾸어 부르게 되었다.

• 계림 (ⓒ문화재청)

과학과 예술의 총화, 첨성대

이제 신라의 천문관측대로 가보자. 학창시절 그토록 중요했던 신라 27대 선덕여왕 시기에 세웠다는 국보 제31호 첨성대다. 막상 당도해 보니 벌판 한가운데 커다란 맥주잔을 뒤집어 세워 놓은 것 같다. 주위에는 관광객이 빙 둘러싸고 있었다. 그런데 애개개 이게 그 첨성대야? 모양이 예쁘기는 하네. 그런데 이렇게 조그마

• 첨성대(ⓒ문화재청)

한 곳에서 하늘의 무엇을 관측했다는 거야? 첨성대의 규모는 높이 9.17m, 아랫지름 5.17m, 기단석 한 변의 길이가 5.35m라고 한다. 그런데 이 첨성대에 무수한 과학이 숨겨져 있다고 하니 그 안으로 들어가 보자.

여기에서는 관련된 자료를 인용해 보고자 한다.

'옛날부터 하늘은 둥글고 땅은 네모지다고 하였다. 첨성대의 기단은 정사각형이고 몸통은 원형으로 되어 있다. 몸체는 27단으로 되어 있는데 맨 위에 마감한 정자석(井자 모형 돌)과 합하면 28단이 되어 황도와 천구 주변에 있는 28개의 별자리 28수(宿)를 상징한다. 남쪽으로 네모난 창을 중심으로 위로 12, 아래로 12단이 있는데 이는 12달과 24절기에 해당한다. 여기에 사용된 돌벽돌의 수가 362개이니 즉 1년에 해당한다고 볼 수 있다.'

박성래, 《한국사특강》(1990), 서울대 출판부

기단석의 모서리는 동서남북 네 방위를 가리키고 위쪽 정자석은 그 가운데를 가리켜 8방위를 맞추었으며 중간부의 창은 정남쪽을 향하고 있다. 이는 태양이 춘분과 추분 날짜의 남중 시간에는 첨성대 밑바닥을 완전히 비추고, 하지와 동지에는 완전히 그늘로 가려 춘하추동 분점과 지점 측정의 역할을 한다.

《한국과학기술사》(1975), 정음사

또한 위쪽 정자석의 길이는 기단석의 꼭 절반으로 이러한 비례가 첨성대의 유려한 곡선미와 조형미를 느끼게 하며 보는 사람으로 하여금 안정감을 느끼게 하는 보이지 않는 과학이 숨어 있는 것이다.

천마 타고 하늘로 오른 왕후장상의 영혼

대릉원은 신라시대의 고분 단지로 천마총, 거대한 쌍분 황남 대총, 김알지의 7대손으로 최초 김씨 성의 왕인 미추왕릉 등 23기의 고분이 모여 있는 곳이다. 입구에서부터 위엄이 느껴진다. 거대한 고분들이 숲을 이루고 있다. 고분들 사이를 걷는 관람객이 개미만 하게 보인다.

경주가 왕릉의 도시임을 확인시켜 준다. 그런데 한 가지 궁금증이 꿈틀거린다. 대개 묘는 성 밖에 쓰는 것이 일반적이지 않은가. 그

· 대릉원 (©문화재청)

렇다면 왕궁터로 알려진 반월성과 대릉원 사이에는 성곽이 존재했으나 아직 발굴되지 않은 것인가? 아니면 신라의 묘제는 그러한 구분이 없었던 것일까? 궁금증은 전문가의 영역이니 뒤로하고 천마총 내부로 들어갔다. 천마총은 피장자가 확인되지 않아 발굴 유물 중 금관 다음으로 중요한(금관은 여러 곳에서 발굴되어 중복되므로) 천마도에서 이름을 따서 붙인 것이다.

발굴된 유물만도 장신구류 8,766점, 무기류 1,234점, 마구류 504점, 그릇류 226점, 기타 769점 등 총 1만 1,500여 점이었다고 하니 무덤의 규모나 피장자의 지위를 가늠해 볼 수 있다. 특히 말에 관련된 유물이 많은데 이는 왕의 권위와 영혼을 나르는 역할로 말을 중요시했다고 한다. 또한 고구려의 영향으로 볼 수 있는 천마도는 자작나무 껍질을 여러 겹으로 덧댄 위에 그린 것으로 말갈기와 꼬리를 꼿꼿이 세우고 있어 구름 위를 나는 것 같은 천마의 모습이 신비함을 자아낸다. 또한 무덤 안에 관의 모습이 고스란히 재현되어 있어 당시 분묘의 중요성을 말해 준다. 정성스럽게 쌓았을 묘단, 몸에 맞춘 목곽, 관을 메운 적석, 그리고 부장품 등이 당시 호화로웠던 신라의 문화와 신라인의 사후 세계에 대한 믿음을 가늠케 해준다.

부르르 흔들리는 신라의 황홀한 밤
- 월정교

　저녁 시간에는 남천을 따라 부는 바람을 맞으며 신라인이 되어 보기로 했다. 교동법주로 적당히 취기를 느끼며 바라보는 월정교의 화려한 조명에 흥청거리는 서라벌의 옛 모습이 느껴졌다. 월정교는 760년(경덕왕 19년)에 건립된 다리로 신라의 궁성인 반월성과 남쪽의 남산을 잇는 왕궁의 다리였다. 당시에는 '월정과 춘양'이라는 두 개의 다리를 놓았다고 전해진다. 신라시대에는 월정교(月淨橋)였으나 고려시대에 월정(月精)으로 이름이 바뀌었다는 기록으로 보아 고려시대까지 존재했던 것이다. 현재의 다리는 2018년에 조사와 고증을 통하여 복원된 것이지만 상상에 기초한 부분이 많다.

　다리의 남쪽과 북쪽에는 신라 최고의 명필과 문장가로 이름을 날린 김생과 최치원의 글씨를 본뜬 편액이 걸려 있다. 그런들 어떠리. 강물에 비친 월정교의 야경은 황홀하기 그지없다. 바람이 물결을 일으키기라도 하면 흔들리는 월정교가 부르르 떤다. 조용히 눈을 감으니 신라인의 소리가 들려온다. 고요하고 깨끗한[淨] 강물에 달빛[月]이 잠겨 있다. 의관을 갖춘 벼슬아치, 도령모자를 쓴 청년들, 다홍치마를 입은 처녀들이 떠들썩하니 지나가는 사이로 긴 나뭇가지에 호

* 월정교 (©경주문화관광)

리병을 둘러멘 빡빡이 땡중이 고주망태가 되어 소리를 꽥꽥 지르더
니 강물 속으로 풍덩 빠지자 달빛이 이울어진다. 관원들이 얼른 다
가가 건져 내어 원효대사임을 알아보고 인근 요석공주 집으로 몸을
말리라고 피신시킨다. 열 달 후 아기 우는 소리가 들리더니 설총이
태어났다. 잠잠해진 강물 위로 화려한 신라의 월정교가 매혹적인 불
빛을 발산하고 있다.

심장소리 같은 맥놀이 - 에밀레종

지금도 휴대폰에 담아 두고 자주 꺼내 보는 사진이 있다. 6~7년 전쯤으로 기억한다. 점심 식사를 위하여 식당으로 들어서는데 향로를 받들고 공양하는 비천상의 액자가 걸려 있었다.

프린스턴 대학의 연구진이 발표한 논문에 따르면 호감 여부를 판단하는 데 걸리는 시간은 고작 0.1초라고 한다. 그 액자를 보는 순간 전신의 피가 머리로 몰리는 느낌이 들었다. 자세히 보니 에밀레종(성덕대왕신종 또는 봉덕

· 성덕대왕신종 비천상 탁본
(ⓒ단국대석주선기념박물관)

사종)의 탁본 같다. 세종문화회관 좌우 정면에 생황과 피리를 든 비천상에 항상 감동하고 있지만 이 순간만은 완전히 무아지경의 느낌이었다. 가녀린 선녀가 천의를 너울거리며 향로를 받들고 정성을 모아 공양하는 모습이 가슴 한복판으로 덜컥 내려앉았다.

선녀가 당초무늬 구름에 둘러싸인 연꽃 위에서 몸을 곧추세우고 무릎을 모아 꿇어앉아 있다. 두 손은 향로를 받들어 가슴 위로 올리

고 머리는 하늘을 바라보며 부처님의 진리를 간구하고 있는 모습이다. 향로에서 피어오른 연기가 선녀의 마음을 담아 하늘에 전하는 것만 같다. 구름과 연기와 선녀의 눈길이 진리를 간구하며 한 곳으로 모인다. 그 모습에 당장이라도 국립경주박물관으로 달려가고 싶은 마음이 간절하였으나 호구지책인지라. 다음으로 미룰 수밖에 없었다. 그야말로 밥이 입으로 들어가는지 코로 들어가는지 로봇처럼 손과 입만 움직였던 것 같다. 식사 시간 내내 마주 앉아 식사하던 친구가 이상한 낌새를 알아차리고 아무 말 없이 힐끔힐끔 곁눈질만 하더니 식당을 나오며 다음에 같이 가보자고 하였다.

지금 내가 국립경주박물관 마당 바로 그 에밀레종 앞에 서 있다. 경덕왕이 선왕인 성덕대왕의 극락왕생을 위하여 봉덕사를 세우고 12만 근(약 24톤)의 황동을 희사하여 종을 만들어 그곳에 걸려고 하였으나 뜻을 이루지 못하고 세상을 떠나자 아들 혜공왕이 부왕의 유언을 받들어 771년 12월 14일에 완성하였다.

에밀레종의 제작과 관련된 전설은 우리가 이미 잘 알고 있는 내용이다. 경덕왕이 전국 사찰의 시주승들에게 명하여 대종을 주조하기 위한 모금을 하고 있을 때, 어느 찢어지게 가난한 여염집 과부 아낙이 아이를 안고 '마음 같아서는 시주하고 싶은데 우리 집에는 시주할 것이라고는 이 갓난아기뿐이네요' 하며 희롱조로 스님을 놀렸다. 이후 대종의 제작이 연신 실패하자 점을 쳐보니 무언가에 부정을 탔으므로 그 원인을 찾아 없애고 희생물을 바쳐야 한다는 점괘가 나왔다. 부정의 원인을 살펴보던 중 그 이유가 그 아낙에게서 비롯되었다고 단정 짓고 아이를 빼앗아 희생물로 삼았다. 완성된 종을 치자 신기하게도 아기의 울음소리 같은 '에밀레' 하는 여운이 맥놀이를 이루며 퍼져 나갔다. 이는 '에미일레라' 즉 '어미의 탓'이라는 아기가 어미를 원망하며 우는 종소리처럼 들려 '에밀레종'이라는 이름으로 불리게 되었다. 그러나 이후 에밀레종은 천덕꾸러기 신세가 되어 이곳저곳을 방황하게 된다. 봉덕사는 흔적도 없어지고 잡풀 무성한 들판에 나뒹굴던 에밀레종은 영묘사를 거쳐 급기야는 봉황대 아래 성문에서 문을 여닫는 인정(人定)과 파루(罷漏) 역할로 전락하더니 1,200여 년이 지나고서야 겨우 (구)경주박물관을 거쳐 현재의 국립경주박물관에 안착하였다.

1975년 에밀레종을 국립경주박물관으로 옮기는 과정에는 많은 우여곡절이 있었다. (구)박물관에서 새로운 박물관까지의 거리는 2km에 불과하였으나 그 중간에 위치한 다리가 50톤에 해당하는 무

봉황대에서 조선총독부경주분관(구 박물관)으로 신종을 옮기는 모습/1915년

게를 견딜 수 없었다. 22톤(나중에 정확히 18.9톤으로 확인됨)의 범종을 포장하니 그 무게가 30톤에 달하였고 운반 트레일러의 무게까지 합하니 50톤에 달하였기 때문이다. 어쩔 수 없이 먼 길을 돌아 5km의 노선으로 가기로 하였으나 이번에는 전깃줄이 문제였다. 결국에는 한

국전력공사의 도움으로 트레일러가 지날 때마다 전깃줄을 끊고 지나면 다시 연결하며 두 시간에 걸쳐서 옮겼다고 한다. 이때 에밀레종을 옮기는 광경을 보기 위하여 경주역 광장과 거리에 모인 인파가 10만여 명에 이르렀다고 하니 거의 모든 경주시민이 다 모였다고 볼 수도 있다. 모여든 인파에 감동한 주최 측은 광목 열 필을 급히 조달하여 에밀레종에 세 가닥으로 매어 늘어뜨리고 시민들이 자발적으로 그 줄을 잡고 뒤따라 걸을 수 있도록 하여 장대한 광경을 연출하였다고 한다.

옮겨온 종을 안전하게 매다는 문제도 걱정거리였다. 우여곡절을 겪으며 시험 삼아 28톤의 강괴를 매달았으나 일주일 뒤 종을 매단 종고리가 휘어 찢어지는 현상이 발생하였다. 고리를 걸 쇠막대기도 문제였다. 여러 가지 시도 끝에 결국 찾은 방법은 창고에 처박혀 있던 전에 사용하던 쇠막대기를 사용하는 것으로 문제가 해결되었다.

에밀레종은 높이 3.7m, 둘레 7m, 입지름 2.27m, 두께는 위쪽이 10cm에 아래쪽이 20cm, 전체 부피는 3㎥이며 무게는 19.2톤으로 경덕왕 재위기간(742~764)에 시작하여 771년(혜공왕 7년)에 완성될 정도로 오랜 기간에 걸쳐 제작되었으며 현존하는 종 가운데 최고로 큰 대종이다. 대종의 생김새는 용 모양의 종고리인 용뉴(龍鈕)와 몸체인 종신(鐘身)으로 구성되어 있다.

새색시의 단정한 치마선처럼 흘러내리는 풍만하지도 빈약하지도 않은 유려한 곡선의 종신 윗부분에는 종유(鍾乳)라는 젖꼭지 모양의 돌기가 9개씩 짝을 이루어 사방으로 네 개의 유곽(乳廓)이 감싸고 있으며, 몸통에는 하늘로 오를 듯한 신비로운 비천상과 종을 칠 때 종봉(鍾棒)이 부딪히는 당좌(撞座)에는 연꽃무늬가 조각되어 있다. 종의 상하에는 넓은 띠 모양의 상하대(上下帶)를 둘러 기하학적인 보상당초문(寶相唐草文)을 새겼으며 위쪽에서부터 내려오는 유려한 곡선이 흘러내리는 느낌이 들지 않도록 단정하게 대님처럼 갈무리하고 있다. 특히 아래쪽 종구(鐘口) 부분은 마름모 형태의 변화를 주어 단조로움을 피하고 운율감을 느끼게 한다.

몸체의 두 곳에는 1,037자로 쓰인 명문이 있다. '한림랑 김필중이 왕명을 받들어 짓다'로 시작한 명문은 종의 제작동기, 제작시기, 범종의 의미, 종을 만드는 데 참여한 8명의 관직과 이름, 기술자 4명의 직책과 이름을 설명하고 성덕대왕이 태평성대를 열었다는 내용으로 글씨는 대나마 한단이 쓰고 시명은 김백완이 지었으며 감독관은 대각간 김옹과 각간 김양상이었다고 새겨져 있다.

명문의 의미를 간략히 인용해 보면, 다음과 같다.

'… 이 신종을 달아 진리의 원음을 듣게 하고 … 성덕대왕의 덕은 산처럼 높고 바다처럼 깊었고 어진 사람을 중용하여 백성들이 편안히 살 수 있게 하여 태평성대를 열었으며 … 종소리를 듣는 사람은 복을 받으리라.'

그러나 무엇보다도 에밀레종이 최고의 범종인 것은 종소리에 있다. 맑고 장중하며 에밀레 하며 뻗어 나가는 심장소리 같은 맥놀이는 천상천하의 모든 곳에 이르러 모든 중생을 미혹의 세계에서 건져

• 에밀레종

내어 열반의 언덕에 이르게 할 것만 같다. 부처님의 설법하시는 목소리가 이와 같고, 설법이 에밀레종의 맥놀이에 실려 천상천하 곳곳으로 전하여져 모든 고통 받는 중생을 구제할 것처럼 신비롭고 아득하다. 지옥의 판관인 염라대왕도, 도산지옥, 화탕지옥, 흑암지옥에서 고통받는 중생들까지도 이처럼 형언할 수 없는 깊고 오묘한 종소리를 들으면 무한의 깨달음에 이를 것 같다.

사찰의 범종루에는 사물, 즉 모든 나는 중생을 위한 운판, 땅에 사는 중생을 위한 법고, 물속의 중생을 위한 목어 그리고 지옥에서 고통받는 지옥 중생을 제도하는 범종이 걸려 있다. 땅속의 성덕대왕에게도 신비로운 에밀레종의 종소리가 전해져 그의 극락왕생을 인도할 것 같다.

화려한 등불 아래 주악과 향가 소리 넘쳐흐르고
- 동궁과 월지

　동궁과 월지는 학창시절 안압지로 배웠던 곳이다. 현재 발굴과정에 있는 신라의 왕궁터 반월성과 인접해 있던 별궁터이다. 그곳에는 '달이 비치는 연못'이라는 '월지'가 있었으나 고려와 조선의 시인 묵객이 폐허가 된 연못을 보며 '화려했던 궁궐은 간데없고 기러기(雁)와 오리(鴨)가 많이 날아든다'라는 쓸쓸한 시를 읊조려서 '안압지'로 부르게 되었다고 한다. 1975년부터 시작된 준설을 겸한 발굴조사에서 '월지'라고 새긴 토기 파편이 나와 이름을 '안압지'에서 '동궁과 월지'로 바꾸었으며, 1980년에는 임해전을 비롯한 31동의 여러 부속 건물터가 확인되는 등 많은 유물이 출토되어 그곳이 별궁터였음이 확인되었다.

　674년(문무왕 14년)에 큰 연못을 파고 못 가운데 3개의 섬과 12봉우리의 가산을 만들어 아름다운 화초와 나무를 심고 진귀한 새와 짐승을 길렀다고 한다. 이곳이 월지다. 또한 태자가 머무는 동궁터에서 발굴된 유물 중에는 680년(조로 2년)이라고 새겨진 보상화(寶相華: 상상의 꽃) 무늬를 새긴 벽돌이 발굴되어 임해전이 문무왕 때 세워진 것임을 뒷받침해 주고 있다. 임해전은 931년 신라의 마지막 왕인 경순왕이 견훤의 침입을 받은 뒤, 왕건을 초청하여 잔치를 베풀며 도움을 청했다는 기록이 남아 있는 것으로 보아 군신들의 연회나 귀빈들의 접대장소로도 이용되었음을 알 수 있다. 이곳에서 발굴된 유물 중에는 '주령구'라는 14면으로 된 주사위가 있다. 잔치의 흥을 돋우기 위해 주령구를 굴려 벌칙을 부과하는 놀이기구였다. 벌칙 중에는 '술 석 잔 마시기' '노래 부르기' '크게 웃기' 등이 있는 것으로 보아 중국 동진시대의 명필 왕희지로부터 비롯된 유상곡수(流觴曲水)가 신라를 거쳐 조선의 백운동 원림에 이르렀으며 현재의 후래삼배(後來三杯)의 원조격 같다는 생각이 든다.

동궁과 월지는 밤에 방문해야 환상적인 모습을 감상하기에 제격이다. 정자에 비친 화려한 조명이 연못 속에 비치고 길을 따라 늘어선 청사초롱 사이로 다정하게 걷는 그림자가 흔들리고, 달이 구름 속에 숨어 버린 연못 가운데 섬에는 연인들이 속삭이는 밀어가 바람에 흩날린다. 멀리 보이는 정자에서는 거나하게 취한 군신들의 건배사와 장삼을 휘날리며 권주가를 부르는 홍청의 노랫소리에 물결이 일렁이며 내 마음에 파문을 일으킨다.

· 동궁과 월지

안개처럼 사라진 영화, 황룡사지

　황룡사는 553년(진흥왕 14년)에 2만 5,000평에 달하는 넓은 땅에 궁궐로 짓기 시작하였으나 그곳에서 누런빛의 용이 나타났다고 하여 사찰로 고쳐 짓고 황룡사라고 하였다. 이후 574년에는 1장 6척(4~5m)의 거대한 불상인 금동장육존상을, 584년(진평왕 6년)에는 장육존상을 모실 금당을 완공하였으며, 645년(선덕여왕 13년)에 구층목탑을 세움으로써 4대 왕에 걸쳐 한 세기 만에 완성한 대불사였다. 그리고 또다시 100년 후인 754년(경덕왕 13년)에 에밀레종의 4배나 되는 동종을 주조하여 걸었다고 하니 실제로는 두 세기에 걸쳐 완성한 대역사였던 것이다. 그러나 1238년 몽고군의 침입으로 황룡사는 불에 타 흔적도 없이 사라져 버렸다. 이때 솔거가 그렸다는 '금당의 벽화'도, 금동장육존상도, 그리고 구층목탑도 소실되고 말았다. 거대한 동종은 몽고군대가 가져가려다 너무 무거워 운반할 수가 없자 감은사 앞 대종천(大鐘川)에 버리고 갔다는 이야기만 전해 온다. 황룡사구층탑은 선덕여왕이 자장율사의 권유로 외적의 침입을 막기 위하여 세운 상륜부가 42척, 본탑이 183척으로 총 225척(80m)이나 되는 거대한 목탑으로 층마다 주변 9개의 적국의 이름이 적혀 있다. 탑의 건축은 신라의 요청으로 백제에서 파견된 건탑 장인 아비지가 세웠다고 한다. 황룡사의 구층목탑이 얼마나 아름다웠는지 고려시대에도 개경인들이 서라벌을 방문하여 그 웅장함과 아름다움을 감상하며 경탄하는 관광명소였다고 전해진다.

그러나 현재는 황량한 허허벌판으로 발굴이 진행 중이다. 날이 밝아오기 전 황룡사 앞에 당도하여 상상으로 웅장하고 화려했던 당시를 그려 볼 수밖에 없다. 만물이 깊게 잠들어 고요한 새벽 범종소리가 그윽이 울리며 퍼져 나가고 나라의 안녕과 백성의 편안함을 기원하는 청아한 예불소리가 들려온다. 낮게 깔린 새벽안개 위로 목탑과 금당의 지붕이 희미하게 떠오른다. 아침 해가 점차 떠오르며 안개가 희미해지고 금빛으로 빛나는 자미궁 같은 황룡사가 자태를 내보이며 신라의 화려한 영화를 드러낸다.

· **황룡사지** (ⓒ문화재청)

헛헛한 마음의 분황사

분황사는 황룡사지와 이웃하고 있다. 진평왕 말기에 시작하여 634년(선덕여왕 3년)에 완성된 사찰이다. 분황(芬皇)은 '향기로운 임금'이라는 뜻으로 선덕여왕 자신을 가리키는 것으로 풀이해 볼 수 있다. 분황사는 규모 면에서 황룡사와는 비교할 수 없지만 신라 승려들의 계율을 정한 자장율사가 주석하였으며 화쟁국사 원효도 이곳에서 《금강삼매경론》과 《화엄경소》 등을 저술했던 곳으로 신라 불교의 중심지였다. 현재 분황사도 거의 소실되고 약사여래입상을 모신 보광전, 호국룡의 전설이 전해 오는 변어정 석정(石井) 그리고 화쟁국사비를 받쳤던 받침(碑趺)과 당간지주, 모전석탑과 석탑을 지키고 있는 돌사자상만이 허전하게 자리를 지키고 있다. 모전석탑은 현존하는 전탑 중 가장 오래된 것으로 원래는 9층이었다는 기록이 있으나 임진왜란 때 불타고 현재는 높은 기단 위에 3층만 남아 있다. 그러나 3층만으로도 완결성과 중후한 미감을 풍기고 있다. 아마 당시에는 황룡사구층목탑과 서로 마주 보며 호국의 탑으로서 신라를 지키며 우뚝 솟아 있었을는지도 모를 일이다. 모전석탑은 네모난 4각의 형태이며 1층 각 면에는 문을 만들어 힘이 불끈불끈한 금강역상을 배치하였고 네 모서리에는 돌사자상을 세웠었으나 현재는 하

· 모전석탑

나만 외롭게 남아 있다. 분황사 앞쪽으로는 황량한 허허벌판이 펼쳐
진다. 봄이면 청보리밭, 가을이면 하늘거리는 코스모스가 분황사에
서 느낀 헛헛한 마음을 달래 주고 있는 듯하다.

나뭇잎 소리 옛 영화를 속삭이고
- 진평왕릉

　명활성에서 진평왕릉에 이르는 약 2km의 한적한 시골 둑길을 따라 걸어 보라. 옆으로는 개울물이 흐르고 둑을 따라 이어진 오솔길의 숲머리에는 봄이면 겹벚꽃이 흐드러지게 피어 하늘을 가린다. 혼자 사색하며 산책로를 걷다 보면 어디메쯤 넓은 들판 한가운데 자리 잡은 선덕여왕의 부왕인 진평왕릉이 나온다.

　나는 늦은 가을의 고즈넉한 진평왕릉을 좋아한다. 원형의 봉분 주위로 너른 잔디밭 가장자리에는 오래된 수목이 소슬한 정취를 자아낸다. 봉분은 다른 왕릉과는 조금 다르게 크고 높지도 않다. 마치 주발을 엎어 놓은 것처럼 소담하며 화려한 석물이나 치장이 없어 담백

· 진평왕릉

하며 친근한 인상을 준다. '부귀영화는 하룻밤 꿈일 뿐이다'라고 말하는 것처럼. 봉분 주위의 수목도 너무 하늘로 솟아오르거나 울창하지 않고 봉분과 조화를 이루고 있다. 특히 가을에 방문하면 고목에 기대어 누렇게 변한 잔디와 나무 그림자가 얼룩진 봉분을 바라보며 옛 영화를 들려주는 것 같은 마른 나뭇잎 흔들리는 소리와 함께 고요하고 쓸쓸한 왕릉의 정취에 취하며 사색에 잠겨 볼 수도 있다.

천근만근이나 되는 마음을 털고 일어나 너른 논밭을 가로지르며 황복사터로 향한다. 진평왕릉의 깊은 감동이 추수가 끝난 텅 빈 들판에 뿌려진다. 보문사터의 흩어진 세월의 흔적들을 보며 들판을 지나 소담한 황복사터삼층석탑 앞에 섰다. 혼자서 외롭게 남아 너른 들판과 먼 산을 바라보며 황량한 옛터를 지키고 있다.

· 황복사지 삼층석탑 (ⓒ문화재청)

불교박물관 남산
(나정·포석정·삼릉·금오봉·용장골)

우리나라에서 문화재 밀도가 가장 높다는 남산으로 향하였다. 월정교도 원래는 신라의 왕궁인 반월성과 남산을 잇기 위하여 건설한 다리라고 하니 신라인들이 남산을 얼마나 중요하게 여겼는지 추측해 볼 수가 있다. 남산의 진면목을 느껴 보기 위하여 신라의 시조 박혁거세의 탄생설화가 전해 오는 나정에서부터 왕조의 종말을 상징적으로 보여 주는 포석정, 삼릉부터 시작하는 석불 밀집지역인 삼릉골을 거쳐 468m의 금오봉을 지나 용장골로 내려오는 코스를 택하였다. 5.6km로 4시간 정도 소요되는 코스이다. 박혁거세의 탄생설화가 얽힌 나정에 들렀다.

하늘에서 상서로운 빛이 남산 기슭의 나정(蘿井)을 비추어 가보니 백마가 알 앞에서 무릎을 꿇고 있다가 하늘로 올라갔다. 알은 환한 빛을 발하더니 깨지고 그 속에서 비범해 보이는 준수한 남자아기가 나왔다.

· 나정 전경 (ⓒ문화재청)

사람들은 커다란 박 같은 알에서 태어났다고 하여 성을 박(朴)이라 하고 세상을 밝게 다스린다는 뜻의 '혁거세(赫居世)'라는 이름을 붙였다. 입구를 알리는 표지를 지나자 유허비, 팔각건물과 우물터, 담장과 배수로 등이 여기가 나정임을 보여 주고 있다. 나정을 지나 포석정으로 향하였다. 현재는 모든 건물은 없어지고 둥치가 큰 나무 아래에 유상곡수(流觴曲水)를 즐겼을 조그만 구조물만이 남아 있다. 그나마 좀 더 깊고 넓은 연못에 잔이 흐르는 수로를 만들어 즐겼다면 덜 아쉬웠을 텐데 평지를 얕게 파서 전복 껍데기 모양으로 만든 초라한 석조 구조물이었다.

이곳에서 왕과 신하들이 어울려 술잔을 흘려보내며 춤추는 화려한 여흥을 즐겼을 곳이라고 생각하니 허전한 마음이 들었다. 이곳이 경애왕이 후백제 견훤의 습격을 받아 최후를 맞은 곳이라고 한다. 지금까지 주지육림에 빠져 정사를 망치고 즐겼을 곳이라는 상상은 여지없이 무너졌다.

이제 본격 남산에 올라야 한다. 탐방지원센터를 지나면

· 포석정

계곡물이 시원하여 냉골(冷谷)이라 물리는 삼릉골이 나온다. 제일 먼저 삼릉계곡 초입에 위치한 삼릉을 만난다.

제54대 경명왕릉, 제53대 신덕왕릉, 제8대 아달라왕릉이 나란히 있으며 주위에는 소나무숲이 울창하여 새벽안개가 내려앉을 때가 가장 아름답다고 한다. 그곳에 도착했을 때는 이미 해가 떠올라 그러한

· 삼릉

멋진 경관은 다음을 기약할 수밖에 없었다. 그러나 송림으로 둘러싸인 삼릉은 아득한 먼 역사를 돌아보기에 충분히 스산하고 고적한 정취를 간직하고 있었다.

삼릉을 지나면 석불의 향연이 펼쳐진다. 계곡을 걸으며 문득 한 가지 드는 의문이 대개 우리나라의 산세가 좋고 기가 세 보이는 산에는 당골이 있어 무속을 지키는 신당이 많은데 남산에는 신당보다 불교의 흔적이 많은 이유가 무엇일까? 남산 권역에는 150여 곳의 절터와 120여 구의 석불, 96여 기의 석탑이 존재한다고 한다. 제일 먼저 석조여래좌상을 만난다. 그런데 머리가 없다. 자비롭고 온화했을 얼굴이 어디로 사라져 버렸다. 너무나 잘생기고 신비한 모습에 반하여 훔쳐 간 것인가? 그래도 석가여래는 전혀 요동도 없이 의젓한 자태로 진리를 밝히고 있는 것 같다. 조금 더 오르니 보관을 쓰고 통통한 얼굴에 미소를 머금은 마애관음보살상이 나온다. 손에 든 정

병 속 감로수로 예토의 고통받는 중생에게 시원한 생명수를 부어 줄 것 같다. 천의무봉같이 자유로운 필치가 돋보이는 선각육존불을 지나 얼굴만 돋을새김한 선각여래좌상에서는 마음을 편안하게 해주는 넉넉함이 느껴진다. 산길을 벗어나 계곡을 건너 조금 오르니 순백의 정좌한 여래좌상이 커다란 광배를 배경으로 눈을 가늘게 뜨고 아래를 그윽이 내려보고 있다.

범접하기 어려운 광채를 발하고 있는 것 같아 마치 아래쪽에서 바라보는 내가 〈수월관음도〉의 선재동자가 된 것 같은 생각이 들었다. 상선암 근처의 짧고 가파른 코스를 지나니 능선길이다. 전망이 확 트여 망산, 단석산, 구미산 및 넓은 평야와 경주 시내를 한눈에 바라보며 걷는 맛이 시원스럽다.

그런데 저 아래 절벽에 마애석가여래좌상이 보인다. 절벽을 광배 삼아 머리 부분은 양각이고 몸 아래로 내려갈수록 선각에 가깝다. 아마 직접 앞쪽에서 보면 원근법으로 인하여 아주 자연스럽게 보일 것 같다. 신비롭기 그지없다. 먼 옛날 얼마나 깊은 불심이었기

· 여래좌상

에 위험을 무릅쓰고 6m나 되
는 부처님을 새겼을까? 불상
을 새기는 석공의 마음은 어땠
을까? 생각하니 고개가 절로
숙어진다.

· 마애석가여래좌상

드디어 금오봉에 올랐다. 그
곳에는 남산과 망산의 재미난 유래를 전하는 표지판이 서 있다. 널
찍한 바위에 앉아 바라보는 경주의 들판이 한가로워 보인다.

이제는 용장골로 내려가야 한다. 그런데 갈림길이 애매하다. 조
금 걷다가 아무리 생각해 봐도 이상하였다. 약수골로 내려가고 있
는 것 아닌가? 다시 금오봉으로 돌아와 용장골로 향하였다. 하산길
에 다행히 산길을 고치고 계시는 어르신들을 만나 여쭤보니 제대로
들어선 것이 확인되었다. 이 길로 가면 김시습이 《금오신화》를 썼다
는 '용장사' 터를 만날 수 있을 것이다. 사실 오늘 이 코스 탐방의 큰
이유 중 하나 아닌가! 용장골은 금오봉과 남산의 최고봉인 고위봉
(494m) 사이의 계곡이다. 조금 내려가다 보니 조망이 아름다운 기암
절벽을 지나게 된다. 그 절벽의 끄트머리에 하늘 끝에 닿아 있는 것
처럼 보이는 용장사곡삼층석탑이 우뚝 서 있다.

무너진 절터 아래쪽 계곡에 흩어져 있던 것을 복원한 것이다. 그러
나 기품이 넘치고 당당함이 느껴진다. 멀리 고위봉을 굽어보며 고고
하게 서 있는 모습이 이곳에서 세상을 밝히는 진리의 빛이 나올 것만

같다. 그 아래로는 삼륜대좌불
이라고 불리는 석조여래좌상
이 있다. 연꽃이 새겨진 둥그런
삼층의 대좌 위에 몸체만 남은
불상이 얹혀 있다.

부처님이 걸치신 천의의 옷
주름과 보좌의 축축 늘어진
문양이 감탄이 절로 나오게
한다. 이것이 신라시대에 만
든 것이라고는 믿기가 어려울
지경이다. 그 위쪽으로는 무
뚝뚝하고 친근하게 느껴지는
마애여래좌상이 앉아 계신다.

• 용장사곡 삼층석탑

조금 내려오니 흔적조차 거
의 사라진 용장사터가 나온다. 이곳 용장사가 우리가 익히 알고 있
는 우리나라 최초의 한문소설 《금오신화》가 쓰인 곳이다. 앞으로
는 산마루를 넘어가는 햇빛이 깊숙이 들어오고 있었다. 곳곳에 흩어
진 무너져 내린 돌에 걸터앉아 《금오신화》를 쓰기 위해 험한 이곳으
로 스며든 매월당 김시습을 생각해 봤다. 세조의 왕위찬탈에 벼슬을
버리고 절개를 지킨 생육신의 한 사람으로 사육신의 시신을 매장하
고 전국을 정처 없이 흘러 다니다 이곳에 들어왔을 것이다. 이곳에
머물며 《금오신화》를 완성하고 다시 유랑길에 나서 산천을 방황하

· 삼륜대좌불

다가 부여의 무량사에서 적멸의 세계에 들었다. 그는 무엇을 찾아 그렇게 정처 없이 헤매고 다녔을까? 답은 얻었을까? 그의 숨결이 느껴졌다. 매월당도 이곳에서 저무는 해를 바라봤을 것이다.

용장사터를 지나 바위절벽을 따라 내려오는 하산길은 계곡의 물소리가 들리고 대밭과 솔숲이 교차하는 산길로 오붓하고 아름다웠다.

무영탑 불국사

아마도 우리나라의 문화유산 또는 수학여행지 하면 먼저 떠오르는 곳 중 하나가 천년고도 경주 토함산(745.8m)에 자리 잡은 불국사와 석굴암일 것이다. 그러니 대한민국 국민이라면 누구나 한 번쯤 가봐야 하고 아직 가보지 못했다면 왠지 마음에 빚처럼 느껴진다. 불국사는 751년(경덕왕 10년)에 재상 김대성이 짓기 시작하여 24년이 지나도록 완공하지 못하고 세상을 떠나자 나라에서 이를 맡아 혜공왕 때에 완성하였다고 전해진다. 불국사와 관련된 설화 또한 익숙한 내용들이다.

일연의 《삼국유사》에 전해 오는 바에 따르면,

· 불국사

경덕왕이 표훈대사에게 '내가 복이 없어 아들을 얻지 못하고 있으니 대사에게 상제께 고하여 아들을 얻을 수 있도록 청하라'고 명하였다. 대사가 상제에게 청하고 돌아와 '왕께서는 딸만이 점지되어 있다'고 왕에게 아뢰자 재차 '딸을 아들로 바꿔 줄 것을 청하라'라고 하였다. 표훈대사가 다시 상제께 청하고 돌아와 '할 수는 있으나 이 것은 나중에 나라를 어지럽게 할 것이다'라고 말씀하셨다고 고하며 왕을 설득하였으나 결국에는 만월왕후가 아들을 낳았다고 전해지고 있다. 이후 태자가 어려서 혜공왕에 등극하였으나 국사가 어지러워지고 도적이 들끓어 난리가 일어나자 김양상이 왕을 살해하고 선덕왕에 등극하였다.

다른 기록인 〈고향전(古鄕傳)〉에서 말하기를,

모량리에 불심은 깊으나 가난하여 복안의 집에서 품팔이하며 먹고사는 경조라는 여인에게 머리가 크고 이마가 넓은 대성(大城)이라는 아이가 있었다. 하루는 흥륜사의 점개라는 스님이 복안의 집에 찾아와 육륜회(六輪會)를 위하여 시주를 권하자 베 50필을 바쳤다. 이에 스님이 복안의 집에 축원하자 이를 들은 대성이 어머니에게 달려와 보시를 하면 만 배를 얻는다고 하며 우리도 시주하여 뒷날을 도모하자고 말하자 경조는 흔쾌히 보시하였다. 그 후 얼마 지나지 않아 대성이 죽었는데 같은 시각에 재상 김문량의 집에 하늘로부터 '모량리 대성이라는 아이가 죽었는데 너희 집에서 다시 태어날 것이다'라는 소리가 들려왔다. 이윽고 달이 차서 아이가 태어났는데 왼쪽 손에 '대성'이라는 금패를 쥐고 있어 이로써 이름을 삼고 모량리 어머니를 모셔 와 함께 봉양하였다. 날이 지나며 장성한 대성이 하루는 꿈을 꾸었다. 토함산에서 곰을 사냥하였는데 그 곰이 '네가 어찌 나를 죽이느냐, 내가 환생하여 너를 잡아먹으리라' 하였다. 대성이 두려워하며 잘못을 빌자 곰이 다시 '네가 나를 위하여 절을 지어주겠는가?' 하자 대성이 맹세하고 이후에는 사냥을 금하고 곰을 잡은 자리에 '장수사'를 세웠다. 불심이 더욱 깊어진 대성은 '현세의 부모님을 위하여 불국사를 세우고 전생의 부모님을 위하여 석불사를 세우고' 신림(神琳)과 표훈(表訓) 두 스님을 모셔 각각 머물게 하였다.

이후 불국사가 어떻게 유지 관리 되어 왔는지에 대한 기록은 거의 찾아볼 수가 없다고 한다. 고려시대 몽고의 난과 조선시대 임진왜란 등을 지나며 거의 불사로서 역할을 할 수 없을 만큼 대부분 건물이 불타 버렸으며 1924년 일제에 의해 개보수 공사가 진행되어 폐허는 면했으나 많은 변형과 당시의 기록이 부재하여 1970년 복원공사 때 애를 먹었다고 한다. 또한 일제강점기에 사리탑, 다보탑의 돌사자 네 마리 중 세 마리, 다보탑 사리장치 등이 사라져 버렸으며 그나마 사리탑만이 반환되었다. 또한 1966년에는 석가탑이 도굴꾼들에 의해 훼손되었다. 그리고 훼손된 석가탑의 복원공사 중 어처구니없는 허술함으로 인해 옥개석이 떨어지는 등 또다시 상처받았지만, 탑신부에서 세기의 대발견이라는 사리장치가 발견되었다. 사리장치 안에는 사리공, 사리함, 목제소탑, 청동외합, 48과의 진신사리를 모신

은제합, 세계 최고(最古)인 목판 다라니경 등 발견된 유물 하나하나
가 모두 눈을 휘둥그렇게 하는 진귀한 보물들이었다.

　가을의 불국사는 그야말로 '붉'국정토이다. 불국사로 접근하는 모
든 길이 붉은 단풍으로 불국사를 감싸고 있다. 그 가운데 장방형 불
국사가 당당한 모습으로 앉아 있다. 일반적으로 산 가운데 자리한
산사들이 산지중정형(일주문 - 사천왕문 - 만세루 - 탑 - 법당)인데 반해 불
국사는 이와는 다른 형태이다. 전면에서 보면 오묘하고 아름다우나
엄청난 축대 위로 오른쪽으로 석가모니 부처를 모신 금당영역이 있

· 범영루

고 왼쪽으로는 아미타불을 모
신 극락전영역이 나란히 있
다. 축대는 거칠고 거대한 자
연석 위에 공교하게 다듬은
돌을 쌓아 자연과 인공이 어
우러져 신의 섭리 같은 조화
와 율동미를 보여 준다. 축대
는 예토와 불국정토의 갈림길
이다. 축대 가운데에는 범종
루인 범영루가 하늘을 향하여
당당하게 서 있다. 축대 앞에
서면 범영루가 자연스럽게 시
선을 당긴다. 마치 깨달음을

얻은 자가 봉황처럼 날아오르려는 모습을 형상화한 것 같다. 지붕은 봉황의 머리이고 기둥은 다리이며 발가락은 축대를 꽉 움켜쥐고 날개를 펼치려는 모습이다.

봉황은 미혹과 번뇌를 벗어버린 불자를 태우고 창공을 자유롭게 활공하며 수미산으로 향할 것이다. 금당영역으로 오르기 위해서는 흰 구름에 몸을 싣고 무지개 넘어 백운교를 그리고 푸른 구름을 타고 청운교를 올라 노을빛 구름(자하문)을 지나야 한다.

자하문을 지나니 날렵하고 세련된 석가탑과 오묘하고 화려한 다보탑이 나온다. 석가탑이 이제 이루었다는 듯이 하늘로 우뚝 솟아 있다.

아사달과 아사녀의 전설이 마음을 아프게 한다. 아사녀가 신라의 초청으로 경주에서 석가탑을 짓던 아사달을 찾아왔지만 만날 수가 없다. 아사달은 각고의 노력으로 다보탑을 완성하고 석가탑을 만드는데 여념이 없다. 아직 탑의 상륜부가 완성되지 않았기 때문일까? (복원된 상륜부가 탑의 조형성을 떨어뜨리고 있다.) 아사녀는 탑이 완성되면 그림자 연못

· 석가탑

(影池, 영지)에 그림자가 비칠 것이라는 주지 스님의 말을 듣고 그곳에 찾아가 하염없이 아사달을 기다린다. 아사녀는 오랜 기다림 끝에 못 속에 비친 탑의 환영을 보고 그 속으로 뛰어든다. 아사녀가 연못에 몸을 던졌다는 소식을 뒤늦게 전해 들은 아사달이 달려와 그녀를 애타게 찾았으나 남은 것은 그녀가 못에 뛰어들며 벗어 놓은 신발뿐이다. 아사달이 고통과 그리움으로 못 주변을 방황하다 바위에 아사녀의 모습을 새긴 후 신발을 벗는 모습이 영지에 그림자를 드리운다. 나는 아사달 아사녀의 설화와 더불어 석가탑을 사랑한다. 조용히 바라보고 있으면 아무런 장식도 없이 오로지 생명 없는 돌에 숨결을 불어넣어 영혼이 맑아지고 무상무념의 세계로 인도하는 듯하다. 비록 사고(四苦)의 땅에 발을 디디고 있지만 바라보는 순간만은 마음이 차분해지고 정신이 맑아지는 것 같은 느낌이 든다. 석가탑 맞은편에는 다보탑이 서 있다.

· 다보탑

다보탑은 과거불인 다보여

래가 석가여래의 법화경 설법을 찬미하고 증명하는 모습을 형상화한 것이라고 한다. 탑의 형태가 4각, 8각, 원으로 짜임새 있게 구성되었고 그 조형성이 탁월하여 안정감을 주면서도 화려함의 극치를 보여 주고 있다. 다보탑은 일제에 의해 해체 복원되는 수난을 당하였으며 탑의 장식물인 사자상 세 마리와 사리장치가 일제에 의해 도난당하였다. 고개를 돌려 대웅전을 바라본다. 영혼이 아득한 석가탑과 정신이 혼미한 다보탑의 황홀경에 빠졌던 것일까. 내가 잘못본 것인가? 대웅전이 너무 왜소해 보인다. 자하문으로 물러나 지긋이 바라보지만 아쉬움은 그대로이다. 천천히 경내를 걸어 대웅전과 강당인 무설전을 지나 관음전의 축대와 담장을 본 후 서방 극락세계의 주재자인 아미타여래를 모신 극락전으로 향한다. 극락세계의 맑은 청정함을 흠뻑 마시고 안양문을 지나 연화교의 넉넉하고 품어 안아 줄 것 같은 연꽃무늬 계단을 타고 지상의 예토로 내려온다.

적멸의 세계, 석굴암

김대성이 전생의 부모를 위하여 지었다는 석굴암. 인도와 중국의 석굴사원이 사암지대에 조성된 것과는 달리 석굴암은 단단한 화강암을 파내고 조성한 세계에서 유일한 인공석굴 사원이라고 한다.

입구인 전실에는 사천왕상과 팔부신중이 늘어서 있고 둥근 석굴에는 연화대좌 위에 가부좌하고 계신 석가모니 부처를 중심으로 네 명의 여보살, 십일면관음, 열 명의 제자와 나한과 감실 불상 등 모두 40분의 불상이 새겨져 있다. 이 중 두 개의 감실 불상과 십일면관음 앞에 놓여 있던 오층 소탑 한 개는 일제강점기에 도둑놈들이 훔쳐 갔다. 이때가 다보탑의 네 마리 돌사자 중 세 마리가 사라져 버린 시기이기도 하다.

궁륭형(穹窿形) 천장은 모두 5단으로 되어 있으며 3~5단의 경우 돌판 사이에 머리핀 같은 삐침돌을 끼워 넣어 중천(中天) 위로는 별이 반짝이는 하늘을 구현하였다. 크고 동그란 천장덮개돌에는 두 겹의 연꽃이 피어나는 모습을 새겨 광대무변한 우주를 표현하였으며 별 가운데 해와 달이 떠서 본존불을 비추는 모습 같기도 하다. 이러한 우주의 원리를 구현한 석굴암의 천장은 웅장함으로 무장한 서양 교회의 늑골 궁륭과는 다르게 우아하고 환상적인 세계를 구현하였다. 또한 본존불 후면 벽에 광배를 새김으로써 부처의 얼굴 뒤에서 자연스럽게 후광이 발하는 기막힌 배치를 구현하였다. 석굴의 방향은 동짓날 해가 뜨는 방향을 향하고 있다고 한다. 동지(12월 22일)는 어둠이 짧아지고 광명이 길어지기 시작하는 기점이다. 성탄절도 광명이 승리하는 동짓날에 3일 만의 부활을 더하여 12월 25일이 아니던가. 부처님의 광명이 이제 세상을 밝히기 시작하기를 소원한 것이리라. 떠오르는 태양빛에 광배가 빛을 발하고 부처님의 얼굴이 환하게 빛난다.

그러나 석굴암은 1913년부터 1915년까지 2년에 걸쳐 일제에 의한 수리공사로 완전해체와 조립이라는 무모함으로 파손되고 모욕을 당하게 된다. 또한 수리과정에서 온통 콘크리트를 쏟아붓고 모르타르로 도배하였다. 이 과정에서 시멘트의 독이 석굴에 치명상을 주었으며, 정병 속 감로수처럼 내부의 온도와 습도의 조절기능으로 석굴

• 본존불 (ⓒ문화재청)

을 보호하던 석굴 뒤 암반에서 흘러나오던 두 개의 샘물이 제 기능을 잃게 되어 석굴에 푸른 이끼가 끼게 되었다. 이후 수차례 보수공

사에도 불구하고 급기야는 공기냉각장치를 설치, 1년 365일 가동하여 습도를 제어하고 있으며, 석굴은 유리벽 속에 갇혀 일반인의 접근을 거부하고 있지만 천만다행으로 본존불의 얼굴은 볼 수가 있다. 사찰의 중심은 대웅전이고 그 핵심은 본존불이고 그중에서도 얼굴이라고 생각한다. 사찰을 방문할 때마다 석가모니불을 모신 대웅전인지, 아미타불을 모신 무량수전인지, 비로자나불을 모신 대적광전인지를 구분하기도 해본다. 그러나 이것은 그냥 해보는 것일 뿐 하이라이트는 금당에 모셔진 부처님의 얼굴이다. 석굴암도 마찬가지이다. 오르는 길이 아름답고 주차장서 석굴암까지의 흙길이 솔솔 부는 솔바람을 맞으며 솔숲길을 걷는 재미가 있지만 제일은 부처님의 얼굴을 보는 것이다.

유리벽만 없으면 들어가 만져 보고 느껴 보고 싶다. 차가운 돌이 아닌 숨결이 느껴지는 부처님이 따뜻한 손을 내밀 것만 같다. 원만한 어깨 위에서 부드럽게 흘러내리는 천의가 부처님의 마음을 보여주는 것 같다. 살포시 다문 입술, 눈썹을 타고 흐르는 둥그런 콧날, 두툼하고 축 늘어진 귓바퀴, 지긋한 눈매가 온화한 얼굴이 되어 마음의 평안을 가져온다. 본존불 앞에 서면 세상 시름이 눈 녹듯 사라져 버리고 마음이 공(空)의 세계에 머무는 듯하다. 석굴 안은 고요한 적멸의 세계이다. 차 안에 피안이 있다니! 신라인의 솜씨에 경탄과 탄복이 나올 뿐이다. 석굴 앞으로는 푸른 바다가 넓게 펼쳐지며 불경을 낭송하는 것 같은 맑은 창파소리가 들려온다.

과거의 애상, 장항사지

석굴암을 나와 장항사지로 향한다. 선덕여왕 때 창건된 사찰이 있었으나 절의 이름을 정확히 알지 못하여 지명인 장항리를 따서 장항사지라고 불리고 있다. 현재는 서탑인 오층석탑과 일제강점기 때 도굴꾼이 폭약으로 탑을 부수고 사리장치를 훔쳐 간 후 계곡에 흩어진 석재들을 모아 세운 오층의 동탑, 불상의 석조좌대 하나만이 폐사지 터를 쓸쓸히 지키고 있다.

주차장에 도착하면 전망대가 설치되어 있어 그곳에서 바라보면 대종천 넘어 산 중턱에 위치한 폐사지터가 보인다. 늦가을이어서 바람에 부딪히는 말라비틀어진 나뭇잎소리가 소슬한 분위기를 더한다. 아래로는 대종천 상류이나 물이 거의 말라 버려 졸졸거리는 소리만 들린다. 이 강으로 황룡사구층탑을 태워 버린 몽골군이 어마하게 큰 황룡사 대종을 전리품으로 취하여 운반했다고 하여 대종천(大鐘川)이란 이름이 붙을 정도이니 옛날에는 큰 강이었나 보다. 그러나 몽골군은 바닷가에 거의 다다랐을 때 폭풍이 일어 종을 강에 빠뜨렸다. 종은 강물에 휩쓸려 바다로 흘러가 어디엔가 잠겨서 폭풍이 불면 바닷속에서 종이 우는 소리가 들린다고 하며 요즈음에도 개인적으로 종을 찾기 위해 탐사를 하는 분이 계신다고 한다.

· 장항사지

전망대를 내려가면 대종천을 건너는 아치형 다리가 놓여 있다. 대종천을 따라 나뭇잎소리 물소리와 함께 걷다 보면 폐사지터로 오르는 계단이 극락세계로 향하는 것처럼 곧게 뻗어 있다.

산으로 둘러싸인 폐사지터가 황량하기 이를 데 없다. 외롭게 서 있는 두 개의 돌탑, 바닥에 흩어진 불상 좌대. 세월이 묻어나는 두 돌탑의 일층 탑신에는 면마다 가운데 문을 사이로 두 분의 금강역사가 지키고 있다. 그 문이 극락으로 향하는 문인가 보다. 산등성으로 넘어가는 가을빛이 폐사지터 위에 떨어진다. 쓸쓸함과 고즈넉함만이 옛 절터에 뒹굴며 오래된 과거 속으로 밀어 넣는다.

현세의 서방정토, 기림사

   죽어서도 동해의 용이 되어 나라를 지키고자 했던 문무대왕의 장례길이자 신문왕이 아버지를 추모하기 위하여 대왕암으로 향하던 '신문왕 호국행차길'에 위치한 기림사(祇林寺)는 선덕여왕 때 천축국 승려 광유가 '임정사(林井寺)'라는 사명으로 창건하였으며 원효대사께서 '기림사'로 개칭한 사찰이다.

   종무소 툇마루에 앉아 보니 단청이 모두 벗겨지고 목재가 드러나 사가와 같은 진남루(鎭南樓)가 보인다. 한눈에 보아도 아주 오래된 건물임을 느끼게 한다. '남쪽의 왜적을 진압한다'라는 뜻으로 임진왜란 때 기림사가 승병과 의병의 중요한 근거지임을 말해 주고 있다. 마당을 청소하는 스님에게 여쭤보니 특수한 단청이라 너무 비용이 많이 들어 엄두를 내지 못하고 있다고 한다.

   왼편으로는 오백나한을 모신 응진전과 앞마당에 앙증맞은 삼층석탑, 오래된 소나무가 멋진 포즈를 보여 주며, 진남루 후면에는 비로자나불을 모신 대적광전이 고요하게 자리 잡고 있다. 관음전에는 자비의 관세음보살이 빈틈없이 수천수만의 손을 뻗어 중생을 제도하고 삼천불전 앞마당에는 기이한 모양의 나무들과 괴석이 멋스러움을 드러내고 있다.

기림사에서는 동쪽의 오탁수, 서쪽의 화정수, 남쪽의 명안수, 북쪽의 감로수, 중앙의 장군수 등 다섯 가지 물이 솟아나 오종수(五種水)로 차공양을 했다고 전해 오고 있으나 현재는 화정수만이 넘쳐흐르며 마음을 고요하고 평화롭게 하고 있다. 약사전에는 오정수로 차공양을 하는 헌다벽화가 그려져 있어 기림사 차공양을 확인시켜 주며 절의 입구에는 생육신의 한 사람으로《금오신화》를 쓴 매월당 김시습의 영정을 모신 사당이 세워져 있다.

그러나 일반 여행객에게 기림사의 매력은 사찰이라기보다는 잘 가꾼 정원 같은 모습이다. 기림사는 정원을 이루는 수목처럼 소담하고 친근한 당우들, 스님들의 손길이 느껴지는 마당 구석구석 예쁘게 단장된 꽃밭과 정원, 담장 아래 피어나는 수국과 작약이 어우러져 서방정토를 이루고 있다. 마음을 내려놓고 이곳저곳을 한적하게 즐기면 정토를 걷는 것 같은 기쁨을 누릴 수 있는 그러한 곳이다.

· 진남루

호국정신 - 대왕암, 감은사, 이견대

대왕암은 경주 봉길대왕암해변에서 200m 거리에 위치한 바다 가운데 솟아 있는 바위로, 고구려와 백제를 평정하고 당나라를 몰아내어 삼국통일을 완성한 문무대왕이 돌아가시자 그의 유언에 따라 화장하여 산골한 해중릉(海中陵)이다.

김부식이 쓴 《삼국사기》〈신라본기〉에는 '세상에 전하기를 대왕이 용으로 변하여 나라를 지킨다고 하여 그 바위를 대왕암(大王岩)이라 하였다'라고 기록되어 있으며, 일연이 쓴 《삼국유사》〈기이편 만파식적조〉에는 문무대왕이 아들인 신문왕에게 만파식적을 내려 그 피리를 불면 왜구가 물러가고, 가뭄에 비가 내리며, 괴질이 퇴치된다'라고 쓰어 있다. 문무대왕은 왜군을 물리치고자 진국사(鎭國寺)라는 절을 세웠으나 다 짓지 못하고 세상을 떠나시어 바다의 용이 되었다. 아들 신문왕이 즉위하여 682

· 이견대 (ⓒ한국학중앙연구원/유남해)

년에 절을 완성하고 부왕의 은혜에 감사한다는 뜻으로 감은사(感恩寺)라 이름하였다. 금당 계단 아래에 동쪽 바다 방향으로 구멍을 내어 용이 드나들 수 있게 하였으며 그 후 용이 나타난 것을 본 곳을 이견대(利見臺)라 하였다.

감은사 하면 제일 먼저 감은사 두 개의 삼층석탑 사진이 떠오른다. 사진이나 멀리서 보면 작아 보이지만 막상 그 앞에 서면 그 크기에 입이 쩍 벌어진다.

더군다나 감은사터 뒷산은 야트막하고 앞으로는 탁 트인 허허벌판에 몸집이 우람하게 버티며 서 있고 상륜부를 지탱했을 쇠꼬챙이인 찰주(擦柱)가 뾰족하게 솟아 있어 더욱 그렇게 느껴진다. 이처럼 큰 탑이어서 기단이나 탑신이 하나의 통돌로 이루어진 것이 아니라 여러 개의 석재조각으로 조립되어 있다. 아마도 왜구의 침임에 대비하여 동해를 바라보며 땅에 굳건히 발을 딛고 하늘을 향해 높이

· 감은사지 삼층석탑

· 이견대에서 바라본 대왕암

솟아오른 강인한 모습을 보여 주려는 의도가 있을 법하다. 이 쌍탑은 서로 같은 규모와 양식을 하고 있으며 신라의 일 탑 중심에서 쌍탑으로 가는 최초의 배치이며 오층석탑에서 삼층석탑으로 변화하는 시원이기도 하다. 감은사 쌍탑은 복원과정에서 금동사리장엄구가 발견되었으며 특히 동탑에서 발견된 유물은 보존상태가 양호하고 원형을 유지하고 있어 우리나라 최고의 명작으로 손꼽히고 있다. 감은사터를 지나면 왼쪽으로는 이견대, 오른쪽으로는 대왕암으로 향하는 갈림길이나 모두 가까운 거리에 있다. 이견대 마루에 오르면 대왕암이 한눈에 들어온다. 찰랑거리는 쪽빛 동해 위에 굳건하게 떠 있는 대왕암이 아스라이 보이는 먼바다를 감시하며 나라의 안위를 지키고 있는 듯하다.

단풍같이 붉은 애민정신 - 용담정

용담정은 동학 천도교의 창시자인 수운 최제우 선생의 생가이자 천도교의 발상지이다. 최제우가 장년이 되어 제세안민(濟世安民)의 도를 찾고자 천하를 10년간 주유하였으나 뜻을 이루지 못하고 다시 용담정에 돌아와 수련에 정진한 곳이기도 하다. 그러던 중 1860년 한울님의 계시로 무극대도(無極大道)를 깨닫고 평등사상인 인내천(人乃天) 사상과 현세구복(現世求福)을 교리로 내세우며 포덕을 행하자 핍박과 수탈에 신음하던 수많은 민중이 모여들었다. 그러나 나라에서는 잘못된 도(道)로 백성을 현혹한다는 혹세무민의 죄명으로 1864년 참형에 처하였다. 이후 한동안 방치되어 폐허가 되었으나 1968년 교인들과 천도교 중앙총부에서 성역화운동을 추진하여 '천도교용담성지'로 알려졌다.

입구에서 계곡을 따라 걷는 산길이 운치가 있으며 가을에는 단풍이 참 곱다. 포덕문을 지나 걷

• 용담정

다 보면 대신사 동상과 수도원이 나온다. 성화문을 지나서 용담정으로 걷는 길은 노랑과 선홍, 핏빛 단풍으로 황홀한 풍경을 이룬다. 계곡으로 흐르는 물소리는 감탄사에 묻혀 버린다. 손으로 짜면 단풍물이 주르륵 흐를 것 같다. 단풍잎 사이로 보이는 무지개다리 건너로 최재우 생가터에 복원된 용담정이 힐끗힐끗 보인다.

계곡에 비친 붉은 단풍잎이 물살에 흔들리며 더욱 붉게 보인다. 영정이 모셔진 용담정 마루에 앉아 계곡 위로 드리운 단풍을 보고 있노라니 모든 시름이 물살에 실려 내려가는 것 같다. 용담정 위로는 사각모를 쓴 예쁜 용추각이 단풍 속에 그림같이 서 있고 앞 계곡 돌다리 건너에는 폭포가 물줄기를 쏟아 내고 있다. 많은 여행객과 전문가들이 예쁜 모습을 담기에 여념이 없다. 깊어 가는 가을의 정취가 주르르 흘러내릴 것만 같다.

· 용추각과 폭포

언덕 위 양동마을

우리나라에는 두 개의 마을이 유네스코 세계유산으로 지정되어 있다. 안동 하회마을과 경주 양동마을이다. 경주에서 가는 길은 그야말로 강 따라 길 따라 구불구불이다. 국가민속문화재로 지정된 양동마을은 설창산이 뻗어 내린 네 줄기 능선과 골짜기에 들어선 동산 같은 마을로 앞으로는 형산강이 휘감아 돌고 안강평야가 넓게 펼쳐지는 위치에 500년이 넘는 전통을 고스란히 간직하고 있는 전통마을이다. 조선 초 경주 손씨 양민공 손소(1433~1484)가 처가가 있는 이곳으로 들어온 것을 계기로 여주 이씨 천성공 이번(1453~1500)이 손소의 사위가 되어 들어와 살면서 경주 손씨와 여주 이씨의 씨족마을을 형성하게 되었다. 현재에도 임진왜란 이전에 지은 기와집 네 채를 포함하여 150여 채의 기와집과 초가집이 보존되어 있으며 일부 가옥에는 주민들이 생활하고 있다.

주차장에 주차를 하면 커다란 '世界遺産 韓國의 歷史마을 良洞(세계유산 한국의 역사마을 양동)'이라는 표지석이 손님을 맞이하고 있으며 안쪽에 서 있는 마을문화관을 통하여 들어가야 한다.

마을로 향하는 입구에 예쁘고 깔끔하게 단장된 양동초등학교가 길가에 있다. 마침 교문 입구에서 관리인 한 분을 만나 이야기할 기회가 있었다. 1909년에 설립된 학교로 현재는 학생 수 70~80명에 교직원이 30명 가까이 된다고 하셨다. 그러면서 자신도 몇 년 전에 서울에서 내려와 이곳에서 근무하고 있다면서 이 학교 학생들은 서울의 학생들과 달라 놀랐다는 것이다. 지난 몇 년간 보아왔지만 욕하거나 싸우는 아이를 보지 못했다는 것이다. 요즘 세상에 가능한 일이냐고 되물었지만 같은 대답만 돌아왔다. '와~ 아직도 이런 곳이 있구나' 하며 친구를 떠올렸다. 고개가 끄덕여졌다. 학교 앞에는 어린이들이 쓴 시가 길을 따라 세워져 있었다.

풍덩

1학년 이채은

아기 오리 엄마 따라 연못에 퐁당
파란 고래 푸른 바다에 펑덩
나도 폭신한 엄마품에 푸웅덩

빗방울 똑똑

1학년 정예담

하루 종일 비가

또르르 또르르 노래하네

통통 토도독 내 우산 위에서

주르륵 죽죽 처마 밑에서

토로록 토로록 비는 작곡가

초등학교 모퉁이 양동점방이 위치한 삼거리에 서면 언덕 위에 자리한 양동마을이 훤히 올려다보인다.

여기부터 마을의 탐방이 시작된다. 마을이 크고 또 여기저기 문화재가 자리 잡고 있기 때문에 미리 탐방코스를 잘 설정하고 출발하는 것이 좋다. 개울을 건너 넓은 밭을 지나 언덕에 오르면 관가정이 나온다. 조선 중종 때 이조판서이자 청백리로 알려진 우재 손중돈이 낙향하여 자손과 후진양성을 위하여 간결하게 지은 집으로 입향조 손소의 영정을 모신 영당이 있다. 옆으로는 향단이 있다. 조선 중기 경상감사를 지낸 회재 이언적이 노모를 위하여 지은 집으로 원래는 99칸이었으나 6·25전쟁으로 일부가 불타고 현재는 56칸만 남아 있

· 양동마을

다. 향단 뒤쪽으로는 물봉동산이 있다. 이곳에서는 마을이 훤히 내려다보인다. 둥그런 초가지붕 사이로 기와집들이 보인다. 언덕길을 걸어 영귀정과 정순이 가옥을 지나고 물봉골길을 걸어 무첨당으로 향한다.

구불구불 골목길이 정겹기만 하다. 무첨당은 여주 이씨의 종택이다. '조상에게 욕됨이 없게 한다'는 뜻으로 회재 이언적 선생의 맏손자인 이의윤 공의 호라고 한다. 무첨당에서 내려보는 물봉골이 평화스러워 보인다. 안골동산을 거쳐 안곡길 언덕에 위치한 경주 손씨 종가인 서백당에 들어섰다. 서백당은 매일 '참을 인'(忍)자를 백번 쓴다는 의미라고 한다. 마당에 들어서니 푸른 잎이 무성한 수백 년 된 향나무가 자태를 드러내고 안쪽으로는 사당이 자리하고 있어 종택으로서의 위용을 보여 주고 있다. 옥산서원(玉山書院)에 모셔진 회재 이언적 선생도 외가인 이 집에서 태어났다고 한다.

양동마을이 전통과 사상, 관습 등을 인정받아 문화유산에 등재되었겠지만 내 눈에 보이는 최고의 아름다움은 오르고 내리는 골목길과 언덕들에 위치한 초가와 기와집 그리고 철 따라 색을 바꿔 입는 뙈기밭들이 어울리며 보여 주는 평화로운 모습이다. 삼거리에서 바라보는 물봉동산 언덕, 무첨당과 서백당 그리고 물봉언덕에서 바라보는 정겨운 양동마을의 모습과 오르내리는 골목길은 어린이들이 부르는 동요에서나 느낄 수 있는 토속적이고 순박함이 묻어나는 그런 모습이다.

경주

🍴 교리김밥 ▸▸ 잔치국수와 김밥의 조화, 줄 서고 먹자

🍴 보문한우 ▸▸ 정육식당으로 숯불에 육즙이 줄줄

🍴 요석궁 ▸▸ 300년 전통, 경주 최부잣집 내림음식과 고풍스러운 한옥에서 파인다이닝을

🍴 도솔마을 ▸▸ 한옥에서 즐기는 깔끔하고 부담 없는 경주밥상

🍴 전통맷돌순두부 ▸▸ 고소하고 칼칼한 별미 순두부, 번호표는 기본

🍴 명동쫄면 ▸▸ 쑥갓 향이 풍성한 잊을 수 없는 쫄면, 찾아가기 어렵지만 충분한 보상

🍴 천북면 옛날한우숯불 ▸▸ 방갈로에서 직접 담근 짭조름한 장아찌와 한우모듬구이 만끽

🍴 황남빵 본점 ▸▸ 현장에서 먹는 갓 구운 빵의 고소하고 달콤함

☕ 페이지9 카페 ▸▸ 보문호수변에 위치한 개방감 있는 실내와 환상의 야경이 아름다운 곳

포항

🍴 태화횟집 ▸▸ 영일만에 위치한 가자미회 인생 맛집

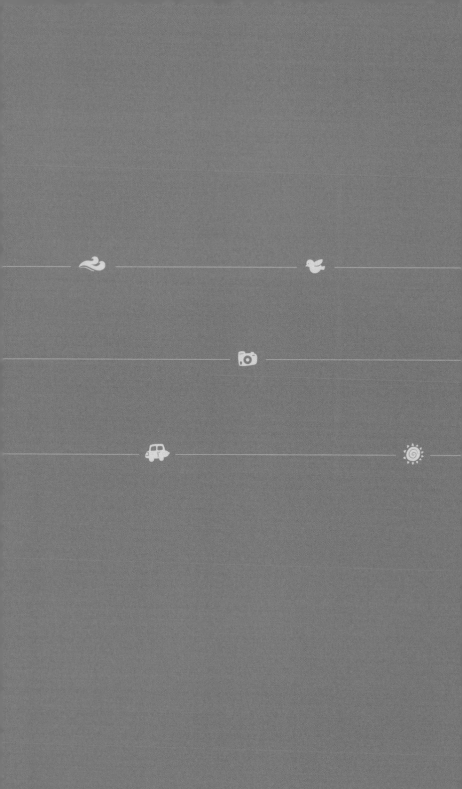

PART 7

백제의

미소와 꽃이

지천으로 핀

서산 ▶ 해미

태안 ◀ 예산

서산을 생각하면 1992년쯤으로 기억되는 경험이 생각난다. 그해 크리스마스 휴일을 이용하여 서산에 사시는 형님 댁에서 형제들 모임을 하기로 하였다. 당시에는 지금처럼 서해안 고속도로를 이용하여 휘이익 갈 수가 없었다. 이용할 수 있는 교통수단은 용산 시외버스터미널에서 직행버스를 타고 가거나 기차를 이용하는 것이었다. 당시에는 도로사정이나 배차시간이 여의찮아서 버스를 이용하면 너무 많은 시간이 소요되었다. 빨리 만나고 싶은 급한 마음을 억누를 수 없었기에, 조금이나마 시간을 절약하고 초행길의 안전한 여행을 위하여 장항선 기차를 이용하기로 결정하였다.

　서울에 사는 형제들과 영등포역에 모여서 장항선 기차에 올랐다. 천안까지는 지방에 내려갈 때마다 접하는 풍경이라 별다른 생각 없이 형제들과 그동안의 안부를 주고받으며 어렸을 적 함께 복닥거리며 살던 추억, 또 부모님에 대한 그립고 따뜻한 기억을 얘기하며 지났다. 천안에서부터 기차는 경부선을 벗어나 장항선으로 들어섰다. 완행열차밖에 없던 시절이라 충청도 말만큼이나 느린 기차가 곡선 구간을 지날 때 창문을 열고 밖으로 고개를 내밀어 뒤를 보면 기차의 모습은 사행천의 모래톱처럼 급할 것도 없이 게으르게 느릿느릿 흐르는 물길 같았다. 마음은 초음속으로 날아가는데, 그런 마음은 아랑곳하지 않고 기어가는 기차가 야속했지만 그래도 밖에 펼쳐지는 산과 들판, 곳곳에 자리 잡은 마을들은 다른 지역과는 또 다른 느낌이 들었다. 더군다나 계절이 섣달 하순이라 잔설의 흔적이 여기저기 남아 있어서 아스팔트 위에 흙먼지 가득 머금은 누렇게 녹은 눈에만 익숙한 눈에는 낭만적인 한 폭의 동양화 그림이 그려진 크리스마스카드 같아 보였다.

홍성역에 내려 서산 형님 댁에서 하루를 보내며 이웃들과 함께 즐거운 시간을 보냈다. 그때 말로만 듣던 이웃들의 충청도 찐 사투리를 듣는 것도 큰 재미 중의 하나였슈우~. 시간은 기다리지 않고 깜짝할 순간에 지나 버리고 다음 날 서울로 올라와야 했다. 그런데 세상이 온통 하얗게 변해 있었다. 좀처럼 경험하기 힘든 멋진 화이트 크리스마스임은 틀림없었다. 밤새 내린 폭설이 다음 날까지 이어지고 있었다. 서산에서 차로 이동하여 홍성역으로 가는 길이 막혀 버렸다. 다음날 출근하려면 수단·방법을 가리지 않고 올라와야 했다. 당시에는 결근은 생각할 수조차 없는 사회분위기였다. 어떻게 홍성역까지 왔는지는 지금이야 추억이지만 어린아이들까지 데리고 온몸을 감싸고 걷는 당시의 일가족 모습을 상상해 보라. 하행선 기차에서 봤던 잔설 덮인 낭만적인 풍경이 이제는 노숙자같이 감싸고 기러기처럼 한 줄로 들판을 걷는 피난길로 변한 모습을. 자정 가까운 시간이 되어서야 겨우 홍성역에 도착하여 마지막 기차를 타고 서울로 왔던 기억이 아련하다.

　그렇게 오지 같던 지역이 지금은 사통팔달의 도로가 뚫려서 2시간 내외면 도착할 수 있어 당일여행도 가능하다. 2000년 11월, 평택과 당진을 연결하는 7km가 넘는 서해대교의 개통은 서해안 지역 변화의 시작이었다. 서해대교 개통식은 TV에 중계될 정도였으며, 이후로는 한동안 관광명소가 되어 많은 사람들이 방문하여 활짝 펼쳐진 서해바다와 뒤로 보이는 삽교천을 바라보며 감탄을 자아냈던 곳이다. 대교의 개통으로 서해안 시대가 열렸다. 지금은 화성과 평택 그리고 당진으로 이어지는 공업벨트가 형성되어 우리나라의 경제를 이끌고 있다. 상전벽해란 이런 것인가 보다. 또한 이전에는 책에서나 볼 수 있었던 서해안의 명소들을 쉽게 가볼 수 있는 관광도로의 역할도 하고 있다.

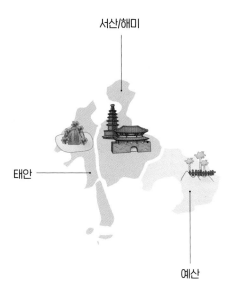

서산/해미

태안

예산

소래포구의 추억과 우렁쌈밥

보름 전부터 방문할 곳을 정하고 숙소 예약을 진행하였다. 그런데 자연휴양림 예약은 녹록지 않다. 예약날짜가 오픈되자마자 순식간에 마감되었다. 모든 입력사항을 미리 입력해 두고 시간에 맞추어 클릭해도 성공하지 못하였다. 그야말로 '광클'인가 보다. 친구가 꼭 예약하고 싶으면 PC방에 가서 해보라고 충고하였지만 '에이! 그렇게까지' 했는데 아쉬움이 컸다. 이후로 매일 사이트에 들어가서 취소분이 있나 확인했지만 헛수고였다. 자연휴양림은 단념하고 주위 리조트나 펜션을 예약해야겠다고 생각을 정리하고 출발 이삼일 전 예약사이트에 들어가 봤더니 웬걸! 딱 하나가 나와 있다. 취소하신 분께 감사한 마음을 보내면서도 혹시 이분 다른 피치 못할 사정으로 취소했을 거라 생각하니 미안한 마음도 함께 든다. 다시 스스로 마음을 달래고자 '그래, 휴양림은 취소수수료가 없어서 일단 예약해 둔 사람들이 많고 그래서 직전에 취소하는 분들 많다고 하던데 뭘'. 숙소를 예약했으니 초조함은 사라지고 여행에 대한 기대가 두둥실 커졌다.

아침 일찍 일어나 전날 챙겨둔 가방을 들고 집을 나선다. 아내는 가스 밸브, 난방 온도조절기, 창문 등을 다시 확인해야겠다고 집으로 들어갔다. 그 사이에 나는 네비게이션 '어디로 갈까요?'에 목적지를 입력하고 출발 준비를 한다. 첫 목적지는 당진이다. 아침 식사를 그곳에서 해결할 생각이기 때문이었다. 우렁쌈밥 맛이 기막힌 지역 아닌가. 생각만으로도 입맛이 다셨다.

이른 아침 봄의 공기를 느끼며 출발하는 여행길은 짜릿하였다. 장수IC를 벗어나 영동고속도로로 접어들어 조금 지나자 월곶이 보였다. 이전에 수원에서 인천항을 잇는 궤간 762m의 수인선 협궤열차는 1995년 12월 31일 마지막 기적 소리를 끝으로 운행이 중단되었으나, 2012년을 시작으로 구간별로 표준궤도의 복선열차로 부활하였다. 열차의 폭이 버스보다 좁은 2m 남짓이어서 열차가 심하게 흔들리면 맞은편 승객과 무릎이 부딪힐 정도였다고 하니 그때 타보지 못한 아쉬움이 컸다. 무릎에 가방을 올리고 다소곳이 앉아 있는 단발머리 여학생을 상상하니 미소가 지어졌다. 월곶 맞은편에는 소래포구가 있으며 소래철교가 지금은 인도교(약 126m)로 변하여 많은 관광객이 찾고 있다.

염전과 새우파시로 유명했던 소래포구의 어시장은 주말이면 인산인해였다. 수도권의 관광객들이 몰려들어 여러 겹으로 끝없이 이어진 통로마다 상점 주인의 호객 소리와 물건을 흥정하는 손님의 목소리가 어우러지며 마치 살아 있는 물고기의 용트림 같은 활기가 넘쳐흘렀다. 그러나 2017년 시장에 화재가 발생하여 현대식 시장으로 변하여 옛 정취를 느끼기에는 아쉬움이 있다. 협궤열차가 중단되었을 당시 소래철교 아래에서 싱싱한 해물을 넣어 끓여 먹었던 라면 맛은 일품이었으며 생각만 해도 입안에 군침이 돈다.

안산, 화성, 평택, 당진으로 이어지는 공업벨트는 우리 산업의 중추 역할을 하는 지역들이다. 고속도로를 달리면 앞뒤 좌우로 굉음을 내며 달리는 트럭 반, 승용차 반이다. 세상은 도로를 따라서 발전하는 것임을 실감한다. 과거 농어촌이던 이 지역들이 이렇게 바뀔 것이라고 상상이나 할 수 있었겠는가? 그야말로 격세지감이 느껴지고 자부심이 느껴진다. 1980년 초반만 하더라도 해외에 나가면 현지인들이 우리를 보며 "Japanese?" 하고 묻지 않았던가! 지금은 약간의 환율 손해만 감수하면 웬만한 나라에 갈 때 우리 돈만 가져가도 되는 세상이 되었다. 멀리 서해대교의 위용을 자랑하는 사장교의 우뚝 솟은 182m 높이의 주탑 두 개가 보인다. 뭉클해졌다. 서해안 시대를 상징하는 듯하다.

당진에서 우렁쌈밥을 먹기 위하여 식당에 도착하였다. 주차장에 빈자리가 거의 없다. 겨우 주차하고 식당 안으로 들어서자 맛있는 된장 냄새가 구미를 당긴다. 밑반찬이 차려지고 주메뉴인 싱싱하고 풍성한 야채와 공기밥 한 그릇 그리고 우렁된장이 나왔다. 보기만 해도 배가 부르다. 따끈하게 찐 된장에 이렇게 알이 굵고 많은 우렁이 들어 있는 경우는 드물다.

출발 때부터 입맛 다시던 우렁쌈밥으로 든든히 배도 채웠으니 이제 슬슬 목적지를 향하여 나서 볼까?

산문길이 아름다운 개심사

개심사 주차장에 차를 세우면 바로 앞으로 식당들이 자리하고 있다. 그러나 다른 유명 사찰의 입구처럼 번잡하지 않고 어느 촌락처럼 소박하고 정겹기만 하다. 들어가 한담이라도 나누고 싶어지는 그런 민가와도 같다. 몇 걸음만 옮기면 일주문이다. 일주문까지의 거리도 가까워 한참 땀을 흘리며 걸어야 하는 다른 사찰들과는 다르다. 누구나 받아들이는 마음으로 문턱마저 없앤 일주문에 들어서자마자 속세를 벗어난 듯한 느낌이 온몸과 마음을 씻어 주는 것 같다.

높은 나뭇가지들이 하늘을 덮은 산문길 양편으로 왼편은 산비탈이고 오른편으로는 계곡이다. 산문길은 나뭇가지가 햇빛을 가려 주어 시원하게 해주고 산비탈 나무들은 청량감을 더해 주고 계곡의 물소리는 새소리와 운율을 맞추고 있다. 여기가 마음속 이상향인가? 한걸음 또 한걸음. 천천

· 산문길

히 천천히. 길지 않은 산문길을 따라 마음을 씻으며 걸으니 조그만 돌다리 건너 왼쪽으로 감아 오르는 짧은 돌계단이 나온다. 서두르지 말고 앉아 쉬어 가라고 말하는 것 같다. 돌계단에 앉아 새소리 물소리 머금은 바람소리를 들으며 마음을 씻어 낸다. 지금 앉아 있는 곳이 나의 개심사(開心寺)이다.

발걸음을 옮겨 모퉁이를 지나자 언덕에 발을 걸치고 서 있는 종루가 보였다. 종루 쪽으로 향하자 언덕 아래 널따란 규화목 위에 동자승 석상이 앉아 있다. 합장하고 기도를 드리는 모습이 천진난만해 보이기도 하고 사뭇 진지해 보이기도 하여 얼마나 사랑스러운지 발걸음을 옮길 수가 없다.

수덕사의 말사인 개심사에는 봄이면 청벚꽃과 겹벚꽃을 보기 위하여 또는 구부러진 나무를 그대로 살려 기둥으로 삼아 자연스러운 멋이 나는 심검당을 보기 위하여 많은 관광객이 방문하지만 나는 산문길을 걷고 동자승 석상을 보기 위하여 그곳에 간다. 한참을 동자승과 대화를 나눈

· 동자승 석상

후에 연못 가운데로 난 나무다리를 건너 층층 돌계단을 올라 경내로

· 범종각

들어서면 소담한 분위기가 편안하게 맞이해 준다. 대웅전 앞 오층석
탑은 긴 세월을 간직한 채 묵언수행하며 서 있는 것 같다. 심검당 앞
을 지나 범종각에 걸터앉으면 개심사의 시원스럽게 탁 트인 전망을
볼 수 있다.

비탈길을 이용하여 돌아오는 길은 찌든 때를 깨끗이 닦아내고 나
오는 기분이다. 주차장 입구에서 보았던 세심동(洗心洞) 표지석처럼.

백제의 미소, 서산마애삼존불

개심사를 뒤로하고 가까이에 있는 서산마애삼존불로 향한다. 운전하며 가는 도로 양편으로는 푸른 산과 호수가 있어 그 자체만으로도 마음이 풍요로워지는 길이다. 야생동물을 위한 생태통로를 지나자 산 중턱에 자리한 주황색 기와지붕 펜션도 보이고 반대편으로는 길을 따라 크고 기다란 호수가 나란히 따라오고 있었다. 호수 끄트머리에서 우회전하여 조금 지나 조그만 다리를 건너면 주차장이 보

• 서산마애삼존불로 오르는 길

인다. 계곡 옆에 주차하고 아담한 아치형 다리를 건너 돌계단으로 오른다. 언젠가 지인이 그곳 주차장까지 왔다가 마애삼존불이 계신 곳이 꽤 깊은 산속일 것으로 추측하고 발길을 돌렸다는 얘기가 생각 났다. 아마 입구의 안내표지판을 보았다면 그렇게 애석하지는 않았 을 것이다. 오르는 길은 200m 정도로 계곡과 높은 산 사이의 약간 서늘한 산속으로 들어가는 느낌의 돌계단으로, 오르고 내리는 운율 이 있는 예스럽고 운치 있는 길이다.

자애로운 미소의 부처님을 보기 위하여 약간의 헐떡임은 최소한 의 예의 아닐까? 마지막 몇 계단을 남기고 고개를 들면 부처님의 모 습이 드러나기 시작한다. 한 계단 한 계단 발을 옮길 때마다 광배, 나발, 이마, 눈, 미소 순으로 점차 모습을 보여 준다. 마애삼존불 앞 평지에 이르자 석가여래입상이 제화갈라보살과 미륵보살의 협시를

받으며 할머니 할아버지 같은 모습으로 조용히 미소를 짓고 계신다. 숙연히 고개를 숙이 고 인사를 드린 후 돌 언덕에 걸터앉아 그간 살아오며 힘들 고 즐거웠던 일들을 말씀드리 자 자애로운 미소로 어깨를 두드리며 위로해 주는 것 같 다. 세상살이는 고난이라 하 지 않던가. 지치고 힘들 때 가

• 서산마애삼존불

족이나 친구에게 어려움을 토해내고 위로받을 수도 있지만 누구에게도 말할 수 없이 혼자서만 삭여야 하는 괴로움도 있기 마련이다. 나는 그렇게 지치고 힘들어 위로가 필요할 때만 이곳을 찾는다.

멀리 산 위로 비추는 투명한 햇빛에 부처의 얼굴이 빛난다. 대개 우리나라 사찰의 부처님 얼굴은 근엄하게 보이고 또한 너무 거대하여 위압적인 느낌을 받는 경우가 많다. 어느 곳에서 이처럼 자애롭고 편안한 미소를 볼 수 있단 말인가? 우리 선조의 얼굴같이 편안하고 너그러운 표정과 빙그레 미소 짓고 있는 모습을. 나도 모르게 세상만사 모든 어려움이 사르르 녹아 사라졌음을 느낀다. 돈오의 순간이 이런 것인가? 일어서서 앞뒤 좌우로 움직이자 천차만별의 표정과 미소로 나를 바라보고 계신다. 내가 어디에 있던지 항상 내 곁에서 나를 지켜 주시는 것처럼. 해가 서쪽으로 기울수록 보석 같이 빛나는 다채로운 미소를 볼 수 있으나 아쉬움을 뒤로 하고 돌계단을 걸어 내려온다. 부처님의 눈길이 등허리에서 느껴진다.

폐사지의 고즈넉함 - 보원사지

주차장에서 계곡을 거슬러 조금 더 올라가며 민가와 식당들을 벗어나니 정토의 세상이 나타난다. 나말여초에 세워진 것으로 알려진 보원사 폐사지이다. 당간지주 앞에 서서 너른 절터를 바라본다. 뒤쪽으로는 야트막한 산이 감싸고 있다. 세월의 흔적을 고스란히 머금은 당간지주가 한때 번성했던 시절을 말해 주는 듯하다.

몇 걸음을 걸어 세심천에 마음을 씻고 금당터로 천천히 걸어가며 한때 번성했을 시절을 상상해 본다. 금당에서는 선사의 목소리와 목탁소리에 맞추어 새벽예불 드리는 스님들의 불경 낭송하는 소리가 산사에 퍼지고, 경내에는 마당을 청소하는 빗자루 소리, 부엌에서는 아침 식사를 준비하는 연기와 밥 익는 냄새가 가득하다. 한때 천여 명이 넘었던 사찰이 지금은 횅하니 흔적만 남아 있다. 하물며 중생의 삶이야 덧없기가

· 당간지주

· 보원사지

그지없으리라. 그럴진대 세상 온갖 고민을 짊어지고 가는 것처럼 쪼그라든 어깨를 움츠리고 살아가는 내 모습이 애처롭다. 모두 내려놓고 비우면 극락일진대. 정토가 한 점 내 마음 가운데 있는데도 머리에서 가슴까지의 한 뼘이 천 길 만 길보다 더 멀기만 하다.

　지금은 폐허가 되어 버린 절터에 뉘엿이 넘어가는 서산 해에 비친 산 그림자가 덮어 오며 고요한 적막만이 감돌고 있다. 금당터 앞 오층석탑은 오랜 세월의 풍파를 견디며 날렵한 모습의 균형미를 잘 지키고 있다. 위압적이지도 옹졸하지도 않은 그 아름다운 모습이 숭고하기까지 하다.

　금당터를 지나 산 아래에는 보물로 지정된 법인국사보승탑과 탑비가 자리를 지키고 있으며 현재에는 보원사의 옛 모습을 되살리기 위하여 발굴과 복원 작업이 진행되고 있다.

· 오층석탑

천주교 최대 순교성지, 해미읍성

해미읍성은 어제 마지막 코스로 갈까 망설이다 보원사 폐사지 석양의 소슬함을 느껴 보기 위하여 다음 날로 미루었다. 해미(海美), 바다가 아름다운 곳. 해외 언론이 꽃밭처럼 아름다운 곳이라고 극찬한 곳. 그냥 지나칠 수가 없다. 두고두고 아쉬움이 남을 테니까. 일찍 출발해야 했기에 자연휴양림의 상쾌한 아침 산책은 짧게 마무리하고 해미읍성을 향하여 출발하였다. 해미읍성은 전북 고창읍성, 순천 낙안읍성과 더불어 우리나라 3대 읍성 중 하나이다. 이 세 개의 읍성은 각각의 특성이 있다. 고창읍성은 산 능선을 따라 읍내를 내려다보는 산성과 같고, 낙안읍성이 산 아래 평야에 많은 민가들을 품고 지형과 조화를 이루고 있는 평성이라면, 해미읍성은 시내 한가운데 높고 웅장하게 축성된 궁성 같은 느낌이다.

해미읍성은 약 20만 평의 면적에 둘레 1,800m, 높이 5m로 쌓은 성곽으로 조선 초기인 1417년(태종 17년)부터 1421년(세종 3년) 사이에 왜구의 약탈을 막기 위하여 세워진 석성이기 때문일 것이다. 충무공 이순신 장군이 10개월간 군관으로 근무하기도 하였으며, 조선 후기에는 1천여 명의 천주교 신자가 처형당한 비극의 장소로 프란치스코 교황이 방문하기도 하였다.

당당하게 우뚝 선 진남문과 옆으로 어깨처럼 쫙 버티고 서 있는 든든한 성곽은 왜구가 보기만 해도 줄행랑쳤을 것 같다. 이렇게 땅이 꺼질 듯이 발을 굳게 붙이고 개미 한 마리 얼씬거리지 못하도록 서 있는 성곽을 본 적이 없다. 나는 조선인이니 당당히 진남문을 통과하는 특전을 누리며 성안으로 들어섰다. 천주교 박해 당시 신자들을 매달았다는 회화나무는 여전히 그 처참했던 시절을 증언하며 서 있다. 왜구를 물리쳤을 무기들과 죄인을 다스리는 형틀을 보며 오른쪽으로 위치한 민속가옥을 둘러본다.

여행의 맛 중 하나는 옛 민초들을 만나거나 그들의 생활상을 엿보는 거 아니겠는가? 옹색한 초가집들에서는 가족들이 둘러앉아 다정하게 두런거리는 소리가 들려오고, 이웃집에서는 올해 농사가 잘되도록 천지신명의 도움으로 일기가 좋기를 바라는 한숨소리가 새어나온다. 추상같은 기가 서린 동헌을 지나자 수령의 가족이 거처하는 안채, 내아에서는 동헌의 위엄은 흔적도 없고 오직 사람 사는 따뜻하고 정겨우며 아기자기한 분위기가 가득하다. 임금의 명을 받아 남도로 향하는 관원과 그의 말을 매었을 객사를 둘러보고 동헌 옆을 지나 청허정 쪽으로 향한다.

동헌을 옆으로 지나 이어지는 108계단을 오르면 솔밭과 대숲으로 감싸인 앞이 탁 트인 청허정를 만날 수 있다. 빙 두른 솔밭과 대숲을 산책하고 청허전에 올라 탁 트인 전망의 바다 쪽을 바라보면 자연스럽게 청허(淸虛), 잡된 생각이 없이 마음이 깨끗해질 수밖에 없다.

대쪽 같은 심지를 붓끝으로 표현한 추사체

남쪽 황토의 시작이 예산에서 시작되는 것인가? 추사 김정희(1786~1856)의 고택으로 향하는 길을 가다 보면 넓은 밭이 펼쳐진 농토 사이를 지나게 된다. 농작물을 심기 위하여 쟁기질(지금은 트랙터로 밭갈이함)한 밭고랑들이 붉은색을 띠고 있다. 예산이 강골들을 많이 배출한 것이 이러한 붉은 땅의 정기가 서려서인가? 무신으로 최영, 김좌진, 이순신, 의병장 최익현, 조선말부터 일제강점기를 가로지르며 개화파 김옥균, 독립운동가 윤봉길, 한용운, 남로당의 박헌영 등이 이 지역 출신이다.

추사의 고조부 김흥경은 영의정을 지냈으며, 영조의 둘째 딸인 화순옹주와 결혼한 증조부 월성위 김한신은 오위도총부 도총관을 역임하였다. 또한 조부 김이주는 대사헌과 형조판서의 직책을 맡았으며, 예조참판을 지낸 김노영이 양아버

• 제주도 대정의 추사 유배지

지이며 친아버지 김노경은 한성판윤과 이조판서를 지낸 명문가였

다. 그러나 추사 김정희는 1840년 안동 김씨 세력이 경주 김씨 세력을 겨냥한 올가미로 인하여 제주 유배길에 올라 9년간(1840~1849)을 대정에서 보냈다.

전한(前漢)시대 예서의 임모에서 시작하여 제주 유배기간에 완성한 서체가 추사체이다. 그리고 그의 제자 우선 이상적이 연경에 다녀올 때마다 많은 서책을 가져와 제주까지 보내준 정성에 감격하여 감사의 뜻으로 그려준 〈세한도〉 역시 유배기간인 1844년에 그린 그림이다. 〈세한도〉는 일제강점기에 일본인 후지츠카 치카시의 손에 들어가 일본에 있었으나 서울 자하문 인근에 석파랑을 세운 소전 손재형의 각고의 노력으로 다시 찾아왔다. 제주 대정읍에 자리한 추사 기념관은 〈세한도〉에 나오는 가옥을 모델로 지어지기도 하였다.

추사는 중국 고증학의 대가 옹방강, 완원과 교류하며 서체를 발전시켜 나갔으며, 우리나라의 다도를 정립한 해남 대흥사 주지 초의선사와도 교류하며 식견을 넓혔다. 그는 찾아오는 많은 제자들에게 가르침을 주었으되 신분을 가리지 않았으며, 조면호, 오경석, 이상적, 허련, 전기, 조희룡 오경석 같은 양반, 역관, 서화가 등이 그의 제자들이다. '석파란'이라 불리는 해동 최고의 난(蘭) 그림을 그린 홍선대원군 또한 추사의 영향을 받았으며, 까다롭기로 유명한 추사마저도 '석파란'에 대하여 압록강 동쪽에 이만한 난 그림이 없다고 두 손 모아 찬탄하기도 하였다. 추사 김정희나 석파 이하응 모두 법고창신(法古創新)하여 추사체와 석파란으로 서체와 난 그림에 일가를 이루었으니, 제주도 유배와 상갓집의 개라는 모욕을 겪은 인고의 세월

동안 서럽고 화날 때나 외롭고 지칠 때마다 먹을 갈고 붓을 들어 갈고닦은 외골수의 집념이 이루어 낸 결과일 것이다.

추사고택은 증조부 월성위 김한신이 1700년대 중반에 건립하였다. 53칸 규모의 양반 대갓집으로 문간채와 사랑채 그리고 안채, 사당채가 있으며, 추사가 태어나서 성장한 곳이기도 하다. 솟을대문이 도심의 평지에 자리한 대갓집들과는 달리 언덕 위에 높이 자리하고 있어 확 트이고, 볕이 잘 들어 밝고, 통풍이 잘되어 쾌적한 분위기를 느낄 수 있다. 기둥에 걸린 주련이며 방에 걸린 액자에서 추사의 바위를 찍는 듯한 골기와 기품이 느껴지는 서체를 감상하기에 최적의 장소이기도 하다.

주위에는 추사와 첫째 부인 한산 이씨, 둘째 부인 예안 이씨가 합장된 묘가 있으며, 추사고택 북쪽으로는 증조부 월성위 김한신과 부왕 영조대왕의 만류에도 불구하고 식음을 전폐하고 부군을 따른 화순옹주의 합장묘가 있다. 영조는 옹주가 자신의 뜻을 따르지 않은 데 대한 아쉬움으로 홍문을 내리지 않았으나 후에 정조의 명으로 세워진 열녀정문이 지금도 자리를 지키고 있다. 그리고 인근에 위치한 화암사에는 추사가 쓴 편액과 대웅전 뒤 병풍바위에 각자한 그의 글씨를 보는 즐거움을 덤으로 누릴 수 있다.

· 추사고택

비구니 같이 다소곳한 수덕사 대웅전

덕숭산을 등에 업고 내포평야를 앞에 펼치고 있는 수덕사(修德寺)는 백제시대에 창건한 유서 깊은 사찰로 고려 충렬왕 때 지은 대웅전은 현재까지 확인된 우리나라의 가장 오래된 목조건축물이다.

주차장에서 오르는 길 양편으로 여느 관광지처럼 가게들이 늘어서 있다. 그러나 요란스럽지가 않아 가게들을 구경하는 것도 나름 재미있다. 가게들 사이에, 목판에 그림을 그리는 화방이 있어 어렸을 적 소풍이나 수학여행에서 인두로 '엄마 아빠 사랑해요'라고 새겨오던 추억이 떠올라 사진을 하나 건네주고 내려오며 찾아가겠다고 말씀드리고 가던 길을 계속 걸었다.

예토와 정토를 나누는 듯한 우람한 일주문을 지나자, 속세를 벗어난 것 같은 맑아지는 기운이 뻗쳐 왔다. 천천히 산문길을 따라 올라가니 공 모양의 잘 다듬은 돌을 얹은 만공스님의 부도인 만공탑이 보름달보다 더 둥글게 떠올라 모나지 않은 원만한 삶을 본받으라고 타이르는 듯하다.

조금 더 오르자 왼쪽으로 조그만 돌다리 건너 선미술관이 자리하고 있다. 기웃거리며 미술관 안으로 들어가니 한쪽에는 스님들의 맑고 청명한 글씨가 전시되고 있었다. 맞은편 전시실에는 니금화법으로 선화와 경전 필사로 유명한 이경필 작가의 작품이 전시 중이었으며 작가로부터 직접 작품설명을 듣는 호사도 누렸다.

전시관을 나와 돌다리 앞 시원한 그늘에 마련된 의자에 앉아 한숨을 돌린 후 바로 위에 있는 수덕여관으로 발길을 옮겼다. 그곳은 고암 이응노 선생, 아니 그의 본부인이 머물렀던 집이다. 고암의 본

· 이경필, <인연(因緣)>

부인은 그가 아내를 버리고 제자였던 박인경과 파리로 갔을 때나, 1968년 동백림사건에 연루되어 옥살이할 때도 묵묵히 옥바라지하며 초가집을 지어 여관을 운영하던 곳이다. 말없이 조용한 여관이 고암 본부인의 심성과 자태를 보여 주는 것 같다. 집 주위 너럭바위에는 고암의 문자 추상이 암각되어 있어서 감상하는 재미가 있다.

금강문과 사천왕문, 황하정루를 지나자 숨 막힐 듯한 계단이 나타난다. 급경사에 위압적이며 번쩍이는 돌계단이 절집 분위기를 싹 달아나게 만든다. 발치에 고개를 맞추고 마지막 계단에 이르러 고개를 들자 다소곳하고 세월 머금은 단정한 자태의 대웅전이 나타난다. 그냥 그 자리에 딱 맞게. 단청을 하지 않아 화려하지도 않고, 또 크지도 않아 웅장하지도 않다. 절제미의 극치를 보이며 소박하게 자리한 모습이 너무 아름다워 숨이 턱 막히는 듯하다. 우리나라의 대표적인 비구니 선방의 이미지와 기막히게 어울린다. 대웅전을 바라만 보아도 불심이 일어나는 것 같다.

· 대웅전

대웅전 전면에는 좌우로 큰 소나무 두 그루가 서 있다. 범종루 쪽 소나무 아래에 서면 정면으로 보이는 내포평야와 수묵화 같은 산 능선이 그야말로 절경이어서 쉬이 자리를 뜰 수가 없다. 대웅전 왼쪽으로는 계곡을 따라 정혜사에 오르는 1,080계단의 길이 있다. 만공 스님의 자취가 서려 있는 곳이라고 한다. 수덕사에 갈 때마다 꼭 가봐야겠다고 다짐하지만 아직까지도 가보지 못한 아쉬움이 있다.

바다인가? 호수인가? - 예당호

　밤바다 같은 예당호수의 밤은 고즈넉하다. 예당호에서 빼놓을 수 없는 어죽으로 저녁 식사를 마치고 호숫가 데크길을 걷는다. 스치는 밤바람이 비천상에서 선녀가 부는 생황과 피리 소리만큼이나 부드럽다. 산책로인 느린호수길을 걷다 보면 호수를 가로지르는 기다란 출렁다리의 조명이 무지갯빛을 발하며 환상의 세계로 이끌고, 호숫가에서 띄엄띄엄 새어 나오는 낚싯배(좌대)의 희미한 불빛은 주나라 강태공의 세월을 낚는 모습을 그린 문인화가들의 그림이 떠오른다.

　낮 동안 이리저리 분주히 다녔던 피로가 고요한 어둠 속에서 사르르 녹아내리는 것 같다. 조금 장소를 이동하여 〈신증동국여지승람〉에 나오는 대

• 조영석, <강상조어도> (ⓒ국립중앙박물관)

홍면 '의좋은 형제' 공원으로 향했다. 밤이라 자세히 보이지 않지만 그래도 우리가 초등학교 바른생활 시간뿐만 아니라 부모님과 어른들로부터 귀가 아프게 들었던 '형제간 우애'의 현장이다. '형님 먼저 아우 먼저'라고 새긴 장승의 환영을 받으며 들어선 공원은 널찍하였다. 이웃하여 형님 이성만과 아우 이순의 초가집이 가까이 재현되어 있고 농기구와 삽살개까지 모형을 만들어 옛 모습을 보여 주려 노력하고 있었다. 그러나 아무리 잘 복원하여도 참맛은 눈감고 상상해 보는 것이다.

지금 달이 뜬 벌판 한가운데 멀리서 볏단을 지고 누군가 그림자같이 걸어오고 있다. 깜짝 놀란 아우, 숨마저 멈추고 가만히 서 있으니 그림자가 점점 가까이 다가온다. 어? 형님이세요? 거기는 아우 아닌가? 그때야 옮기고 또 옮겨도 볏단이 줄어들지 않는 귀신 들린 것 같던 비밀이 밝혀지고 형제는 얼싸안는다.

· 의좋은 형제 이야기

노을과 꽃, 바람이 뒤엉킨 태안반도

아침을 조금 서둘러 자연휴양림의 무장애숲길을 걸으면 예당호가 한눈에 내려다보이는 시원스러운 경치를 즐길 수 있다. 또한 휴양림 입구 쪽에 자리 잡은 수목원의 오솔길들과 곳곳에 들어선 놀이시설과 공중다리는 이곳 휴양림에서만 즐길 수 있는 소소한 즐거움을 더해 준다.

오늘 여정은 태안반도. 예산에서는 홍성을 지나 간월호와 부남호

· 예당호

· 간월암

를 가로지르는 서산A지구방조제와 B지구방조제를 지나 안면대교를 건너면 안면도에 닿을 수 있도록 교통이 편리해졌으며 방조제를 달리는 기분도 느낄 수 있다. 또한 이 도로를 이용하면 A와 B지구 방조제 사이에 위치한 손바닥만 한 간월도 위의 간월암을 방문할 수 있으나 바다의 물때를 알지 못하는 나로서는 운에 맡기는 수밖에 없다. 간월암은 썰물 때는 길이 열려 걸어 들어갈 수 있으나 밀물 때는 뭍에서 바라볼 수밖에는 없기 때문이다. 터키 카파도키아 파샤바의 버섯바위를 연상시킨다. 다행히 물때가 맞아서 바닷길을 건너 간월암에 올랐다. 검소하고 소박한 절의 내부를 들여다보고 눈을 들어 훤히 뚫린 바다를 보며 암자의 벽을 따라 한 바퀴 둘러보는 중에 열려 있는 조그만 창을 통해 바다의 모습이 보였다. 그 넓디 너른 바다가 사찰의 조그만 창문을 통해 모두 담겼다.

섬이었으나 이제는 육지 같은 곳, 안면도. 해당화가 지천이고 솔밭 사색길이 있는 곳. 안면대교를 지나 안면도에 입도하였다. 안면도가 위치한 태안반도에는 서해안의 울퉁불퉁 굽이굽이 리아스식 해안선을 따라 펼쳐진 아름다운 '태안해변길'이 있다. 2007년 원유유출사고로 쓰라린 아픔을 겪었으나, 123만 명의 자원봉사자와 지역주민의 땀방울로 예전의 모습을 되찾은 이곳은 지금은 많은 트레킹족이 '제주 올래길'을 걷듯이 찾고 있는 서해안 대표 걷기 좋은 길로 자리매김하고 있다. '태안해변길'은 학암포에서 시작한 1코스 바람길을 시작으로 해안가, 마을길, 샛길을 100km에 걸쳐 연결하는 7구간의 해안길로 조성되어 있다. 안면도에는 솔밭 '사색의 길'이 위치한 5코스-노을길 구간, 꽃지해변에서 시작하는 6코스-샛별길 구간, 바람아래해변이 위치한 마지막 7구간-바람길 구간이 있다. 이름만으로도 설레기 충분한 기지포해변, 두여해변, 밧개해변, 두에기해변, 방포해변, 꽃지해변, 샛별해변, 운여해변, 장곡해변, 바람아래해변 등이 연이어 있으며, 해안 사구마다 해당화, 순비기나무, 모래지치, 갯그령, 통보리사초, 갯메꽃과 갯완두 등의 사구식물이 지천으로 널려 있다.

· 태안 해변길 지도

누구나 철학자가 되는 곳
- 삼봉해변 사색의 길

　백사장 옆으로 세 개의 봉우리가 우뚝 솟아 있어 삼봉이라 이름 붙여진 이 해변은 일몰의 명소일 뿐만 아니라 봉우리 뒤편에는 실루엣 사진명소로 이름난 갱지동굴이 있다. 해변은 곰솔로 우거져 있고 안쪽에는 '사색의 길'이 있다. 일본 교토 은각사 앞에 '철학의 길'이 있다면 우리나라에는 안면도 삼봉해변에 '사색의 길'이 있다.

　30m 높이의 곰솔을 비끼는 햇빛에 길게 떨어진 경이롭게 느껴지는 소나무 그림자가 온몸에 스며든다. 시간이 멈춘 듯이 그곳에 머무르고 싶은 마음을 단념하기에는 너무 아쉬움이 크다. 다시 '사색의 길'을 되돌아와 솔밭 숲길을 걷는다. 방풍림 역할을 하는 숲이어서 솔가리와 모래가 뒤섞인 길은 푹신푹신하여 걷기에도 최고이다. 해안을 따라 걷는 중간에 전망대가 있어 탁 트인 바다 풍경을 바라보기에도 좋으며, 해변 백사장으로 나가는 사잇길도 군데군데 마련되어 있어 파도소리와 함께 발자국을 찍으며 걸을 수도 있다.

　송림과 백사장이 접한 곳곳에 대나무를 엮어 만든 울타리에 의해 만들어진 해안사구 모래턱 언덕 위에는 사구식물들이 거친 파도와 모래바람을 이겨내며 군락을 이루어 꽃을 피우고 있다. 해당화, 순비기

나무, 모래지치 등 사구의 꽃들이 얼마나 사랑스러운가를 알기 위해서는 다가가 자세히 오래 보아야 한다. 너무나 예뻐 한숨이 나올 지경이다. 삼봉해변에서 약 800m 거리의 기지포해변을 지나자 안쪽의 모래 숲길과 유모차나 휠체어도 다닐 수 있도록 조성된 1,004m의 무장애길인 '천사길'이 나타난다. 노을이 만든 그림자가 해안선만큼이나 길게 늘어져 있다.

· 삼봉해변 사색의 길

꽃이 지천인 꽃지해변

꽃지. 이름만으로도 유혹하는 곳. 누구나 꽃지라는 이름을 들으면 가보지 않고는 참을 수 없는 존재가 된다. 현재는 낙조와 튤립축제로 더 알려졌지만 지금도 해안선을 따라 걸으면 지천으로 깔린 붉은 해당화를 볼 수 있다. 망부석처럼 할아버지를 기다리는 할미바위와 듬직한 할아비바위 위로는 수많은 갈매기가 끼룩거리며 날고 있다.

우리나라 많은 해안에 망부석에 대한 전설과 조각상이 있지만 거의 언덕에 서 있는 아낙인 데 반해 꽃지해변의 아낙은 이미 오랜 기다림으로 할머니가 되어 어떤 두려움도 없이 직접 할아버지를 찾아 바다로 첨벙첨벙 걸어 들어간 모양이다. 두 분은 만나셨을까? 조물주가 할머니의 애타는 사랑에 감복하여 하루에 한 번 썰물 때에만 할아버지의 얼굴을 만져 볼 수 있도록 허락하셨나 보다. 밀물 때면 떨어져서 수면 위로 각각 애처롭게 바라만 보던 두 바위가 바닷물이 물러가는 썰물 때면 서로 손을 맞잡을 수 있다. 아! 칠월칠석 은하수를 건너 만나는 견우와 직녀 같기도 하고, 총각 선생님을 기다리는 길가 모래밭 구석에 수줍게 핀 해당화 같은 붉은 사랑의 섬마을 처녀의 나이 든 모습 같기도 하다. 잠깐 얼굴을 보고 헤어질 때면 할아버지는 끼룩거리는 갈매기소리 같은 눈물을 흘렸을 것이고 할머니

· 꽃지해변 일몰

의 마음에는 해당화꽃 같은 붉은 피눈물이 맺혔을 것이다.

바닷길이 열리면 이 바위에 좀 더 가까이 다가가기 위하여 바닷길을 걷는 사람들의 긴 그림자가 노을 진 바다와 갈매기, 바위와 어우러져 한 폭의 그림을 연출한다. 수면 위를 깊고 붉은 노을로 물들이던 태양이 바닷속으로 천천히 잠기며 긴 기다림의 그림자를 늘어뜨리고 있다.

바람마저 쉬어 가는 바람아래해변

안면도 끄트머리에 위치한 바람아래해변. 어렵사리 이정표를 발견하고 가는 길은 논길, 숲길을 지나가는 운치가 있다. 특히 길이 편도 외길이어서 전방주시를 철통같이 하고 가야만 한다. 그래도 가노라면 갑자기 주민의 경운기나 차량을 만나기 십상이라서 반갑게 눈인사로 미안함을 대신한다. 숲길을 지날 때 듬성듬성 위치한 민가들이 프랑스 화가 카미유 코로(Jean-Baptiste-Camille Corot)의 신화 속 그림이나 영국의 자연스러운 정원의 모티브가 된 클로드 로랭(Claude Lorrain)의 아름다운 풍경화를 연상시키며 마치 천년의 전설 속으로 빨려 들어가는 듯하다.

숲길을 벗어나니 고요한 바다가 열리기 시작한다. 적막감마저 감돈다. 해안선 멀리까지 얇은 모래 빛 바다가 펼쳐져 있어 물의 출렁임마저도 멈추어 있는 것 같다. 시원스레 트인 바다를 보며 물가로 다가가는 넓은 백사장 어귀에는 소박한 연분

· 카미유 코로, <아침, 요정들의 춤>
(©Musée d'Orsay)

· 바람아래해변

홍빛 갯메꽃들이 펼쳐져 있다. 귀를 간지럽히는 소리마저 숨죽인 시원한 바닷바람이 스친다. 옛이야기를 전하는 것 같은 소리 없는 바다의 잔잔한 물결의 속삭임과 뺨에 스치는 바람에 마음은 텅 비어 버리고 외로움이 엄습해 온다. '비바람이 치던 바다~' 하고 시작하는 귀에 익은 연가인 뉴질랜드 마오리족의 영가 〈포 카레카레 아나(Po Karekare ana)〉 멜로디가 바람에 실려 와 귓가를 맴돈다. 바다 아래 펼쳐진 바람마저 쉬어 가는 가슴 시리게 아름다운 곳. 바람아래해변.

붉은 피 같은 안면도수목원 작약

자연휴양림에서 지하통로를 지나면 안면도수목원이다. 해안지역이기 때문에 곰솔밭이 잘 조성되어 있어서 숲길을 걷는 느낌은 음표가 오선지 위에서 뛰노는 기분이다.

코스는 솔밭길이나 화단 쪽이나 마음 가는 대로 방향을 선택하면 된다. 아쉬운 건 사구식물이 보이지 않는 것이었다. 아마 해안에서 떨어져 있는 곳이라 사구식물에게는 적합하지 않은 환경이어서일 것이다. 그러나 좀 더 안으로 들어가면 어릴 적 담장 아래에서 꽃을 따먹곤 했던 골담초, 보라색이면서도 드러내지 않는 수줍은 빛깔의 둥그런 공 같은 알리움, 바람에 흔들리는 은빛 머릿결 같은 은사초 등 많은 나무와 꽃들을 감상할 수 있으며 동선 또한 부드러워 걷기에 그만이다. 그리고 해당화의 아쉬움을 잊게 해주는 작약꽃밭이 있

· 안면도수목원 작약

다. 풍성하게 핀 검붉은 작약꽃이 넓게 자리하고 있어 정신을 혼미하게 한다. 아마 유몽인의 〈어우야담〉에 나오는 강낭콩꽃보다, 양귀비꽃보다 더 붉은 논개의 충절이 검붉은색이 뚝뚝 떨어지는 작약꽃 같았으리라.

평생을 일군 수목원들
- 팜카밀레와 천리포수목원

안면도를 벗어나 태안해변길을 따라 북쪽으로 향한다. 들러보고 싶은 두 곳의 수목원, 팜카밀레(Farm Kamille)와 천리포수목원이 그곳에 있기 때문이다.

카밀레는 '역경에 굴하지 않는 강인함'을 의미한다고 한다. 아마 이곳을 이루신 분의 마음을 꽃말로 표현한 것 같은 생각이 든다. 수목원을 둘러보는데 꽃밭 한구석에서 밀짚모자에 목장갑을 끼고 뜨거운 해변의 햇빛 아래에서 열심히 밭을 일구는 분을 보았다. 수목원을 다 돌아보고 차를 마시려고 '허브의 집'에 들렀을 때 잠깐의 휴식시간을 이용해 목을 축이고 계시는 분이 그분이었다. 팜카밀레는 몽산포해변에 있으며 입구에서부터 붉은 지붕의 펜션과 베이커리 카페가 유럽의 어느 지역을 여행하는 것 같은 느낌을 주는 곳이다. 그곳에서는 때때로 그림 전시회나 음악회, 가든파티도 열린다고 한다. 팜카밀레에는 100여 종의 허브와 500여 종의 야생화, 150여 종의 그라스 습지식물들이 뿌리를 내리고 있다. 연못은 새들이 목을 축이고 토끼들이 들어와 풀을 뜯기도 하는 그런 이상향 아르카디아 같은 곳이다.

카페 건물 앞 토피리어가든을
지나 수목원 입구로 들어서면
자연스럽게 잘 정돈된 길을 마
주한다. 꽃 대신 잎으로 말하는
어린왕자정원, 몰레니아, 팜파
스, 여우꼬리 등 강인한 모습의
그라스가든, 아름다운 구릉에
라벤더와 백리향이 어우러지며
풍차와 프로방스의 향수가 넘

· **팜카밀레**

실거리는 라벤더가든, 다양한 꽃 모양의 형형색색 수국정원, 봄이면
케모마일, 가을이면 퍼플칼라의 세이지가 아름다운 케모마일/세이
지가든 그리고 핑크뮬리가든, 습지식물과 수생식물이 자라는 워터
가든으로 이어지는 구불구불 아기자기 숨바꼭질 같은 길을 걸으면
이미 머리는 맑아지고 마음은 깨끗해진다. (팜카밀레 홈페이지 참조)

천리포수목원. 우리나라 최초의 사립 수목원으로 무려 20만여 평
의 해안에 1만 6,800여 종의 다양한 수목을 심고 아름답게 가꾸고
일군 사람은 1921년에 태어나 2002년에 작고한 민병갈 씨이다. 본
명은 칼 페리스 밀러(Carl Ferris Miller).

미국 펜실베이니아 출신으로 1945년 미군 정보장교로 한국 땅을
밟고 1962년부터 사재를 털어 수목원을 일구기 시작하였으며 1979

년에 우리나라에 귀화하신 분이다. 2002년에는 공로를 인정받아 금탑산업훈장을 수상하였으며 그해 4월 아름다운 삶의 향기를 남기고 작고하였다. 2005년에는 국립 광릉수목원 '숲의 명예전당'에 초상이 헌정되어 그의 헌신적인 뜻을 기리고 있다. 이곳에는 목련류 700여 종류, 호랑가시나무 600여 종류, 동백나무 500여 종류, 무궁화 300여 종류, 단풍나무 250여 종류 등 1만 6,000여 종류의 국내 최다 식물이 자라고 있으며, 2000년 국제수목학회에서 '세계의 아름다운 수목원'으로 인증한 곳이다. 수목원은 입구의 높은 곰솔길을 시작으로 편안한 산책로를 따라 연못과 다양한 꽃과 수목이 어우러져 있다. 이곳은 봄이면 동백·작약·만병초·모란, 여름이면 수국·노루오줌·비비추 그리고 천둥 번개 치며 쏟아지는 비바람에 휘날리는 수양버들, 가을이면 남이섬수재원과 억새 그리고 눈 덮인 모습이 아름다운 겨울정원, 침엽수원, 호랑가시나무원 등 아름다운 사계를 연출하고 있다. 또한 민병갈 씨가 생활하던 가옥들도 수목원과 조화를 이루고 있으며, 바닷가 전망대에서 바라보는 낭새섬과 서해바다는 압권이다. 수목원을 한 바퀴 돌고 마지막으로 밀러가든의 벤치에 앉아 천리포해변을 바라보며 취하는 휴식은 달콤하기 이를 데가 없다. (천리포수목원 소개자료 참조)

여인의 젖가슴 같은 신두리해안사구

아이고, 이 길이 맞는 건가? 산길 돌아 밭길로, 밭길 돌아 평야 한 가운데 논길로. 갸우뚱, 일단 가보자. 뭐가 나오든 나오겠지. 거대한 리조트가 건설이 중단된 듯 보였다. 괜스레 걱정하자 옆자리의 동반자가 '당신 걱정이나 하세요. 재벌과 연예인은 걱정하는 것이 아니래잖아요'하며 핀잔을 준다. 그래도 같은 하늘 아래 머리 두고 사는 백성 아닌가. 주차장에 주차하고 무작정 바로 앞 바닷가 쪽으로 가보니 시원한 바다와 길고 넓은 백사장이 나온다. 이게 사구는 아닐 것이고. 아마 신두리해수욕장인 것 같은데. 옆의 일행도 고개를 갸우뚱거린다. 다시 주차장으로 돌아와 안내표지판을 보니 주차장에서 직진 방향이란다. 이미 그곳부터 모래먼지가 입안에 느껴진다. 잠깐 사이에 주차된 차에도, 온몸에도 모래먼지에 서걱거리는 느낌이다. 그런데 황사와는 완전히 다른 맛이다. 아마 건조하고 맑은 사구에서 날아온 것이리라. 사진에서나 봤던

◦ 신두리해안사구

사막처럼 모래언덕이 뛰놀기 좋은 둥그스런 뒷동산 같은 느낌이다.

　입구에서 안내표시를 보니 소요시간 30분부터 120분까지 A, B, C 세 개의 코스로 구성되어 있다. 오늘은 1시간 정도 걸을 생각으로 B 코스를 선택하였다. 꼭 코스요리 시키면 중간값으로 주문하는 것처럼. 그래도 사막인데 이왕이면 모자나 양산, 물을 준비해 올 걸. 걷는 길은 사구를 보호하기 위하여 대부분이 데크길로 걷게 되어 있다. 탐사를 목적으로 하는 것은 아니지만 사구에 서식하는 생물들을 볼 생각을 하니 설레는 마음이다. 여기저기 사구 곳곳에 잔디밭이 있으며 초원이 펼쳐져 평화롭고 목가적이기도 하고, 오아시스 같은 조그만 웅덩이 옆에 서 있는 나무들도 보여서 제법 사막여행의 기분이 느껴진다. 입구부터 해당화 군락, 좀 더 걸으니 통보리사초, 그리고 여기저기 갯메꽃, 갯그령, 갯방풍, 모래지치 등 사구에서 공생하는 사구식물 천국이다.

　밖에서 보면 모래밖에 보이지 않는 이런 척박한 곳에서 뿌리를 내리고 은은하게 꽃을 피우는 생명력이 감탄스럽다. 모래 위로 쏜살같이 기어가는 도롱뇽 같은 표범장지뱀, 뽀글뽀글 개미지옥구멍 등 수백 종의 생물이 서식하고 있다고 하니 역시 세상은 눈에 보이는 것이 다가 아닌가 보다. 제일 높은 언덕에 올라 내려다보니 파란 하늘에 짙은 녹색 바다와 누런 모래가 대비를 이루며 장관을 이룬다. 우리나라 최고의 사구 맛은 기분 좋은 서걱거림과 색의 향연 같다.

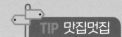

서산

🍴 마애삼존불 입구 용현집 ▸▸ 개울가에서 테이블에서 맛보는 어죽

🍴 간월도 갯마을횟집 ▸▸ 새콤달콤 간재미 회무침과 게국지 맛집

🍴 간월도 별미집 ▸▸ 그야말로 별미의 굴밥을 맛볼 수 있는 집

당진

🍴 우렁이박사 ▸▸ 우렁이 반 된장 반의 찐 된장에 풍성한 야채

예산

🍴 대흥식당 ▸▸ 한 번만 먹어봐

🍴 양어장집 ▸▸ 동네 사람들에게 치이는 메기매운탕집

태안

🍴 대양횟집 ▸▸ 손님에 지친 종업원에 퇴짜 당한 집

🍴 고향순대국밥 ▸▸ 오랜 전통이 느껴지는 깊은 맛의 순대국밥

🍴 만리포해수욕장 만대회수산 ▸▸ 싱싱한 서해안 수산물회가 숙성된 맛

☕ 몽산포 팜카밀레 제빵소 카페 ▸▸ 아름다운 정원 즐긴 후 달콤한 휴식

홍성

🍴 남당항 수네집가보자 ▸▸ 조개샤브, 물메기탕 등 서해안 포구의 찐맛과 착한
가격, 노부부의 훈훈함은 덤

PART 8

사림과
정자의
고장

거창

함양

거창과 함양은 지리산과 덕유산에서 뻗어 내린 장대하고 웅혼한 산세와 깊은 산에서 발원한 계곡의 비경을 배경으로 자리한 지역이다. 산들의 기세는 하늘에 닿을 듯하고 계류는 험준한 바위틈을 빠져나오며 수정같이 맑은 물보라를 일으키며 포효하고, 폭포는 천둥소리를 울리며 비류직하(飛流直下)하며 소를 이루는 절경을 이룬다. 숨 막힐 듯 달려온 계류가 강바닥이 넓은 곳에 이르러서는 유유자적 물비늘을 반짝이며 산자락의 농사짓는 산촌과 어우러진다. 산 중턱에 자리 잡은 고을들은 마치 세상의 혼란을 피해 숨어든 사람들이 모여 살던 산중마을처럼 고요하고 평화로운 아름다움을 느끼게 해 준다.

　함양은 조선시대 우함양(右咸陽)이라 하여 좌안동(左安東)과 함께 산세만큼이나 걸출한 많은 인재를 배출한 지역이다. 안동지역에 퇴계 이황, 농암 이현보 선생이 있다면 함양지역에는 남명 조식, 일두 정여창 선생이 있으며, 안동에 퇴계를 배향한 도산서원과 서애를 모신 병산서원이 있다면 함양에는 일두를 모신 남계서원, 남명을 모신 덕천서원이 있다. 이러한 걸출한 인재들의 제자와 후손들이 영남사림의 맥을 형성하며 조선을 철학의 나라로 이끄는 큰 줄기를 이루었다. 크고 깊은 산세의 영향이런가? 이 지역 선비들을 생각하면 산처럼 큰 기상과 대쪽 같은 선비의 이미지, 때를 기다리며 바늘 없는 낚시를 물에 드리우고 세월을 낚던 강태공의 이미지, 깊은 산중에 묻혀 사는 은일처사의 이미지가 중첩된다. 현재에도 이 지역에는 그러한 영남사림의 발자취가 담긴 고택과 정자가 곳곳에 남아 있어 당시 선비들의 정신과 풍류를 느껴 볼 수 있다.

또한 함양에는 신라시대에 홍수재해를 방지하기 위하여 둑을 쌓고 인공조림을 했다는 역사를 간직한 상림공원이 남아 있다.

이처럼 자연의 아름다움, 사림의 정신, 애민의 역사가 살아 숨 쉬는 함양, 거창을 여행할 때면 으레 출타를 앞두고 마음을 다잡으며 갓끈을 다시 매만지는 꼿꼿한 선비처럼 탁한 마음을 깨끗하게 씻어내고 한편으로는 계곡을 따라 늘어선 정자의 풍류를 즐길 마음을 갖게 된다.

거창

함양

집안싸움으로 번진 명물, 수승대

　수승대는 덕유산의 두 갈래로 뻗어 내린 산에서 흘러나온 물이 합류하는 거창(거창의 옛 이름은 '아림'이다)의 원학동 계곡에 있다. 수승대는 넓게 트인 계곡 한가운데로 마치 거북같이 툭 튀어나온 큰 바위가 아름다워 예부터 사람들이 풍류를 즐기던 곳이다.

　전하는 말에 의하면 이곳이 삼국시대 신라와 백제의 국경이었으며, 백제에서 신라로 향하는 사신을 전별하던 곳으로 처음에는 돌아오지 못할 것을 근심으로 전송한다고 하여 '수송대(愁送臺)'라고 불렸다고 한다. 이후 인근의 황산마을로 입촌하여 살던 요수 신권이 거북바위를 암구대(巖龜臺)라 부르며 바위 아래로는 보를 쌓아 못을 만들고 구연(龜淵)이라 하고, 바위 위에는 정자를 지어 구연재(龜淵齋)라 이름 짓고 제자를 가르쳤다고 한다. 1543년 퇴계가 안의현 삼동을 유람차 왔다가 근처 영승리에 머물던 중 수송대를 가보려 하였으나 조정의 부름으로 아쉬움을 달래며 발길을 돌렸다고 한다. 그러나 방문 중에 퇴계는 그곳의 내력에 대해 듣고 '수송대'는 이름이 아름답지 못하니 '수승대(搜勝臺)'로 바꾸는 것을 권하니 모두들 찬성하였다고 한다. 퇴계는 찾아가 보지 못한 아쉬움을 시로 남겼고 요수 신권은 화답시로 감사의 마음을 전하였다. 그러나 이웃마을에 살던 갈천

• 거북바위 (ⓒ거창군)

임훈이 외지인인 퇴계가 보지도 못한 '수송대'의 이름을 바꾼 것을 점잖게 반대하는 화답시를 지었다고도 한다. 이런 사연으로 수승대 거북바위에는 퇴계, 요수, 갈천의 시가 모두 새겨져 있다. 이후 신씨와 임씨 집안이 서로 거북바위의 소유권을 주장하며 이를 증명하기 위하여 바위 곳곳에 교대로 글씨를 새기면서 거북바위는 쩍쩍 갈라진 등껍질같이 흉물처럼 변해 버렸다.

수승대는 거북바위를 비롯하여 함양재, 요수정, 구연서원이 남아 희미하게 옛 정취를 전하고 있을 뿐 현재는 야영지로, 물놀이장으

• 황산마을 고샅길

로, 계곡과 나란히 걷는 소나무숲 산책길로 알려지며 여름 여행지로 주목받는 장소로 변모하였다. 수승대 인근에는 요수 신권이 들어온 이래 거창 신씨의 세거지지가 된 황산마을이 있다. 수승대에서 옛 정취를 충분히 느끼지 못한 아쉬움이 있다면 황산마을 돌담길을 걸어 봐야 한다. 황토와 자연석이 잇몸과 제멋대로 박힌 이빨 같지만 그 순박함과 살아 움직이는 듯한 율동감이 그야말로 이것이 우리의 옛 담장이구나 하는 감탄사가 절로 나온다.

마을에는 기와집이 즐비하여 옛 세도가문의 집성촌임을 말하여 주고 중심부의 원학고가(猿鶴古家)는 거창 신씨의 옛 영화를 여실히 증거하고 있으며, 한적한 고샅길과 돌담, 담장 너머 선홍으로 농익은 감과 고가가 어우러져 옛 정취를 자아낸다.

여기가 선계 - 용추사

　수승대를 떠나 화림동 계곡으로 향한다. 이왕이면 중간지점의 용추사와 용추폭포를 보고 가는 것도 좋을 것 같다. 용추사(龍湫寺)는 487년(신라 소지왕 9년)에 각연대사가 창건한 '장수사'라는 절의 암자였다. 장수사는 신라의 의상, 원효를 비롯하여 조선시대에는 무학, 서산, 사명대사 등 여러 고승들이 수도 정진한 유명사찰이었다고 한다. 그러나 6·25전쟁 중 일주문만 남고 소실되었으며 이후 복원하며 이름을 '용추사'로 바꾸었다. 현재에는 불끈불끈한 기둥과 날개를 활짝 편 멋들어진 '덕유산장수사조계문'이라고 쓰인 용추사 일주문의 현판만이 남아 장수사의 흔적을 말해 주고 있다.

　용추사 입구에는 30m 높이의 용추폭포가 넓은 소(沼)에 시원한 물줄기를 쏟아 내고 있으며, 인상적인 거대한 석축을 비켜 돌면 용추사 경내로 들어선다. 경내에 세워진

·용추폭포

시비(詩碑) 옆 바위에 앉아 감로수로 목을 축이며 덕유산에서 불어오는 골바람에 흔들리는 풍경소리를 들으면 이곳이 선계로구나 하는 느낌이 든다.

　　지극한 도는 어렵지 않네(至道無難)
　　버릴 것은 오직 간택뿐(唯嫌揀擇)
　　밉다곱다는 마음 없으면(但莫憎愛)
　　탁 트이어 명백하리라(洞然明白)

승찬대사, 〈신심명(信心銘)〉

선비문화길 화림동계곡

　　선비문화길 1구간은 함양 화림동계곡을 따라 늘어선 옛 정자들을 나무다리로 걷기 좋게 이어놓은 약 6km의 산책길이다. 들고 나는 거리가 제법 긴 편도이므로 종착지에서 대중교통을 이용하거나 지나가는 차량을 히치하이킹 하는 색다른 여행의 맛을 경험해 볼 수도 있다. 남덕유산에서 시작한 남강천이 서하면 봉전마을에 이르러 시작되는 1구간의 시작점인 거연정(居然亭)을 출발하여 화림계곡의 맑고 시원한 물길을 따라 걷다 보면 어느새 정신은 맑아지고 몸은 회

· 거연정

복되며 세상에 찌든 스트레스와 세상 걱정이 말끔히 사라져 버리는 잊지 못할 추억으로 기억될 것이다.

처음 만나는 거연정은 계곡 건너에 있으며 봉전교를 건너야 한다. 봉전교를 건너기 전에 거연정을 바라보아야 한다. 다리 넘어 계곡 바위 절벽에 세워진 거연정의 모습은 맑은 물, 아치형 다리, 거대한 주름진 바위가 서로 어우러지며 절경을 이룬다.

다리 위로 발걸음을 내디디면 걸음마다 다양한 바위와 넓은 계곡의 모습에 놀라고, 아치 정점에 서면 높은 산을 휩쓸며 내려온 물살과 바위 위에 올라앉은 거연정이 주위와 어우러져 탄성을 자아내게 한다. 빛이 환하게 들어 주위의 풍광을 잘 감상할 수 있도록 팔작지붕을 높이 들어 올린 거연정의 모습이 우아한 자태를 뽐내고, 바위 틈새를 뚫고 올라온 소나무가 운치를 더하며 거연정의 부끄러움을 가려 준다.

거연정을 지나 산 아래 계곡을 따라 숲소리와 물소리를 벗 삼아 걷다 보면 좁은 바위틈을 성난 파도같이 흐르던 물살이 넓은 계곡바위를 선녀가 치맛자락 스치듯이 미끄러지며 흐른다. 당장이라도 계곡물에 발을 담그고 싶은 마음이 굴뚝같다. 어느새 강 너머로 군자정(君子亭)이 보인다. 군자정은 일두 정여창 선생이 처가에 와서 머물며 유영하던 곳에 전세걸이 군자가 머무르던 장소라 하여 이를 기념하기 위하여 세운 정자라고 한다. '영귀대'라는 너럭바위 위에 세운 정자로 소담하고 선비의 고고함이 느껴지는 정자이다.

그러나 강 건너에 자리하여 그냥 지나치기 쉬우니 거연정으로 가는 길에 미리 들러 봐야 하는 곳이다. 산바람에 머리를 식히며 강물에 마음을 싣고 유유자적 걷는다. 산길을 벗어나 과수원길도 지나며 빨갛게 익은 과일을 바라보니 더욱 마음이 한가해진다. 밭고랑에서 허리 굽혀 일하는 농사꾼에게 말을 걸어 본다. 힘들게 허리를 펴며 일어서는 모습에 안타까움과 미안한 마음이 들지만, 시커멓게 탄 주름진 얼굴에 하얀 이를 드러내며 웃는 모습이 탐스러운 과일만큼이나 환하여 나마저도 행복감이 밀려든다. 어느덧 차일암과 옥녀담에 다다랐다. 강 건너에 동호정(東湖亭)이 보인다.

• 동호정

차일암(遮日岩)은 해를 덮을 만큼 넓은 바위라고 하여 붙여진 이름으로 많은 시인과 묵객이 이곳을 방문하여 풍류를 즐기던 곳이어서 영가대(詠歌臺, 노래를 부르는 곳), 금적암(琴笛岩, 악기를 연주하는 곳)이라는 글씨가 각석되어 있다. 차일암은 움푹 파인 웅덩이에 막걸리를 쏟아붓고 계절에 따라 매화, 진달래, 들국화, 솔잎, 댓잎을 띄우고 바가지로 술을 퍼마시며 풍류를 즐기던 곳이다. 옥녀담은 이곳의 풍광이 아름답고 물이 깨끗하여 옥녀가 내려와 목욕하였다는 담소이다.

동호정은 동호 장만리가 관직을 그만두고 낙향하여 낚시를 즐기며 지내던 정자로 강변 바위 위에 지어져 주변과 강물이 어우러진 풍광이 한눈에 들어오는 장소에 자리 잡고 있다. 계곡을 가로지르는 징검다리가 놓여 있다. 유혹을 뿌리치지 못하고 신발을 벗고 바지춤을 걷어 올렸다. 맨발로 차일암 위를 걷기 시작하자마자 볕에 데워진 바위의 열기로 폴짝폴짝 종종거리며 뛰듯이 지나 징검다리로 나아갔다. 물소리가 시원하고 기분은 상쾌하여 하늘을 날아갈 것 같다. 동호정은 화림계곡 정자 가운데 규모가 가장 크고 화려한 정자이다. 누대로 오르는 계단이나 기둥은 도끼로 툭툭 쳐 만든 것 같은 투박하고 거친 멋을 보여 준다. 누대에 오르니 아래에서는 수정같이 맑은 물소리가 들려오고 강물 건너에서는 차일암에서 계회(契會)를 즐기는 모습이 보이는 것 같다.

숨을 고르며 흐르는 물결을 따라 두런두런 얘기를 나누며 걷는다. 멀리 강 건너에 산 아래 농월정(弄月亭)이 있고, 전면으로는 들판같이 넓은 월연암(月淵岩)이라고 부르는 너럭바위가 부챗살처럼 펼쳐져 있다. 얼마나 아름다우면 못에 비친 달을 희롱한다는 이름을 붙였을까. 이태백이 달을 건지려 뛰어들었다는 채석강이 이만큼 아름다웠을까? 그러나 계곡을 건너 농월정으로 건너기가 쉽지 않다. 두리

· 농월정

번거려 그나마 좀 좁은 곳을 택하여 건너야 한다. 넓은 너럭바위에는 각자가 빼곡하다. 달과 함께 노닐며 취흥을 그냥 흘려보낼 수 없었을 것이다.

화림계곡은 본래 팔담팔정(八潭八亭)으로 너른 반석 위에 세워진 정자가 기암괴석과 깨끗한 계곡, 수려한 자연과 하나 되는 풍광이 절경을 이루는 계곡으로 오랫동안 유생과 묵객들이 찾아 시를 읊고 학문을 논하던 명소였으며 현재에는 네 개의 정자가 남아 여행객을 맞이하고 있다. 화림계곡을 따라 옛 선비의 발자취를 따라 걷다 보면 바람소리, 물소리에 취하고 수려한 풍광에 흠뻑 빠져 세상의 시름을 잊는 곳으로 옛 정취에 젖어 보고자 하는 많은 여행객이 방문하고 있다.

좌안동 우함양 - 개평마을

개평마을은 함양군 지곡면 개평리에 있는 500년이 넘는 전통마을로 두 개울이 하나로 합쳐지는 지점에 있어 낄개(介) 자를 형상하고 있다고 하여 이름이 붙여졌으며, 마을 앞 넓은 들판은 '개들'이라고 불린다. 14세기 경주 김씨와 하동 정씨가 들어와 살기 시작하였으며 한 세기 후에는 풍천 노씨가, 현재에는 풍천 노씨와 하동 정씨가 거주하고 있다. 개평마을은 조선시대 성리학을 대표하는 동방오현(東方五賢: 김굉필, 조광조, 이언적, 이황, 정여창) 가운데 한 사람으로 추앙받는 일두 정여창 선생의 고향이며 그의 고택이 있다. '좌안동 우함양'이란 말도 개평마을이 있기 때문이다. 그만큼 선비의 기개와 학문에 대한 자부심과 오랜 역사를 엿볼 수 있는 마을이다.

마을에 들어서면 유서 깊은 옛 와옥이 즐비하다. 세월 먹은 돌담 사이 마을길 구석구석을 둘러보면 기품과 정취가 느껴지며 담장 안에서 익어가는 과실에서 고향의 포근함과 편안함을 느낄 수 있다. 마을길을 걷기 전에 미리 일두산책로를 걸으며 마을 전체를 조망해 보는 것이 좋다. 소나무 군락지를 지나 선암공원과 마을회관, 정일품농원을 거쳐 마을로 내려오면 된다. 소나무 군락은 낮은 언덕을 따라 수십 그루의 소나무가 줄지어 서 있으며, 풍수지리에 따라 마을을 보호하기 위하여 심은 300~400년 된 적송으로 운치가 있고 격조가 높아 보인다. 고샅길에서 만나는 흙과 돌을 섞어 만든 담장의 곡선과 이끼 낀 기와지붕의 색 바랜 고풍스런 아름다움, 왕방울만 한 눈을 껌뻑이며 여물을 되새김하는 외양간 소의 나른함은 오래된 전통마을의 정취를 물씬 느끼게 해준다.

긴 황토담장을 따라 일두 정여창 선생의 고택으로 향한다. 길게 뻗은 붉은 담장과 단풍 든 느티나무가 푸른 소나무와 대비를 이루며 한적함을 더해 준다. 고택 입구에는 정씨 집안의 가양주인 솔송주를 제조하는 주조장이 있다. 솔과 엿, 식혜로 만든 솔송주의 맛에서 솔향이 향긋하게 느껴진다.

불쑥 솟은 고택의 솟을대문에 걸려 있는 충효전가(忠孝傳家) 주련에서 집안의 고결함이 느껴진다. 마당에 들어서면 높은 축대 위에 올라앉는 ㄱ자형 사랑채가 당당한 모습으로 서 있다.

· 고샅길과 주조장

· 정여창 고택 사랑채

이처럼 당당한 한옥은 처음이다. 아마 집도 주인의 강직한 성품을 닮았나 보다. 처마 밑에는 '문헌세가(文獻世家)'라는 조그만 편액과 문 위에는 일필휘지로 써 내려간 '충효절의(忠孝節義)'라는 커다란 현판 이 걸려 있어 집안의 내력을 짐작케 해준다. 사랑채 누마루 앞에는 돌을 쌓아 만든 산이라는 뜻의 석가산(石假山)을 조성하여 원림을 집 안으로 차경하였다. 누마루에 앉아 감상하기에 아주 적격이다. 사 랑채 옆 조그만 일각문을 지나 중문을 통과하면 안채로 들어서게 된 다. 정갈한 안마당과 다소곳한 안채에는 안주인의 정숙한 품성이 묻 어나는 것 같다.

일두 정여창은 김종직 문하에서 수학하고 과거에 급제하였으나 어머니가 이질에 걸리자 극진히 간호하고 죽은 후에는 3년간 상복 을 벗지 않고 시묘하였다. 수차례의 관직제수에도 사양하였으나 그 의 효심을 들은 성종이 사임을 허락하지 않았다. 안음(현재의 안의) 현감 때에는 편의수십조(便宜數十條)를 지어 시행하자 1년 만에 정치 가 맑아지고 백성들로부터 칭송을 듣게 되었다. 그러나 1498년 김 종직이 세조의 찬탈을 은유적으로 비판한 조의제문(弔義帝文)이 문 제가 되어 일어난 무오사화에 함경도 종성(鍾城)으로 유배되어 그곳 에서 병으로 죽은 뒤 갑자사화(1504)에 부관참시당하였다. 이후 중 종반정으로 복관되어 우의정에 추증되었으며, 선조 대에는 문묘에 승무(陞廡)되고 문헌공의 시호가 내려진 영남사림의 표상이기도 하 였다.

남계서원

　남계서원(灆溪書院)은 일두 정여창 선생의 학문과 덕행을 추모하기 위하여 창건한 서원으로 1566년(명종 21년)에 남계(灆溪)라는 이름으로 사액 되었다. 남계는 사원 옆으로 흐르는 시내의 이름에서 비롯되었다. 현재는 일두 선생을 주벽으로 동계 정온, 개암 강익 선생을 배향하고 있다. 소수서원에 이어 두 번째로 건립된 서원으로 흥선대원군의 서원철폐령에도 경상남도에서 유일하게 훼손되지 않고 보존되었으며, 그러한 역사문화적 가치를 인정받아 유네스코 세계유산으로 등재되었다.

　양지바른 언덕에 자리 잡고 있어 넓은 들판과 남계가 한눈에 보이는 시원한 전망을 보이고 있으며 건물 배치가 전학후묘로 전형적인 서원의 구조를 갖추고 있다. 특히 사당이 언덕 높이 자리하여 자연스럽게 문묘가 강학보다 위에 있다는 느낌을 받게 된다. 남계서원 가까이에 문민공 탁영 김일손을 모신 청계서원(靑溪書院)이 있어 함께 돌아보면 좋을 듯하다.

최초의 인공조림, 상림

　상림은 신라시대 진성여왕 시기에 고운 최치원이 천령(함양의 당시 지명)태수로 부임하여 조림한 곳으로 우리나라에서 가장 오래된 인공 방수림이다. 당시에는 지리산에서 흘러내린 위천이 마을을 지나며 흘렀기 때문에 여름만 되면 항상 홍수로 피해가 심하였다고 한다. 최치원은 이를 막기 위하여 둑을 쌓아 물길을 돌리고 그곳에 대대적으로 조림공사를 하여 '대관림'이라 이름 짓고 보호하여 홍수를 막았다고 한다. 당시에는 6만 5,000여 평이었으나 이후 중간 부분이

· 상림

파괴되어 상림과 하림으로 나뉘었으며, 하림 구간은 마을이 형성되어 그 흔적만 남아 있고 현재는 약 3만 평의 상림만이 옛 모습을 보전하고 있다.

상림은 1.6km에 걸친 20~80m 폭의 둑 안쪽 넓은 면적에 120여 종의 활엽수가 무성하게 나무그늘을 만들고 있다. 상림의 활엽수는 봄이면 신록, 여름이면 녹음, 가을이면 선홍색 단풍, 겨울이면 설경으로 옷을 갈아입고 아기자기하고 사랑스러운 모습을 뽐내며 숲 사이로 난 다볕길 등 여러 갈래 길을 걷는 연인과 친구, 가족들에게 신선한 정취를 제공하고 있다. 상림에는 얘기를 나누며 쉴만한 함화루, 화수정, 사운정 등 정자가 곳곳에 있을 뿐만 아니라 최치원 신도비, 선정비, 석불, 물레방아 등 역사적 유물도 다양하여 한층 더 산책의 즐거움을 더해 주며 마음에 신선한 공기를 불어넣어 준다.

천봉만학 지리산

　함양에 왔으니 우리나라 최초의 국립공원이자 동방의 삼신산인 두류산(지리산의 별칭)을 비껴갈 수는 없다. 천봉만학(千峯萬壑, 수많은 산봉우리와 골짜기)의 유유함이 태초의 모습을 간직하고 삼대째 내리 적선한 사람만 볼 수 있다는 천왕봉 일출같이 웅장하고 피 끓는 기상과 용솟음을 뿜어내는 산, 지리산.

　섬같이 널린 산봉우리 아래
　망망한 대 운해 속에서
　붉게 타오르던 해는 …

　휘몰이안개바람 몰아쳐
　바위를 훑고 숲을 깨우며
　구름 위에 빠졌던 해를
　힘찬 용트림으로 솟아오르게 하라.

지리산 등산인이 지은 시

　천왕봉의 일출을 보기 위하여 어두컴컴한 새벽길을 나선다. 지리

· 지리산

산 드라이브 코스의 하이라이트라는 지안재를 오른다. 뱀이 기어가듯 구불구불한 도로여서인지 달팽이의 속도로 오를 수밖에 없다. 창을 모두 내리고 맑은 공기로 폐부를 청소하며 달린다. 오도재를 오르며 속도를 높이자, 차가 숨이 차오르는지 폐병 환자처럼 그르륵거리며 타이어 타는 냄새가 난다.

지리산 제1문을 지나 조망공원에 도착하였다. 꽤 많은 사람이 모여 있었다. 1,915m 천왕봉을 주봉으로 장터목, 촛대봉, 형제봉, 반야봉 등 영봉들이 말잔등을 이루며 부옇게 밝아오는 먼동을 배경으로 깊은 침묵에 잠겨 장엄함을 넘어 숭고함마저 느끼게 한다. 붉은 해가 산등성으로 얼굴을 드러내자 어두운 그림자가 점차 사그라들고 빛나는 해가 산마루 위로 불쑥 올라앉으니 황홀함마저 느껴진다. 아! 웅장하고 장엄하며 태고의 신비를 간직한 민족의 영산, 지리산.

건강하고 이뻐지고 사랑이 깊어지는 벽송사

벽송사(碧松寺)는 조선 중종(서기 1520년)에 벽송 지엄선사에 의해 창건되었으며 서산대사와 사명대사가 수행하여 깨달음을 얻은 유서 깊은 사찰이다. 청허 휴정선사(서산대사)는 벽송대사의 뒤를 이어 2대 조사에 오른 부용 영관선사의 가르침을 받은 제자로 벽송산문의 3대 조사가 되어 임진왜란이 일어나자 승군을 일으켜 나라와 백성을 구하는 데 전력을 다하였다. 벽송사는 한국전쟁기에 지리산으로 숨어든 빨치산에 의해 야전병원과 암약 루트로 활용되자 국군의 소탕 작전으로 방화되어 모두 불타버렸으나, 1960년대 구한 원응 스님이 중건하였다. 현재에는 10여 동의 건물만 중수되어 지리산 중턱에 고즈넉하게 자리하고 있으며 사찰 아래에는 경상남도 민속문화재인 목장승이 전각 안에 세워져 있다. 왕방울만 한 눈과 악어 이빨에 쇠똥만큼이나 큰 코로 무서운 표정을 짓고 있으나 세월이 흐르며 낡고 닳은 할머니 할아버지 모습으로 변하여 다정스럽기만 하다.

사찰 후면으로 올라가면 하늘에 닿을 듯 우뚝 솟은 미인송(美人松)이 높은 기상을 뿜어내고 있으며, 도인송(道人松)이 가지 아래에서 희미한 지리산 영봉을 조용히 바라보며 외롭게 서 있는 삼층석탑의 소담하고 맵시 있는 자태가 마음에 조그만 파문을 일으킨다.

석탑의 눈으로 바라보는 지리산이 그지없이 수려하다. 벽송사에서는 목장승에 기원하면 애정이 돈독해지고, 미인송에 기원하면 예뻐지고, 도인송에 기원하면 건강해지며 한 가지 소원이 이루어진다는 말이 전해지고 있다고 한다.

석불정토 서암정사

벽송사에서 600여 미터 내려오면 서암정사로 오르는 갈림길이 나온다. 주차장에서 도보로 3분 정도 오르면 서암정사 입구에 세워진 큰 석주(石柱) 일주문이 서암정사에 이르렀음을 알려 준다. 서암정사는 벽송사를 재건한 원응 스님이 10여 년에 걸쳐 지리산의 장엄한 산세를 배경으로 천연암반에 조각한 무수한 불상과 극락세계를 구현한 석굴 법당이 그 아름다움과 장엄함으로 장관을 이룬다. 서암정사란 이름은 서쪽의 큰 바위란 뜻의 '서암(瑞庵)'과 수행자가 머무는 곳이란 뜻의 '정사(精舍)'가 합해진 이름으로 지리산에 펼쳐진 화엄세계라는 의미를 지니고 있다. 입구에는 부처님의 세계로 들어가는 비로궁의 대방광문이 있고 입구에 새겨진 사천왕상이 조각되어 있다.

대방광문으로 들어서 암벽 터널을 지나면 개금 단청한 겹처마의 아(亞)자 형 지붕을 한

· 대방광문

· 대웅전 입구 안양문

대웅전에 당도한다. 안양문을 지나면 아미타여래를 모셔 극락세계를 구현한 석굴법당 극락전이다. 바윗굴 속에 양각으로 새겨진 거대하고 아름다운 불상과 보살들을 보면 종교를 차치하고 그 엄청난 예술세계에 놀랍고, 자연스럽게 고개가 숙어진다.

도량 위로는 상서로운 구름 가운데 불보살이 머무는 광명운대, 깎아지른 암벽에 비로자나불과 문수보살, 보현보살, 선재동자가 새겨진 비로전, 불자의 수행장소인 사자굴이 있으며 눈길 닿는 곳마다 바위에 불상과 일화가 조각된 석불의 향연이 펼쳐져 마치 수미산을 옮겨 놓은 듯하다.

곳곳에 자리한 석굴과 석불의 경이로움에 취하여 잠시 숨을 돌리고자 범종각 옆 담장에서 바라보는 지리산의 그윽함이 마음의 평온함을 가져다준다.

· 마애불

공명하는 계곡 물소리 - 칠선계곡

　설악산 천불동계곡, 한라산 탐라계곡과 더불어 우리나라 3대 계곡으로 꼽히는 함양 칠선계곡을 보기 위하여 추성마을 주차장에 들어섰다. 벽송사와 서암정사가 칠선계곡 초입에 위치하여 그곳을 방문한 여행자라면 쉽게 가볼 수 있는 곳이다. 천왕봉에서 시작한 물줄기가 칠선폭포 등 7개의 폭포와 33개의 소를 지나며 용소까지 18km에 걸쳐 이어지는 계곡이다. 칠성계곡은 천왕봉을 오르는 등산객들이 선호하는 출발지로 항상 붐비는 곳이다. 그러나 짧게 회귀하더라도 계곡을 따라 펼쳐지는 두껍고 육중한 산, 깊은 골짜기에서 공명하는 계곡 물소리, 발을 담글 수 없이 시리고 투명한 계곡물을 따라 걷다 보면 어느덧 허물을 벗어 버리고 새로 태어나는 것 같은 태초의 신비를 체험할 수 있는 곳이다. 최근에는 추성교를 건너 4.2km가 되는 비선담까지는 언제든지 탐방할 수 있지만 그곳을 지나 천왕봉까지 오르는 길은 일 년에 두 차례 예약제가 시행되고 있어 만일 천왕봉까지 오르려면 사전에 확인하고 출발해야 한다.

알프스 정원에서 - 하미앙 와인밸리

하미앙 와인밸리는 지리산 동쪽지역 여행을 힐링하며 마무리하기에 적당한 곳이다. 해발 500m의 높은 고원에 있는 유럽풍 테마농원으로 지역 특산물인 산머루를 테마로 생산, 가공, 체험 및 커피숍과 레스토랑을 갖춘 복합 관광농원이다. 지리산 일대는 일명 '영웅'으로 불리는 산머루가 자생하는 지역으로 일교차가 크고 게르마늄 성분을 많이 함유한 토질로 산머루의 당도가 높고 맛과 향이 좋다고 한다. 산자락에 유럽풍으로 지은 레스토랑, 카페 등이 이국적인 느낌을 주며, 넓은 잔디밭과 연못, 곳곳에 설치된 조각작품, 하늘계단과 풍차, 곳곳에 쉼터와 벤치 등이 마련되어 있어 한가하게 휴식을 누릴 수 있다. 또한 좀처럼 접하기 어려운 와인 숙성실이나 와인 동굴을 견학하며 동굴과 와인이 익어가는 냄새를 흠씬 들이켜 볼 수도 있다. 그러나 무엇보다도 야외데크에 앉아 산비탈을 쓸어오는 숲향기 머금은 바람을 맞으며 아름답게 펼쳐지는 지리산의 풍경과 목가적인 분위기 속에 산머루 와인과 함께 느긋하게 즐기는 식사는 최고의 휴식을 선사해 준다.

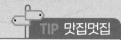

거창

🍴 돌담사이로 ▸▸ 예약 선불을 요구하던 한옥집

🍴 외양간구시 ▸▸ 송이를 함께 구워 먹고 된장찌개에 끓여 먹고, 예약은 기본

함양

🍴 안의원조갈비집 ▸▸ 고기 먹고 야채 먹고 밥 비벼 먹고, 안의갈비찜 본가

🍴 안의 옛날금호식당 ▸▸ 3대를 이어온 안의갈비탕, 밥 말아 묵은지 올려 꿀꺽

🍴 늘봄가든 ▸▸ 토종 오곡정식을 맛볼 수 있는 곳

산청

🍴 늘비식당 ▸▸ 얼큰한 어탕국수를 후후 불어 식혀가며 후루룩

🍴 열매랑뿌리랑 ▸▸ 수많은 약초 향이 물씬 나는 약초산나물뷔페

PART 9

다

있는

곳

군산 → 부안 고창

무엇이 다 있다는 것인가. 가보면 알 일이다. 이곳은 군산의 맛과
역사, 내장산의 단풍, 부안의 해안선과 낙조 그리고 내소사의 전나
무길, 곰소의 염전과 젓갈, 고창의 청보리밭과 선운사 그리고 서정
주 시인의 시가 머무는 곳이다.

　가을 단풍은 절정기를 정확히 맞추기도 어렵거니와 또 기상청 발
표에 맞추어 가면 인산인해를 이루어 제대로 감상하기가 쉽지 않다.
붐비는 곳을 피하려면 시기를 맞추기가 어렵고 시기를 맞추려면 사
람 물결이다. 설악산 기준에 맞추어 오대산에 가면 낭패를 보기 쉽
다. 이미 단풍은 고엽으로 변하고 있기 때문이다. 또 시기를 맞추어
설악산에 가면 단풍 구경은커녕 진입조차도 어렵다. 대개 단풍 구경
은 이런 식이다. 자연은 사람을 기다려 주지 않고 그 해의 날씨에 따
라 지역의 고도에 따라 천차만별이니 자신만의 나름의 기준을 세우
고 시기를 조절하여 가는 것이 조금이라도 더 북적이는 인파를 피하
고 한적하게 단풍을 감상할 수가 있다. 그래서 나는 11월 첫 주말이
면 내장산과 백양사의 단풍을 만나러 간다. 그때쯤이면 축제도 어느

정도 마무리 단계이고 단풍도 머리 위까지 내려와 감상하기에 안성 맞춤이다. 그렇다 해도 단풍 끝물을 즐기는 인파를 피하려고 군산과 부안에 들러 하루나 이틀을 쉬고 다음 날 일찍 내장산에서 단풍으로 물든 후 고창으로 향하곤 한다.

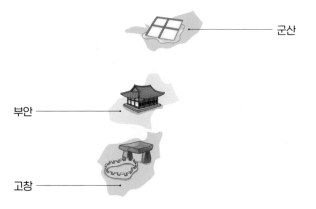

군산

부안

고창

당일치기 맛과 역사 여행의 백미 - 군산

군산은 일제강점기에 일본인들의 수탈을 위한 전진기지 같은 곳이었다. 군산의 배후인 김제, 옥구에는 아득히 지평선만이 보이는 호남평야가 펼쳐져 있으니 그들이 군침을 흘릴 수밖에 없었을 것이다. 김제에는 330년(백제 비류왕 27년)에 축조한 벽골제가 있다. 벽골제는 현재는 거의 농지화되었지만 당시에는 길이가 3.3km에 높이가 5.6m에 달하는 제방과 장생거를 비롯한 수문이 5개나 설치된 큰 저수지로 관계면적이 1만 ha(3,000만 평)에 이르렀다고 한다. 상상조차 어려워 고개가 갸우뚱해지나 지평선만 보이는 평야를 보면 수긍이 간다.

따라서 수탈의 전진기지였던 군산에는 일제의 잔재가 많이 남아 있다. 현재는 대부분 관광명소로 변하여 주말이면 발 디딜 틈이 없을 정도로 많은 여행객이 역사문화와 음식문화를 체험하고 있다.

어두컴컴한 새벽녘에 출발하여 군산에 들러 안 먹어 보면 후회한다는 '한일옥'의 소고기뭇국으로 아침 식사를 한다. 언젠가 후배와 남도를 가면서 아침 식사를 위하여 이곳에 들렀는데 다음에 꼭 부모님을 모시고 와야겠다고 하였다. 이곳은 연륜이 느껴지는 오래된 일본식 가옥으로 들어서면서부터 그 포스가 느껴진다. 내가 맛본 최고

의 소고기뭇국은 이곳 '한일옥'과 사북의 '황소실비식당'이다. '한일
옥'의 뭇국이 깔끔한 도회지의 맛이라면 '황소실비식당'은 시골장터
의 맛이다. '한일옥'이 새침데기의 맛이라면 '황소실비식당'은 수더
분한 광부의 맛이다. 식사를 마치고 〈8월의 크리스마스〉 촬영지로

· 초원사진관

유명한 코앞에 있는 '초원사
진관'을 기웃거려 보는 것도
여행의 맛을 더해 준다.

'이성당'에 들러 팥빵을 배
급(구입할 수 있는 양이 정해져
있음)받은 후 본격 군산 여행
이 시작된다. 그것도 운이 좋
아야 바로 구입할 수 있으며
자칫하면 구불구불 빙빙 돌

아가는 팥빵 대기줄에서 순서를 기다리든가 아니면 팥빵이 아닌 다
른 빵을 살 수밖에 없다.

시간여행 - 경암동 철길마을

제일 먼저 경암동 철길마을
로 향한다. 철길은 1944년 신
문용지를 실어 나르기 위해
건설된 철도로 2008년까지
페이퍼코리아 공장과 군산역
을 운행하였다고 한다. 처마
가 어깨에 닿을 정도로 좁고
낮은 주택들 사이로 1km의

· 경암동 철길마을

골목에 부설된 협궤철로에서는 훅 달린 검정교복을 입은 남학생과
하얀 칼라에 허리가 잘록한 저고리, 무릎을 살짝 가린 치마를 입은
여학생들이 꽃보다 아름다운 포즈로 인증샷을 찍는 모습이 깜찍하
기 그지없다. 철길 양쪽으로는 기차가 다니던 당시를 재현한 벽화가
그려져 있고 다마고찌, 밀크캬라멜, 쫀득이 같은 추억의 간식을 파
는 가게가 늘어서 있어 철길을 걸으며 과거로의 즐거운 시간여행을
가능하게 해준다.

장군의 아들 촬영지 - 히로쓰가옥

　신흥동 적산가옥(적의 재산, 정식 명칭: 신흥동 일본식 가옥)으로 향한다. 일제강점기에 히로쓰라는 일본인이 살던 집이어서 '히로쓰가옥'이라고 불린다. 신흥동 일대는 당시에 일본인 부유층이 거주하던 지역으로 길 하나를 사이에 두고 빈곤한 조선인 구역과 나누어져 있었다고 한다. 히로쓰는 원래 포목점을 운영하였으나 어느 조선인 김씨의 주선으로 쌀중개업과 무역업으로 큰 부자가 되었다고 한다. 히로쓰가옥은 복도식에 다다미방 구조의 이층집이며 정원에는 연못을 갖춘 전형적인 일본식 가옥으로 부유한 일본인의 생활양식을 엿볼 수 있는 곳이다. 해방 이후에는 호남제분의 이용구 사장의 소유였다가 2005년 등록문화재로 지정되었으며 현재는 군산시에서 2017년 매입하여 국가 소유로 되어 있다. 여기에서 영화 〈장군의 아들〉이 촬영되기도 해 더욱 유명세를 타기도 하였다.

· 히로쓰가옥

국내 유일 일본식 사찰, 동국사

히로쓰가옥 인근에는 '동국사(東國寺)'라는 일본식 절이 있다. 1913년 일본인 승려 우치다가 '금강사'라는 이름으로 창건하였으며 우리나라에는 유일하게 남아 있는 일본식 사찰로서 포교의 목적보다는 군산에 많이 거주하

· 동국사 대웅전 (ⓒ문화재청/동국사)

는 일본인들을 위하여 창건된 절로 생각된다. 해방 후에 '동국사'로 개칭하고 조계종 소속 사찰이 되어 오늘에 이르렀다. '동국사'는 우리나라의 화려한 사찰 형식과는 달리 일본 에도시대 건축양식으로 팔작지붕 홑처마에 아무런 장식이 없는 검소한 사찰로 일본 사찰의 건축문화를 이해하는 데 참고가 될 만하다.

일제강점기 수탈의 현장, 해망로

군산 해망로에는 1907년에 개설된 일본 제18은행 군산지점 본관과 사무실, 창고 등 세 동의 금융기관 건물이 남아 있다. 18이라는 숫자는 일본의 '국립은행조례'에 따라 열여덟 번째로 허가되어 설립된 은행이기 때문이며 숫자는 153까지 존재했었다고 한다. 은행의 설립 목적은 일제강점기에 곡물을 일본으로 반출하고 토지를 강매하기 위한 것으로 이곳이 일본의 극악무도한 조선인 수탈의 현장인 셈이다. 이후 조선식산은행으로 바뀌고 건물은 조선미곡창고주식회사로 매각되기도 하였다. 해방 후 조선식산은행은 우리 정부의 관할이 되어 주요 업무는 산업은행 등에 이관하고 해체되었으며, 조선미곡창고주식회사는 대한통운의 전신이 되었으며, 현재 건물은 '군산근대미술관'으로 사용되고 있다. 백년광장 건너편에는 해방 후 한일은행 군산지점으로 사용되기도 하였던 육중한 느낌의 조선은행 군산지점 건물이 자리 잡고 있어 번화했을 군산을 상기시킨다.

• 구)조선은행 군산지점 (ⓒ전북문화관광)

머리카락은 얼굴을 간지럽히고 - 은파호수공원

　마냥 즐거운 마음으로 볼 수만 없었던 일본이 남긴 사적을 떠나 마음의 휴식을 취하기 위하여 은파호수공원으로 향한다. 일반적인 도시의 호수공원 정도로 생각하고 가면 큰코다치기 십상이다. 대략 50만 평이나 되는 엄청난 크기의 호수에 총길이가 9km의 호숫길이 조성되어 있으며 한 바퀴 돌려면 3시간 가까이 소요된다. 머리카락 흩날리는 시원한 호수바람을 맞으며 사부작사부작 걷는 데크길은 가라앉았던 마음을 되돌려준다. 밤이면 불을 밝히는 미관교와 물빛다리를 건너며 바라보는 오색찬란한 음악분수가 화려한 야경을 연출하여 수많은 친구, 가족, 연인들의 산책코스로 사랑받는 곳이다. 중간중간에 마련된 전망대와 수변무대에서는 거리악사들의

멋진 연주와 찰랑거리는 호수 물결소리가 하모니를 이룬다. 문득 와이먼의 〈은파(Silvery Waves)〉를 청하고 싶은 생각이 떠오른다. 해 질 녘 물결이 반짝이는 아름다운 모습 때문에 은파(銀波)라고 불렀다고 하니 말이다.

· 은파호수공원 (ⓒ전북문화관광)

호남의 풍악, 내장산

아침 일찍 출발하여 옥구 들판을 지난다. 상큼한 새벽공기가 코끝이 찡하고 기분을 상쾌하게 해준다. 얼마 전만 해도 누런 벼로 황금 들녘을 이루었을 가을걷이가 끝난 허허벌판에는 희끗희끗하게 내려앉은 새벽안개가 아득히 옛 기억 속으로 잠기게 한다. 고등학교 시절 배웠던 장순하 시인의 〈고무신〉이라는 시조가 생각나 일부러 전군가도를 이용한다.

고무신은 시인이 1968년 버스를 타고 전군가도를 지나며 스치는 풍경을 옮겨 놓은 것이라고 한다. 현재는 많은 상춘객이 찾는 벚꽃 명소가 되었지만 본래는 1908년에 전주와 이리, 군산을 이어 주는 신작로였으나 1975년 4차선 도로로 확장하면서 '번영로'로 이름을 바꾸고 제일교포들이 기증한 벚꽃나무를 심은 길로서 우리나라 최초 아스팔트 포장도로이기도 하다. 〈고무신〉은 장순하 시인이 근대화의 물결이 아직은 미약했던 시절인 1968년에 읊은 시조이니만큼 우리나라 시골의 옛 정서를 고스란히 드러내며 애틋한 마음을 전하고 있다.

눈보라 비껴 나는

全-群-街-道

(중략)

외딴집 섬돌에 놓인

하나

둘

세 켤레

사봉 장순하, 〈고무신〉 중에서

정읍IC를 벗어나 만나는 정읍천의 개울물 소리와 수십 년 묵은 벚꽃나무 가로수길의 성근 단풍잎이 흔들거리는 모습은 특별히 고향 같은 정취를 자극한다. 친구들과 어설픈 어구를 가지고 시끄럽게 떠들며 개울에서 고기잡이하던 기억, 피라미는 모조리 그물을 비껴가 버리고 남은 것이라고는 흙탕물 범벅이 된 얼굴과 옷가지, 볏짚 불에 옷이 마를 때까지 친구들과 뛰어놀던 추억, 대문을 가만히 밀치고 도둑같이 살금살금 들어가 보지만 귀신보다 귀가 더 밝은 엄마에게 들켜 혼나던 기억, 그래도 어김없이 매일 같이 서로 약속이나 한 듯 동시에 모여드는 친구들.

내장산은 호남의 금강이라 불리며 조선 팔경의 하나로 이름을 얻었다. 봄이면 신록, 여름이면 녹음, 겨울 설경 모두 아름답지만, 특히 만산이 홍엽으로 물드는 가을 단풍이 유명하다. 내장산 단풍은 일교차가 크고 일조시간이 길어 유난히 아름다워 단풍시즌에는 인산인해를 이룬다. 금선교를 지나자마자 색색의 단풍이 사방에 펼쳐

· 초겨울의 단풍터널

져 마치 붉은색 속으로 녹아드는 기분이다. 조금 걸으면 온통 붉은 단풍 바다 가운데 노랑, 주홍, 주황의 단풍산을 담은 맑은 호수가 나타나고 호숫가에는 우화정의 푸른 지붕이 붉음 속에 한 점 하늘빛을 색칠하고 있다. 아마 이태백이 있었다면 술에 취하지 않고도 호수에 뛰어들었을 아름다움이다. 이곳저곳 넓게 펼쳐진 단풍그늘에서는 아름다움을 담는 선남선녀들이 멋진 포즈를 취하고 있다. 모두 단풍에 취한 양 얼굴이 붉게 물들었다.

일주문에서부터는 그 유명한 단풍터널이다. 백제 무왕 시기에 창건되었다는 내장사까지 약 300m에 이르는 단풍터널은 108번뇌의 의미로 108주의 단풍나무가 심겨 있다. 단풍터널에서 내딛는 걸음마다 번뇌가 사라지고 붉은 희열로 물드는 것 같다. 시간이 허락된다면 서래봉이나 신선봉에 올라 내장산 단풍의 절경과 산 아래 내장호에 비친 내장산의 모습을 바라보면 치명적인 단풍의 아름다움에 빠져들 수밖에 없다. 산 아래로 내려다보이는 울긋불긋한 꽃이불 같은 양탄자 위로 몸을 날려 덥석 안기고 싶은 마음이 충동질할 것이다.

왕포 가는 길 - 부안

부안에 가면 채석강 주변에 숙소를 정한다. 이곳에서부터 곰소에 이르는 해안길이 아름답기 때문이다. 동해에 추암촛대바위에서 삼척에 이르는 해파랑길이 있다면 서해안에는 운전자를 위한 부안변산해안도로(호남해안도로 2코스)와 도보여행자를 위한 적벽강노을길, 모항갯벌체험길 등 총 8코스로 이루어진 부안마실길이 있다. 그리고 단풍철이면 이곳 갯벌에서 채취한 조개류 음식이 제격이다. 서해안 어느 곳이나 비슷하겠지만 특히 부안의 백합죽, 바지락죽 그리고 조개찜과 구이는 별미이다. 다른 여행지에서는 숙소와의 거리 때문에 누리기 어려웠던 것이 이곳에서는 가능하다. 숙소에서 바람 쐬듯이 산책하면서 식당에 갈 수 있기 때문이다. 큰 찜통에서 조개가 익어가는 냄새는 가히 환상적이어서 입안에 군침이 돈다. 백합조개, 키조개 등을 초장에 듬뿍 찍어 복분자주와 함께 즐기는 맛은 가위 환상적이다. 돌아갈 걱정도 없다. 숙소가 바로 근처이고 바닷바람을 맞으며 슬슬 걸어 '해넘이 채화대'에서 달구경을 해도 좋다. 강물에 뜬 달만큼이나 바다에 뜬 달도 아름답다. 이백이 있으면 불콰한 기분에 '한 잔 드시게나, 잔 멈추지 마시고, 성현은 흔적 없어도 술고래만은 이름을 남겼다네' 하며 〈장진주(將進酒)〉라도 한 수 읊었을 텐데.

해장 걱정도 없다. 아침에 갯내음 나는 따뜻한 죽 한 그릇으로 보양을 하고 가까운 채석강이나 적벽강 동굴, 서해를 다스리는 개양할머니를 모신 수성당을 한 번 돌고 오면 숙취도 말끔해진다. 짐을 정리하여 환상의 드라이브 코스로 향한다. 창문을 열고 바닷바람을 맞으며 산 중턱을 달리면서 구불구불한 해안선을 바라보는 서해안은 환상의 드라이브 코스다. 만일 해 질 녘 썰물시간이라면 넓은 갯벌 물웅덩이에 반사되는 황금 노을빛과 수평선과 맞닿은 푸른 바다는 이곳에서만 볼 수 있는 장관이다. 달팽이의 속도로 가야겠다고 마음 먹고 운전 중이지만 소리섬, 개섬, 궁항, 두포, 상록, 솔섬, 모항이 눈에 담기도 전에 사라져 버린다. 산모퉁이를 돌아 오르니 거의 매번 들려가는 왕포마을 입간판이 보인다. 처음에는 그냥 지나치기 일쑤여서 다시 돌아와 찾곤 했던 마을이다. 길가에 차를 세워 두고 갈지(之)자 형태의 비탈길을 내려가며 마을의 정취를 느낀다. 몇 가구 되지 않은 조그만 포구마을로 가옥은 비탈에 띄엄띄엄 앉아 있고 마을 앞 조그만 평지에는 모정과 점방이 자리 잡고 있다.

• 왕포마을 (ⓒ한국학중앙연구원)

물때가 썰물시간인지 마을 앞 광활한 갯벌 사이로 물길이 갯지렁이처럼 뻗어 있어 마치 한 폭의 그림과 같다. 선착장 끝에서는 부부로 보이는 두 분이 열심히 무언가를 하고 있다. 가까이 다가가서 바라보니 그물을 손질하고 계신 듯이 보였다. 옆에서는 갈매기가 일없이 푸드덕거리기도 하고 걷기도 하며 가끔은 순식간에 서로 엉겨 붙었다 떨어지기를 반복한다. 갯벌에서 쪼아 올린 먹이를 두고 다투는 것 같으나 필사적이지는 않다. 한가한 어촌 풍경이 이곳에 다 모여 있다.

언젠가 이곳에 아내와 함께 왔을 때 나중에 이런 곳에 와서 살아도 되겠다고 말하고서 핀잔만 들었던 적이 있다. 마음은 거두어들였지만 그래도 왠지 마음 한구석에는 미련이 여전하다. 또 한 번은 모정 앞에서 잠방이를 입은 동네 어르신을 만난 적이 있다. 그런데 '왜 왔느냐' 하신 말투에서 굉장한 적대감이 느껴졌다. 그냥 마을이 평화스러워 보여서 들렀다고 했더니 그제야 마음이 풀리셨는지 여기는 이미 서울 투기꾼들이 한 번

· 왕포항 (©한국학중앙연구원)

휩쓸고 갔다고 얘기하셨다. 그러면서 이곳이 서해안에서 노을이 가장 아름다운 곳이라고 하셨다. 이제 이런 조용한 어촌까지도 투기꾼들의 놀이터가 되어 버린 현실에 안타까움을 넘어 슬픔마저 느껴졌다. 일제의 수탈과 농지 강매와 무엇이 다른가. 경제대국, 문화강국 하며 떠들어 대는 이면에는 평생을 일구고 지켜 온 삶의 터전이 송두리째 파괴되고 있다. 지금도 변산반도 하면 왕포마을과 노인, 고기잡이 부부가 제일 먼저 떠오른다. 특별한 것도 없지만 마음의 고향같이 포근한 느낌으로 다가온다.

탄성이 절로 나오는 전나무 숲길 - 내소사

• 할머니 당산나무

왕포마을을 지나 갯벌을 보며 조금만 더 가면 내소사 입구가 나온다. 내소사는 633년(백제 무왕 34년)에 혜구 스님이 능가산 자락에 '소래사'라는 이름으로 창건하였으며 조선 인조 때에 내소사(來蘇寺)로 개칭되었다. 일설에는 나당연합군의 당나라 장수인 소정방이 시주하면서 '소정방이 왔다'는 뜻으로 이름이 바뀌었다는 얘기가 있으나 전혀 근거가 없다고 한다. 내소사 일주문에는 700년 된 할아버지 당산나무가 있다.

1,000년이 되었다는 할머니 당산나무는 내소사 사천왕문 안쪽에 있다. 할머니가 할아버지에게 서둘러 민가에 가서 시주해 오라고 바가지를 들려 쫓아낸 모양이다. 일주문을 지나면 전나무 숲길에 탄성을 지르게 된다. 하늘을 찌를 듯이 솟은 전나무 숲길은 600m에 이르는 황톳길로 나무만큼이나 반듯이 곧게 뻗어 있다. 누구나 고개를 젖히고 전나무의 키가 얼마쯤일까 가늠해 보지만 어림도 없다. 최

소한 삼각형 비슷하게라도 그려져야 가능할 텐데 우듬지가 하늘에 맞닿아 있어 그냥 수직선으로 보일 뿐이다.

어느 숲에서 이처럼 솔향으로 샤워를 해볼 수 있을까. 속세에 찌든 몸이 완전히 살균되어 청정하게 다시 태어나는 기분이다. 전나무숲을 지나면 길 양편으로 선홍으로 투명하게 빛나는 단풍길이 사천왕문까지 이어지고 검은 이끼가 가득 낀 바위들이 듬성듬

· 전나무 숲길

성 나타나 변주하며 색의 향연을 베푼다. 내소사의 대웅보전은 능가산을 배경으로 봉황이 활짝 날개를 편 모습이다. 대웅보전의 용마루 위로는 능가산의 바위 무늬가 마치 삭발한 대선사의 이마에 새겨진 주름 같아 묘한 아름다움을 제공한다.

처마는 다포식 기하학적 모양이 정갈하고 우아하며, 단청은 모두 지워져 있는 듯 없는 듯 자연스러운 나무색을 띠고 있어 편안함을 느끼게 한다. 편액은 해남 대흥사의 그것과 같은 형태로 모두 원교 이광사의 글씨이며 형상이 고목의 나뭇결 같아 건물과 잘 어울려 자연미를 더해 준다.

대웅보전의 꽃창살 사방연속무늬의 오밀조밀하고 친근한 문양도

· 대웅전과 편액

한국적 아름다움을 보여 주고 있으나 금당 내부의 천장은 이루 말할 수 없이 화려하고 아름답게 치장되어 이곳이 화엄의 세계인가 하는 경외감마저 불러온다. 대웅보전 앞마당에 서 있는 삼층석탑은 각 층 처마 모서리에 신라의 솜씨가 엿보여 이곳이 신라의 땅이었음을 증명하고 있는 듯하다.

설선당 부엌에 있는 커다란 무쇠솥과 국수틀이 내소사의 구휼의 역사를 말해 주며 종무소 처마 밑 흙벽에 걸린 무청 시래기가 입맛을 다시게 한다. 삼성각에 들러 건물을 빙 둘러 그려진 지옥도를 보라. 말보다 그림이 얼마나 효과적인지를 알 수가 있다. 죄짓지 말지어다.

산사가 다 비슷하겠지만 내소사도 혼자 조용히 사색에 잠겨 보기에 참 좋은 곳이다.

· 10탕 지옥도 중 1탕 화탕지옥

· 10탕 지옥도 중 5탕 도산지옥

갯내 가득한 낭만여행지, 곰소

　곰소 하면 젓갈이다. 이곳에서 식사를 하면 20가지 정도의 다양한 현지 젓갈 맛을 즐길 수 있다. 전에는 가을이면 전어구이도 몇 마리씩 제공하더니 이제는 귀한 음식이 되어 달랑 한 마리만 주고 있다. 그때 당시에 서울에서 전어구이 대여섯 마리에 2~3만 원하였으나 곰소에서는 만 이삼천 원하는 젓갈정식을 주문하면 기본으로 전어구이 네 마리가 덤으로 나왔으니 이보다 후한 인심을 어디서 볼 수 있었겠는가. 석양빛에 반사되는 갯벌을 마주하고 젓갈과 전어구이를 먹는 맛은 그야말로 둘이 먹다 셋이 죽어도 모를 맛이었다. 식사 후에 수산물센터나 시장통을 어슬렁거리며 김장에 쓸 새우젓을 사고 반건조 우럭 등을 사며 흥

· 곰소만 (ⓒ한국학중앙연구원)

정도 해보고 상인들과 얘기를 나누는 즐거움 또한 여행의 별미이다.

향토색 여운이 짙은 고창

부안을 벗어나 서해안고속도로를 달려 고창으로 향한다. 고창하면 인촌 김성수 선생과 미당 서정주 시인부터 떠오른다. 고창군 부안면 인촌리 출생의 인촌 선생은 동아일보를 설립한 언론인이자 고려대학교의 전신인 보성전문학교를 인수하여 키워낸 교육자로 큰 족적을 남기신 분이다. 이렇게 언론인, 교육자로서의 큰 업적에 가려 독립운동가로서나 정치인으로서의 활동은 상대적으로 덜 알려진 듯하다. 고창으로 향하며 고속도로가 건설되기 전만 하더라도 오지와 같던 지역에서 어떻게 그렇게 큰 인물이 나왔나 하며 항상 궁금했던 생각이 들곤 하였다. 미당 서정주 시인의 생가가 있는 진마마을이 인촌 선생의 생가와 인접하여 있다. 두 곳을 방문하고 싶은 마음이 꿀떡 같으나 지금은 여행 경로에 따라야 하므로 그러한 생각은 접어야 했다. 선운사 IC를 벗어나 첫 번째 목적지인 선운사로 향하였다.

동백꽃 보러 가세 - 선운사

선운사는 이설이 전해 오고 있지만 577년(백제 위덕왕 24년)에 고승 검단선사가 창건하였다는 창건설화가 정설로 받아들여지고 있다.

도솔산(선운산) 북쪽 기슭에 자리 잡은 선운사(禪雲寺)도 어느 사찰처럼 신비한 전래설화를 간직하고 있다. 선운사 자리는 원래 큰 못이었는데 검단 스님이 그 장소에 절을 짓기 위하여 용을 몰아내고 돌로 메워 나가던 무렵 마을에 눈병이 심하게 돌았다. 그런데 못에 숯을 갖다 부으면 눈병이 씻은 듯이 낫곤 하여, 이를 신기하게 여긴 마을 사람들이 숯과 돌을 가져와 부음으로써 큰 못이 금방 메워져 절을 지을 수 있었다고 한다. 또한 이 지역에는 전쟁 난

· 대웅전

민이 많았다고 한다. 검단 스님이 이들을 교화하고 소금을 구워 살아갈 방도를 가르쳐 주어 생업으로 삼게 하였다. 이에 마을 사람들은 '보은염(報恩鹽)'이라는 시주를 바쳐 스님의 은덕에 보답하였으며,

이 고장을 '검단'이라 하였다. 선운사가 해안에 위치해 있고 얼마 전까지만 해도 염전을 일구었으며, 인근의 곰소에서는 현재에도 염전에서 소금을 생산하고 있는 것으로 보아 이곳의 소금설화에 한 가닥 근거를 제공하고 있다.

고창하면 인촌과 미당이 떠오른다면 선운사 하면 동백이 떠오른다. 절 뒤편 동백숲은 5,000여 평의 산비탈에 500~600년 수령의 동백나무 3,000여 그루가 군락을 이루고 있으며 4월이면 절정을 이룬다.

아마 선운사 동백의 처연함과 아름다움을 노래한 시인, 묵객이 너무 많아 헤아릴 수가 없을 정도이다. 범부조차도 꽃 한 조각만 떨어져도 봄빛이 줄어 슬픔을 가눌 길 없거늘 모가지째 뚝뚝 떨구는 붉은 동백을 보고 무심히 지나칠 수 있는 시인이 있겠는가. 수많은 시 가운데 이 고장 출신으로 우리나라 시문학의 봉우리에 우뚝 서 있는 미당 서정주 선생의 〈선운사 동구(禪雲寺 洞口)〉라는 감칠맛 나는 작품을 음미해 보자.

1942년 미당 선생이 부친의 장례를 치른 후 상경길에 질마재 동구 주막에서 막걸리 한 동이를 다 비우며 미색의 주모가 부르는 육자배기 가락을 안주 삼아 헛헛한 마음을 달랬다고 한다. 취한 미당이 주막을 나서자 주모가 '동백꽃

· 선운사 동백숲 (ⓒ한국관광공사)

이 피거들랑 또 오시오~잉' 하며 송별하였고, 세월이 흘러 미당이 선운사에 들러 주모를 찾았지만 6·25전쟁 통에 죽었다는 소식만 들은 후 자신의 흐트러진 감정선을 노래한 것이라고 전해진다. 선운사 오르는 길가에는 질퍽한 토속어로 쓴 〈선운사 동구〉라는 시를 새긴 미당 서정주 시비가 옛 사연을 전하고 있다.

동백꽃은 아직 일러
피지 안했고
막걸릿집 여자의
육자배기 가락에
작년 것만 상기도 남었습니다

미당 서정주, 〈선운사 동구〉 중에서

선운사에서도 해남 대흥사에서와 마찬가지로 원교 이광사와 추사 김정희의 글씨 경연이 이루어지고 있다. 천왕문과 정와가 원교의 글씨이며 승탑 밭 백파율사비가 추사의 글씨이다. 백파선사는 해남 대흥사의 초의선사와 선논쟁(禪論諍)을 했던 대선사이다. 백파선사가 지은 《선문수경(禪文手鏡)》에 초의선사가 '선문사변만어(禪門四辯漫語)'로 대응하였으며, 선사들의 제자인 설두 스님과 우담 스님이 각각 '선원소류(禪源遡流)'와 '선문증정록(禪門證正錄)'을 지어 논쟁을 이어 갔다. 이 논쟁이 진행되는 동안 초의선사와 가까운 추사는 백파망증15조(白坡妄證十五條)를 지어 백파선사를 철부지 어린애 같다느니 또 개소리 쇠소리 같다는 등 입에 담기 어려운 문장으로 망령 난 노인 취급을 하였다. 그러나 이를 본 백파는 '반딧불로 수미산을 태우겠다고 덤비는 꼴'이라며 가볍게 받아넘겼다고 하니 그야말로 대단한 내공이 아닐 수가 없다. 그런 추사가 백파선사의 제자들의 요청에 '화엄종주백파대율사'라 존칭하며 선사의 비문을 지었으니 이 또한 얼마나 아이러니한가. 추사는 유배길에 대흥사에 잠시 머물며 초의선사에게 원교의 대흥사 '대웅보전' 현판을 떼 버리도록 했다. 그러나 9년 동안의 유배생활이 끝나고 해배되어 돌아오는 길에는 다시 원교의 현판을 걸도록 하였다. 백파선사의 비문도 아마 이와 같은 맥락에서 우러나오는 마음에서 지었을 것이다. 이 비문은 추사가 세상을 떠나기 일 년 전에 지은 비문으로 추사의 최고 명작으로 평가되는 금석문이라고 한다.

선운사를 나와 등산로를 따라 산길을 2km 정도 오르면 도솔암이 나온다. 암자가 있는 칠송대라는 암벽 남쪽에는 고려시대의 불상으로 보이는 40m 크기의 거대한 암각여래상이 조각되어 있다. 암각여래상의 명치 부분에는 감실이 조각되어 있으며 배꼽전설로 유명하다. 시간 여유가 있다면 한 번 올라 뾰로통한 부처님 모습도 보고 배꼽전설에 관한 내용을 들어 보는 것도 색다른 여행의 맛을 선사해 줄 것이다.

장어요리란 - 풍천장어의 원조

　고창에 왔으니 이곳의 명물 오리지널 풍천장어를 먹어 보기로 했다. 사실 개인적으로 장어 음식을 썩 좋아하는 편은 아니지만 그래도 장어 하면 고창 풍천장어이고, 장어요리를 파는 식당도 대부분 풍천장어라는 이름을 내걸고 있지 않은가. 그러니 뭐가 달라도 다르겠지. 할머니가 운영한다는 외진 곳에 있는 식당으로 향하였다.

　풍천이라는 지명은 고창의 고유지명이라는 설과 바다와 하천이 만나는 곳에는 바람이 많아 '풍천(風川)'이라고 부른다는 일반명사설도 있다. 일반명사설에 따르면 강하구 지역은 해수와 담수가 섞여 염분이 낮고 양분이 많아 장어의 생장에 좋은 환경이 조성될 뿐 아니라, 큰 폭의 수온 차와 거센 물결로 인하여 이곳에서 잡힌 장어는 맛과 영양이 좋고 육질이 최고라고 한다. 또한 민물에서 서식하던 장어가 산란기가 되면 이곳에 모여들어 수개월 동안 바다의 환경에 적응하는 기간을 보낸 후, 태평양 깊숙한 곳까지 6,000km를 이동하여 새끼를 낳고, 치어들은 회귀성이 있어 다시 이곳으로 돌아와 민물에 적응기간을 거쳐 강으로 오른다고 한다. 가을이 되면 산란을 위한 장어들이 풍천으로 모여드는데 이때 잡힌 장어를 풍천장어라고 일컫는다.

반면에 고유명사설에 따르면 도솔암 계곡에서 시작하여 선운사 앞을 지나온 선운계곡 도솔천이 인천강과 만나는 선운천 수계를 지칭하는 것이라 주장하고 있다. 고창문화연구회는 이 고장의 판소리 명인 동리 신재효의 〈수궁가〉에도 '풍천장어 대령하고'란 마디가 나오며 백제시대 이후부터 선운사 계곡을 '풍천'이라 불렀다는 구전이 확인되었음을 내세워 고유명사설을 뒷받침하고 있다. 어쨌건 먹어 보면 알 일이다.

식당 주차장은 이른 시간인데도 벌써 차로 꽉 차 있었다. 겨우 주차하고 들어가 보니 선택의 여지도 별로 없다. 소금구이 등 서너 가지 장어구이류에 장어탕이 전부였다. 그런데 장어탕이라. 뭔가 좀 꺼림칙했지만 먹어 보기로 하였다. 그런데 웬걸? 밤고구마 맛같이 담백한 구이, 전혀 비리지 않고 쫄깃한 탕. 구이며 탕 모두 담백하고 입안에서 살살 녹는 것이 아닌가? 비린 음식은 입에도 대지 못하는 동반자마저도 인증하며 엄지손가락을 치켜세운다. 고유명사든 보통

· 풍천 장어구이

명사든 또는 장어의 육질이든 요리 솜씨에서 비롯된 것이든 알 수는 없지만 복분자와 함께 하는 최고의 장어 맛은 고창 풍천임을 확인시켜 주었다.

역사의 여명, 고인돌유적지

풍천을 떠나 가까운 거리에 있는 유네스코 세계유산 고창고인돌 유적지로 향하였다. 고인돌박물관에서부터 고인돌 무덤군까지 가는 길은 잘 조성된 공원과 한적한 산책길로 연결되어 있다. 고인돌 무덤 당시의 생활상을 잘 보여 주는 체험공원을 지나 무덤군 쪽으로 다가갔다. 무덤군은 야트막한 산기슭에 여러 구역으로 나뉘어 사방 으로 크고 작은 고인돌들이 수없이 흩뿌려져 마치 조각공원 같은 모 습으로 고유 식별번호를 지닌 탁자 모양, 바둑판 모양 등 450여 개 의 다양한 형태의 고인돌이 1.5km 이어지는 한국판 스톤헨지 같다.

· 고창고인돌유적지

고창 고인돌은 청동기시대의 분묘 유적으로 약 2,500년 전부터 한반도에 본격 농경문화가 이루어졌음을 보여 주는 귀중한 자산이다. 농경문화가 시작되기 이전인 석기시대에는 주로 강이나 해안가에서 어로나 수렵 같은 채집으로 생활하던 인류가 농경시대로 진입하며 농경지를 찾아 내륙으로 이동하고 부족사회와 계급사회를 이루었음을 알려 주는 표식이기도 하다. 농경시대에는 군집생활을 통해 생산력이 증가하고 점차 먹거리 문제가 완화되자 사유재산과 계급의 개념이 형성되며 인류의 대변혁이 급속도로 진행되었다. 눈앞에 펼쳐진 돌무덤 아래 말없이 묻혀 있는 자신들은 몰랐겠지만, 그들은 한반도 대변혁의 시작점에 있었던 것이다.

성 밟고 소원 이루고 - 고창읍성

고창읍성은 왜적의 침입을 막기 위하여 1453년(단종 원년)에 전라도민들이 합심하여 유비무환의 슬기로 축성한 자연석 성곽이다.

고창읍성은 '모양성'이라고도 불리는데, 백제시대에 고창지역이 '모양부리현(또는 모양현)'이라고 불렸기 때문이다. 우리나라에는 시대를 불문하고 출몰하는 왜구를 물리치기 위하여 삼남지방(충청, 전라, 경상) 곳곳에 해미읍성, 낙안읍성, 합포읍성, 언양읍성 같은 성곽을 축조하였으니, 지금이야 관광지가 되어 옛 문화를 즐길 수 있지만 당시에는 엄청난 국력이 소모되었을 것이다. 고창읍성은 성의 주봉인 장대봉(108m)을 중심으로 좌청룡 우백호의 자세를 이용하여 둘레 약 1,700m, 높이 4~6m로 축조한 성곽으로 5만여 평의 내부에는 동헌, 객사 등 22동의 건물 및 정자와 연못이 있었으나 수차례 병화로 모두 소실되었으며 현재는 일부를 복원하여 관람객을 맞이하고 있다. 성곽은 정문인 공북루

· 고창읍성

(북문), 동양루(동문), 진서루(서문)의 3개의 옹성(甕城)과 6개소의 치성(稚省), 2개의 수구문(水口門)을 비롯하여 성 밖으로는 해자(垓子)를 두름으로써 전략적 요충시설을 두루 갖추고 있다. 성벽에는 참여고을 이름을 각자한 표지석이 있어 전라도 대부분 고을이 참여하여 축조하였음을 증거해 주고 있으니 한양도성이 전국구였다면 고창읍성은 지역구인 셈이다.

고창읍성에는 성을 세 번 돌면 무병장수하며 저승길에는 극락문에 당도한다는 전설이 구전되어 현재에도 부녀자들의 답성풍속이 남아 있다. 성밟기는 윤달이 효험이 좋으며 같은 윤달이라 하더라도 3월 윤달이 효험이 가장 좋다고 한다. 또한 엿새 날에는 저승문이 열리는 날이라고 하여 초엿새, 열엿새, 스무엿새 날에는 답성대열이 절정을 이룬다고 한다. 특히 한 바퀴는 다리 병을, 두 바퀴는 무병장수를, 세 바퀴는 극락승천한다고 하니 자신의 처지에 맞추어 걸어 보면 될 일이다. 넘어진 김에 쉬어 간다고 이곳에 왔으니 세 바퀴는 아니어도 한 바퀴를 돌아 보았다.

북문인 공북루에 올라 고창 읍내를 훤하게 내려다보며 걷다 보면 오붓한 소나무 숲길을 만날 수 있다. 잘 다듬어진 황토 숲길 좌우로는 아름드리 노송군락이 펼쳐지고 남치성을 지나 진서루로 향하는 중간지점에는 맹종죽림이라는 대숲이 장관을 이룬다. 중국영화 〈와호장룡〉이라도 촬영할 수 있을 것 같다.

판소리를 집대성한 동리 신재효의 애틋한 사랑

고창읍성 입구에는 우리나라 판소리의 기틀을 다진 동리 신재효(桐里 申在孝)의 고택과 판소리박물관이 있다. 그는 후원자와 지도자로서 동편제의 박만순, 서편제의 이날치, 여성 명창으로 진채선, 허금파 등을 배출하였으며, 이론가로서 인물치레(외모), 사설치레(사설 내용), 쉰 듯하며 탁하고 탁하면서도 맑고 거칠면서도 부드러운 소리를 내는 득음, 너름새(춤, 몸짓, 표정)의 4대 법례를 세웠고, 판소리의 창작 및 개작에 열중하였을 뿐만 아니라 〈춘향가〉〈심청가〉〈박타령〉〈토끼타령〉〈적벽가〉〈가루지기(변강쇠)타령〉 등 판소리 여섯마당을 정리하는 등 우리나라 판소리를 집대성한 인물이다.

한번은 그의 제자 진채선이 경복궁 경회루 낙성연에 부름을 받았다. 진채선이 남장을 하고 〈방아타령〉을 불러 사람들을 놀라게 하자 대원군이 그녀를 눈에 들어 하며 대령기생으로 삼았다. 신재효는 진채선이 곧 돌아올 줄 알았으나 끝

· 신재효 고택

내 돌아오지 못하자 외로움을 느끼게 되었으며, 그 외로움이 그리움으로 변하여 자신의 마음을 담은 〈도리화가(桃李花歌)〉라는 노래로 엮어 진채선에게 보냈다. 이때가 신재효의 나이 쉰아홉이었으며 진채선은 스물넷이었다. 2015년에는 그들의 애틋한 사연이 영화화되기도 하였다.

스물네 번 바람 불어 만화방창 봄이 되니
귀경가세 귀경가세 도리화 귀경가세
…

꽃 가운데 꽃이 피니 그 꽃이 무슨 꽃인가
웃음 웃고 말을 하니 수령궁의 해어환가
…

〈도리화가〉 중에서

현재 우리나라 전통 판소리는 찾는 사람도 거의 없고 그러다 보니 거의 들을 기회도 없다. 그러나 판소리의 사설 내용을 보면 모든 인간만사가 들어 있어 어느 사상철학보다도 더 현실적이고 깨우침이 강하고 웃음과 즐거움마저 준다. 내용을 알고 보면 더 가깝게 느낄 수 있으니 인근에 여행 중이라면 꼭 한 번 들러 보기를 추천한다. 조금 길지만 김소희 명창의 〈방아타령〉을 한번 들어 보자.

어유아 방아요 어유아 방아요

들로 가면 말방아요 강을 끼면 물방아로다

어유아 방아요 어유아 방아요

혼자 찧는 절구방아 둥들둥글 연자방아라

어유아 방아요 어유아 방아요

어유아 방아요 어유아 방아요 어유아 방아요

만첩청산을 들어가

길고 곧은 솔을 비어 이 방아를 놓았는가

어유아 방아요

방아 만든 형용보니 사람을 비양(比樣)튼가

두 다리를 쩍 벌렸구나 어유아 방아요

한 다리 올려 딛고 한 다리 내려 딛고

오리랑 내리랑 하는 양(樣)은

이상하고도 맹랑하다 어유아 방아요

더더덩덩 잘찧는다 어유아 방아요

고소라구나 깨방아 찐덕찐덕 찰떡방아 어유아 방아요

재채기 난다고 고추방아 어유아 방아요

어유아 방아요 어유아 방아요

덜커덩덩 자주 찧어라

전세(田稅) 대동(大同)이 늦어간다 어유아 방아요

김소희, 〈방아타령〉 중에서

보리피리의 추억, 학원농장

고창은 예로부터 보리농사가 잘 되는 지역이다. 고창의 옛 이름인 모량부리현의 '모'는 보리를 뜻하며 '량(양)'은 햇빛을 뜻한다. 학원농장은 고창 공음면의 넓은 구릉지대에 펼쳐진 30여만 평의 광활한 청보리밭으로 봄이면 많은 관광객이 찾는 명소이다. 이곳으로 향할 때면 어릴 적 친구들과 하굣길에 보리피리 만들어 불던 추억에 빠져든다. 그러나 막상 청보리밭에 들어서면 어마어마한 규모에 그러한 감상적 기분은 사그라지고 시원스러움이 그 자리를 대신한다. 드넓게 펼쳐진 푸르름에 머리가 맑아지고 보리밭을 쓸어오는 바람에 기분이 상쾌해진다. 초록빛 물결 가운데 곳곳에 노란 유채꽃이 도드라

· 학원농장 (ⓒ전북관광)

져 보이고 먼 언덕에는 아지랑이가 가물거린다. 따사로운 봄볕과 싱그러운 초록이 고랑과 이랑 같은 선율로 가슴을 두드린다. 사잇길을 따라 걸으며 봄의 정취 속으로 풍덩 빠져 보기에 참 좋은 곳이다. 때가 맞아 보리이삭이 필 무렵에, 쪽빛 하늘에 양떼구름이 흐르고 이삭이 바람에 일렁이기라도 하면 더없이 평화롭고 한가로움을 느껴볼 수 있다. 학원농장은 봄부터 가을까지 일 년 내내 꽃 잔치가 펼쳐지는 곳이다. 봄이면 유채꽃과 백일홍, 여름이면 해바라기, 가을이면 메밀꽃과 코스모스, 겨울이면 눈꽃송이까지 사계절 언제라도 번잡한 도시를 떠나 마음을 비우고 힐링하기에 좋은 곳이다.

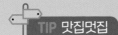

군산

🍴 한일옥 ▸▸ 역사와 전통의 뭇국. 사북 '황소식육실비식당'과 쌍벽

☕ 이성당 ▸▸ 우리나라 팥빵의 대명사

🍴 복성루 ▸▸ 언젠가 한겨울에 4시간 기다려 먹은 짬뽕

🍴 한주옥 ▸▸ 한마디로 입이 쩍! 생선회, 탕에 게장까지

부안

🍴 변산 명인바지락죽 ▸▸ 6년근 인삼을 사용한 영양만점 바지락죽

🍴 군산식당 ▸▸ 담백한 백합죽과 새콤달콤 갑오징어 무침까지

🍴 계화식당 ▸▸ 백합죽의 원조

🍴 곰소젓갈백반 ▸▸ 우리나라 3대 밥도둑 젓갈집

☕ 곰소 슬지제빵소 ▸▸ 곰소의 명물 빵집

고창

🍴 청림정금자할매집 ▸▸ 소금구이 풍천장어, 왜 풍천장어가 고창일까?

PART 10

한

점

선

울릉도

독도

동쪽 먼 심해선(深海線) 밖의

한 점 섬 울릉도(鬱陵島)로 갈거나

(중략)

멀리 조국의 사직(社稷)의

어지러운 소식이 들려올 적마다

어린 마음의 미칠 수 없음이

아아, 이렇게도 간절함이여!

청마 유치환, 〈울릉도〉 중에서

　고등학교 시절 배웠던 생명파 시인 청마 유지환의 〈울릉도〉. 이 시를 배우면서부터 언젠가는 한번 꼭 밟아봐야만 대한민국 국민으로서 떳떳할 것 같은 의무감이자 애국심, 한편으로는 짐으로 느껴온 울릉도와 독도에 발을 딛기로 하였다. 아무런 사전지식이 없어 울릉도 여행의 계획 단계부터 혼란스러웠다. 여행사 단체여행을 선택할까 아니면 자유여행을 해야 하나. 자유여행이 원하는 곳을 선택하여 구석구석 돌아보며 상황에 맞게 시간을 활용할 수 있어서 좋으나,

배편(울릉도/독도), 현지 숙소, 자동차 렌트 등을 스스로 해결해야만 했다. 그러나 만일 출발을 앞두고 기상상황으로 배편이 취소되면 어떡하지? 그럼 후속작업이 얼마나 복잡할지, 순조롭기는 할지 걱정이 머리를 짓눌렀다. 또 방문하려는 코스의 도로 사정은 괜찮나? 귀동냥으로는 도로 옆이 낭떠러지여서 꼭 잔도를 지나는 느낌이었다던데. 고민 끝에 여행사 패키지 상품을 선택하였다. 상품을 찾아보니 출발지가 포항, 동해, 강릉 세 곳이었다. 그런데 이상하게도 포항에서 출발하는 상품이 더 많아 보였다. 포항에서는 유람선이 출발하는 경우도 있어 매력적이었으나 일단 출발지가 가까운 강릉과 동해로 출발지를 좁혔다. 그런데 왜 동해에서도 출발하지? 깊고 넓은 바다 위에 무슨 다른 구경거리가 있는 것도 아닐 테고. 그리고 주요 관광객이 수도권 고객일 텐데. 그럼, 강릉에서만 출발해도 되는 것 아닌가 하며 강릉에서 출발하는 것으로 정하였다.

여행사에 연락하니 내가 사는 곳이 서울 외곽도시여서 6명 이상이 모여야만 추가비 만 원에 여행사 버스가 들러서 갈 수 있다고 하였다. 그래도 그게 어디인가. 거의 3주 전 예약하고 기다렸지만 아무런 연락이 없었다. 출발 전일에야 나와 아내 이외에는 여행자가 없으니 서울시청 앞 덕수궁 정문인 대한문으로 새벽 3시 반까지 도착하여 지정된 버스에 탑승하라는 문자를 받았다. 어쩔 수 없이 새벽에 대한문 앞에서 서성거리고 있으니 지정된 회사 관광버스가 정시에 도착하였다. 그런데 이미 여러 명의 손님이 탑승해 있었다. 아마 영등포에서 출발하신 분들 같았다. 어라? 이 버스가 출발하더니 두어 곳을 더 들러서 손님을 태우고 가는 것이었다.

그리고는 강릉 안목해변 근처 식당 앞에 정차하더니 식당으로 들어가서 아침 식사를 하라고 하였다. 우리는 아침 식사는 간단히 하는 편이라 여행에서 아침 식사는 제외하였었다. 분위기상 먹어야 할 것 같아서 식당으로 들어갔더니 주인이 식사 예약을 하지 않은 손님은 손을 들라고 했다. 달랑 우리 포함 네 명이었다. 별도로 식비를 내고 나서야 식사가 나왔다. 식사 후에 다시 관광버스를 타고 안목해변에 내려 강릉항 여객터미널로 향하였다.

'휴, 이제 배만 타면 되는구나' 하고 터미널로 들어가 밖을 보니 바다가 잔잔하였다. 그래도 혹시 모르니 멀미약은 사야지 하고 돌아올 때와 여분까지 대비하여 무려 6병을 샀다. 약값 6,000원(병당 1,000원)을 건네며 오늘 바다가 잔잔해 보이는데 괜찮겠냐고 여쭤보니 '바다는 나가 봐야 안다'라고 하셨다. 페리호가 뱃고동을 울리며 천천히 방파제를 빠져나가는 순간 여기에 오기까지 겪은 어려움은 다 잊고 '아! 드디어 한-점-선 울릉도에 가는구나' 가슴에 뿌듯함이 느껴졌다. 그리고 조금 지나자 왜 포항에서 출발하는 이용자가 많은지를 알게 되었다.

북쪽에서 출발할수록 해류의 저항이 심한 것인지 아니면 유람선보다 작은 페리호여서인지 배가 흔들리기 시작하였다. 차라리 동해에서라도 출발할 걸 하는 후회가 밀려왔다. 나중에 확인해 보니 동해에서 출발해도 강릉 출발이나 배의 흔들림은 똑같고 단지 거리만 7km 정도 짧다고 한다. 울렁울렁 울렁대는 부푼 가슴이 울렁거리는 뱃속으로 변하고 있었다(이시스터즈, 〈울릉도 트위스트〉). 여기저기 왝왝하는 소리가 들려오고 검정 비닐봉지를 가지러 가는 손님이 늘었다. 시간이 지나며 복도와 빈 곳에 드러누운 사람들이 나오기 시작하였다. 약 180km, 3시간이 소요되는 거리 아닌가. 지금은 30분도 지나지 않았는데. 다시 회항하면 안 되나? 별의별 생각이 머릿속을 오락가락했다. 아내는 이미 거의 초주검 상태였다. 바닷속으로 뛰어들고 싶다고. 나는 남자 체면이라 사력을 다해 견디며 옆자리를 보니 나이 드신 어르신께서도 주먹을 꽉 쥐고 입을 굳게 다물고 버티고 계셨다.

시간은 고장 난 시계 같았다. 그야말로 사투 끝에 멀리 울릉도가 보였다. 지금까지 잘 버텼으니 조금만 더 참자. 그 어떤 고난도 나의 애국심을 무너뜨릴 수는 없다. 드디어 저동항에 도착하여 배에서 내리며 해방되는 것 같은 하선의 기쁨을 맛보았다. 항구는 관광객들로 아수라장이었다. 겨우 가이드를 찾아 인도하는 대로 승합차에 올랐다. 옆 좌석에 앉은 부부와 얘기 중에 뱃멀미로 고생하였다고 하니 자신들은 포항에서 유람선 타고 테이블에서 와인 마시며 편안히 왔다고 하였다. 이 말을 들은 가이드께서 반짝이는 바다를 보며 오늘은 바다가 장판 같다고 하더니 이처럼 잔잔한 날에 뱃멀미하신 분은 앞으로는 배를 타지 않는 것이 좋다고 해 가슴이 뜨끔하였다.

승합차는 구불구불 좁은 언덕길을 오르내리며 도동항에 도착하였고, 그곳의 좁은 광장은 모여든 관광객으로 바늘 꽂을 자리조차 없어 보였다. 여기저기 가이드가 여러 여행사의 손님 이름을 불러 큰 버스에 태우느라 난리법석이 따로 없었다. 만일 내가 외국인 관광객이었다면 어떨까? 생각조차 끔찍하였다. 나중에 들은 얘기로는 지금 시즌은 아무것도 아니라고 한다. 휴가철 시즌이 되면 울릉도에 체류하는 관광객 수가 일 평균 5만 명(?)에 달한다고. 과장한 얘기처럼 들렸지만 아마 수만 명은 족히 될 것 같았다. 버스 앞에 줄을 서 있는 관광객들 모두 나처럼 애국심과 의무감으로 무장하신 분들처럼 보였다. 버스는 손님을 가득 싣고 출발하였다. 도동항을 벗어나니 울릉도가 보이기 시작하였다.

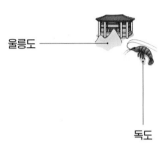

울릉도

독도

숱한 사연을 간직한 해안 일주도로

드디어 버스를 타고 해안 일주도로 관광에 나섰다. 옛날 옛적에는 우산국이라 불렸고, 신라시대 이사부가 우산국을 정벌하여 조공을 바치게 하였고, 1600년대 후반 안용복이 일본과 담판하여 울릉도와 독도가 조선 영토임을 확인하였으며, 1883년에는 개척민 16호 54명이 입도하여 생활한 우리 땅 울릉도를 한 바퀴 도는 여정이었다.

도동항을 출발한 버스는 서쪽 방면으로 달리기 시작하였다. TV에서 봤던 바다관광이 가능하도록 공간을 확보한 터널을 통과할 때는 '아! 나도 드디어 울릉도 여행을 하게 되는구나' 하며 새로운 기분이 느껴졌다. 사동항을 지날 때는 활주로 공사를 진행하느라 바다를 메우고 있는 현장의 모습이 보였다. 50인승 항공기 전용으로 1,200m의 길이에 36m 폭의 활주로 공사가 진행 중으로 2025년 준공하여 2026년에 개항할 예정이라고 하였다. 나중에 다시 올 때는 저 활주로를 이용하면 되겠구나 하는 생각에 괜스레 마음이 편안해졌다.

첫 기착지는 통구미해변이었다. 바위 위로 올라가는 거북이와 내려가는 거북이가 보는 방향에 따라 6~9마리가 보인다고 하였다. 반대편 산 위를 보니 산 정상 아래에 멋진 향나무가 우뚝 서 있다. 그곳이 통구미 향나무자생지인 것 같았다. 3무(도둑, 공해, 뱀) 5다(향나무, 바람, 미인, 물, 돌)의 섬이라더니 바닷가 맑은 공기와 바위산의 향나무가 일찌감치 확인시켜 주었다.

버스는 외나무다리 같은 편도의 통구미터널과 산 중턱의 마을에도 편의를 제공하기 위하여 긴 터널을 뚫는 난공사를 피하여 건설한 고저극복형 회오리 모양의 아름다운 수층교를 지나며 오리바위, 얼굴바위, 사자바위, 곰바위 등 다양한 형태의 바위를 보여 주며 지났다.

학포를 지나 태하 지역으로 들어섰다. 이곳은 대풍감에서 바라보는 푸른 물빛과 검은 바위, 해안절벽과 해안선이 서로 조화를 이루는 풍광이 한 폭의 그림 같아서 우리나라 10대 비경으로 선정되기도 하였다. 대풍감은 바람을 기다리는 언덕

· 통구미 향나무

이라는 뜻으로 돛단배가 순풍을 받아 출항하면 육지로 나갈 수 있었다고 한다. 그래서인지 성하신당이 자리하고 있었으며, 또 관광객이 모이는 곳이어서 가파른 경사로를 아슬아슬하게 달리는 모노레일이 운영되고, 호젓한 산책로도 잘 마련되어 있었다.

태하를 뒤로하고 북면 현포리 방향으로 들어서면 구불구불 해안선과 기암절벽이 최고조에 달한다. 현포항을 지나 예림원에서 울릉도의 압축된 자연을 느껴 볼 수 있다. 입구의 동굴을 통과하면 마치

· 대풍감

별천지가 펼쳐지는 것 같다. 울릉도의 자연을 그대로 이용하여 조성한 공원을 걸으며 자생분재, 바위 조형물, 자생수목 등을 둘러볼 수 있었다. 울퉁불퉁 검은 화산석이 깔린 길을 걷는 기분 좋은 자극, 높은 전망대에서 바라보는 수평선으로 둘러싸인 청금석빛 바다, 울릉도를 품은 각양각색의 살아 있는 전시물들이 눈을 즐겁게 해주었다. 높은 산골짜기 중턱에 푹 안긴 통기타 가수 이장희의 울릉천국은 바라보는 것만으로 아쉬움을 달래며, 코를 바다에 박고 있는 구멍 사이로 소형 선박이 드나들 수 있을 만큼 거대한 코끼리바위(구멍이 있어 '공암'으로도 부름)를 보는 것으로 만족해야 했다.

이어 송곳바위를 보기 위하여 성불사로 향하였다. 송곳봉은 이름이 없어도 누구나 그렇게 부를 만큼 뾰족하였다. 송곳봉을 배경으로 자리 잡은 성불사 마당에는 호국약사여래대불이 담대하게 좌대에 앉아 동쪽을 지켜보고 있었다. 우리나라

· 예림원에서 바라본 바다

의 동쪽 끝 독도를 수호하기
위해서라고 하였다.

　나리분지를 향하는 길은 위
험천만이었다. 버스가 급경사
의 구불구불한 도로를 제대로
오를 수 있을까? 스릴을 느끼
며 고개를 넘으니 저 아래로
드넓은 나리분지가 보였다.
화산섬이라 분지가 있을 것이
라 예상은 했지만 이렇게 넓

· 송곳바위

고 광활할 것이라고는 상상하지 못했다. 과거에는 섬말나리 뿌리를
캐어 먹고 살았다 하여 '나리골'이라 불렸으며, 나리마을과 알봉마을
두 동네에 90여 가구, 500여 명이 거주하였고 현재는 띄엄띄엄 몇
가구만이 거주하고 있었다. 당시에는 너와지붕을 한 우데기집이 많

· 나리분지를 감싸는 산

았다고 하나 지금은 모두 주택
개량을 하여 현재는 너와집 1개
소, 투막집 4개소를 도지정 문
화재로 지정하여 보호하고 있
다. 우리나라에서 대표적으로
눈이 많이 내리는 곳이어서 겨
울에는 3m 이상의 눈이 내리는
경우가 자주 있다고 하니 그 시

기를 어떻게 보낼까 궁금하였다.

분지를 가로질러 마을로 향하였다. 잘 정비된 마을은 깨끗하고 평화로워 보였으며 몇몇 주막도 보였다. 주막 큰 나무 아래 평상에 앉아 산채무침 안주에 씨껍데기 동동주를 마시니, 사방이 산으로 둘러싸여 세상과 단절된 산중에서 홀로 풍류를 즐기는 기분이다.

울릉도 해상 비경의 으뜸이라는 삼선암에 도착하였다. 전설에 의하면 이곳의 빼어난 경치에 반한 세 선녀가 지상에 내려와 목욕을 하고 올라가곤 하였는데 한번은 놀이에 열중하다가 돌아갈 시간을 놓쳐 옥황상제의 노여움을 사서 바위로 변하였다는 것이다. 그중 약간 떨어진 가장 작은 바위가 막내선녀바위로, 제일 늑장을 부린 막내 선녀에게는 더 큰 벌이 내려 그 바위에만 풀이 자라지 않는다고 한다. 이곳은 뷰포인트여서 모든 일행이 삼선암을 배경으로 사진을 찍으려고 바삐 움직였다.

· 삼선암

보행전용 연도교가 놓인 관음도가 보인다. 개척 당시 경주에서 입도한 월성 김씨라는 사람이 태풍을 피해 들어왔는데, 추위와 굶주림에 떨다가 불을 피우니 깍새가 날아와 잡아서 구워 먹고 목숨을 구했다고 하여 '깍새섬'이라고도 불린다. 이 섬에는 울릉 3대

비경으로 유명한 높이 14m의 관음쌍굴이 있으며, 굴은 해적들의 소굴이었다고도 전해지고 있다.

버스는 굽이굽이 돌고 돌아 내수전 일출전망대에 도착하였다. 버스에서 내려 아기자기한 소로와 목재계단을 따라 완만한 오르막을 15분 정도 걸어 올라 전망대에 도착하였다. 탁 트인 동해가 시원하게 펼쳐지고 죽도가 그 가운데에 풍덩

· 관음도

하고 떨어진 후 바다 한가운데 떠 있었다. 죽도는 울릉도 부속 섬 중 가장 큰 섬으로 대나무가 많이 자생하여 '대섬'이라 불렸다고 한다. 섬의 진입로는 365개의 나선형 계단, 일명 달팽이 계단이 인상적이지만 오르기가 힘들어 죽을 고생을 한다 하여 '죽도'라 부르기도 한다. 지금은 젊은 부부가 각종 편의시설을 갖추고 자녀와 함께 생활하고 있으며 많은 관광객의 발걸음이 이어지고 있다.

이 전망대에서는 독도에서 떠오르는 일출, 내려다보이는 저동항의 야경도 아름다울 뿐만 아니라, 추석부터 11월경까지 밤바다를 수놓는 오징어잡이 배의 불빛은 가히 환상이라고밖에는 표현할 방법이 없다. 야간에도 밤바다의 풍경을 감상하려고 찾는 사람들의 편의를 위해 오르내리는 길에 조명시설을 설치하여 자정 무렵까지 밝히고 있다. 요즘은 수면온도 상승으로 오징어 어장이 북상하여 어획량

· 내수전 일출전망대에서 바라본 죽도

이 줄었다고 한다. 다시 풍어기가 도래하여 더 넓은 바다가 오징어 배의 불빛으로 빛나고, 처녀들의 혼사가 줄을 잇고, 호박엿 먹으며 트위스트 추는 미래를 희망해 본다. (이시스터즈, 〈울릉도 트위스트〉)

우리나라에는 곳곳에 바다나 강물 위를 걷는 아름다운 길이 많다. 심곡항에서 정동진까지의 탁 트인 동해바다와 거친 물살을 느낄 수 있는 바다부채길, 속초의 바람향기 가득한 외옹치 바다향기로, 단양의 낭만과 추억의 단양강잔도 등. 모두 스릴과 낭만 그리고 빼어난 풍경으로 유혹하는 곳들이다. 그러나 "동쪽 먼 심해선 밖, 장백의 멧부리 방울 뛰어, 창망한 물굽이에 금시 지워질 듯 떠 있는 한 점"(유치환, 〈울릉도〉)의 바다 위 검은 절벽에 실오라기처럼 그어진 해안산책로는 특별한 느낌으로 다가온다. 잉크를 뿌린 것 같은 쪽빛 바다와 절벽에 부딪히는 파도, 바다 위를 쓸어오는 바람소리를 감상하며 걷다 보면 갖가지 울릉도와 독도가 가지는 지정학적, 역사적 의미들이 파도처럼 밀려온다. 해안산책로는 도동항에서 시작하는 행남해안산책로와 저동항에서 출발하는 촛대해안산책로로 연결되어 있다. (당시에는 중간 공사가 진행되어 중단되어 있었음)

일출과 야경이 아름다운 어항 중심의 저동항에서 시작하는 촛대해안산책로의 입구에는 배를 타고 조업 나간 아버지를 기다리다 돌로 변했다는 촛대바위, 일명 효녀바위가 우뚝 서 있다. 산책로는 해안선을 따라 오르내리며 한적하게 산책을 즐길 수 있다. 중간지점 언덕에는 전망대처럼 잘 조성된 평지가 있으며 그곳에 여러 명이 간이의자를 놓고 망망대해를 바라보며 앉아 있었다.

수령 2,000년의 향나무가 보이는 도동항이 입구인 행남해안산책로는 기암절벽과 천연동굴, 해식동굴을 따라 걸을 수 있다. 바위터널을 지나고 무지개다리를 건너며 걷는 산책길은 푸른 바다, 시원한 파도소리가 가슴을 적신다. 수백만 년 동안 파도와 바람이 새긴 구불구불한 해안선 절벽을 따라 걷는 산책은 한 점 선에 새겨진 숱한 사연을 전하는 것 같다.

· 행남해안산책로

환상의 섬 유람선 관광

해안도로가 울릉도 구석구석에 사람들의 삶의 발자취와 흔적들을 느끼게 해준다면 해상관광은 섬의 아름다운 모습과 기기묘묘한 바위들을 한눈에 조망할 수 있도록 해준다. 섬 안에서 자세히 볼 수 없었던 바위의 다양한 형상이나 마을의 위치, 집들의 앉음새와 지붕색이 산과 바위, 바다의 색과 조화를 이루고 있는 모습을 보기에는 안성맞춤이다. 도동항에서 승선하면 약 2시간에 걸쳐 울릉도 주위를 한 바퀴 일주하는 코스이다.

구수한 설명으로 관광객들의 귀를 사로잡는 설명과 함께 서쪽 방향으로 출발한 배의 선실은 어느덧 텅 비어 버리고 모두 갑판으로 나가 갈매기에게 먹이를 주고 또 에메랄드빛 바다와 기암절벽, 갖가지 형상의 바위, 울릉도의 모습을 감상하며 연발 감탄사를 터트린다. 선장이 설명하는 바위를 찾는 사이에 배가 지나쳐 버리자 여기저기 보았다느니 못 보았다느니 이러쿵저러쿵 말이 많다. 일주도로에서 보았던 바위의 모양보다는 훨씬 뚜렷하게 보이며 형상을 확인시켜 주었다. 성인봉을 기둥 삼아 회전목마처럼 돌며 바다에서 바라본 섬의 해상관광은 뭍에서 바라본 우산국의 바다와 사람들의 발자취가 모자이크처럼 맞물리며 울릉도 관광을 완성해 준다.

대한민국 동쪽 땅끝, 독도

독도는 약 460~250만 년 전에 생겨난 화산섬이다. 독도는 울릉도의 250만 년 전, 제주도의 150만 년 전에 비교하여 어마어마하게 더 긴 세월 동안 거센 바람과 파도에 의한 풍화와 침식을 견디고 외로움을

· 독도

삼키며 지금의 의젓한 모습을 보여 주고 있다. 울릉도 동남쪽 뱃길 따라 200리(약 88km), 배를 타고 왕복 약 3시간이 소요되며, 입도하여 둘러보는 시간 20~30분을 포함하여 왕복 총 세 시간 반 정도가 소요된다. 3대가 덕을 쌓아야 독도행 배를 탈 수 있으며, 5대가 덕을 쌓아야 입도할 수 있다는 독도. 기상조건이 최고로 좋아야만 배의 운행이 가능하기 때문에 1년 중 50일 정도밖에는 들어갈 수 없는 곳. 도동, 저동, 사동항에서 모두 배를 탈 수 있으므로 자신의 스케줄에 맞추어 이용하면 된다. 단, 가능 여부는 기상조건에 달려 있다. 전날부터 기상에 신경이 쓰였다.

날씨가 맑다는 예보를 자주 확인하고 또 해보지만 먼바다 날씨라

는 것이 갑자기 바뀔 수도 있지 않을까 하는 염려가 앞섰다. 다행히 출발 당일 아침 붉다 못해 은가락지를 낀 것 같은 밝은 해가 수평선을 뚫고 핏빛 선으로 바다를 둘로 가르며 위용을 드러냈다. 드디어 독도에 갈 수 있겠구나. 5대가 덕을 쌓은 것은 모르겠지만 아마 오늘 방문객 중 어느 분의 은혜로구나 하며 뿌듯한 마음으로 배에 올랐다. 강릉에서 올 때처럼 뱃멀미가 걱정되어 가방에 멀미약도 준비해 두었지만 시험 삼아 먹지는 않았다. 그런데 예상과 달리 의외로 편안하게 독도에 닿았다. 선창으로 멀리 독도가 보였다. 서도를 스쳐 동도의 선착장에 배가 접안하고 있을 때 우리의 자랑스러운 독도수호대가 부동자세로 경례하며 민간인들을 맞이하였다.

• 독도수호대의 경례 모습

얼마나 대견하고 자랑스러운지. 배가 접안을 마치고 우리 땅 동쪽 끝 독도에 첫발을 내딛는 순간 가슴이 북받치며 왈칵하는 기분이 들었다. 내리자마자 첫 행위로 배를 탈 때 구입한 태극기를 꺼내 들고 인증샷을 찍었다. 물론 독도 방문은 섬을 둘러보는 것도, 구석구석 돌아보는 것도 아니다. 넓지 않은 선착장과 그 주위를 돌아볼 수 있을 뿐이다. 그러나 한 걸음 한 걸음이 삼천리 방방곡곡을 밟는 것만큼이나 감격스러웠다. 멀리 암벽에는 굵은 고딕체로 '독도(獨島, DOKDO KOREA)'라고 새겨진 비석이 굳건하게 세워져 있다.

· 독도 비석

· 독도 표시석

　선착장에는 동서남북을 가리키는 돌 위에 태극 문양을 품고 '대한
민국 동쪽땅끝'이라고 새긴 비석이 육중하게 자리 잡고서 우리 땅임
을 선언하고 있고 섬 정상에는 태극기가 휘날리고 있었다.

　이곳저곳 바라보며 눈도장을 찍고 있는 잠깐 사이에 30분이 흘렀
다. 승선하라는 안내방송이 나왔다. 독도. 언제나 그 자리에 혼자 있
는 섬. 외로움을 참으며 우리 땅 끝임을 지키고 있는 섬. 이제 홀로
남겨 두고 발길을 돌릴 수밖에 없다. 울릉도에서 돌아오며 아쉬움
을 달래고자 독도명예주민증 발급을 신청하여 주민 숙소가 있는 서
도 안용복길 3의 주민이 되었다. 동도와 서도를 포함하여 총면적은
0.188㎢의 외로운 섬에 명예주민
수가 수만 명이어서 아마 우리나라
에서 제일 인구밀도가 높은 지역이
되어 외로움이 덜어질 것 같다.

· 명예주민증

PART 11

창파 넘실대는

옛 정취를

따라

📍 ·(신)관동팔경 ········· 고성/간성 ········· ▶ 양양 ·······

울진/평해 ······◀ 삼척 ······◀ 동해 ······◀ 강릉 ····

팔경이란 말은 중국의 소상팔경에서 시작되어 조선 초기 단양팔경으로 이어져 오던 것이 중기 관동팔경에 이르러 화룡점정을 이룬다. '관동'은 영서지방에서 영동지방으로 갈 때 넘어야 하는 큰 관문인 대관령의 동쪽 강원도 지역을 아우르는 말이기도 하다.

　'관동팔경'의 여덟 곳 중 망양정과 월송정은 현재는 경상북도 울진군에 속해 있지만 1962년 이전에는 강원도에 포함되어 있었기에 '관동팔경'은 대관령 넘어 강원도 동해안 마디마디에 펼쳐진 산과 바다, 강의 아름다운 절경을 일컫는다고 할 수 있을 것이다. 현재 공식처럼 알려진 관동팔경은 강원도 북한지역에 위치한 통천의 총석정과 고성의 삼일포, 우리나라 동해바다를 따라 분포한 간성(1914년 고성과 간성이 병합되고 1919년 현재의 고성으로 개칭)의 청간정, 강릉 경포대, 양양의 낙산사, 삼척 죽서루, 경북 울진의 망양정과 월송정(당시에는 평해군이었음)이다. 그러나 관동지방의 팔경에 대한 의견도 분분하였던 모양이다. 미수 허목의 〈죽서루기〉와 이중환의 《택리지》에 나오는 팔경이 다르고 송강 정철의 800리 길 여정 또한 다르며, 군왕의 백성을 헤아리는 마음이 느껴지는 1군(郡) 1경(景)이라는 기준을 적용한 숙종의 팔경 역시 다르다. 이러한 다양한 의견에도 6곳의 경치에 대한 찬탄은 같으며 다만 청간정과 월송정만이 만경대나 시중대로 대신하고 있다.

이제부터 관동의 팔경 속으로 떠나 보고자 한다. 그러나 북한지역의 두 곳은 철의 장막으로 가로막혀 갈 수 없는 곳이 되어 버렸으며, 남한지역의 6경 또한 오랜 세월 동안 자연현상과 사람들의 삶의 방식이 변하며 그림이나 시가에서 보고 느끼던 풍경과는 많이 달라졌다.

이러한 변화를 반영하여 남한의 6경 중 4경(청간정, 낙산사, 망양정, 월송정)을 유지하며 북한지역의 두 곳과 강릉 경포대와 삼척 죽서루를 대신하여 필자의 취향과 지역 안배를 고려하여 새로운 네 곳 — 화진포(고성), 강릉 바다부채길, 논골담길(동해), 삼척 해수욕장에서 삼척항에 이르는 해안을 따라 굽이굽이 펼쳐지는 4.6km의 이사부길 — 을 반영한 '(신)관동팔경'을 구성해 보았다.

경포대를 제외한 이유는 그곳 일대가 이미 수많은 관광객이 찾는 관광지로 바뀌어 호수가 현대식 건물에 갇히고, 정자 아래를 지나는 대로에서 들리는 교통소음으로 인하여 옛 선조들이 느꼈을 한가롭고 여유로운 운치가 줄었기 때문이며, 최고의 명승으로 꼽히던 죽서루는 기후와 생활환경의 변화로 누정을 감싸고 흐르는 오십천의 물이 줄어 강바닥을 드러내어 옛 풍치를 느끼기에 다소 부족함이 느껴지기 때문이다.

개인적으로 옛 선인들이 느꼈을 풍류와 요즈음의 취향을 반영한 나름의 기준을 가지고 새로운 네 곳을 선정하였지만 아쉬움이 남는 곳도 많다. 동해의 추암촛대바위 일원과 두타산 무릉계곡, 삼척 임원항의 수로부인 헌화공원, 동양의 나폴리라 불리는 장호항, 울진의 도화동산 등이 그렇다. 이러한 명승지들이 제외된 사유는 가급적 본래 관동팔경을 선정하던 취지 가운데 하나인 1군(郡) 1경(景) 원칙(고성과 간성, 울진과 평해가 병합되기 이전 기준)을 지키고, 8경이라는 단어의 역사적 의미를 살리고자 함에 있을 뿐, 결코 그 아름다운 풍광은 어디에도 뒤지지 않는 곳들이다. 그러나 매양 안타까워만 할 일은 아니다. 제외된 곳들도 모두 '(신)관동팔경'을 따라 흐르는 길에서 벗어나지 않기 때문에 조금만 부지런을 떨면 충분히 방문하여 아름다운 절경을 감상해 볼 수 있다.

🚩 **관동팔경**: 총석정(통천) ▸▸ 삼일포(고성) ▸▸ 청간정(간성) ▸▸ 낙산사(양양) ▸▸ 경포대(강릉) ▸▸ 죽서루(삼척) ▸▸ 망양정(울진) ▸▸ 월송정(평해)

🚩 **(신)관동팔경**: 화진포(고성) ▸▸ 청간정(간성) ▸▸ 낙산사(양양) ▸▸ 바다부채길(강릉) ▸▸ 논골담길(동해) ▸▸ 이사부길(삼척) ▸▸ 망양정(울진) ▸▸ 월송정(평해)

관동팔경으로 가는 길은 과거 제1영동고속도로 하나로 버티던 시절에 비하면 지금은 이웃집 마실길처럼 변하였다. 제2영동고속도로 및 서울양양고속도로, 평창 동계올림픽을 앞두고 고속철도가 개통되며 과거에는 산 높고 물 좋아 여름휴가 때나 가는 곳으로 여겨졌으나 요즈음은 1년 365일 여행객이 붐비는 곳으로 변모하였다. 물론 교통여건이 좋아져 물리적 접근성은 쉬워졌으나 심리적 거리는 멀기만 하다. 백두대간 등뼈 너머에 있는 관동팔경과 비견할 만한 많은 명소와 유적, 입맛 다시게 만드는 음식문화가 등뼈 안으로 붙어 있어 그 유혹을 견뎌야 하기 때문이다. 결국 유혹을 견디지 못하고 산 아래 동네 원통에 이르러 깊은 산에서 직접 채취한 가지가지 종류의 산나물과 구수한 황태국밥으로 입맛을 달래고 산을 넘는다.

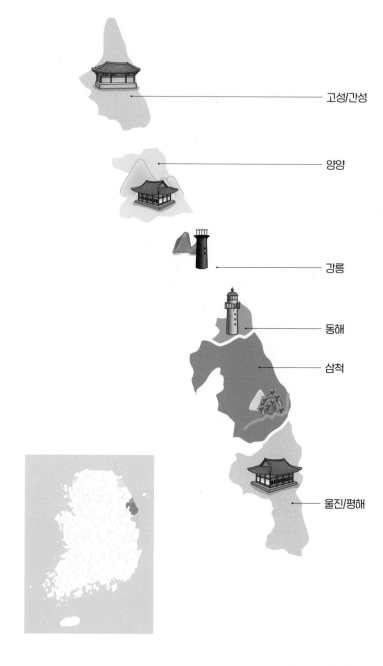

고성/간성

양양

강릉

동해

삼척

울진/평해

해당화 피고 지는 역사의 현장, 화진포

고성은 위도상 대한민국 최북단에 있는 분단 지역으로 통일전망대에서 시작하는 짙푸른 동해의 해안선을 따라 바다 쪽으로는 화진포, 송지호, 천학정, 내륙으로는 건봉사, 화암사, 왕곡마을, 울산바위와 마산봉 설경 등 많은 유적과 명승지를 품고 있는 고장이다. 이곳에 가기 위해서는 대개 진부령이나 미시령 고갯마루를 넘게 된다. 진부령를 지날 때는 천년고찰 건봉사(乾鳳寺)에 들르고 미시령을 지날 때는 구불구불 옛 정취가 느껴지는 옛길을 이용하게 된다. 미시령 산마루에 오르니 발아래에는 뭉실뭉실한 비구름이 굴러다니고 흐릿한 시야에 망망대해에 부서지는 파도가 희끗희끗하다. 탁 트인 전망대에서 속초시와 동해바다를 바라보고 내려가다 보면 울산바위 전망포인트를 만나게 된다. 울산바위만 보면 삽을 쑤욱 밀어 넣어 들어 올리고 싶은 생각에 피식 웃음이 나온다.

고성 북쪽 끄트머리에 있는 통일전망대는 민족의 염원인 통일을 고대하며 자리하고 있

• 건봉사 불이문

· 건봉사 적멸보궁

는 분단의 현장이다. 분단이라는 상처가 우리 민족에게 얼마나 깊고 쓰라린 고통과 슬픔을 남겼는지를 보여 준 역사적 사건이 지금도 기억에 생생하다.

1983년 6월 30일 밤 10시 15분 '누가 이 사람을 아시나요'라는 타이틀로 이산가족찾기 생방송이 KBS TV 전파를 타고 처음으로 전국으로 방송되었다. 그러나 예상을 뛰어넘는 참여자로 장사진을 이루자 깜짝 놀란 방송사는 모든 정규방송을 취소하고 5일 동안 〈이산가족 찾기〉라는 방송을 편성하여 송출하였다. 방송은 날이 갈수록 걷잡을 수 없이 늘어나는 이산가족과 모든 국민이 TV 앞에서 밤새우며 함께 울고 웃는 관심 속에 11월 14일까지 연장에 연장을 거듭하여 방송되며 온 나라를 눈물바다로 만들었다. 이 기간 생방송 시간은 무려 453시간에 달하여 기네스북에 오르기도 하였다. 당시 온 세상은 이산가족들의 상봉의 눈물과 가슴을 아리게 하는 사별 소식을 블랙홀처럼 빨아들여 어디서나 '어젯밤에 만난 가족의 기쁨과 이미 세상을 떠난 부모, 형제자매의 소식에 흘리는 안타까운 회한의 눈물' 얘기로 가득 채워졌다. 이를 기회로 1985년 '남북이산가족 고향방문단과 예술공연단' 교환이 이루어졌으나 이후 중단되는 안타까움이 있었다. 그러나 2000년 재개하여 남과 북에 생존해 있는 1,000만 이산가족의 애타게 그리던 혈육상봉이 2018년까지 스물한 차례에 걸쳐 성사되었으나 현재에는 중단된 상태이다. 그 당시 꿈에 그리던 혈육을 만나기 위하여 금강산 온정리 이산가족면회소로 향하던 관문이 고성 통일전망대이다.

화진포(花津浦)는 동해바다의 만(灣)이었던 곳이 모래 등 퇴적물이 쌓이며 입구를 막아 형성된 우리나라에서 가장 큰 석호(潟湖)이다. 동해바다를 따라 경포호, 영랑호, 송지호 등이 석호 띠를 형성하고 있다. 화진포의 면적은 2.3km에 달하며 둘레가 16km에 이르는 호수로 '해당화가 꽃피는 나루터'라는 뜻을 지니고 있다. 울창한 송림이 병풍처럼 둘러싸고 있으며, 주위로는 죽정(竹亭), 모연(暮煙), 풍암(楓岩), 장평(長坪), 낙안(落雁) 등 화진8경이 펼쳐진다. 가을이면 호수 주위로 조성된 둘레길 하이킹 코스는 나부끼는 바람과 호수물결, 구름과 푸른 하늘이 어우러져 많은 여행객이 찾고 있으며, 겨울이면 백로와 고니가 찾아들어 눈 덮인 산과 얼어붙은 호수, 푸른 바다와 흰 백사장에 파도소리가 어우러지며 동화 속의 겨울풍경을 보여 주는 곳이다. 이러한 경승지에 권력자들이 즐겨 찾던 세 개의 별장 ― 이승만 초대통령 별장, 이기붕 부통령 별장, 김일성 별장 ― 이 자리 잡고 있어 화진포의 아름다움과 더불어 해방과 6·25전쟁 전후로 이어지는 정치적 격변기의 가슴 아픈 분단의 역사를 보여 주고 있다.

이승만 초대대통령 별장은 호수가 내려다보이는 소나무숲에 위치하여 있다. 미국 유학에서 돌아온 이승만이 선교사를 만나러 화진포에 방문하였을 때 이곳의 풍광에 반하게 되었으며 6·25전쟁으로 이곳을 탈환하자 선교사의 집이 있던 자리에 별장을 짓고 휴가를 즐겼던 곳이라고 한다. 자연석을 이용하여 지은 소박한 단층 건물로 숲비탈에 자연스럽게 앉은 모습이 호수와 소나무숲과 어우러지며 자연과 하나 된 모습이다. 대통령 별장이라고 하여 호화로움이라고는 전혀 없이 오히려 친근한 느낌을 주며, 재현한 당시의 모습이나 사용하던 오래된 물건들 또한 사치스러움이 없다. 평범한 가정(당시에는 고가의 물건들이었겠지만)의 일상과 같은 편안함을 보고 나니 많은 생각이 교차한다. 누런 솔잎 몇 개 떨어진 빗질 된 조그만 마당에서 서리 내린 호수를 바라보며 생각을 다듬었을 집주인의 고뇌가 전해오는 것 같다. 그는 이곳에서 무슨 상념에 잠기었을까? 외로웠던 유학생활, 국내외를 오가며 전개한 독립운동, 정부의 수립 및 혼란스러운 국내 상황 등 여러 편린들이 그의 뇌리를 스쳐갔을 것이다. 평

· 이승만 별장 내부

생을 사랑하는 조국을 위하여 몸 바치며 '뭉치면 살고 흩어지면 죽는다'라고 국민의 단결을 외치던 그가 타국에서 외롭게 생을 마감해야 한다는 것을 상상이나 했을까?

이기붕 별장은 화진포 백사

장을 등지고 호수를 바라보고 있다. 1920년대에 외국인 선교사가 지은 건물로 해방 이후 북한공산당 간부 휴양소로 사용되어 오다가 휴전이 되고 이기붕 부통령 부부가 별장으로 사용하였던 곳이다. 키 큰 해송이 둘러싸고 있는 활 모양의 단층 건물이 인상적인 아늑한 집이다. 복잡한 시국과 정치상황을 떠나 휴식을 위하여 이곳으로 왔으나 머릿속은 오로지 시국상황으로 가득하여 마음이 집처럼 아늑하지가 않았을 것이다. 반짝이는 호수 너머 높이 솟은 건봉산을 바라보며 무슨 생각에 빠졌을까? 말없이 호수처럼 산처럼 살지 못하였음을 후회하고 있었을까? 부귀영화가 무슨 소용인가? 건물 안에 전시된 유품이 특별하지도 않다. 왕후장상도 공수래공수거 아니던가. 침대맡에는 부부와 두 아들이 함께 찍은, 화목해 보이는 사진이 걸려 있었다.

김일성 별장은 해안가 절벽 위에 세워져 있다. 이곳 역시 일제강점기에 선교사 서우드 홀 부부가 히틀러의 공포정치를 피하여 망명 온 독일 건축가 베버에게 의뢰하여 지은 건물로 예배당과 별장으로 사용

· 이기붕 별장

되다가 해방 후 휴전되기 전까지 김일성이 사용하던 별장이었다. 서우드 홀은 우리나라 사람들이 악귀에 씐 천벌의 병으로 여기던 결핵을 퇴치하기 위하여 처음으로 남대문을 배경으로 한 '크리스마스 실

· 김일성 별장 개축 전후 비교

(Seal)'을 처음 발행한 인물로 1940년 일제에 의해 추방되기까지 9회에 걸쳐 발행하기도 하였다. 건축 당시에는 자연석 회색 돌로 지은 원통형 2층 건물이 해안절벽 송림 가운데 유럽의 성처럼 자리하고 있어 '화진포의 성'이라 불렸다. 아쉬움은 복원과정에서 자연스러운 자연석의 멋은 사라져 버리고 인공미가 가미된 평범한 건물로 변해 버린 것이다.

급경사 언덕을 오르려면 제법 숨이 가쁘기도 하다. 건물 앞 가파른 계단 중간에는 1948년 김정일이 그의 여동생 김경희와 사진을 찍었던 장소도 표시되어 있다.

서우드 홀 부부와 김일성 가족의 생활상을 보여 주는 전시관을 지

· 김일성 별장에서 바라본 바다

나 루프탑 전망대에 오르면 시원한 동해바다와 평사낙안 같은 백사
장이 펼쳐지며 멀리 소잔등 같은 금강산 능선이 한눈에 들어온다.
아마 그곳에 도끼로 찍은 듯한 바위가 쭉쭉 뻗은 총석정과 명사십리
삼일포가 있으리라. 김일성 별장의 분위기는 앞선 두 별장의 분위기
와는 다르다. 앞 두 별장이 호수를 바라보는 데 반해 이곳은 거친 바
다를 향하고 있기 때문인가? 이곳에서는 시름은 끼어들 틈이 없고
새로운 기운을 얻을 수 있을 것 같다. 무슨 아이러니인가. 이 또한
마음을 아리게 한다. 밀려오는 바다 물결이 많은 옛이야기를 싣고
오지만 마음은 저 멀리 수평선 너머로 향하고 있다.

시름이 사라지는 청간정

화진포를 뒤로하고 해변을 따라 시원한 바닷바람을 맞으며 낭만 드라이브에 나선다. 청간정까지 이르는 길 곳곳에는 많은 비경이 숨어 있다. 7번 국도를 따라 쪽빛 동해바다와 곳곳에 숨어 있는 비경을 둘러보는 것도 좋지만 가급적 해변 절벽과 파도소리와 포말이 부서지는 해안절경을 더 가까이에서 즐기기 위해서는 고성-속초-양양-강릉-동해-삼척을 잇는 낭만가도를 이용하는 것이 한층 여행의 맛을 더해 준다.

거진항 가는 길로 접어들었다. 언젠가 고성에서 겨울이면 대방어가 많이 잡히고 그 중심이 거진항이라는 얘기를 듣고 들렀던 적이 있다. 어판장에서 대방어회를 찾기 위해 두리번거렸으나 눈을 씻고 봐도 찾을 수가 없었다. 상인에게 여쭤보니 금시초문이라는 듯 오히려 되묻던 기억이 생생하다. 이런 낭패라니. 아쉬움이 컸지만 해안도로(낭만가도)의 아름다움이 전화위복이 되었다. 지금 그 도로를 창을 열고 바닷바람과 파도소리를 들으며 지나고 있다. 해안도로를 달리다 보면 갈매기 배설물로 하얗게 된 백섬으로 연결된 137m의 긴 해상전망대를 만난다. 날씨가 맑은 날에는 북으로 바다의 금강산이라고 불리는 해금강까지 보인다고 한다.

해안도로와 국도를 번갈아 가며 짙푸른 바다가 출렁이는 해안선으로 남하하며 송지호 공원에 들러 철새의 우아한 날갯짓에 감탄하고 왕곡민속마을에서 한과를 맛보기도 한다. 한과의 바스락거림과 달콤한

· 백섬 해안전망대

물엿이 입안에서 사르르 녹으며 기운을 회복시켜 준다. 역시 여행 중 피로에는 당이 최고인가 보다. 농로 가운데로 차량과 여행객의 긴 대기줄이 한 풍경을 보여 주는 백촌 막국수촌과 능파지질공원을 지나 천학정(天鶴亭)이 이르렀다. 오래된 소나무에 둘러싸인 가파른 절벽 위에 학이 하늘에서 내려앉은 듯한 단층의 아담한 정자가 바다를 향하고 절벽 아래 천학정 기암은 숨은그림찾기로 여행객의 관심을 유도한다. 하나의 기암에 모자 쓴 불상 얼굴, 손 모양, 고개 내민 고래, 코끼리 얼굴 등이 있다고 하나 도저히 찾기가 어렵다. 아마 순

· 천학정 기암

수한 마음이 사라졌기 때문이려니 하며 안내 간판을 확인하고서야 그것도 한참 지나서 찾아냈다.

가까운 곳에 위치한 간성(현재는 고성군)의 청간정으로 향한다. 청간정(淸澗亭)이 처음 지

어진 연대는 알 수 없으나 1560년(명종 15년)에 간성군수 최천이 중수했다는 기록이 남아 있어 그 이전에 건립된 것으로 추정된다. 정자 이름 '청간'은 정자가 바위 사이에 흐르는 물가에 있기 때문이다.

청간정은 고려시대와 조선시대를 걸쳐 수많은 문장가와 문인화가가 글과 그림으로 그 아름다움을 칭송하였다. 고려시대의 문장가로 〈관동별곡〉과 〈죽계별곡〉을 지은 문정공 안축(소수서원에 배향된 문성공 회헌 안향 선생의 삼종손)과 김극기, 조선시대의 송강 정철, 어우당 유몽인, 미수 허목, 간성군수 택당 이식 등 헤아릴 수 없이 많은

사대부와 묵객들이 글을 남겼으며, 비교적 최근 것으로는 최규하 대통령이 시문을 남겼다. 또한 그림으로는 단원 김홍도, 연객 허필, 광지 강세황, 겸재 정선 등 조선 최고의 화가들이 청간정의 아름다운 경치를 화폭에 담았다. 당시 화폭에 담은 그림을 보면 청간정은 현재의 모습과는 다르다. 정자는 절벽 아래에 자리하였으며 근처에는 평화로운 어촌마을이 있었던 모양이다.

옛 유람객들은 정자의 난간

· 연객 허필, 〈청간정도〉

에 기대어 솔밭에서 불어오는 바람소리, 바다를 나는 갈매기 소리를 들으며 시정에 빠져들고, 어촌에서는 밥 짓는 연기가 아지랑이처럼 피어오르고, 고기잡이 어부가 저녁놀을 등에 지고 배를 저어 오는 모습을 보며 향수에 젖었을 것이다.

하늘의 뜻으로 푸른 바다에는 밀물 썰물이 없고(天敎滄海無潮汐)
네모난 배 같은 정자 하나 물가 벼랑 끝에 서 있네(亭似方舟在渚涯)
붉은 해 솟으려고 햇살 먼저 창에 비치니(紅旭欲昇先射牖)
푸른 물결 일렁이자 옷자락 벌써 나부끼네(碧波纔動已吹衣)
청간정 쪽배 바람에 밀려가나(童男樓艓遭曹風引)
곤륜산 서왕모 천도 복숭아는 열매 맺기 까마득 하여라(王母蟠桃着子遲)
신선 자취 접하지 못한 아쉬움 속에(怊悵仙蹤不可接)
난간에 기대어 훨훨 나는 백구만 바라보노라(倚闌空望白鷗飛)

택당 이식, 《水城志》 중 五 〈淸澗亭〉

청간정을 향하여 노송 숲 사이로 난 고즈넉한 비탈길을 더듬어 오른다. 백 걸음 산길을 오르면 깎아지른 듯한 벼랑 끝에 선 그윽한 모습의 청간정이 모습을 드러낸다. 열두 개의 돌기둥이 받치고 날개를 활짝 펼친 팔작지붕의 중층 청간정 누마루에 오르면 동해바다가 시원스레 펼쳐진다. 바람에 물결이 일고 갈매기가 끼룩거리며 푸른 하늘과 쪽빛 바다 사이를 어지러이 날아다닌다. 바위에 부딪히고 흩어지는 포말처럼 세상의 시름이 모두 녹아 버리고 정신이 맑아지는 것

· 청간정

같다. 인간은 누구나 현실을 떠나 미지의 세계에 대한 무지개를 품고 사는 것 같다. 길이 끝나는 머나먼 나라를 그리워하고 돛대 끄트머리가 사라지는 아스라한 수평선 너머를 동경한다. 그러한 미지에 대한 꿈이 희망이고 삶의 동력이지 않겠는가. 바다 위를 자유롭게 나는 갈매기가, 파도를 거슬러 바닷속을 거침없이 미끄러지듯 유영하는 물고기가 부럽기도 하다. 출렁이는 쪽빛 바다를 보니 닻을 올리고 창파에 배를 띄워 먼바다로 힘차게 노를 저어 나가고 싶은 마음이 굴뚝같다. 지금은 청간정 아래로 해안산책로가 조성되어 바닷가 사구 모래사장을 걷기도 하고 모래지치, 갯완두, 갯방풍 등 사초식물 옆에 쪼그려 쪽빛 바다를 배경으로 특별한 추억을 만들어 볼 수도 있다.

이승만 대통령도 1953년에 청간정을 방문하였던 모양이다. 현재 청간정 안쪽에는 친필로 쓴 현판이 걸려 있다. 꽤 오래전 입구의 자료전시관에 들렀던 적이 있다. 그곳에는 관동팔경, 고성팔경, 청간정의

· 이승만 대통령 현판 글씨

역사, 건축양식, 아름다움을 노래한 시가와 그림 등이 전시되어 있었으며 한쪽으로 '淸澗亭'이라 쓴 현판 하나가 있었다. 안내하시는 분께서 그 현판이 본래는 청간정 안쪽 현재 이승만 대통령의 글씨가 걸려 있는 위치에 있던 것이라고 하시며 아쉬워하셨다.

월출이 아름다운 낙산사

 속초의 영랑호, 청초호, 갯배선착장을 지나 양양의 낙산사로 향한다. 관동팔경 가운데 여행객의 발길이 가장 잦은 곳을 꼽으라면 아마 낙산사일 것이다. 낙산사는 관동팔경 명소 가운데 유일하게 포함된 사찰로 671년(신라 문무왕 11년) 의상대사가 창건한 사찰이다.

 낙산사의 창건과 관련하여서는 여타의 절집에 내려오는 주술적인 창건설화와는 다르게 우아하고 세련된 전설이 《삼국유사》에 전해지고 있다. 당나라에서 유학을 하고 돌아온 의상대사가 동해안의 해안에 관음보살의 진신(眞身)이 산다는 말을 듣고 만나기 위하여 이곳을 찾았다. 이곳이 낙산(洛山)이라는 이름을 얻은 것도 의상대사가 서역의 관음보살이 머무는 보타락가산(普陀洛伽山)에서 가져왔다. 우리나라에는 예부터 인도의 지명을 그대로 사용하면 인도와 똑같이 부처님과 보살이 머문다고 믿었던 '불국토 사상'이 있었기 때문이다.

 의상이 재계한 지 7일 만에 앉은 자리를 물 위에 띄우니 팔부중상이 그를 굴속으로 인도하였다. 의상이 하늘을 향하여 예를 올리자 수정염주 한 꾸러미가 하늘에서 내려와 그것을 받아 물러 나왔다. 그러자 바다의 용도 여의주 한 알을 바치므로 또한 받아 왔다. 의상이 다시 7일 동안 재계하자 비로소 관음보살의 진신이 나타나 '산 위로 수백 걸음을 올라가면 그곳에 쌍죽(雙竹)이 솟아날 것이니 그곳으로 가보라'는 말을 남기고 사라졌다. 이에 의상은 그곳에 불전을 짓고 관음보살을 모시고 점안한 후에 수정염주와 여의주를 불전에 모셔 두고 떠났다. 이로 인해 낙산사는 부처를 모시는 대웅전 대신 관음보살을 모시는 원통보전이 주전이며 강화 보문사, 남해의 보리암과 더불어 3대 관음도량으로 꼽히고 있다.

낙산사가 명소가 된 또 다른 이유는 벼랑 위에 선 의상대에서 바라보는 일출로 기개가 솟아오르는 철운대선사의 시에서 그 장엄함을 느껴 볼 수 있다.

불덩이가 솟는구나
가슴이 용솟음친다

여보개
저것 좀 보아
후끈하지 않은가

철운 조종현 대선사, 〈의상대 해돋이〉 중에서

꽤 오래전에 겪었던 경험으로 청간정에서 아껴 두었던 동해의 일출과 월출에 대하여 잠깐 얘기하고 지나가야겠다. 여행객 대부분과 마찬가지로 낙산사 후문 격인 의상대 방향으로 오르고 있었다. 바

· 겸재 정선, <낙산사>

람은 멎고 파도소리만 찰랑거리는 초저녁이었다. 입구를 지나 거의 의상대에 이르렀을 때가 달이 뜨는 시간이었던 모양이다. 바다 너머로 주황색 보름달이 얼굴을 비치더니 이내 하늘을 가릴 만한 어마어마한 보름달이 수평선 위로 떠올랐다. 바로 앞에 있어 손에 잡힐 듯 느껴졌다. 동해의 환상적인 월출을 체험하는 순간이었다. 세상이 환해지고 정신이 아득하였다. 동행에게 이것이 일출은 아니냐고 물으며 나만의 착각이냐고 물었더니 자신도 그런 착각이 든다고 망부석처럼 굳은 자세로 입술만 움직였다. 마치 관음의 광명이 그곳에 임하는 듯하였다.

순간적으로 느끼는 정신적 충격과 분열로 호흡이 곤란하고 현기증이 나는 자연에서 느끼는 스탕달 신드롬의 체험이었다. 낙산의 일출은 아름답기로 유명하다. 맑은 날이면, 심지어 좀 흐린 날조차도 혹시나 하는 기대로 많은 여행객이 낙산의 일출을 보기 위하여 해변을 메꾸는 곳이다. 이제 옛 시인 묵객이 낙산의 일출과 더불어 왜 월출을 함께 노래했는지 알게 되었다.

홀로 앉아 마음 바다 바라보니(獨坐觀心海)

한없이 아득한 물결이 하늘과 닿아 있네(茫茫水接天)

뜬구름 일어나 다함이 없고(浮雲無起滅)

외로운 달 삼천세계 비추는구나(孤月照三千)

취여, 〈관심(觀心)〉

낙산사를 찾는 대부분 여행객은 의상대를 찾을 것이다. 의상대는 의상대사가 참선하던 장소에 그의 업적을 기리기 위해 1925년에 지은 육모 정자이다. 나는 의상대에 갈 때마다 지붕 위로 기울어진 키가

· 의상대

껑충한 소나무 두 그루에 감사한다. 가냘픈 몸뚱이로 세찬 바닷바람을 견디며 여행객을 위하여 한 폭의 산수화를 그리며 서 있기 때문이다. 혹시나 넘어지지 않을까 걱정이 앞서고 오래오래 건강하기만을 바란다. 의상대 난간에 앉으면 시리게 푸르른 바다, 광활한 수평선, 산 위로 낙산사의 지붕들과 해수관음보살상, 해안길 끄트머리의 홍련암, 참 맑고 청정한 아름다움이 시간을 잊게 한다.

· 홍련암

　'소원이 이루어지는 길'을 따라 벼랑에 세워진 홍련암으로 내려간다. 홍련암은 의상이 낙산사와 함께 지은 암자로 관음보살을 모시고 있어 관음굴이라고도 한다. 의상이 참선할 때 관음보살의 화신인 파랑새가 굴속으로 자취를 감추는 것을 보고 이상히 여겨 석굴 앞에서 7일 동안 밤낮으로 기도한, 즉 별안간 붉은 연꽃(紅蓮) 속에서 관음보살이 현현했다고 하여 붙여진 이름이다. 홍련암 법당 마루에는 둥근 창을 내어 벼랑에 있는 관음굴을 볼 수 있도록 해두었다.

　'근심이 풀리는 길'을 따라 홍련이 가득 메운 관음지를 지나고 '마음이 행복해지는 길'을 걸어 낙산사 경내로 들어섰다.
　낙산사(洛山寺)는 의상대사가 창건한 이래 1231년 몽골의 침입으로 명맥만 유지하던 사찰을 1466년 세조가 금강산 유람을 마치고 한양으로 돌아가는 길에 방문하여 사찰을 중축하도록 명하였다. 이리하여 낙산사가 확장되고 새롭게 단장되었으며 칠층석탑이 세워지고 26고을에서 가져온 화강석으로 무지개 모양의 홍예문을 갖추었으

· 홍예문

며 세조의 아들 예종은 부왕을 위하여 범종을 시주하기도 하였다.

이후 낙산사는 임진왜란으로 불타버리고 6·25전쟁 때 많이 훼손되었으나 1963년에 복원되는 등 여러 차례의 우여곡절을 거치면서도 도량으로의 건재를 유지하였다. 그러나 2005년 세상을 떠들썩하게 하였던 화재로 의상대와 홍련암, 홍예문과 칠층석탑 및 건칠관세음보살좌상만이 겨우 화마를 면하고 전각은 모두 소실되고 동종마저 녹아 버리는 참변을 당하였다. 이렇게 수차례의 소실과 중건의

과정을 겪다 보니 재건을 위한 희미한 도면도 있을 리 만무하였다. 따라서 낙산사가 가장 번성하였던 시기의 그림인 단원 김홍도의 〈낙산사도〉를 기본으로 하여 복원불사를 일으켜 2007년과 2009년에 각각 1차, 2차 회향식이 봉헌되며 현

· 김홍도, 〈낙산사도〉

· 해수관음상

재의 모습을 갖추게 되었다. 단원의 〈낙산사도〉는 1788년 단원 김홍도와 복헌 김응환에게 금강산을 그려 오라는 정조대왕의 명에 의하여 두 화공이 금강산 4개 군 소재의 명승지를 두루 다니며 그린 후 동해안을 따라 내려오며 관동의 명승지들을 그려 함께 엮은 《금강사군첩》에 들어 있는 그림이다.

'꿈이 이루어지는 길'을 따라 '해수관음상'에 올라 답답한 역사의 한 페이지를 날려 보내고 관음상만큼이나 큰 광명이 가득한 사찰로 발전하기를 꿈꾸어 본다. 꿈이 이루어지는 설렘을 안고 보타전에 들러 세상 곳곳을 살피는 천수관음의 손길이 낙산사에 자비를 베풀기를 소원하며 낙산사의 여정을 마무리한다.

뻥 뚫린다 - 바다부채길

　주문진 소돌항 아들바위공원에서 아들바위의 전설과 코끼리바위, 소바위를 보고 전망대에도 올라 동해의 푸르름을 깊이 들이마시고, 주문진어항의 펄떡이는 활기를 느끼며 바다부채길을 향하여 심곡항으로 내달린다.

　그러나 경포대를 그냥 지나칠 수는 없다. 송강 정철이 〈관동별곡〉에서 읊기를 호수의 수면이 비단을 다려서 펼쳐 놓은 것 같다고 하지 않았던가! 높은 건물에 갇히고 도로 소음에 짓눌렸어도 호수의 물결과 부드러운 바람만은 옛것 그대로이다. 어둠이 현대문명을 집어삼키고 휘영청 달이 호수에 흔들리는 밤, 시인 묵객의 시 한 수면 족하지 않겠는가?

　열두 난간 경포누대 벽옥 같은데(十二欄干碧玉臺)

　큰 바다에 봄빛이 호수 가운데 열렸구나(大瀛春色鏡前開)

　푸른 물결 잔잔하고 깊고 얕은 곳 없는데(綠波淡淡無深處)

　백조는 사이좋게 자유로이 오고 가네(白鳥雙雙自去來)

　신선이 부는 피리 구름 밖에서 들려오고(萬里歸仙雲外笛)

　철마다 찾는 손 달빛 아래 술잔을 드네(四時遊子月中杯)

동쪽으로 가는 황학 내 뜻을 알고서(東飛黃鶴知吾意)

호상에서 배회하며 가자고 재촉하네(湖上徘徊故不催)

심영경, 〈강릉경포대(江陵鏡浦臺)〉

· 경포대

요즘 우리나라에서는 잔도며 출렁다리, 울렁다리 같은 곳에 많은 인파가 몰려든다. 조금 과장하면 이러한 익스트림 체험시설이 없는 곳은 관광지 취급도 못 받을 지경이다. 모두 나름의 자신들만의 특색을 갖추고 관광객을 불러들인다. 원주 소금산의 출렁다리, 잔도, 울렁다리 같은 낭떠러지에서의 오금 저리는 짜릿함, 깊은 산속에 잠겨 있는 파주 마장호수 출렁다리, 공중에 곡예사처럼 거꾸로 매달려 태고의 지층 무늬와 깊은 강물의 아름다움을 감상하는 철원 한탄강 잔도, 호수와 오색 불빛이 어우러지는 예산의 예당호 출렁다리와 안동의 월령교, 느린 강물을 따라 절벽에 달린 잔도를 비안개, 물안개 속에 걷는 고즈넉함이 일품인 단양강 잔도. 대부분의 잔도나 출렁다리는 산과 강에 설치되어 있다. 그럼, 바다 위에 설치된 잔도는 어떨까?

내륙과 바다에 설치된 잔도를 굳이 비교하자면 전자가 짜릿함이나 머뭇거리는 듯한 새색시의 감성이라면 후자는 항해를 앞두고 가슴을 풀어헤치고 포효하는 느낌이다.

바다부채길의 정식 명칭은 정동심곡 바다부채길이다. 정동진 썬크루즈 주차장에서 심곡항까지 1시간 남짓 소요되는 약 3km의 데크길이 해안절벽에 바다를 향해 부채를 펼쳐 놓은 모양과 같다고 하여 붙어

· 바다부채길

진 이름이다. 부채 모양은 지도에서나 확인이 가능하지만 데크길 중간에 참 묘하게도 부채를 펼친 것 같은 부채바위가 있어 이를 확인해 주고 있다. 입장시간이 정해져 있으며 너울성 파도나 낙석 등으로 통제되는 경우도 있으니 미리 확인한 후 출발하여야 한다. 출발지는 정동진 썬크루즈 주차장이나 심곡항 어느 곳에서 출발하여도 무방하지만 가급적 심곡항에서 출발하는 것이 좋다. 심곡항에서 출발하면 주차비를 아낄 수 있으며 무엇보다 해를 등지고 우측의 바다 쪽으로 걸을 수 있기 때문이다.

바다부채길은 태초 이래 사람도 산짐승조차도 발길을 들여놓지 못하고 파도와 바람마저도 머물지 못했던 바다 위에 떠워진 신비의 길이다. 이름처럼 깊은 골짜기 마을(深谷마을)의 심곡항에서 시작되

는 바다부채길에서 몇 걸음만 옮기면 광활한 바다가 펼쳐지고 수평선에 맞닿은 하늘에서 쪽빛 물감이 주르르 흐를 것만 같다. 바닷바람은 귀에 윙윙거리고 절벽에 부딪히는 파도소리는 모든 잡념을 씻어 가버린다. 흰 갈매기 떼는 끼룩거리며 쪽빛 도화지에 비행운 그림을 자꾸 바꿔 그린다. 어찌 가슴을 활짝 펴고 깊은숨을 들이마시고 가슴을 부풀리지 않을 수 있겠는가!

전망타워에 오르니 그야말로 유쾌, 통쾌, 상쾌의 기분이다. 그런데 뭔가 부족하다. 단어의 순서를 바꾸어 보고 운율을 바꾸어 봐도 마찬가지다. 역시 말과 글로는 부족하다. 그래서 비트겐슈타인이 서양철학을 뒤엎은 그의《논리철학논고》에서 말로 할 수 없는 것에 대해서는 입 다물라'라고 했던가.

그렇다고 단군의 후손이 포기할 수는 없다. 꿩 대신 닭이라고 외마디라도 질러 보자.

'뻥 뚫린다!'

가슴을 풀어헤치고 하늘을 향해 두 팔을 활짝 펼치고 싶다. 발아래 절벽에 부딪혀 하얀 이를 드러내며 부서지는 포말과 머리카락을 뒤엉키는 거센 바람을 맞으며 걷는다. 마음은 이미 완전히 파도와

· 향나무

바람에 씻겨 서늘하고 싱싱함으로 가득하다. 어느덧 바다에 떠 있는 부채바위에 도착하였다. 이미 바다와 하늘만큼 커져 버린 내 가슴에 부채바위는 하찮아 보일 뿐이다. 바위절벽에는 매달려 흔들리는 사철쑥, 해국, 갯메꽃이 눈길을 사로잡고 맹감이라 불리는 붉은 청미래덩굴이 햇빛에 알알이 빛난다. 해안절벽에는 향나무 군락이 절경을 이룬다. 이렇게 거칠고 열악한 절벽에 뿌리를 박고 돋아난 생명력에 저절로 경외감이 든다.

사람들을 위협하던 발가락이 여섯 개인 육발호랑이를 물리쳤다는 강감찬 장군의 전설이 전해지는 투구바위를 지나고 바다를 향해 헤엄쳐 나갈 것 같은 거북바위를 지난다.

장군의 기개를 가슴에 가득 채우고 수평선 너머에서 불어오는 바닷바람을 맞으며 기암절벽과 시시각각 변하는 바다의 색채, 하늘과 맞닿은 바다의 풍광을 감상하며 데크길 끄트머리에 이르니 몽돌해변에 윤슬이 에메랄드빛 보석처럼 반짝이고 물비늘 그림자가 너울거린다. 종착지를 향하여 해안단구를 오르는 길에 파도에 쓸리며 울리는 몽돌의 작별인사가 귓가를 맴돌고 있다.

· 투구바위

바닷바람이 고샅길을 핥는 벽화언덕
- 논골담길

옥계해안과 드넓은 백사장으로 유명한 망상해변을 지나 급경사의 언덕 위에는 등대가 외롭게 서 있고 비탈진 논골담길이 있는 묵호항으로 향한다. 묵호는 과거 명주군 묵호읍이었으나 1980년 삼척군 북평읍과 통합되며 동해시로 승격되었다. 시의 심벌도 푸른 동해바다의 붉게 떠오르는 태양의 모습을 표현한 '해오름'으로 지정학적 위치와 시의 명칭을 상징적으로 나타내고 있다. 동해에는 두 개의 바위가 있다. 묵호항의 까막바위와 북평 추암해변의 촛대바위가 그것이다.

우리나라 국보1호 남대문에서 도로원표를 기준으로 정확히 측정한 결과 정동쪽은 정동진이 아니고 묵호항 까막바위라고 한다. 촛대바위는 과거 심야방송이 없던 시절 TV 방송의 시작과 끝에 애국가의 첫 소절

· 까막바위

과 함께 바위 위로 장엄하게 떠오르는 태양의 모습을 보여 주던 촛

· 논골담길

대처럼 뾰족한 그 바위이다. 옥계, 묵호, 삼척으로 이어지는 동해안 지역은 석회암지대가 발달하여 제천, 단양과 더불어 우리나라 양대 시멘트 산지를 이루고 있으며 정선, 영월, 태백의 석탄산업과 함께 우리나라 근대화의 한 축을 이루었다. 현재에도 이 지역에는 시멘트 회사들이 운영되며 지역경제에 한몫을 담당하고 있다. 옥계, 망상을 지나 묵호항에 도착하였다. 그곳에서 식사를 하고자 곰치국 식당으로 향하였다. 속초의 물곰탕이 도회지의 세련되고 깔끔한 맛이라면 묵호항의 곰치국은 고기잡이에서 막 돌아온 어부의 삶의 맛이다. 묵호항의 가파른 언덕길이 논골담길이고 정상에 묵호등대가 세워져 있다.

논골담길은 묵호항의 역사와 삶의 이야기를 고스란히 간직하고 있는 곳이다. 묵호등대에 오르는 길은 자동차로 이동할 수 있다. 참

맞은 가파른 언덕으로 조성된 등대오름길, 논골 1길, 2길, 3길 네 골목 중 하나를 택하여 등 촉촉이 땀을 적시며 오르는 것이다. 어마하게 큰 문어조각상 앞에 차를 세우고 골목길을 오르기 시작하였다. 오르는 골목마다 고달프고 힘들었을 어부들의 삶이 곳곳에 배어 있다. 겨우 몸 하나 미끄러져 들어갈 만한 가파르고 구불구불한 골목길과 오래되고 낡은 슬레이트와 양철지붕을 얹은 빼곡히 들어선 집들이 정겹기만 하다. 담벼락에는 그들의 삶의 애환이 고스란히 벽화로 그려져 있다.

담장 안 집집마다 자신들의 이야기가 문틈으로 새어 나오는 것 같다. 바다에 나가 거친 파도와 싸우고 있을 남편과 아버지를 애타게

· 논골담길 벽화

기다리는 집, 만선으로 돌아와 안도의 숨을 내쉬는 가정, 밥상을 사이에 두고 애틋한 마음을 나누는 가정, 앞일을 걱정하며 내쉬는 한숨소리에 가슴이 먹먹해진다. 허리를 펴고 뒤돌아보면 묵호항과 동해가 망망하게 보인다. 마을을 걷다 보니 초승달 아래 젖먹이를 업고 남편을 기다리는 아낙이 서 있다. 파도가 거친 밤 멍멍이는 아는지 모르는지 달을 보고 짖어 대고 아이는 파도가 무서운지 두려운 마음에 엄마 치맛자락으로 몸을 가린다.

바다가 내려다보이는 곳곳에는 깜찍하고 귀여운 카페들이 들어서 있어 쉼터 역할을 하고 있다. 골목길을 방황하며 언덕 정상에 오르자 어두운 밤 어부들의 길잡이가 되었을 등대 해발고도 67m의 묵호등대가 옛 시절을 증명하듯이 떡 버티고 서 있다.

· 남편을 기다리는 동상

평생을 발아래 바다를 두고 살아온 사람들
고샅길 산등성이에 매서운 바람이 들이쳐도
아부지들은 먼바다로 악가바리 나가셨다

남자들이 떠난 지붕 위엔
밤이면 별꽃들이 저 혼자 피고 지고
아침이면 가난이 고드름으로 달려
온종일 허~기는 식구들처럼 붙어 있었다

겨울이 다 가도록 돌아오지 못한 아부지들을 기다리며
등대는 밤이면 대낮처럼 불을 밝히고
애타게 애타게 손짓을 했지만

먼바다에서 영~영 돌아오지 못하고, 아부지들은

세월은 구불구불 큰골로 돌고 돌아

그 옛날 새댁 옥희 엄마는

기억도 희미해진 할머니가 되었다

망부석처럼 서 있는 묵호등대

그 불빛 아래엔

조갑지만큼이나 숱한 사연이

못다 한 이야기로 담벼락에 피어나고

고봉밥처럼 넉넉하게 정을 나누며

바다 바라기를 하는 사람들이

따개비처럼 다닥 붙어서 살고 있다

김진자, 〈큰골담화〉

뱃머리에서

집으로 돌아오는 길은

너나없이 발걸음이 무겁다

소금물로 밥을 끓이고 소금이 반찬이겠지

뱃전을 잡고 용변을 보다가 놓치지 않을는지

방파제에 부딪치는 파도야 보기는 좋다마는

바다 위의 나날은 사생을 넘나드는 전쟁인데

고기 따라다니다 어로에서 제대로 멈추는지

고기가 없다고 빈속에 소주만 마시지는 않을는지

궁기 도는 가족 걱정일랑 붙잡아 매슈

산 입에 거미줄이야 치겠소

술눈을 맞춰서라도 먹여 살릴 수 있소

새끼들과 기다림은 언제나 푸르름이요

류재만, 〈출어기(出漁期)〉 중에서

요즈음 인터넷에서 '벽화마을'을 검색하면 부산 감천문화마을, 서울 낙산공원의 이화동 벽화마을, 홍제동 개미마을, 안동 예끼마을 등 셀 수 없이 검색되지만, 그중에서도 논골담길은 삶의 이야기가 훼손되지 않고 비교적 고스란히 남아 있는 벽화마을 중 하나이다.

청명한 바람의 이사부길

추암촛대바위를 지나 이사부길로 향한다. 이사부길은 특정 장소가 아니라 삼척해변에서 삼척항에 이르는 4.7km 남짓의 드라이브와 보행이 가능한 구간이다. 서해에 채석강에서 곰소만까지 구불구불한 해안을 따라 오르내리며 잔물결 반짝이고 황금빛 저녁놀이 아름다운 해변길이 있다면, 동해에는 기암절벽을 따라 짙푸른 바다와 큰 파도 넘실거리고 바닷바람에 스카프 날리며 불쑥 솟아오르는 붉은 해를 마주할 수 있는 이사부길이 있다. 아마 파도 같은 춤을 추었던 이사도라 덩컨(Isadora Dun-

· 추암촛대바위

can)이 이 해변을 알았더라면 니스해변이 아닌 이사부길에서 부가티 자동차에 몸을 싣고 붉은 스카프를 날렸으리라.

나의 이사부길은 카페에서 시작하여 바다냄새와 어항의 소음이 가득한 삼척항 대게거리에서 끝난다. 이사부길의 시작점 근처에는 희망봉처럼 뽀

족하게 튀어나온 해안절벽에
M카페가 있다. 요즈음은 카페
가 상가마다 부동산중개소처
럼 한 집 건너 자리 잡고 있으
며 심지어는 길찾기 내비게이
션의 발전으로 주택가까지 밀
려들고 있어 어디에서나 고개

· 이사부길

만 들면 찾을 수 있다. 이렇게 많은 카페가 여름이면 은행 창구를 대
신한 피서지로, 도서관을 대신한 북카페로, 멋진 호숫가 벤치를 대
신한 연인을 만나는 데이트 장소로, 회의실 대신 사업협상의 비즈니
스 장소를 겸하고 있다. 또한 친구나 지인을 만나 소일하며 보내는
장소가 되어 과거의 선비들이 모여 풍류를 즐기고 학문을 논하던 정
자와 아낙네들이 빨랫방망이를 힘껏 내려치며 맺힌 울화를 풀고 모
여드는 소문에 귀 쫑긋하고 갑론을박하던 빨래터를 대신하며 사시
사철 붐비는 곳이 되었다. 이러한 카페가 풍광이 좋은 곳에 들어서
고 대규모화되어 남녀노소를 불문하고 흡입할 지경이다. 내비게이
션 검색 1위를 차지한 고성의 B카페, 제주여행의 필수코스가 되어
버린 중문의 B카페, 기네스북에 오를 만큼 규모가 크고 화려한 김포
의 P카페 등 유명카페에는 대기줄이 똬리를 튼다. M카페는 한적하
다. 방문할 때마다 낮이면 커피를 마시고 밤이면 착한 가성비의 와
인을 홀짝인다. 오른쪽으로는 삼척해변의 백사장이 펼쳐지고 바다
위로 검은 머리의 바위에는 백로가 한가롭게 물고기를 노리고 있다.

왼쪽으로는 쩍 갈라진 바위틈으로 보이는 추암촛대바위 꼭대기에
갈매기가 석상처럼 앉아 있다. 카페 정수리에는 하얀 벽에 파란 지
붕의 등대가 먼바다에 신호를 보내고 있다. 수평선은 하늘과 맞닿아
있다. 진홍의 와인잔이 짙푸른 바다와 대비를 이루며 선명하다. 산

· M카페

토리니가 옮겨와도 더할 것 같
지 않다.

M카페를 나서 이사부길 드
라이브에 나선다. 이사부는 지
금의 삼척인 실직국의 군주로
서 512년(신라 지증왕 13년)에
이곳 삼척해안에서 출항하여
우산국(울릉도와 독도)을 정벌
하고 우리 영토로 편입시킨 인

물이다. 이때부터 '독도는 우리 땅'이라는 노래가 구전되었나 보다
(전혀 사실이 아님). 지금부터는 창문을 열고 스카프만 날리면 된다.
어느 곳이나 차에서 내려 바라보면 니스해변이 되고 산토리니가 된
다. 굳이 이사부길 중간에 조성된 '비치조각공원'이나 '소망의 탑' 같
은 명소가 아니어도 좋다. 지금 서 있는 그 자리가 동해안 으뜸 바닷
길이고 최고의 명소이다. 해안절경을 따라 펼쳐지는 이사부길에서
는 누구나 시인이 되며, 거친 파도를 헤치는 에이허브 선장도 되고
해변의 소피아 로렌이 된다. 이사부길 중간에 자리한 '소망의 탑'은
영월 청령포에서 시작한 구름 위의 산책길이라는 운탄고도 173km,

440리 먼 길의 종착지이기도 하다. 공원의 소망의 문에 매달린 종을 동해의 일출을 바라보며 세 번 치면 소망이 이루어진다고도 한다.

삼척항 이사부광장에 이를 즈음이면 이사부와 함께 우산국 정벌에 나섰던 사자가 울릉도를 지키며 서 있다.

스카프는 바람에 날려 버리고 비릿한 바다냄새와 어부들의 삶의 현장으로 들어가 보자. 삼척항 수산시장을 둘러

· 사자바위

보고 나오니 바로 앞이 대게거리다. 요즘은 대게의 집산지가 동해항이라고 한다. 이곳은 어부가 밤새 직접 불 밝히고 걷어 온 싱싱한 대게를 맛볼 수 있는 곳이기도 하다.

아무리 '(신)관동팔경'에서 제외되었지만 관동제일루라는 '죽서루(竹西樓)'를 그냥 지나칠 수 없다. 오십천(五十川)의 마른 물이 아쉽기

· 죽서루 현판

는 하지만 정자에 빼곡히 걸린 옛 왕과 명사들의 시와 글씨를 감상하고 정자 주위의 기암괴석들을 볼 수 있기 때문이다. 죽서루는 건립연대는 알 수 없으나 기록에 의하면 고려시대부

터 존재했다고 해 예부터 명승지였음을 알 수 있다. 또한 관동팔경의 다른 누정이 바다에 면하여 세워진 것과는 달리 죽서루는 유일하게 강을 끼고 있는 정자로 태백산에서 발원하여 동해로 흘러드는 오십천을 병풍처럼 감싸고 있는 절벽의 자연석 암반 위에 세워져 관동의 제1경을 자랑한다. 미수 허목이 《죽서루기》에서 묘사한 경관을 보면 죽서루의 아름다움이 관동팔경의 으뜸이었음을 알 수 있다.

관동지방에는 이름난 곳이 많다.
그중에 가장 뛰어난 곳이 여덟이니…
그중에 죽서루를 제일로 꼽는 것은 무슨 까닭일까…
죽서루는 동해와 마주하며 높은 산봉우리와 깎아지른 벼랑에 있다.
서쪽으로 두타산과 태백산이 우뚝 솟아 있어 아스라이 산봉우리가 보인다.
큰 시내가 동해로 흐르며 구불구불 오십 리 길 여울을 이루고
그 사이에 울창한 숲과 사람 사는 마을이 있다.
누각 아래 겹겹이 쌓인 바위 벼랑이 천 길이나 되고
하얀 여울이 그 아래 돌아 맑은 소를 이룬다.
해가 서쪽으로 기울 때면 넘실거리는 푸른 물결이 바위 벼랑에 부서진다.
인간 세계가 아닌 듯 아름다운 경치는 큰 바다의 풍경과는 아주 다르다.
유람하는 사람도 이런 경치를 좋아해 제일로 손꼽는 것 아닌가 싶다.

미수 허목, 《죽서루기》 중에서

정자에는 미수 허목이 쓴 '제일계정(第一溪亭)'을 비롯하여 '관동제

일루(關東第一樓)' '해선유희지소(海仙遊戱之所)' 글씨가 걸려 있으며 숙종과 정조의 어제시, 송강 정철의 시가 등 죽서루의 아름다움을 노래한 빼곡한 현판이 죽서루가 당대 최고의 명소임을 말하고 있다.

죽서루로 들어서기 위해서는 '죽서루'라고 쓰인 편액이 걸린 외삼문을 지나야 한다. 문을 지나 몇 계단 오르면 넓은 마당이 펼쳐지고 평평한 넓은 암반 위에 자연석을 활용하여 기둥을 세운 정자가 보인다. 사방의 풍경을 훤히 볼 수 있도록 창이나 벽을 두지 않아 기둥 사이로 보이는 공간이 시원스러움을 준다. 정자에 오르면 한여름에도 오십천을 따라 흘러온 산바람으로 시원함을 느낄 수 있다. 정자 주위로는 용이 다니는 용문바위가 있으며, 바위 위에 새겨진 풍요와 다산을 상징하는 여성 생식기 모양의 구멍을 뚫어 놓은 선사시대 성혈 암각화도 볼 수가 있다. 또한 신기한 모양의 바위들이 험한 미로를 만들며 펼쳐져 있으며, 절벽 아래로는 오십천 강물이 아득하다.

· 죽서루

정자에 앉아 오십천 강바람과 돌담장 옆 대숲에서 들려오는 댓잎에 스치는 바람소리를 들으면 한여름의 무더위는 까맣게 잊힌다.

• 번개시장

죽서루를 감아 도는 오십천이 흘러 바다와 만나는 지점에 번개시장 장마당이 있다. 밤새 고기잡이를 마치고 새벽에 들어온 어부들의 어획물들이 거래되는 시장으로 새벽(6~7시)에 잠깐 동안만 열리기 때문에 번개시장이라고 한다. 현재에도 많은 삼척주민들이 펄떡이는 생선을 구입하기 위하여 발길이 잦은 곳이며, 장터 안쪽에 위치한 식당들의 싱싱한 생선요리에 아침이면 많은 여행객들이 찾고 있는 곳이다.

망망대해 관동제일루, 망양정

　동양의 나폴리라는 장호항. 초승달 모양의 해변과 해변 앞으로 흩뿌려진 바위, 에메랄드 물빛 바다가 그러고도 남음이 있다. 스노클링과 카누 등 해상스포츠를 즐기려는 여행객이 많이 찾는 곳으로도 유명하다. 또한 장호해변을 가로질러 장호역과 용화역을 잇는 874m 해상케이블카가 운행 중이나 나에게는 언감생심 그림의 떡이다. 여행객이 붐비고 케이블카 매표소 앞 대기줄이 대합실을 꽉 메우고 있기 때문이다.

　임원항의 수로부인 헌화공원 입구에 도착하였다. 공원에 오르려면 해안절벽에 설치된 50여 m의 엘리베이터를 이용하여야 한다. 남

· 장호항

화산 정상에 위치한 공원은《삼국유사》에 나오는 〈헌화가〉와 〈해가〉를 토대로 조성된 공원이다.

신라 성덕왕 때에 절세미인으로 알려진 수로부인이 남편인 순정공의 강릉태수 부임길에 사람이 닿을 수 없는 절벽에 핀 철쭉꽃을 갖고 싶어 하자 마침 소를 몰고 가던 노인이 꺾어서 바치고, 가사를 지어 바친 4

• 수로부인 헌화공원 조각상

구체 향가가 〈헌화가〉이다. 또한 임해정에 이르러 용이 수로부인을 바닷속으로 끌고 갔으나 백성들이 노래를 부르자 다시 수로부인이 나타났다고 하며 이때 부른 노래가 〈해가〉이다.

자줏빛 바윗가에
암소 잡은 손 놓게 하시고
나를 아니 부끄러워하시면
꽃을 꺾어 바치겠나이다

〈헌화가〉

산 정상 공원에는 동양 최대라는 수로부인 조각상과 순정공상, 전망대 등이 세워져 있다. 맑은 날에는 울릉도가 보인다는 전망대에 올라 반짝이는 물결의 동해를 바라보니 마치 〈은파(銀波, Silvery

· 공원에서 바라본 바다

Waves)〉가 들려오는 것 같다.

　손이 닿지 않는 등짝 같은 울진으로 들어섰다. 울진 원자력발전소를 지나 도화동산에 이르렀다. 도화동산은 2000년, 사상 최대의 동해안 산불이 울진군으로 넘어오자 군관민이 합심하여 22시간 만에 진화하고 피해지인 이곳, 북면 고포리 고갯마루에 2002년 경상북도의 도화(道花)인 백일홍을 심어 조성한 동산이다. 나풀거리는 천의를 입은 선녀가 지상으로 내려온다면 이곳일 것 같다. 신선이 노니는 삼신산이 이곳이고 열반하여 가는 정토세상이 있다면 여기

· 도화동산

같다. 백지장 같은 백일홍 꽃잎이 바람에 흔들리며 향기를 흩날린다. 정자에 앉아 바라보니 눈길 가는 곳마다 도화천지요 만산이 붉은 꽃잎이다. 가냘픈 백일홍 꽃잎처럼 시름이 사르르 녹아 버린다.

망양정(望洋亭)은 높은 해안절벽 언덕 위에 우뚝 서 있어 동해를 한눈에 굽어볼 수 있다. 해안에서 망양정에 오르는 비탈길이 좁고 가파르나 그래도 마음이 설렌다. 관동팔경 최고의 정자에 오르기 때문이다. 주위로는 송림이 에워싸고 언덕 아래로는 백사장이 펼쳐지며, 왕피천(王避川)이 바다로 흘러든다. 임금이 피서를 위해 머문 곳이

· 망양정

라 하여 불린 이름이다. 숙종도 정자에서 바라보는 풍광이 관동팔경 가운데 으뜸이라 하여 '관동제일루(關東第一樓)'라는 현판을 하사하였다고 한다.

송강 정철과 매월당 김시습도 망양정의 아름다움을 노래하였으며, 정선은 화폭에 담았고 숙종과 정조는 시를 지어 칭송하였다. 좁은 동백나무 숲길을 따라 잠시 오르니 우뚝 선 망양정이 보이기 시작하였다. 언덕 꼭대기에 날개를 활짝 편 정자가 금방이라도 하늘로 날아오를 것 같다. 정자에 오르니 망망한 바다가 눈앞에 펼쳐지고 생각은 끝없는 바다를 노 저어 간다. 여기가 망양정(望洋亭)이다. 정자에 기대어 망망대해를 바라보는 느낌을 송강 정철은 이렇게 표현

하였다.

> 하늘 끝을 내내 못 보아 망양정에 오르니
> 바다 밖은 하늘이니, 하늘 밖은 무엇인가?
> 가득 노한 고래 뉘라서 놀래기에
> 불거니 뿜거니 어지러이 구는가
> 은(銀)산을 깎아내어 천지사방에 뿌리는 듯
> 오월 장천에 백설이 무슨 일인가

송강 정철, 〈관동별곡(關東別曲)〉 중에서

망양정에 오르면 많은 현판이 빙 둘러 걸려 있다. 뭐라 말로 표현

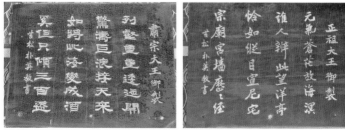

· 망양정 현판들

못 하는 답답함을 풀어 줄 터인데 한문에 까막눈인지라 가슴만 답답할 뿐이다. 고궁이나 사찰, 서원이나 정자, 옛 그림을 볼 때마다 느끼는 생각이다. 옛 시인, 묵객은 달을 따서 항아리 속에 띄우지 않았던가.

조선시대 정국공신이었던 채수는 망양정을 두고 '우리나라를 봉래 방장과 같은 산수 좋은 신선의 고장이라 하는데, 그중에서 관동이 제일이며 이곳의 누대를 백으로 헤아리지만 망양정이 으뜸'이라고 극찬하였다. 아름다움을 보면 '보았기 때문에 말할 수 없고 못 보았으면 보지 못해서 말할 수 없다'고 한다. 망양정이 그렇다. 모두 비우고 망양정의 난간에 기대어 지중해 블루의 바다를 바라보고 있으니 눈이 맑아지고 정신이 깨어나는 것 같다. 무슨 글과 말이 필요하랴. 글과 말은 사물의 모습과 마음의 상(像)을 다 담지 못하는 것이니 그저 바라만 볼 뿐.

솔숲에 달 바스락거리는 월송정

동국여지승람에 '푸른 소나무가 만 그루이고 흰 모래는 눈과 같다'라는 관동팔경의 대미, 월송정으로 향한다. 대개 월송정 하면 '月松亭'을 떠올리게 된다. 그러나 월송정 정자에는 '越松亭'이라는 최규하 대통령의 친필 편액이 걸려 있으며 과거의 자료에서도 이를 확인할 수 있다. 이름의 연원은 '달빛과 어울리는 솔숲' '선녀 넷이 솔숲에서 놀고 지나갔다' '영랑, 술랑, 남석, 안상 화랑 넷이 달밤에 솔숲에서 놀고 갔다' '월국에서 송묘를 가져다 심었다' 등 여러 전설이 있으나 공통점은 모두 솔숲이 등장한다는 점이다. 월송정 입구에 도착하면 하늘 높이 솟은 소나무가 빽빽이 들어선 송림을 마주한다. 바람에 실려 오는 비릿한 바다내음과 향긋한 솔향이 몸을 감싸며 상쾌한 기분을 느끼게 한다.

솔밭 사이로 잘 닦인 400여 m의 산책로가 명사십리해변까지 조성되어 있어 누구나 쉽게 산책을 즐길 수 있다. 그 길 중간 숲속에 월송정이 자리 잡고 있다.

· 월송정

월송정은 1326년(고려 충숙왕 13년)에 지은 정자이나 낡고 무너지고 1933년 터만 남아 있던 곳에 중건하였다. 그러나 일제 말기 적기의 표적이 된다고 하여 철거된 것을 제일교포로 구성된 금강회에서 콘크리트 정자를 새로 지었으나 옛 모습을 찾을 수 없어 1980년에 고려시대의 건축양식으로 새로 지은 정자이다.

정자의 우여곡절만큼이나 관할 행적구역에 얽힌 사연도 기구하다. 월송정은 조선시대에는 강원도 평해군이었으나 1914년 울진군과 합병하여 강원도 울진군으로, 1962년에는 울진군이 경상북도로 편입되며 1,000년이 넘도록 속해 있던 강원도에서 경상북도 울진군으로 속하는 변천과정을 겪었다. 경상북도로 편입된 사유는 지역민들이 경제활동을 대구와 포항에 의존하고 있었던 데다 도청이 춘천보다는 대구가 가까웠기 때문이라고 한다. 그러나 '평해'라는 이름은 존속되었다. 그 이유는 해변도로인 울진대게길을 달려 보면 알게 된다. 그야말로 平海(평해)가 펼쳐진다. 월송정에 오르니 곧게 뻗은 소나무숲 사이로 고래가 파도친다는 경파해(鯨波海)가 보인다.

· 월송정에서 바라본 경파해

유난히 짙푸른 수평선이 하늘에 그어져 있다. 월송정에도 편액이 무수하다. 숙종과 정조의 어제시, 근재 안축, 매월당 김시습, 아계 이산해, 해월 황일여 등. 월송정의 아름다움을 어떻게 노래하였을까? 누대에 기대어 바스락거리는 달빛 아래 파도소리 들으며 술잔을 나누었을 것이다. 술잔에는 별이 뜨고 바다에는 달빛이 휘영한데 술잔 부딪치는 소리가 들리더니 사설 읊조리는 소리가 들려온다.

　푸른 덮개 흰 비늘의 솔이 우뚝우뚝 높이 치솟아 해안을 둘러싸고 있는 것은 몇만 그루나 되는지 모르는데, 그 빽빽함이 참빗과 같고 그 곧기가 먹줄과 같아 고개를 젖히면 하늘의 해가 보이지 않고, 다만 보이느니 나무 아래 곱게 깔린 은 부스러기, 옥가루와 같은 모래뿐이다.

　…

　정자 아래에는 한줄기 물이 흘러 바다 어귀와 통하며, 물 사이로 동쪽에는 모래언덕이 휘감아 돌아 마치 멧부리와 같은 모양이다. 언덕에는 모두 해당화와 동청초뿐이며 그 밖은 바다이다.

한산 이산해

　황토길을 걸어 솔밭 끝에 이르니 은빛 백사장이 활처럼 휘어져 있다. 발아래에서 우는 모래를 밟고 나가 창파에 마음을 띄워 보내며 송강 정철의 〈관동별곡〉으로 '신관동팔경' 유람을 마무리한다.

· 울진대게길에서 바라본 동해

솔뿌리 베고 누워 풋잠이 얼핏 드니

꿈에 한 사람이 날더러 이르는 말이

그대를 내 모르랴, 하늘나라 신선이라

황정경(黃庭經)* 한 글자를 어찌 그릇 읽어 두고

인간 세상에 내려와 우리를 따르는가

잠깐만 가지 마오, 이 술 한 잔 먹어 보오

북두칠성 기울여 동해물을 부어 내여

저 먹고 날 먹거늘 서너 잔 기울이니

봄바람이 산들산들하여 두 겨드랑이를 추켜드니

구만리 장공(長空)을 저으며 날리로다

이 술 가져다가 사해(四海)에 고루 나눠

억만창생(億萬蒼生)을 다 취하게 맹근 후에

그제야 다시 만나 또 한 잔 하자꾸나

말 끝나자 학을 타고 구공(九空)으로 올라가니

공중에서 들려오는 옥피리 소리(空中玉簫)가 어제런가 그제런가

나도 잠을 깨어 바다를 굽어보니

깊이를 모르거니 끝인들 어찌 알리

명월이 온 세상에(千山萬落)에 아니 비치는 데가 없구나

송강 정철, 〈관동별곡〉 끝 부분

---

* 황정경(黃庭經): 도가의 경문으로 한 글자라도 잘못 읽으면 인간세상으로 쫓겨난다는 전설이
있음

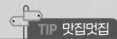

인제

🍴 송희식당 ▸▸ 설악산에서 채취한 산나물과 구수한 황탯국의 기막힌 조합, 구례 피아골 '산아래첫집'과 더불어 우리나라 2대 산채 맛집

고성

🍴 백촌막국수 ▸▸ 농로에 대기 줄이 장관인 곳

🍴 동루골막국수 ▸▸ 메밀의 까실까실함과 동치밋국이 좋은 감춰 두고 싶은 곳

🍴 봉포항 영순네횟집 ▸▸ 생선 살이 윤이 나는 살아 있는 생선회

🍴 봉포항 어부횟집 ▸▸ 동해안 바다의 청정한 회의 별미

속초

🍴 김영애순두부 ▸▸ 살아 있는 고소한 콩의 맛

🍴 88생선구이 ▸▸ 기름기 쏙 빠진 숯불구이 노릇한 여러 가지 생선구이

🍴 봉포머구리 ▸▸ '청수물물회'과 더불어 물회 맛을 느껴 볼 수 있는 식당

🍴 사돈집 ▸▸ '동해바다곰치국'과 더불어 2대 물곰탕집으로 간주하는 식당

🍴 이모네 ▸▸ 생선찜의 성찬

☕ 바다정원 카페 ▸▸ 내비게이션 검색 국내 최다 카페

양양

🍴 광진항 광나루횟집 ▸▸ 자연산 회와 막장의 환상적 조합

🍴 남애항 어촌횟집/처녀횟집/창횟집 ▸▸ 살아 있는 포구의 맛

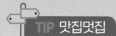

강릉

🍴 벌집장칼국수 ▸▸ 더 말할 것이 없는 장칼국수의 맛

☕ 보헤미안 커피 ▸▸ 우리나라 1호 바리스타의 커피맛

🍴 강릉불고기 본점 ▸▸ 산더미 파와 된장, 푸짐한 인심. 왜 강릉불고기인가를 증명해 주는 집

🍴 차현희순두부청국장 ▸▸ 두부전골, 청국장 정식 모두 입 안에 침이 고이는 집

🍴 연곡면 본가동해막국수 ▸▸ 3대째 이어온 막국수 명가

동해

🍴 동해바다곰치국 ▸▸ 수십 년을 직접 잡아 끓여낸 곰치와 김치의 환상적 조합, 탕웨이가 포장해 가는 집

🍴 부흥횟집 ▸▸ 자연산 질감의 생선회 맛집

삼척

🍴 삼거리식당 ▸▸ 선홍색의 모듬 소고기가 기막힌 집

🍴 번개시장 진미식당 ▸▸ 아침에 들어온 생선 살이 흘러내리는 생대구탕

🍴 이사부장군횟집 ▸▸ 직접 잡은 자연산 회

🍴 동남호 ▸▸ 김이 무럭무럭, 새벽에 들어온 대게/홍게찜 자체의 풍미가 일품

🍴 도하문어 ▸▸ 문어숙회, 문어샤브로 몸보신, 예약 필수

☕ 솔비치리조트 마마티라 카페 ▸▸ 최고로 추천하고픈 야경이 좋은 분위기의 카페

울진

🍴 후포 백년식당 – 게 요리만으로도 미식가가 모여드는 집

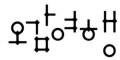

초판 1쇄 인쇄	2024년 04월 05일
초판 1쇄 발행	2024년 04월 15일
지은이	고지수
펴낸이	김양수
책임편집	이정은
교정교열	연유나
펴낸곳	휴앤스토리
	출판등록 제2016-000014
	주소 경기도 고양시 일산서구 중앙로 1456 서현프라자 604호
	전화 031) 906-5006
	팩스 031) 906-5079
	홈페이지 www.booksam.kr
	이메일 okbook1234@naver.com
	블로그 blog.naver.com/okbook1234
	페이스북 facebook.com/booksam.kr
	인스타그램 @okbook_
ISBN	979-11-93857-03-8 (03910)